Obras filosóficas

FUNDAÇÃO EDITORA DA UNESP

Presidente do Conselho Curador
Herman Jacobus Cornelis Voorwald

Diretor-Presidente
José Castilho Marques Neto

Editor-Executivo
Jézio Hernani Bomfim Gutierre

Assessor Editorial
Antonio Celso Ferreira

Conselho Editorial Acadêmico
Alberto Tsuyoshi Ikeda
Célia Aparecida Ferreira Tolentino
Eda Maria Góes
Elisabeth Criscuolo Urbinati
Ildeberto Muniz de Almeida
Luiz Gonzaga Marchezan
Nilson Ghirardello
Paulo César Corrêa Borges
Sérgio Vicente Motta
Vicente Pleitez

Editores-Assistentes
Anderson Nobara
Arlete Zebber
Ligia Cosmo Cantarelli

GEORGE BERKELEY

Obras filosóficas

Tratado sobre os princípios
do conhecimento humano
Três diálogos entre Hylas e Philonous
Sobre o movimento
Correspondência com Johnson
Comentários filosóficos

Tradução, apresentação e notas
Jaimir Conte

© 2008 da tradução brasileira

Direitos de publicação reservados à:
Fundação Editora da UNESP (FEU)
Praça da Sé, 108
01001-900 – São Paulo – SP
Tel.: (0xx11) 3242-7171
Fax: (0xx11) 3242-7172
www.editoraunesp.com.br
www.livrariaunesp.com.br
feu@editora.unesp.br

Títulos originais em inglês:
1. *A Treatise Concerning the Principles of Human Knowledge, wherein the Chief Causes of Error and Difficulty in the Sciences, with the Grounds of Scepticism, Atheism, and Irreligion are Inquired into* (1710)
2. *Three Dialogues between Hylas and Philonous, in Opposition to Skeptics and Atheists* (1713)
3. *Of Motion, or the Principle and Nature of Motion and the Cause of the Communication of Motions* (1721)
4. *Philosophical Correspondence between Berkeley and Samuel Johnson* (1729-1730)
5. *Philosophical Commentaries* (c.1706-1708/1871)

CIP – Brasil. Catalogação na fonte
Sindicato Nacional dos Editores de Livros, RJ

B439o

Berkeley, George, 1685-1753
    Obras filosóficas/George Berkeley: tradução, apresentação e notas Jaimir Conte. – São Paulo: Ed. UNESP, 2010.
    542p.

    Inclui bibliografia e índice
    Conteúdo: Tratado sobre os princípios do conhecimento humano – Três diálogos entre Hylas e Philonous – Sobre o movimento – Correspondência com Johnson – Comentários filosóficos
    ISBN 978-85-393-0036-5

    1. Berkeley, George, 1685-1753. 2. Idealismo inglês. 3. Alma. 4. Teoria do conhecimento. 5. Empirismo. 6. Filosofia inglesa. 7. Filosofia moderna. I. Conte, Jaimir, 1970-. II. Título. III. Título: Tratado sobre os princípios do conhecimento humano. IV. Título: Três diálogos entre Hylas e Philonous. V. Título: Sobre o movimento. VI. Título: Correspondência com Johnson. VII. Título: Comentários filosóficos.

10-2013.
CDD: 192
CDU: 1(42)

Editora afiliada:

Asociación de Editoriales Universitarias
de América Latina y el Caribe

Associação Brasileira de
Editoras Universitárias

Sumário

Apresentação . 7
Cronologia . 9
Obras de George Berkeley . 15
Nota sobre esta edição . 19

Tratado sobre os princípios do conhecimento humano . 27
Dedicatória . 29
Prefácio . 31
Introdução . 33
Parte I . 57

Três diálogos entre Hylas e Philonous . 167
Primeiro diálogo . 175
Segundo diálogo . 231
Terceiro diálogo . 261

Sobre o movimento . 319

Correspondência com Johnson . 355

Comentários filosóficos . 397

Seleção bibliográfica . 531
Índice onomástico . 539

Apresentação

Quando a filosofia de George Berkeley (1685-1753) é apresentada, geralmente lembramos que ele foi um bispo e um teólogo. No entanto, hoje poucos saberiam que ele foi um bispo e um teólogo se também não tivesse sido um dos maiores filósofos do início do período moderno. Embora tenha sido inegavelmente um homem de profundo espírito religioso, cuja filosofia não pode ser plenamente compreendida sem se levar em conta sua formação teológica, Berkeley foi, acima de tudo, um brilhante filósofo, cujas preocupações incluem questões epistemológicas, metafísicas, de filosofia da ciência, de psicologia da visão, além de física, matemática, economia, medicina, política e moral. As análises de Berkeley relativas a essas diversas questões destacam-se pela clareza, originalidade, profundidade, perfeição lógica e pelo rigor analítico. Seus argumentos são dignos de nota por sua economia e elegância, o que tem causado admiração, inclusive, entre seus opositores, e encantado muitos filósofos contemporâneos. Seu sistema filosófico parece simples, contudo, essa aparente simplicidade é enganosa. Na verdade, o sistema filosófico de Berkeley é engenhoso e complexo. Ele apresenta com grande habilidade vários argumentos bastante sutis – muitos deles argumentos similares para esclarecimentos diferentes –, a fim de defender sua posição. Por tudo isso continua vivo o interesse em suas obras como objeto de estudo e suas ideias, esteja-se ou não de acordo com elas, são relevantes nas discussões filosóficas atuais.

Jaimir Conte

Cronologia

1685 George Berkeley nasce em 12 de março, em Kilkenny, Irlanda, no Castelo de Dysart, próximo a Thomastown.
Morre o rei Carlos II, da Inglaterra, e ascende ao trono o rei Jaime II.
1686 Leibniz publica *Discurso de metafísica* e *Systema theologicum*.
Isaac Newton comunica à Royal Society sua hipótese sobre a gravitação universal.
1687 Newton publica a primeira edição de *Principia*, introduzindo o conceito de gravidade.
Nicolas Malebranche publica *Colóquios sobre a metafísica*.
1689 Nasce Montesquieu.
Guilherme II de Orange torna-se rei da Inglaterra.
1690 John Locke publica *Ensaio sobre o entendimento humano*.
A Irlanda torna-se um protetorado do Reino Unido.
1696 Berkeley vai para o Kilkenny College.
1700 Ingressa no Trinity College, de Dublin.
1702 É eleito *Scholar*.
Morre o rei Guilherme II de Orange e ascende ao trono sua filha Anne.
É fundado o primeiro diário inglês, o *Daily Courant*.

George Berkeley

1704 Recebe o título de Bacharel em Artes (B.A.) no Trinity College.
Publicação da *Óptica*, de Newton, e dos *Novos ensaios sobre o entendimento humano*, de Leibniz.
Morre John Locke.

1705 Bernard de Mandeville publica *A fábula das abelhas*.

1707 Recebe o título de Mestre em Artes (M.A.); é eleito *fellow* do Trinity College; desenvolve a filosofia imaterialista, parcialmente registrada em dois cadernos de anotações, conhecidos hoje como *Comentários filosóficos*; publica dois breves tratados matemáticos intitulados *Arithmetica* e *Miscellanea mathematica*.
Escócia e Inglaterra unem-se sob o nome de Grã-Bretanha.
Nasce Henry Fielding.

1708 Profere, em 11 de janeiro, um sermão sobre a imortalidade; redige a primeira versão da Introdução (manuscrita) do *Tratado sobre os princípios do conhecimento humano*.

1709 Publica *Um ensaio para uma nova teoria da visão*.
Nasce Julien Offray de La Mettrie.
É assinada a primeira lei de direitos autorais.

1710 Publica *Tratado sobre os princípios do conhecimento humano*; ordena-se padre.
Leibniz publica *Teodiceia*.

1711 Nasce em Edimburgo, na Escócia, David Hume.

1712 Publica *Discurso sobre a obediência passiva*, previamente apresentado na forma de três sermões.
Nasce Jean-Jacques Rousseau.

1713 É apresentado à Corte Inglesa pelo autor Jonathan Swift e logo se torna um favorito da Corte; publica, em Londres, *Três diálogos entre Hylas e Philonous*; faz sua primeira viagem pelo continente europeu; visita Paris e Lyon, dentre outras cidades.

Nasce François Diderot.

É assinado o Tratado de Paz de Utrecht.

1714 Retorna a Londres.

Leibniz publica *Monadologia* e *Princípios da natureza e da graça*.

Morre a rainha Anne.

Ascende ao trono da Inglaterra George I.

Na França, morre Luis XIV, o "Rei Sol".

1715 Nascem Helvétius e Condillac.

Morre Malebranche.

1716 Como acompanhante de viagem de George Ashe (1658-1718), bispo de Clogher e amigo de Swift, faz um grande *tour* pela Europa; visita Paris, Roma, Turim, Nápoles, dentre outras cidades.

Morre Leibniz.

1717 Escreve uma carta sobre a erupção do Monte Vesúvio; mantém um diário sobre sua viagem à Itália.

1719 Daniel Defoe publica *Robinson Crusoe*.

1720 Retorna a Londres.

1721 Recebe os títulos de Bacharel em Teologia (B.D.) e de Doutor em Teologia (D.D.); publica *De Motu*; *An Essay Towards Preventing the Ruin of Great Britain*.

Montesquieu publica *Cartas persas*.

1722 Resolve criar um colégio nas Bermudas; é indicado para Deão de Dromore.

1723 Miss Vanhomrigh, Vanessa de Swift, morre, deixando para Berkeley metade de seus bens.

Nascem Holbach e Adam Smith.

1724 É nomeado Deão de Derry; delega seu cargo e usa sua renda para sustentar o Projeto Bermudas; publica *An Proposal for the Better Supplying of Churches in our Foreign Plantations, and for Converting the Savage Americans to Christianity*, o anúncio público do Projeto Bermudas.

Nasce Immanuel Kant.

1725 George I concede uma subvenção para Fundar o St. Paul's College, nas Bermudas.

GiambattistaVico publica *Princípios de uma ciência nova*.

1726 O Parlamento aprova, e o Tesouro promete, uma subvenção de £20.000 para o Projeto Bermudas.

Jonathan Swift publica *As viagens de Gulliver.*

1727 Morre George I e ascende ao trono George II.

Morre Isaac Newton.

1728 Em agosto, casa-se com Anne Forster; em setembro, depois de quatro anos de preparação para o novo colégio, viaja para a América do Norte; desembarca em Virgínia.

1729 Em Newport, Rhode Island (EUA), compra uma propriedade para o colégio.

1730 Espera a subvenção do Tesouro; pronuncia sermões; escreve *Alciphron*.

1731 Fica sabendo que a subvenção não será paga; retorna a Londres.

Primeira impressão do *Gentleman's Magazine*.

1732 Publica *Alciphron, or The Minute Philosopher*, obra em sete diálogos "contendo uma apologia a favor da religião cristã contra os assim chamados livres-pensadores".

1733 Publica *A teoria da visão confirmada e explicada*.

1734 É consagrado bispo de Cloyne, onde serve sua diocese durante quase vinte anos; publica *O analista*.

1735 Publica *A Defence of Free-Thinking in Mathematics* e a primeira parte de *The Querist*, obra que examina as razões das péssimas condições econômicas na Irlanda.
Alexander Pope publica *Ensaio sobre o homem*.
1736 Publica a segunda parte de *The Querist*.
1737 Publica a terceira parte de *The Querist*; em Dublin, toma posse na Casa dos Lordes.
1738 Publica *Discourse Addressed to Magistrates*.
1739 Hume publica, na Inglaterra, os dois primeiros volumes do *Tratado da natureza humana*.
Voltaire publica *Cartas inglesas*.
1741 Carta a John James sobre o catolicismo romano.
Hume publica o terceiro volume do *Tratado da natureza humana*.
1743 D'Alembert publica *Tratado de dinâmica*.
1744 Publica *Siris: a Chain of Philosophical Reflections and Inquiries Concerning the Virtues of Tar-Water, and Divers Other Subjects*, obra que discute os valores medicinais da água de alcatrão e expõe a natureza metafísica do universo físico e espiritual assim como de Deus.
A França declara guerra à Inglaterra.
Nasce Lamarck.
Morre Vico.
1745 Morre Jonathan Swift.
1746 Condillac publica *Ensaio sobre a origem dos conhecimentos humanos*.
1747 Vauvenargues publica *Máximas e Reflexões*.
La Metrie publica *O homem-máquina*.
É impressa, na Holanda, a primeira versão de *Zadig*, de Voltaire.

1748 Publicação de *Investigação sobre o entendimento humano*, de Hume, e de *O espírito das leis*, de Montesquieu.
1749 Publica *Word to the Wise*.
Henry Fielding publica *Tom Jones*.
Nasce Goethe.
Buffon inicia a publicação de sua *História natural*.
Diderot publica *Carta sobre os cegos*.
1751 Morre William, seu filho mais velho.
Publicação do primeiro volume da *Enciclopédia*.
1752 Deixa Cloyne e vai com sua família para Oxford, onde seu filho George estuda. Publica *Miscellany* e a última edição de *Alciphron*.
1753 Morre em Oxford, em 14 de janeiro; é enterrado na nave da Christ Church, de Oxford.

Obras de George Berkeley

1707 *Arithmetica absque algebra aut Euclide demonstrata*, Londres; *Miscellanea mathematica*, Londres.
1709 *An Essay Towards a New Theory of Vision* (reimpresso em 1710 e duas vezes em 1732), Dublin.
1710 *A Treatise Concerning the Principles of Human Knowledge* (reimpresso em 1734), Dublin.
1712 *Discourse on Passive Obedience* (pronunciado na capela do Trinity College, Dublin), Dublin e Londres.
1713 *Three Dialogues between Hylas and Philonous* (reimpressão em 1725 e em 1734), Londres; *Essays*, publicados no jornal *The Guardian*.
1721 *De motu* (reimpresso em 1752), Londres; *An Essay Towards Preventing the Ruin of Great Britain*, Londres.
1725 *A Proposal for the Better Supplying of Churches in our Foreign Plantations, and for Converting the Savage Americans to Christianity*, Londres.
1731 *A Sermon.*
1732 *Alciphron, or The Minute Philosopher*, Londres.
1733 *The Theory of Vision, or Visual Language: Vindicated and Explained*, Londres.

1734 *The Analyst, or a Discurse Addressed to an Infidel Mathematician*, Dublin e Londres.

1735 *Reasons for not Replying to M. Walton; A Defence of Free-Thinking in Mathematics*, Dublin e Londres; *The Querist* (primeira parte em 1735, segunda parte em 1736 e terceira parte em 1737), Dublin.

1736 *A Discourse Addressed to Magistrates and Men in Authorithy*, Dublin.

1744 *Siris, a Chain of Philosophical Reflexions and Inquiries Concerning the Virtues of Tar-Water, and Divers Other Subjects*, Dublin e Londres.

1744 *Letters to Thomas Prior, esq., and to the rev. D. Hales on the Virtues of Tar-Water* (1744-1747).

1745 *Two Letters on the Occasion of the Rebelion in 1745; A Word to the Wise*.

1750 *Maxims Concerning Patriotism*.

1752 *Farther Thoughts on Tar-Water*.

Obras póstumas

(Publicadas por A. C. Fraser. Oxford, Clarendon Press, 1871.)

1 *Philosophical Commentaries* (cadernos de anotações escritos c. 1706-1708 e publicados por Fraser em 1871 com o título de *Commonplace Book of Occasional Metaphysical Thoughts*. A denominação de *Philosophical Commentaries* foi dada por A. A. Luce em sua edição de 1944, posteriormente revisada e incluída no volume I de *Works*, editado por Luce e Jessop, 1949).

2 *Description of the Cave of Dunmore*, 1706.

3 *The Revelation of Life and Immortality*, discurso proferido no Trinity College, 1708.
4 *Two Sermons Preached at Leghorn*, 1714.
5 *Journal in Italy* (diário da viagem à Itália), 1717-1718.
6 *Verses on the Prospect of Planting Arts and Learning in America.*
7 *Notes of Sermons Preached at Newport*, 1729-1731.
8 *Primary Visitation Charge Delivered to the Clergy of the Diocese of Cloyne*, 1734.
9 *Address on Confirmation* (s.d.).
10 *A Letter to Sir John James on the Difference between the Roman and Anglican Churches*, 1741.
11 *Correspondência.*

Nota sobre esta edição

Esperamos que esta obra possa contribuir para que os estudantes de filosofia conheçam diretamente as principais ideias do filósofo irlandês, famoso por defender o princípio *"esse est percipi"*, ser é ser percebido, base de seu idealismo. Como é natural, o que é preciso fazer para conhecer a filosofia de Berkeley – como de resto a de qualquer filósofo – é ler as obras que ele escreveu, e não querer compreendê-las mediante manuais de história da filosofia. Estes, em sua maioria, são o resultado do estudo e da consulta de outros manuais, que, quando não distorcem, simplificam e empobrecem muito as ideias de qualquer autor.

O presente volume reúne cinco textos de Berkeley, escritos entre 1706 e 1730. Os dois primeiros foram escritos quando o filósofo era ainda bastante jovem: *Tratado sobre os princípios do conhecimento humano*, ou simplesmente *Princípios*; e *Três diálogos entre Hylas e Philonous*, geralmente referidos como *Diálogos*. Este livro traz ainda o ensaio *Sobre o movimento*, comumente mencionado pelo seu título original em latim: *De motu*; as quatro cartas da *Correspondência de Berkeley com Johnson*; e os dois cadernos de anotações, atualmente conhecidos como *Comentários filosóficos*. Embora a tradução desses cadernos esteja no final do volume, nesta nota convém falar sobre ela primeiro.

Publicados pela primeira vez em 1871 por Alexandre Campbell Fraser, *Comentários filosóficos* são um conjunto de dois cadernos de notas e apontamentos pessoais – que Berkeley nunca pretendeu publicar – descobertos entre os seus escritos. Eles abrangem o período durante o qual Berkeley, ainda muito jovem, desenvolveu sua filosofia. Os dois cadernos contêm registros da emergência e do desenvolvimento do idealismo e do imaterialismo a partir de uma resposta crítica à filosofia proposta por seus contemporâneos e predecessores: Descartes, Locke, Malebranche, Newton, Hobbes e outros pensadores da época. As anotações que constam nos *Comentários* esboçam respostas a outros textos filosóficos e nos fornecem uma rica documentação sobre a origem das ideias de Berkeley desenvolvidas em suas primeiras obras, especialmente naquelas que são consideradas as mais importantes e nas quais se assenta sua tradição filosófica: *Tratado sobre os princípios do conhecimento humano* e *Três diálogos entre Hylas e Philonous*.

Os *Comentários* foram aqui traduzidos com base na edição de Luce e Jessop (volume 1, p.9-104) e a numeração lateral das anotações reproduzida neste volume é a que foi estabelecida por A. A. Luce e T. E. Jessop. Consultamos ainda o texto da edição organizada por Michael R. Ayers (1993, p.305-412. Ver Seleção bibliográfica). Em virtude da natureza do texto – na verdade, uma série de anotações que Berkeley registrou em dois cadernos pessoais, "frequentemente concisas e alusivas, às vezes inclusive críticas" (Ayers, 1993, p.xxxv) –, sua tradução demandou algumas escolhas. Nesta tradução dos *Comentários filosóficos* — correndo um duplo risco: o da interpretação e o de ter feito o que em sua edição Ayers evitou fazer, ou seja, "impor uma forma polida aos pensamentos de Berkeley" —, optei por completar a maioria dos termos abreviados, eliminar o uso de maiúsculas, introduzir pontuação e determinados termos para facilitar a compreensão das frases. Outros esclarecimentos sobre a tradução desse texto são oferecidos em notas de rodapé.

O texto que abre este volume, *Tratado sobre os princípios do conhecimento humano*, é considerado o principal texto filosófico de Berkeley. Trata-se, na verdade, de uma obra incompleta, contendo apenas uma introdução e a Parte I. Berkeley tinha o projeto de publicar outras duas partes: uma sobre "a natureza de Deus e a liberdade do homem" e outra sobre "filosofia natural", mas nunca completou o trabalho. Nos *Princípios*, Berkeley se propõe, segundo ele mesmo indica no subtítulo da obra, descobrir as "causas dos erros e das dificuldades nas ciências e os fundamentos do ceticismo, do ateísmo e da irreligião". Após fazer o diagnóstico segundo o qual o ceticismo e o ateísmo decorrem de doutrinas que supõem a existência de uma substância material impercebida, Berkeley empenha-se em negar a existência da matéria e defender que as coisas físicas não consistem senão de ideias e, assim, não existem fora (independentemente) da mente. Sua defesa do imaterialismo baseia-se tanto no conhecido princípio "ser é ser percebido" como numa série de argumentos (a crítica às ideias abstratas e a crítica à distinção entre qualidades primárias e secundárias) que visam reduzir ao absurdo a doutrina da substância material e, desse modo, refutar indiretamente o ceticismo. Berkeley acreditava que, uma vez eliminada a matéria, o imaterialismo permitia provar a existência de Deus, refutar os ataques céticos contra o conhecimento humano e dissolver muitas dificuldades e paradoxos levantados pelo progresso da ciência. Dada a explícita negação da existência da matéria, os *Princípios*, quando de sua publicação, não foram muito bem recebidos nos círculos filosóficos. As teses que Berkeley procurou defender em seu tratado foram ridicularizadas e mal compreendidas. Em virtude dessa recepção desfavorável e ao mesmo tempo porque ele desejava alcançar uma audiência que ultrapassasse os círculos filosóficos, Berkeley decidiu reescrever o texto, concebido originalmente na forma de tratado, e torná-lo mais agradável e fácil de ler. Foi assim que surgiu a obra *Três diálogos*.

Publicados em 1713, três anos depois dos *Princípios*, os *Três diálogos entre Hylas e Philonous* constituem basicamente, pois, uma exposição mais acessível, na forma de diálogo, das mesmas ideias apresentadas nos *Princípios* mas com uma nova estratégia argumentativa. Na realidade, tanto nos *Princípios* como nos *Diálogos* — atualmente suas obras mais estudadas —, Berkeley expõe uma dupla defesa a favor do idealismo. Por um lado, ele dirige um ataque negativo destinado a demonstrar a incoerência do materialismo; por outro, procura mostrar de maneira positiva a viabilidade de seu sistema idealista. Ambos os programas, negativo e positivo, embora não fundamentalmente conclusivos, são atraentes e continuam a merecer um exame filosófico detalhado. As duas obras defendem a realidade constituída exclusivamente de mentes e suas ideias, de modo que as coisas físicas não consistem senão de ideias nas mentes. Berkeley emprega essa tese como base para um novo argumento a favor da existência de Deus e, tanto ao escrever na forma de tratado como na forma de diálogo, levanta e responde antecipadamente a uma série de objeções contra a própria doutrina.

A tradução dos *Princípios* e dos *Diálogos* foi realizada com base no texto publicado no volume II da consagrada edição das *Obras* de Berkeley organizada por Luce e Jessop, *The Works of George Berkeley, Bishop of Cloyne* (1948-57). O presente volume reproduz na margem lateral a paginação da edição de Luce e Jessop, indicada por duas barras verticais inclinadas "//" no texto. O texto original de Berkeley reproduzido por Luce e Jessop, que serviu de base para nossa tradução, corresponde ao texto da segunda edição dos *Princípios,* que Berkeley publicou em 1734, encadernada com a terceira edição dos seus *Diálogos*. Na ocasião, Berkeley introduziu algumas modificações no texto de ambas as obras. As diferenças mais importantes relativamente às edições anteriores a esta de 1734 foram indicadas, no texto traduzido, mediante o uso de colchetes e de notas. Todas as notas desta edição em português, destinadas a indicar as variações do texto original e a outros esclarecimentos, estão no rodapé. As poucas notas de Berkeley são indicadas por asteriscos. As notas desta edição foram elaboradas com o apoio das notas de Luce e Jessop, e com informações retiradas de outras edições modernas, especialmente das organizadas por A. C. Fraser (1871a) e J. Dancy (1988a e b) (ver Seleção bibliográfica).

O terceiro texto a integrar esta obra, o ensaio *Sobre o movimento,* foi escrito por Berkeley quando este se encontrava em Lion, na França, em 1720, com o propósito de participar de um concurso patrocinado pela Academia Francesa. O trabalho, no entanto, não foi premiado. Publicado em 1721 em latim com o título *De motu: Sive de motus principio & natura et de causa communicationis motuum,* o ensaio ilustra o permanente interesse de Berkeley por questões científicas. Constitui um tratado sobre os fundamentos filosóficos da mecânica no qual Berkeley

George Berkeley

desenvolve suas concepções sobre filosofia da ciência e articula uma abordagem instrumentalista para a dinâmica newtoniana. Nesse ensaio, Berkeley faz alguns pronunciamentos científicos importantes, rejeitando as ideias de Newton sobre o espaço, o movimento e o tempo absolutos. As observações de Berkeley, para as quais alguns comentadores (dentre eles Karl Popper) têm chamado atenção, estão de acordo com as descobertas da física moderna.

A presente tradução foi realizada a partir da versão inglesa de *Of Motion, or the Principle and Nature of Motion and the Cause of the Communication of Motions*, de A. A. Luce, volume III, cujas páginas são indicadas nesta obra. Para o trabalho de tradução consultamos ainda a edição organizada por M. R. Ayers (1993), que reproduz a tradução de Luce para o inglês, mas inclui algumas correções feitas à luz de uma segunda tradução para o mesmo idioma realizada por Douglas M. Jesseph (1992). Apesar de a tradução do ensaio *De motu* ter sido feita principalmente com base na versão de Luce para o inglês, consultamos o texto original em latim reproduzido no volume I da edição de Fraser, o que nos permitiu manter entre barras verticais "||" alguns termos em latim.

A *Correspondência com Johnson* data do período em que Berkeley passou na América, em Newport, Rhode Island, aguardando o apoio financeiro prometido pelo Parlamento britânico para o seu projeto de fundar um colégio nas Bermudas para os filhos dos colonos e americanos nativos. Durante sua permanência em Rhode Island, Berkeley manteve contato com alguns dos principais intelectuais americanos da época, incluindo o amigo e discípulo Samuel Johnson (considerado o pai da filosofia americana). Parte de uma correspondência mais extensa entre

Berkeley e Johnson — as quatro cartas, escritas em 1729 e 1730, não muito antes do retorno de Berkeley à Inglaterra — oferece-nos um vislumbre do debate filosófico privado travado por esses dois grandes filósofos da época, constituindo um importante testemunho do interesse que o pensamento de Berkeley despertou na América. Temos aqui, pois, duas cartas filosóficas de Johnson, nas quais ele aponta alguns aspectos problemáticos do pensamento de Berkeley, e duas cartas com as réplicas deste.

O texto seguinte, a *Correspondência* entre Berkeley e Samuel Johnson, foi publicado pela primeira vez em *Samuel Johnson: His Career and Writings* (Schneider, 1929). Para o trabalho de tradução consultamos o texto reproduzido no volume II de *Works,* de Luce e Jessop (a numeração lateral refere-se às páginas desse volume). As notas da presente edição relativas à *Correspondência* foram elaboradas com base em informações retiradas principalmente da edição de Luce e Jessop, e da edição dos *Principles* organizada por Jonathan Dancy, a qual também reproduz no final as cartas de Berkeley e de Johnson.

Na tradução dos cinco textos aqui reunidos, procurei reproduzir, quando julguei necessário, algumas palavras ou expressões do texto original. Elas aparecem entre duas barras verticais "||". Como em qualquer tradução, algumas escolhas se fizeram necessárias. Espero ter feito as melhores possíveis para propiciar ao leitor um contato com as ideias e a filosofia de Berkeley.

Jaimir Conte

Tratado sobre os princípios do conhecimento humano

No qual se investigam as principais causas dos erros e das dificuldades nas ciências e os fundamentos do ceticismo, do ateísmo e da irreligião

Dedicatória[1]

// Ao justamente ilustre
Thomas, Conde de Pembroke etc.

Cavaleiro da mui Nobre Ordem da Jarreteira e um dos Lordes do mui ilustre Conselho privado de sua Majestade

Caro senhor,

Talvez lhe pareça estranho que uma pessoa obscura, que não teve a honra de ser conhecida de Vossa Senhoria, atreva-se a lhe dirigir a palavra dessa maneira. Mas não parecerá estranho

---

[1] A Dedicatória foi suprimida na segunda edição, publicada em 1734. Ela é dirigida ao oitavo conde de Pembroke, Thomas Herbert (1656-1733). Versado nas ciências e na matemática, Pembroke presidiu a Royal Society no período 1689-1690. Foi amigo de Locke, a quem este dedicou seu *Ensaio sobre o entendimento humano*; foi, além disso, benfeitor do Trinity College de Dublin, onde Berkeley estudou e do qual foi membro a partir de 1707. Berkeley não o conhecia pessoalmente quando lhe dedicou os *Princípios*; mais tarde, no entanto, tornaram-se amigos, e Pembroke apoiou o projeto educativo de Berkeley nas Bermudas.

para alguém que esteja familiarizado com o presente estado da Igreja e do conhecimento e, consequentemente, que não ignore quão grande ornamento e apoio Vossa Senhoria é para ambos que um homem que escreveu algo com a intenção de promover no mundo o *conhecimento útil* e a *religião* escolha Vossa Senhoria como patrono. Contudo, nada me teria induzido a vos oferecer este pobre presente de minhas humildes deliberações, se eu não tivesse sido encorajado por essa sinceridade e bondade naturais que constituem o aspecto mais brilhante do caráter de Vossa Senhoria. Eu poderia acrescentar, caro senhor, que a extraordinária benevolência e a generosidade que Vossa Senhoria demonstra ter para com nossa sociedade[2] deram-me esperanças de que não recusaria aprovar os estudos de um de seus membros. Essas considerações determinaram-me a dedicar este tratado a Vossa Senhoria. E, principalmente, por causa da sabedoria e da virtude que o mundo tão justamente admira em Vossa Senhoria, porque tinha a pretensão de que soubésseis, caro senhor, que eu sou, com o mais verdadeiro e profundo respeito,

seu mais humilde e mais dedicado servidor.
George Berkeley

---

2 Referência às doações que Pembroke fez ao Trinity College de Dublin.

Prefácio[3]

23 // O que aqui torno público me pareceu, depois de uma longa e minuciosa investigação, evidentemente verdadeiro e não inútil de ser conhecido, em especial por aqueles que estão contaminados pelo ceticismo ou exigem uma demonstração da existência e da imaterialidade de Deus ou da imortalidade natural da alma. Ficarei contente se o leitor examinar com imparcialidade se tenho ou não razão, pois não me preocupo com o sucesso do que escrevi, senão que esteja de acordo com a verdade. Mas, a fim de que esta não seja prejudicada, peço ao leitor que suspenda seu juízo até que tenha lido uma vez, ao menos, todo o livro do começo ao fim, e com aquele grau de atenção e consideração que o assunto parece merecer. Isso porque existem algumas passagens que, se tomadas isoladamente, estão sujeitas a evidentes interpretações erradas e, não podendo ser remediadas, podem ser acusadas de comportar as mais absurdas consequências, as quais, não obstante, por meio de uma leitura cuidadosa e completa, tornar-se-á evidente

---

3 O Prefácio foi omitido na segunda edição, de 1734.

que não derivam delas. Por outro lado, ainda que se faça uma leitura completa, se esta for feita de modo superficial, é muito provável que se interprete mal o que eu quis dizer. Mas, para um leitor atento, creio que o texto será completamente claro e evidente. Quanto ao ar de novidade e singularidade de que se revestem algumas das ideias expostas a seguir, não creio ser necessária nenhuma apologia a seu favor. Aquele que rejeitar uma verdade suscetível de demonstração, apenas por ela ser pouco conhecida ou contrária aos preconceitos dos homens, deve certamente ser muito inapto, ou estar muito pouco familiarizado com as ciências. Assim, tratei de prevenir o máximo possível a censura precipitada de uma classe de pessoas que está pronta para condenar uma opinião antes de tê-la compreendido corretamente.

Introdução

25 // 1. Não sendo a filosofia senão o estudo da sabedoria e da verdade, poder-se-ia com razão esperar que aqueles que lhe dedicaram mais tempo e esforços desfrutassem de maior tranquilidade e serenidade mental, de maior clareza e evidência no conhecimento, e fossem menos perturbados com dúvidas e dificuldades do que os demais homens. Contudo, vemos a massa inculta dos homens que seguem o caminho do simples senso comum e são governados pelos ditames da Natureza, em geral, tranquila e livre de preocupações. Para eles, nada do que é familiar parece inexplicável ou difícil de compreender. Não se queixam de nenhuma falta de evidência em seus sentidos e estão fora de qualquer perigo de se tornar *céticos*. Mas quando nos afastamos dos sentidos e do instinto para seguir a luz de um princípio superior com o intuito de raciocinar, meditar e refletir sobre a natureza das coisas, mil escrúpulos surgem em nossa mente a respeito do que antes acreditávamos compreender perfeitamente. Preconceitos e erros dos sentidos de todas as partes nos são revelados e, ao tratarmos de corrigi-los por meio da razão caímos, sem perceber, em singulares paradoxos,

dificuldades e inconsistências que se multiplicam e aumentam à medida que avançamos em nossas especulações. E finalmente, tendo divagado por muitos labirintos intrincados, nos encontramos exatamente no mesmo ponto em que estávamos ou pior: somos lançados em um ceticismo desesperado.

2. Considera-se a causa disso a obscuridade das coisas ou a fraqueza e a imperfeição natural de nosso entendimento. Diz-se[4] que nossas faculdades são poucas e nos foram concedidas pela Natureza para a conservação e o bem-estar vitais, não para penetrar na essência íntima e na constituição das coisas. Além disso, não é de admirar que a mente humana, sendo finita, caia em absurdos e contradições dos quais é impossível livrar-se sozinha quando trata daquilo que faz parte da infinitude: é da natureza do infinito não ser compreendido pelo finito.

3. Mas talvez sejamos demasiado injustos conosco ao colocar a culpa originalmente em nossas faculdades, e não, antes, no mau uso que fazemos delas. É difícil imaginar que deduções corretas a partir de princípios verdadeiros terminem em consequências que não podem ser mantidas ou consideradas consistentes. Deveríamos acreditar que Deus tratou os filhos dos homens de uma forma mais generosa e, portanto, não que lhes deu um forte desejo de conhecimento e colocou esse conhecimento completamente fora de seu alcance. Isso não estaria de acordo com os métodos usuais e indulgentes da Providência, que, para quaisquer apetites que possa ter implantado nas criaturas, geralmente lhes forneceu meios que, se corretamente

---
4 Referência a uma visão partilhada por muitos pensadores. Ver Locke, *Ensaio*, 1.1.5; 4.3.6.

usados, não deixarão de satisfazê-las. Em geral, inclino-me a pensar que a maior parte das dificuldades, se não todas, que até agora entretiveram os filósofos e obstruíram o caminho do conhecimento deve-se inteiramente a nós mesmos; primeiro levantamos a poeira e depois nos queixamos por não ver.

4. Meu propósito é, portanto, tentar descobrir os princípios que introduziram todas essas dúvidas e incertezas, esses absurdos e contradições nas diversas seitas filosóficas, a tal ponto que os homens mais sábios chegaram a pensar que a nossa ignorância é incurável, imaginando que ela surge da fraqueza e da limitação natural das nossas faculdades. Certamente, é um trabalho digno de nossos esforços fazer uma investigação rigorosa a respeito dos primeiros princípios do *conhecimento humano*, esquadrinhá-los e examiná-los de todos os lados, especialmente porque pode haver algum fundamento para suspeitar que tais obstáculos e dificuldades, que estorvam e impedem a mente em sua busca da verdade, não surgem de nenhuma obscuridade e complexidade nos objetos, nem de defeitos no nosso entendimento, mas de falsos princípios que têm sido aceitos e que poderiam ter sido evitados.

5. Por mais difícil e desencorajadora que essa tentativa possa parecer, principalmente quando muitos homens notáveis e extraordinários me antecederam nessa mesma intenção, ainda assim não deixo de ter alguma esperança, a partir da consideração de que as visões mais amplas nem sempre são as mais claras, e de que aquele que é míope se vê // obrigado a aproximar o objeto e pode, talvez, por uma inspeção cuidadosa e minuciosa, discernir aquilo que tinha escapado a olhos mais aguçados.

6. A fim de preparar a mente do leitor para conceber mais facilmente o que se segue, convém, como forma de introdução, mencionar algo sobre a natureza e o abuso da linguagem. Mas a explicação desse assunto leva-me a antecipar em certa medida meu plano, chamando atenção para o que parece ter desempenhado um papel importante no caráter intrincado e obscuro da especulação – e ocasionado inúmeros erros e dificuldades em quase todas as áreas do conhecimento. Refiro-me à opinião de que a mente tem o poder de formar *ideias abstratas* ou noções das coisas. Todo aquele que não estiver completamente alheio aos escritos e às disputas dos filósofos deve necessariamente reconhecer que boa parte deles tem por objeto as ideias abstratas. Em um sentido especial, as ideias abstratas são consideradas o objeto das ciências conhecidas pelos nomes de *Lógica* e *Metafísica* e de tudo o que se inclui na noção do mais abstrato e sublime saber. Em todas essas ciências não se descobrirá nenhuma questão tratada de maneira tal que não suponha a existência de ideias abstratas na mente e que a mente esteja completamente familiarizada com aquelas.

7. Todos estão de acordo que as qualidades ou propriedades |*modes*| das coisas nunca existem realmente, cada qual independente por si e separada de todas as outras, mas que estão misturadas, por assim dizer, e fundidas no mesmo objeto. Mas afirma-se que a mente, sendo capaz de considerar cada qualidade separadamente ou abstraída das outras qualidades com as quais está unida, forma para si, desse modo, ideias abstratas. Por exemplo, percebe-se pela visão um objeto extenso, colorido e em movimento; a mente divide essa ideia mista ou composta nas partes simples que a constituem // e, considerando cada

uma em si, independentemente das demais, forma as ideias abstratas de extensão, cor e movimento. Não que seja possível para a cor ou o movimento existir sem a extensão, mas somente que a mente pode formar para si, por *abstração*, a ideia de cor sem a de extensão, e a ideia de movimento sem as de cor e de extensão.

8. Além disso, quando a mente observa que nas extensões particulares percebidas pelos sentidos há algo comum e semelhante em todas elas, e alguns outros aspectos |*things*| peculiares a cada uma, como esta ou aquela figura ou grandeza, e que as distingue umas das outras, ela considera separadamente e seleciona sozinha o que é comum, formando, a partir disso, uma ideia mais abstrata de extensão, a qual não é nem linha, nem superfície, nem sólida, nem tem nenhuma figura ou grandeza, mas uma ideia inteiramente prescindida de todas essas. Da mesma forma, quando a mente deixa de lado nas cores particulares percebidas pelos sentidos que as distingue umas das outras e retém somente aquilo que é comum a todas, forma uma ideia da cor em abstrato, a qual não é nem vermelha, nem azul, nem branca, nem de nenhuma outra cor determinada. E, da mesma maneira, ao considerar o movimento separadamente, não apenas do corpo que se move, mas também da trajetória |*figure*| que ele descreve ao se mover e de todas as direções e velocidades particulares, forma a ideia abstrata de movimento, a qual igualmente corresponde a todos os movimentos particulares que se possam perceber pelos sentidos.

9. E assim como a mente forma para si ideias abstratas de qualidades ou propriedades |*modes*|, ela também consegue alcançar, mediante a mesma técnica |*precision*| ou separação mental,

ideias abstratas de seres mais complexos que contêm várias qualidades coexistentes. Por exemplo, quando a mente observa que Peter, James e John se assemelham entre si em virtude de certas características comuns |*common agreements*| de aparência |*shape*| e outras qualidades, deixa de lado, na ideia complexa ou composta que ela tem de Peter, de James ou de qualquer outro homem em particular, o que é peculiar a cada um e retém unicamente o que é comum a todos. E assim forma uma ideia abstrata na qual todos os indivíduos particulares participam igualmente, abstraindo por completo e excluindo todas as circunstâncias e diferenças que poderiam determiná-los a alguma existência particular. E, dessa maneira, diz-se que chegamos à ideia abstrata de *homem*, ou, se se preferir, de humanidade ou natureza humana. A cor faz parte dessa ideia, é verdade, pois não há nenhum homem que não tenha alguma cor, mas, nesse caso, não pode ser nem branca, nem preta, nem qualquer outra // cor em particular, pois não há nenhuma cor de que todos os homens participem. Assim, também, inclui-se nessa ideia a estatura; nesse caso, porém, não se trata de estatura alta nem baixa, tampouco de estatura média, mas de algo que se abstrai de todas estas. E assim sucessivamente. Além disso, como há uma grande variedade de outras criaturas que participam em algumas partes, ainda que não em todas, da ideia complexa de *homem*, a mente – deixando de lado as partes que são peculiares ao ser humano e retendo somente as que são comuns a todas as criaturas vivas – forma a ideia de *animal*, a qual faz abstração não somente de todos os seres humanos particulares, mas também de todos os pássaros, animais, peixes e insetos. As partes constitutivas da ideia abstrata de animal são corpo, vida, sentido e movimento espontâneo. Por *corpo* entende-se um corpo sem nenhuma forma ou figura determinadas, pois não há nenhuma forma ou figura comum a todos os animais sem considerar revestimento de pelo, de plumas ou de escamas etc., tampouco a nudez, já que pelos, plumas, escamas e nudez são propriedades que distinguem determinados animais uns dos outros, e por essa razão não são incluídas na *ideia abstrata*. Pela mesma razão, o movimento espontâneo não deve ser nem caminhar, nem voar, nem rastejar; não obstante é um movimento, mas, que movimento é esse, não é fácil conceber.

10. Se outros têm essa maravilhosa faculdade de *abstrair suas ideias*, é algo que poderão dizer melhor do que ninguém. Quanto a mim, posso dizer, certamente, que tenho a faculdade de imaginar ou de representar para mim as ideias daquelas coisas particulares que percebi e de combiná-las e dividi-las das mais variadas maneiras. Posso imaginar um homem de duas cabeças, ou a parte superior de um homem unida ao corpo de um cavalo. Posso considerar a mão, o olho e o nariz, cada qual isoladamente, abstraídos ou separados do resto do corpo. Mas, nesse caso, seja qual for a mão ou o olho que eu imagine, eles deverão ter alguma forma e cor particulares. Do mesmo modo, a ideia de homem que formo para mim deve ser de um homem branco, negro ou mulato; ereto ou curvado; alto, baixo ou de estatura mediana. Não consigo, por nenhum esforço do pensamento, conceber a ideia abstrata que acabo de descrever. E me é igualmente impossível formar a ideia abstrata de movimento diferente da de um corpo que se move e que não seja nem rápido nem lento, nem curvilíneo nem retilíneo. E o mesmo poderia ser dito de todas as demais ideias gerais abstratas, quaisquer que sejam. Para ser sincero, reconheço que sou capaz de abstrair num sentido, como quando considero al-

gumas partes ou qualidades particulares separadas de outras, as quais, embora sejam unidas em algum objeto, podem, contudo, realmente existir // sem ele. Mas nego que possa abstrair algumas qualidades de outras, ou conceber separadamente as que não existem assim separadas, ou que possa formar uma noção geral mediante a abstração dos particulares segundo a maneira já mencionada. E estas duas últimas são as próprias acepções de *abstração*. E há razões para pensarmos que a maior parte dos homens reconhecerá que se encontra na mesma situação em que me encontro. A maioria dos homens, os quais são simples e ignorantes, jamais pretende *abstrair noções*. Diz-se que isso é difícil e que elas não podem ser obtidas sem esforço e estudo. Podemos concluir, portanto, com razão, que, se elas existem, estão reservadas somente aos sábios.

11. Passo a examinar agora o que pode ser alegado em defesa da doutrina da abstração, e tentarei descobrir o que leva os homens de especulação a adotar uma opinião como essa, a qual parece estar tão distante do senso comum. Houve nos últimos tempos um filósofo[5] merecidamente estimado que, sem dúvida, deu grande apoio a essa doutrina ao sugerir que ter ideias gerais abstratas estabelece a maior diferença, no que se refere ao entendimento, entre os seres humanos e os animais. "Ter ideias gerais", diz ele, "estabelece uma perfeita distinção entre os seres humanos e os animais, e essa é uma superioridade que as faculdades dos animais de modo algum alcançam, pois é evidente que não observamos neles nenhum indício de que utilizam signos gerais para ideias universais. Portanto, temos razão de imaginar que não têm a faculdade de *abstrair* ou de

---

5 Ou seja, John Locke, cujo *Ensaio* foi publicado em 1690.

formar ideias gerais, visto que não usam palavras ou quaisquer outros signos gerais". E um pouco mais adiante: "Assim, penso que podemos supor que é nisso que as espécies de animais se distinguem dos seres humanos, e é essa diferença que os separa completamente e que por fim estabelece entre eles uma distância tão grande, pois se os animais têm algumas ideias e não são simples máquinas (como alguns pensaram[6]), não podemos negar que possuem alguma razão. Parece-me tão evidente que em certos casos alguns animais raciocinam, como que têm senso; mas isso só em ideias particulares, tal como as recebem de seus sentidos. Os mais desenvolvidos dentre eles estão encerrados nesses estreitos limites e não têm (segundo penso) a faculdade de ampliá-los mediante qualquer tipo de *abstração*" (*Ensaio sobre o entendimento humano*, Livro 2, Cap. 11, parágrafos 10 e 11). Concordo prontamente com este douto autor que as faculdades // dos animais não podem de modo algum atingir a *abstração*. Mas, então, se esta constitui a propriedade distintiva dessa espécie de animais, receio que muitos dos que passam por seres humanos devam ser incluídos entre eles. A razão que se dá aqui para mostrar que não temos nenhum fundamento para pensar que os animais têm ideias gerais abstratas é que não observamos neles nenhum uso de palavras ou de quaisquer outros signos gerais; uma razão que, por sua vez, se baseia nessa suposição, a saber, de que fazer uso de palavras implica ter ideias gerais. Disso se deduz que os seres humanos, porque usam linguagem, são capazes de abstrair ou de generalizar suas ideias. Que esse é o sentido e o raciocínio do autor tornar-se-á evidente em seguida, na resposta que oferece à pergunta que ele próprio coloca em

---

6 Alusão a Descartes.

outra passagem: "Se todas as coisas que existem são somente particulares, como chegamos aos termos gerais?". *Sua resposta é*: "As palavras tornam-se gerais ao ser convertidas em signos de ideias gerais" (*Ensaio sobre o entendimento humano*, Livro 3, Cap. 3, parágrafo 6). Parece, porém,[7] que uma palavra se torna geral ao ser convertida em sinal, não de uma ideia geral abstrata, mas de várias ideias particulares, qualquer uma das que ela indiferentemente sugere à mente. Por exemplo, quando se diz que *a mudança de movimento é proporcional à força aplicada*, ou que *tudo que tem extensão é divisível*, essas proposições devem ser entendidas em relação ao movimento e à extensão em geral, e, não obstante, não se seguirá que elas sugerem aos meus pensamentos uma ideia de movimento sem um corpo que se move, ou sem nenhuma direção ou velocidade determinadas, ou que eu deva conceber uma ideia geral abstrata de extensão que não seja nem linha, nem superfície, nem sólida, nem grande, nem pequena, nem preta, branca ou vermelha, nem de qualquer outra cor determinada. A única coisa implícita é que, seja qual for o movimento que eu considere, rápido ou lento, perpendicular, horizontal ou oblíquo, e seja qual for o objeto, o axioma a seu respeito mantém-se igualmente verdadeiro. Outro tanto se pode dizer de cada extensão particular, não importando se ela é linha, superfície ou sólida, se desta ou daquela grandeza ou figura.

12. Mediante a observação de como as ideias se tornam gerais, poderemos entender melhor como as palavras também se tornam gerais. E aqui desejo esclarecer que não nego absolutamente a existência de ideias gerais, somente a existência de quaisquer

---

[7] Essa frase começa assim na primeira edição: "Não posso concordar com isso, sendo da opinião...".

ideias gerais abstratas, pois nas passagens anteriormente citadas, em que as ideias gerais são mencionadas, sempre se supõe que elas são formadas por *abstração*, segundo a maneira exposta nos parágrafos 8 e 9. No entanto, se quisermos dar um significado a nossas palavras e falar somente do que podemos conceber, acredito que // reconheceremos que uma ideia considerada em si é particular, mas ao representar ou significar todas as outras ideias particulares do mesmo tipo torna-se geral. Para esclarecer isso mediante um exemplo, suponhamos que um geômetra esteja demonstrando o método de dividir uma linha em duas partes iguais. Ele traça, por exemplo, uma linha preta de uma polegada de comprimento; essa linha, que em si é particular, é, no entanto, geral em relação a seu significado, pois, do modo como aqui é utilizada, representa todas as linhas particulares, quaisquer que sejam. Desse modo, o que é demonstrado acerca dela fica demonstrado acerca de todas as linhas, ou, em outras palavras, de uma linha em geral. E, assim como essa linha particular se torna geral ao ser convertida em um signo, do mesmo modo o nome *linha*, que tomado em absoluto é particular, torna-se geral ao ser convertido em um signo. E, assim como a linha deve sua generalidade não ao fato de ser o signo de uma linha abstrata ou geral, mas de todas as linhas retas particulares que possam talvez existir, do mesmo modo pode-se pensar que a generalidade da palavra *linha* deriva da mesma causa, isto é, das várias linhas particulares que ela indiferentemente denota.[8]

---

8 No *Tratado da natureza humana*, comentando essa crítica de Berkeley às ideias abstratas, Hume afirmou: "considero esta descoberta uma das maiores e mais valiosas feitas na república das letras" (*T.* 1.1.7.1). Ver HUME, D. *Tratado da natureza humana*. Trad. Déborah Danowski. São Paulo: Editora UNESP, 2001.

13. Para dar ao leitor uma visão ainda mais clara sobre a natureza das ideias abstratas e dos usos para os quais são consideradas necessárias, acrescento mais uma passagem do *Ensaio sobre o entendimento humano*: "As *ideias abstratas* não são tão óbvias ou fáceis para as crianças ou para as mentes ainda não exercitadas como as ideias particulares. Se parecem sê-lo para os homens adultos, é só devido ao uso constante e familiar que fazem delas, pois, se refletirmos atentamente sobre as ideias gerais, descobriremos que são ficções ou artifícios mentais |*contrivances of the mind*| que comportam dificuldades e não se nos apresentam tão facilmente como estamos dispostos a imaginar. Por exemplo, não são porventura necessários certos esforço e habilidade para formar a ideia geral de um triângulo (que não é, no entanto, uma das mais abstratas, abrangentes e difíceis), pois não deve ser obliquângulo, nem retângulo, nem equilátero, isósceles ou escaleno, mas *todos e nenhum deles* ao mesmo tempo? Com efeito, trata-se de algo imperfeito que não pode existir, uma ideia em que algumas partes de várias ideias distintas e *incompatíveis entre si*[9] são colocadas juntas. É verdade que nesse estado imperfeito a mente tem necessidade de ideias assim e emprega toda a sua diligência para possuí-las, tanto para favorecer a comunicação como para aumentar o conhecimento, o que para ambas as coisas ela é naturalmente muito inclinada. Mas, apesar disso, temos motivos para suspeitar que essas ideias são sinais de nossa imperfeição. Pelo menos, isso é suficiente para mostrar que as ideias mais abstratas e gerais não são aquelas com as quais a mente está primeira e mais facilmente familiarizada, nem aquelas sobre as quais seu conhecimento //

---

9 Os itálicos acrescentados ao texto de Locke são de Berkeley.

inicial diz respeito |*is conversant about*|" (Livro 4, Cap. 7, parágrafo 9). Se algum homem possui a faculdade de formar na mente uma ideia de triângulo tal como a que foi aqui descrita, é inútil tentar contestá-la, nem eu pretendo fazer isso. Tudo o que desejo é que o leitor se certifique de forma completa e segura se tem ou não ideia semelhante. E essa tarefa, parece-me, não deve ser difícil para ninguém. O que pode haver de mais fácil do que examinar um pouco os próprios pensamentos e ver se tem, ou se pode vir a ter, uma ideia que corresponda à descrição aqui dada da ideia geral de um triângulo que não é *nem obliquângulo, nem retângulo, nem equilátero, nem isósceles, nem escaleno, mas todos e nenhum deles ao mesmo tempo*?

14. Muito se diz aqui sobre a dificuldade que as ideias abstratas comportam e sobre o esforço e a habilidade necessários para formá-las. E todos estão de acordo que é preciso grande trabalho e labor mental para emancipar nossos pensamentos dos objetos particulares e elevá-los às sublimes especulações relativas às ideias abstratas. A consequência natural de tudo isso parece ser que algo tão difícil como a formação de ideias abstratas não é necessário para a *comunicação*, a qual é muito fácil e familiar aos homens de todas as classes. Mas diz-se que, se as ideias abstratas parecem fáceis e óbvias para as pessoas adultas, *é apenas porque um uso constante e familiar as tornou assim*. No entanto, desejaria muito saber em que momento da vida os homens se empenham em superar essa dificuldade e adquirem os recursos necessários para pensar |*discourse*|. Não pode ser quando são adultos, pois parece que nessa idade não estão conscientes de quaisquer esforços desse tipo; só resta, portanto, que seja algo que ocorre durante a infância. Mas, certamente, o enorme e multiplicado

trabalho de formar noções abstratas será considerado uma tarefa difícil para essa tenra idade. Não é difícil imaginar que duas crianças não possam tagarelar uma com a outra sobre seus doces, seus chocalhos e o restante de seus brinquedos até que tenham primeiramente alinhavado incontáveis inconsistências e assim formado em sua mente *ideias gerais abstratas*, vinculando-as a todos os nomes comuns que empregam?

15. Penso que as ideias abstratas não são nem um pouco mais necessárias para a *ampliação do conhecimento* do que para a *comunicação*. Sei que se insiste muito no fato de todo conhecimento e toda demonstração se referirem a noções universais, com o que estou plenamente de acordo. Mas nesse caso não me parece que essas noções sejam formadas por meio da *abstração* segundo a maneira antes mencionada. A *universalidade*, até onde posso compreendê-la, não consiste na natureza ou na concepção positiva e independente |absolute| de // alguma coisa, mas na relação que ela possui com os particulares significados ou representados por ela. E é em virtude disso que as coisas, os nomes ou as noções, que são *particulares* por sua própria natureza, tornam-se *universais*. Assim, quando demonstro qualquer proposição acerca de triângulos, deve-se supor que tenho em vista a ideia universal de um triângulo, e que esta não deve ser entendida como se eu pudesse formar uma ideia de um triângulo que não é nem equilátero, nem escaleno, nem isósceles, mas somente que o triângulo particular que considero, seja deste, seja daquele tipo, pouco importa; significa e representa igualmente todos os triângulos retilíneos, quaisquer que sejam, e, nesse sentido, ele é *universal*. Tudo isso parece muito claro e não envolve nenhuma dificuldade.

16. Mas aqui, porém, se pode perguntar como podemos saber se uma proposição é verdadeira acerca de todos os triângulos particulares, a não ser que primeiro a tenhamos visto demonstrada na ideia abstrata de um triângulo que se refere igualmente a todos? Afinal, do fato de poder demonstrar que uma propriedade pertence a um triângulo particular não se segue que pertence igualmente a qualquer outro triângulo que em todos os aspectos é diferente do primeiro. Por exemplo, tendo demonstrado que os três ângulos de um triângulo retângulo isósceles equivalem a dois ângulos retos, não posso concluir que essa qualidade |*affection*| corresponde a todos os demais triângulos que não têm um ângulo reto nem dois lados iguais. Parece, portanto, que, para nos assegurarmos de que essa proposição é universalmente verdadeira, devemos fazer uma demonstração particular para cada triângulo particular – o que é impossível –; ou então, de uma vez por todas, demonstrá-la na *ideia abstrata de um triângulo*, na qual participem indiferentemente todos os triângulos particulares e mediante a qual todos sejam igualmente representados. A isso respondo que, embora a ideia que tenho em vista ao fazer a demonstração seja, por exemplo, a de um triângulo retângulo isósceles, cujos lados são de determinada extensão, posso, não obstante, estar seguro de que tal demonstração se estende a todos os demais triângulos retilíneos, de qualquer classe ou tamanho que sejam. E isso porque nem o ângulo reto, nem a igualdade, nem a extensão determinada dos lados estão envolvidos na demonstração. É verdade que o diagrama que tenho em vista inclui todos esses particulares, mas, nesse caso, na prova da proposição, não se faz a menor menção a eles. Não se diz que os três ângulos equivalem a dois retos porque um deles é um ângulo reto ou

porque os lados que o formam são da mesma extensão. Isso mostra suficientemente que o ângulo reto poderia ser oblíquo em vez de ser reto, e que os lados poderiam ser desiguais, e que, apesar de tudo isso, a // demonstração continuaria sendo válida. E é por essa razão, e não porque demonstrei a proposição baseando-me na ideia abstrata de um triângulo, que concluo que aquilo que demonstrei acerca de um triângulo retângulo isósceles particular é verdadeiro para todo triângulo obliquângulo ou escaleno. [E aqui se deve reconhecer que um homem pode considerar uma figura meramente como triangular, sem prestar atenção nas qualidades particulares dos ângulos ou nas relações entre os lados. Até aqui se pode abstrair, mas isso nunca provará que se possa formar uma ideia geral abstrata, contraditória, de um triângulo. Da mesma maneira, podemos considerar Peter apenas um homem ou um animal, sem formar a ideia abstrata antes mencionada, seja de homem, seja de animal, visto que tudo que é percebido não é considerado.][10]

17. Seria tarefa interminável, e ao mesmo tempo inútil, seguir os escolásticos, esses grandes mestres da abstração, por todos os múltiplos e inextricáveis labirintos de erros e disputas aos quais foram levados por suas doutrinas das naturezas e noções abstratas. Quantas disputas e controvérsias, e que nuvem de erudição se levantou sobre essas questões, e que grandes vantagens têm sido daí derivadas para a humanidade – são questões hoje tão claramente conhecidas que é desnecessário insistir nelas. E teria sido bom se os efeitos perniciosos dessas doutrinas tivessem se limitado somente a seus partidários mais

---

10 Acréscimo da segunda edição, publicada em 1734.

declarados. Quando os homens consideram o grande esforço, engenho |*industry*| e talento que durante muito tempo foram empregados no aperfeiçoamento e no progresso das ciências e que, não obstante tudo isso, a maior parte delas permanece repleta de obscuridade e incerteza; que as disputas parecem jamais ter um fim; que mesmo as ciências que parecem estar apoiadas pelas mais claras e irrefutáveis demonstrações contêm paradoxos absolutamente incompatíveis com o entendimento humano; e que, tomadas em conjunto, uma pequena parte dessas ciências não proporciona nenhum benefício real para a humanidade, senão o de ser uma inocente diversão, um entretenimento, parece-me que a consideração de tudo isso pode lançar esses mestres da abstração no desalento e no mais completo desprezo por todo estudo. Mas isso talvez possa ser evitado a partir de um exame dos falsos princípios que têm prevalecido no mundo, e, dentre todos eles, penso que talvez não exista nenhum que tenha exercido // maior influência sobre o pensamento dos homens especulativos[11] do que o das ideias gerais abstratas.

18. Passo agora a considerar a origem dessa noção predominante, que me parece ser a linguagem. E, certamente, nada de menor alcance do que a própria razão poderia ter sido a origem de uma opinião tão universalmente aceita. A verdade disso se torna evidente, dentre outras razões, também pela clara confissão dos mais competentes defensores das ideias abstratas, os quais reconhecem que estas são produzidas a fim de

---

11 Na primeira edição a frase terminava assim: "do que este que temos nos esforçado para derrubar".

nomear. Uma clara consequência disso é que, se não houvesse algo como uma linguagem ou signos universais, nunca teria havido nenhuma ideia da abstração (*Ensaio sobre o entendimento humano*, Livro 3, Cap. 6, parágrafo 39 e outras passagens). Examinemos, portanto, de que forma as palavras contribuíram para a origem desse erro. Em primeiro lugar pensou-se que todo nome tinha, ou deveria ter, um só significado preciso e estabelecido, o qual inclina os homens a pensar que existem determinadas *ideias abstratas* que constituem o verdadeiro e único significado imediato de cada nome geral, e que é pela mediação dessas ideias abstratas que um nome geral passa a significar alguma coisa particular. Mas, na verdade, não existe algo como um significado preciso e definido anexado a cada nome geral, pois todos os nomes significam indiferentemente várias ideias particulares. Tudo isso se segue, evidentemente, do que já foi dito e tornar-se-á manifesto a qualquer um que refletir um pouco. Contra isso se poderá objetar que todo nome que tem uma definição se encontra limitado a um certo significado. Por exemplo, um *triângulo* é definido como uma *superfície plana delimitada por três linhas retas*, o que equivale a dizer que esse nome é limitado a denotar certa ideia e não outra. A isso respondo que na definição não se diz se a superfície é grande ou pequena, preta ou branca, nem se os lados são longos ou curtos, iguais ou desiguais, nem qual inclinação os ângulos têm um em relação aos outros. Em tudo isso pode haver uma grande variedade e, consequentemente, nenhuma ideia estabelecida que demarque o significado da palavra *triângulo*. Uma coisa é empregar um nome sempre para a mesma definição, outra é fazê-lo representar sempre a mesma ideia – a primeira é necessária; a segunda, inútil e impraticável.

19. Mas, a fim de explicar mais detalhadamente como as palavras chegaram a produzir // a doutrina das ideias abstratas, deve-se observar que é uma opinião aceita que a linguagem não tem nenhuma outra finalidade a não ser a comunicação de nossas ideias, e que cada nome significativo representa |*stands for*| uma ideia. Sendo assim – e sendo também certo que os nomes, embora não sejam considerados completamente desprovidos de significado, nem sempre designam ideias particulares concebíveis –, conclui-se imediatamente que os nomes representam noções abstratas. Ninguém negará que entre os homens de ciência há muitos nomes em uso que nem sempre sugerem aos demais homens ideias particulares determinadas. E com um pouco de atenção descobriremos que não é necessário (nem mesmo nos raciocínios mais rigorosos) aos nomes significativos que representam ideias suscitar, sempre que usados, |*excite*| o entendimento das ideias para cuja representação foram criados. Nas leituras e raciocínios, os nomes são quase sempre usados como as letras são usadas na *álgebra*, ou seja, embora cada letra represente uma quantidade particular, não é necessário, para calcular corretamente, que em cada passo cada letra sugira ao nosso pensamento a quantidade particular cuja representação lhe foi designada.

20. Além disso, a comunicação de ideias designadas por palavras não é a principal nem a única finalidade da linguagem, como comumente se supõe. Existem outras finalidades, como a de despertar alguma paixão, incitar ou dissuadir uma ação, colocar a mente numa disposição particular. Nesses casos, a comunicação de ideias é simplesmente subordinada e algumas vezes inteiramente omitida quando essas finalidades podem

ser alcançadas sem ela, como penso que frequentemente ocorre no uso familiar da linguagem. Convido o leitor a refletir se lhe sucede muitas vezes, ao ouvir ou ler um discurso, surgir imediatamente na mente, ao perceber certas palavras e sem que se interponham quaisquer ideias, as paixões do medo, amor, ódio, admiração, desdém e outras semelhantes. A princípio, de fato, as palavras podem ter ocasionado ideias que eram adequadas para produzir essas emoções, mas, se não me engano, descobrir-se-á que, quando a linguagem se tornou familiar, a audição dos sons ou a visão dos caracteres foi imediatamente acompanhada das paixões que a princípio costumavam ser produzidas pela intervenção de ideias, as quais agora são completamente omitidas. Não nos sentimos afetados, por exemplo, com a promessa de uma *coisa boa*, embora não tenhamos uma ideia do que ela seja? Ou: não é a ameaça de um perigo suficiente para despertar temor, embora ignoremos que mal concreto possa nos acorrer e tampouco formemos // uma ideia de perigo em abstrato? Acredito que qualquer um que reflita um pouco sobre o que se disse, por menos que o faça, dar-se-á conta, perfeitamente, de que os nomes gerais são usados com frequência segundo as regras da linguagem e sem que o falante os considere signos das próprias ideias, com a intenção de suscitá-las na mente do ouvinte. Inclusive, os nomes próprios não parecem ser sempre empregados com a intenção de nos trazer à mente as ideias dos indivíduos que, supõe-se, sejam designados por eles. Por exemplo, quando um escolástico me diz que *Aristóteles o disse*, tudo o que imagino que ele pretende com isso é predispor-me a adotar a sua opinião valendo-se da consideração e do respeito que o costume acrescentou àquele nome. E esse efeito pode ser produzido de maneira tão instantânea na mente dos que estão acostumados a submeter o seu juízo à autoridade desse filósofo que é impossível lhe ocorrer antes qualquer ideia de sua pessoa, de seus escritos ou de sua reputação.[12] Poderia dar inúmeros exemplos desse tipo, mas para que insistir em algo que a experiência de cada um poderá, sem dúvida, sugerir-lhe em abundância?

21. Nós mostramos, creio, a impossibilidade das *ideias abstratas*. Consideramos o que disseram a favor delas os seus mais competentes defensores e procuramos mostrar que elas não servem para os fins aos quais são consideradas necessárias. Por fim, nós as seguimos até a fonte de onde surgem, que parece ser a linguagem. Não se pode negar que as palavras são extremamente úteis, na medida em que por seu intermédio todo o tesouro de conhecimentos acumulado graças ao trabalho comum dos investigadores em todas as épocas e em todas as nações pode ser abarcado e dominado por uma só pessoa. Mas ao mesmo tempo deve-se admitir que muitas áreas do conhecimento têm sido estranhamente perturbadas e obscurecidas pelo abuso das palavras e pelas maneiras de falar usuais a que foram expostas.[13] Portanto, uma vez que as palavras podem impor-se ao entendimento,[14] sejam quais forem as ideias que eu considere, esforçar-me-ei para empregá-las em sua pureza e simplicidade,

---

12 A edição de 1710 acrescentava: "Tão estreita e imediata conexão o costume pode estabelecer entre a palavra *Aristóteles* e os movimentos de assentimento e de reverência na mente de alguns homens".

13 A primeira edição acrescentava: "Quase se pode fazer uma pergunta: se a linguagem contribuiu mais para o impedimento do que para o progresso das ciências".

14 Na edição de 1710 constava: "Estou decidido, em minhas investigações, a fazer o menor uso possível delas".

afastando do meu pensamento, o mais que puder, os nomes estritamente ligados a elas pelo uso prolongado // e constante; e disso espero poder obter as seguintes vantagens.

22. Em primeiro lugar, estarei certo de ficar livre de todas as controvérsias puramente verbais, ervas daninhas cujo surgimento em quase todas as ciências tem constituído o principal obstáculo ao progresso do verdadeiro e sólido conhecimento. Em segundo lugar, essa parece ser uma maneira segura para libertar-me dessa fina e sutil rede das *ideias abstratas*, que tão miseravelmente tem desorientado e confundido a mente dos homens, e isso com essa circunstância peculiar de que, quanto mais sutil e sagaz era a inteligência de um homem, mais facilmente ele ficou sujeito a ser apanhado nessa armadilha e mais firmemente ficou preso nela. Em terceiro lugar, quando confinar meus pensamentos às minhas próprias ideias despidas de palavras, não creio que possa facilmente cair em erro. Os objetos que considero eu os conheço clara e adequadamente. Não posso me enganar pensando ter uma ideia que não tenho. Não me é possível imaginar que algumas de minhas ideias sejam semelhantes ou dessemelhantes se na realidade não são assim. Para discernir o acordo ou desacordo entre minhas ideias, para ver que ideias estão incluídas numa ideia composta e quais não estão, não é preciso outro requisito senão uma percepção atenta do que se passa em meu entendimento.

23. Mas a obtenção de todas essas vantagens pressupõe uma libertação completa da impostura |*deception*| das palavras, o que mal ouso prometer a mim, pois é muito difícil dissolver uma união que começou tão cedo – e confirmada por tão longo hábito –, como a que existe entre palavras e ideias. Essa

dificuldade parece ter aumentado muito mais pela doutrina da *abstração*, porque, enquanto os homens pensavam que as ideias abstratas estavam anexadas às suas palavras, não parecia estranho que usassem palavras em vez de ideias; considerando-se ato impraticável deixar de lado a palavra e reter na mente a ideia abstrata, que, em si, era perfeitamente inconcebível. Essa me parece ser a principal causa pela qual os homens que têm tão enfaticamente recomendado aos outros deixar de lado todo uso de palavras em suas meditações e contemplar suas ideias puras não o conseguiram eles mesmos. Recentemente, muitos deram atenção às absurdas opiniões e às vãs disputas que surgiram do abuso das palavras.[15] E, a fim de remediar esses males, aconselharam-nos que prestássemos atenção nas ideias significadas e desviássemos nosso foco das // palavras que as significavam. Mas, por muito bom que seja esse conselho que deram aos outros, é evidente que eles mesmos não o seguiram, pois julgaram que o único uso imediato das palavras é o de expressar ideias, e que o significado imediato de todo termo geral era uma *ideia abstrata determinada*.[16]

24. Mas, uma vez reconhecidos esses erros, já é mais fácil prevenir-se contra a impostura das palavras. Aquele que sabe possuir nada mais que ideias particulares não se esforçará em vão para descobrir e conceber a ideia abstrata, anexada a todo nome. E aquele que sabe que os nomes nem sempre representam ideias poupará a si o trabalho de procurar ideias onde não há nenhuma para ser encontrada. Seria, portanto, desejável que

---

15 Por exemplo, Bacon, *Novum organum*, 1.43; Hobbes, *Leviathan*, 1.4; Locke, *Ensaio* 3.10.
16 Alusão a Locke.

cada um se esforçasse ao máximo para obter uma visão clara das ideias a ser consideradas, separando-as de toda essa roupagem e disfarce |*encumbrance*| das palavras que tanto contribuem para cegar o juízo e dividir a atenção. Em vão estendemos nossa visão aos céus e sondamos as entranhas da terra; em vão consultamos os escritos dos homens de ciência e rastreamos os obscuros passos da Antiguidade; basta-nos retirar o véu das palavras para contemplar a mais bela árvore da ciência, cujos frutos são excelentes e estão ao alcance de nossas mãos.

25. Se não tomarmos o cuidado de livrar os primeiros princípios do conhecimento das dificuldades e do engano |*delusion*| das palavras, poderemos fazer infinitos raciocínios sobre eles em vão; poderemos tirar consequências de consequências e nunca avançar no saber. E, por muito que avancemos, apenas nos perderemos de forma ainda mais irrecuperável, e nos veremos mais profundamente envolvidos em dificuldades e erros. Portanto, quem se propuser a ler as páginas a seguir, peço que procure fazer de minhas palavras a ocasião para seu pensamento e, ao lê-las, se esforce para alcançar a mesma sequência de pensamentos que tive ao escrevê-las. Mediante isso, ser-lhe-á fácil descobrir a verdade ou a falsidade do que digo. Estará fora de todo perigo de ser enganado por minhas palavras, e não vejo como poderá ser induzido ao erro se considerar as próprias ideias despidas e sem disfarce.

Dos princípios do conhecimento humano

Parte I[17]

41 // 1. É evidente a qualquer um que faça um levantamento dos objetos do conhecimento humano que estes são ou ideias realmente impressas nos sentidos ou então ideias como as percebidas quando prestamos atenção nas paixões e operações da mente, ou, finalmente, ideias formadas com a ajuda da memória e da imaginação, seja combinando, dividindo, seja simplesmente representando as ideias originalmente percebidas das maneiras mencionadas. Por meio da visão tenho as ideias da luz e das cores em seus diversos graus e variações. Por meio do tato percebo, por exemplo, duro e macio, calor e frio, movimento e resistência e, de todos esses, a diferença em relação à quantidade ou ao grau. O olfato proporciona-me odores; o paladar, sabores; o ouvido leva à mente sons em toda a sua variedade de tom e

---

17 A Parte II nunca foi publicada. Berkeley afirmou que perdeu o manuscrito a ela relativo durante sua viagem à Itália, por volta de 1716, e que depois nunca teve "tranquilidade para fazer uma coisa tão desagradável como escrever duas vezes sobre o mesmo assunto". Ver *Carta a Samuel Johnson*, de 25 de novembro de 1729, incluída neste volume, p.369.

de composição. E, quando se observa que várias dessas ideias se apresentam simultaneamente, elas passam a ser designadas por um nome e, dessa forma, a ser consideradas uma coisa. Assim, por exemplo, quando se observa que determinada cor, um sabor, um cheiro, uma figura e consistência estão juntos, são considerados uma coisa diferente, significada pelo nome *maçã*. Outras coleções de ideias constituem uma pedra, uma árvore, um livro; e as demais coisas sensíveis, sejam elas agradáveis ou desagradáveis, suscitam |*excite*| as paixões do amor, do ódio, da alegria, da tristeza, e assim por diante.

2. Mas, além de toda essa interminável variedade de ideias ou objetos do conhecimento, existe também algo que os conhece ou percebe e que executa diversas operações relativamente a eles, como querer, imaginar ou recordar. Esse ser ativo, perceptivo, é o que // chamo de *mente*, *espírito*, *alma* ou *eu*. Por meio dessas palavras não denoto nenhuma de minhas ideias, mas algo inteiramente diferente delas, no qual elas existem, ou, o que é a mesma coisa, por meio do qual elas são percebidas, pois a existência de uma ideia consiste em ser percebida.

3. Que nem nossos pensamentos, nem as paixões, nem as ideias formadas pela imaginação existem fora da mente |*without the mind*|[18] é o que todos admitirão. E não parece menos evidente que as várias sensações ou ideias impressas sobre os sentidos, por mais misturadas ou combinadas umas com as outras (isto é, quaisquer que sejam os objetos que componham), não podem existir de outro modo senão em uma mente que as perceba. E

---

18 Nos textos de Berkeley, "without" pode ser lido como significando tanto "fora" como "sem". Em geral, optamos por empregar "fora", mas em alguns contextos o termo foi vertido pelo significado usual "sem".

penso que um conhecimento intuitivo disso pode ser obtido por qualquer um que preste atenção no que é significado pelo termo *existir* quando aplicado a coisas sensíveis. Assim, por exemplo, a mesa sobre a qual escrevo, digo que existe, isto é, que a vejo e a sinto; e, se estivesse fora de minha sala de estudos, diria que ela existe, querendo dizer com isso que se eu estivesse em minha sala de estudos poderia percebê-la, ou que algum outro espírito realmente a percebe. Havia um odor, isto é, ele foi cheirado; havia um som, isto é, ele foi ouvido; uma cor ou figura, e ela foi percebida pela vista ou pelo tato. Isso é tudo o que posso entender por meio dessas e de outras expressões semelhantes. Quanto ao que é dito da existência independente |*absolute*| de coisas não pensantes sem nenhuma relação com seu ser percebido, isso parece completamente ininteligível. Seu *esse est percipi*,[19] e não é possível que tenham alguma existência fora da mente ou das coisas pensantes que as percebam.

4. É de fato uma opinião estranhamente predominante entre os homens que casas, montanhas, rios e, numa palavra, todos os objetos sensíveis têm uma existência natural ou real diferente da de ser percebidos pelo entendimento. Contudo, por maior que sejam a confiança e a aquiescência que esse princípio possa ter recebido no mundo, quem decidir em seu íntimo colocá-lo em dúvida pode, se não me engano, perceber que ele envolve uma contradição manifesta, pois, o que são os objetos anteriormente mencionados senão o que percebemos pelos sentidos? E o que percebemos além das nossas ideias ou sensações? E não é claramente contraditório |*repugnant*| que alguma destas, ou alguma combinação destas, possa existir impercebida?

---

19 Seu ser (*esse*) é ser percebido (*percipi*).

5. Se examinarmos bem esse princípio descobriremos, talvez, que no fundo ele depende da doutrina das *ideias abstratas*. Afinal, pode haver uma maneira mais sutil de abstração do que distinguir a existência dos objetos sensíveis do seu ser percebido, assim como concebê-los existindo impercebidos? Luz e cores, calor // e frio, extensão e figuras, numa palavra, o que vemos e sentimos, o que são eles senão muitas sensações, noções, ideias ou impressões sobre os sentidos? E é possível separar algumas delas, ainda que só mentalmente, da percepção? Para mim é fácil separar uma coisa dela mesma. Posso, de fato, dividir mentalmente, ou conceber separadas umas das outras, coisas que, talvez, nunca percebi pelos sentidos assim divididas. Desse modo, imagino o tronco de um corpo humano sem os membros, ou concebo o cheiro de uma rosa sem pensar na própria rosa. Não negarei que, até esse ponto, posso abstrair, se é que isso pode ser chamado propriamente de *abstração*, pois abrange somente conceber em separado esses objetos, pois é possível que de fato existam ou sejam realmente percebidos separadamente. Mas meu poder de conceber ou imaginar não se estende, entretanto, para além da possibilidade da real existência ou percepção. Por isso, assim como é impossível ver ou sentir algo sem uma sensação efetiva dele, também é impossível conceber em meus pensamentos alguma coisa sensível ou objeto diferente de sua sensação ou percepção.[20]

6. Há algumas verdades tão familiares e óbvias à mente que um homem precisa apenas abrir os olhos para vê-las. Considero

---

20 A edição de 1710 continuava assim: "Na verdade, o objeto e a sensação são a mesma coisa e não podem, portanto, ser abstraídos um do outro".

que uma delas é esta: que toda abóbada celeste e tudo quanto a Terra contém – numa palavra, todos os corpos que compõem a poderosa estrutura do mundo – não possuem nenhuma existência fora de uma mente |*without a mind*|; que seu ser é ser percebido ou conhecido. E que, consequentemente, na medida em que eles não são de fato percebidos por mim, ou não existem na minha mente ou na de qualquer outro espírito criado, não devem ter absolutamente existência alguma, ou, ao contrário, existem na mente de algum espírito eterno, sendo completamente ininteligível e implicando todo o absurdo da abstração atribuir a uma parte isolada deles uma existência independente de um espírito.[21] Para se convencer disso, o leitor precisa apenas refletir e tentar separar em seus pensamentos o ser de uma coisa sensível de seu ser percebido.

7. A partir do que foi dito, segue que não há nenhuma outra substância a não ser o *espírito*, ou aquele que percebe. Mas, a fim de provar de maneira mais completa esse ponto, suponhamos que as qualidades sensíveis sejam as // cores, a figura, o movimento, o cheiro, o sabor etc., ou seja, as ideias percebidas pelos sentidos. Ora, visto que é uma manifesta contradição uma ideia existir numa coisa incapaz de perceber |*unperceiving*|; pois ter uma ideia é o mesmo que perceber: aquilo, portanto, em que cor, figura e outras qualidades semelhantes existem,

---

21 A edição de 1710 acrescentava: "Fazer isso aparecer com toda clareza e evidência de um axioma seria suficiente se desse modo me fosse possível despertar a reflexão do leitor, o qual adotaria então uma visão imparcial de seu significado e dirigiria seus pensamentos sobre esse assunto livre e desimpedido de todo estorvo das palavras, e sem preconceitos a favor de erros recebidos".

deve percebê-las. Portanto, é claro que não pode haver uma substância não pensante ou *substratum*[22] dessas ideias.

8. Mas pode-se alegar que, embora as ideias por si não existam fora da mente, pode haver, contudo, coisas semelhantes a elas das quais elas são cópias ou imagens |*resemblances*|; coisas que existem fora da mente em uma substância não pensante. Respondo que uma ideia não pode ser semelhante a nada a não ser a uma ideia; uma cor ou figura não pode ser semelhante a nada a não ser a outra cor ou figura. Se examinarmos um pouco nossos pensamentos, descobriremos que nos é impossível conceber uma semelhança exceto entre nossas ideias. Mais uma vez pergunto se os supostos originais ou coisas externas, dos quais nossas ideias seriam imagens ou representações, são perceptíveis ou não. Se são, então são ideias, e nós confirmamos nossa tese; mas se se alegar que não o são, desafio qualquer um a pensar se faz sentido afirmar que uma cor é semelhante a algo invisível, ou que duro e macio são qualidades semelhantes a algo intangível; e assim por diante.

9. Alguns estabelecem uma distinção entre qualidades *primárias* e *secundárias*.[23] Pelas primeiras eles se referem à extensão, figura, movimento, repouso, solidez ou impenetrabilidade e número; pelas últimas eles denotam todas as demais qualidades

---

22 *Substratum* é, literalmente, "aquilo que está sob". Berkeley discute detalhadamente as noções de *substratum* e de substância no primeiro dos *Três diálogos entre Hylas e Philonous*.

23 De acordo com os proponentes da distinção entre qualidades primárias e secundárias – entre os quais Galileu, Descartes, Boyle e Locke –, ao contrário das qualidades primárias como extensão, forma etc., as secundárias como cor, cheiro, sabor etc. não se assemelham às qualidades inerentes ao objeto.

sensíveis, como cores, sons, sabores, e assim por diante. Eles reconhecem que as ideias que temos destas não são imagens |*resemblances*| de algo que existe fora da mente ou que é impercebido, mas sustentam que nossas ideias acerca das qualidades primárias são modelos |*patterns*| ou imagens de coisas existentes fora da mente, numa substância não pensante que chamam de *matéria*. Por matéria, portanto, devemos entender uma substância inerte, inanimada |*senseless*|, // na qual extensão, figura e movimento realmente subsistem |*actually subsist*|. Mas é evidente, de acordo com o que já mostramos, que extensão, figura e movimento são apenas ideias que existem na mente, e que uma ideia não pode ser semelhante a nada a não ser a outra ideia; e que, consequentemente, nem elas nem seus arquétipos[24] podem existir numa substância incapaz de perceber. Portanto, é claro que a própria noção do que se chama de *matéria* ou de *substância corpórea* encerra em si uma contradição.[25]

10. Os que afirmam que figura, movimento e demais qualidades primárias ou originais existem fora da mente, em substâncias não pensantes, reconhecem, ao mesmo tempo, a não existência de cores, sons, calor, frio e das demais qualidades secundárias, as quais nos dizem que são sensações presentes só na mente e que dependem e resultam dos diferentes tamanhos,

---

24 Originais dos quais as ideias são cópias.
25 Na edição de 1710 esse parágrafo continuava assim: "De tal maneira que não creio ser necessário gastar mais tempo em expor seu absurdo. Mas, já que a doutrina da existência da matéria parece ter se arraigado de forma tão profunda na mente dos filósofos e produzido tão más consequências, prefiro ser considerado prolixo e tedioso a omitir qualquer coisa que possa conduzir à descoberta e extirpação total de semelhante preconceito".

texturas e movimentos das partículas diminutas da matéria. Eles consideram isso uma verdade indubitável e demonstrável sem exceção alguma. No entanto, se é certo que essas qualidades originais estão inevitavelmente unidas às qualidades sensíveis – e que sequer em pensamento são suscetíveis de ser abstraídas –, segue-se claramente que elas também existem apenas na mente. Não obstante, desejaria que todos refletissem e tentassem ver se podem, por uma abstração mental, conceber a extensão e o movimento de um corpo sem todas as outras qualidades sensíveis. De minha parte, vejo com clareza que não está em meu poder formar uma ideia de um corpo extenso e em movimento a não ser que lhe atribua alguma cor ou outra qualidade sensível que, admite-se, existe só na mente. Em resumo, extensão, figura e movimento abstraídos de todas as demais qualidades são inconcebíveis. Portanto, onde as demais qualidades estão, deverão estar também as primárias, ou seja, na mente e em nenhum outro lugar.

11. Por outro lado, admite-se que *grande* e *pequeno*, *rápido* e *lento* não existem em nenhum lugar fora da mente, pois são inteiramente relativos e mudam conforme varia a estrutura ou posição dos órgãos dos sentidos. A extensão, portanto, que existe fora da mente não é nem grande nem pequena; o movimento, nem rápido nem lento; ou seja, não são absolutamente nada. Mas, pode-se alegar, trata-se da extensão em geral e do movimento em geral. Vemos, nesse caso, até que ponto a doutrina das substâncias extensas e móveis, // existentes fora da mente, depende da estranha doutrina das *ideias abstratas*. E aqui não posso deixar de notar quanto a vaga e indeterminada descrição da matéria ou substância corpórea, a que os filósofos modernos foram

conduzidos em virtude dos próprios princípios, se assemelha à antiquada, e um tanto ridicularizada, noção de *matéria-prima* de Aristóteles e de seus seguidores. Sem a extensão, a solidez não pode ser concebida. Uma vez, portanto, que se mostrou que a extensão não existe numa substância não pensante, o mesmo também deve ser verdadeiro no que se refere à solidez.

12. Que o número é inteiramente uma criação da mente, mesmo admitindo-se a existência das demais qualidades fora dela, será evidente a qualquer um que considere que uma mesma coisa pode ter uma diferente denominação numérica, conforme a mente a contemple de diferentes pontos de vista. Assim, a mesma extensão pode ser 1, 3 ou 36, segundo a mente a considere com referência a uma jarda, a um pé ou a uma polegada.[26] O número é tão evidentemente relativo e dependente do entendimento humano que é estranho pensar como alguém poderia lhe atribuir uma existência independente fora da mente. Ao dizermos um livro, uma página, uma linha, todas estas são igualmente unidades, embora algumas contenham várias outras. E em cada caso é claro que a unidade se refere a alguma combinação particular de ideias arbitrariamente reunidas pela mente.

13. Sei que alguns sustentam que a unidade é uma ideia simples ou não composta, que acompanha todas as demais ideias na mente,[27] mas não encontro em mim nenhuma ideia que corresponda à palavra *unidade*, e, se a tivesse, creio que não poderia deixar de encontrá-la. Pelo contrário, deveria ser a mais familiar

---

26 Medidas equivalentes, sendo que uma jarda equivale a três pés, e um pé equivale a doze polegadas.
27 Opinião defendida por Locke. Ver *Ensaio*, 2.7.7 e 2.16.1.

ao meu entendimento, uma vez que se diz que ela acompanha todas as demais ideias e que é percebida por meio de todos os caminhos da sensação e reflexão. Para não me alongar, trata-se de uma *ideia abstrata*.

14. Acrescentarei que, da mesma maneira como os filósofos modernos provam que certas qualidades sensíveis não existem na matéria ou fora da mente, o mesmo também pode ser provado de todas as demais qualidades sensíveis, quaisquer que sejam. Assim, por exemplo, diz-se que calor e frio são apenas afecções |*affections*| mentais, e não, de modo algum, modelos |*patterns*| de coisas |*beings*| reais, existentes nas substâncias corpóreas que as produzem |*excite*|, pois um mesmo corpo que parece frio a uma mão, parece quente a outra. Assim, por que não podemos igualmente sustentar que figura e extensão não são modelos ou imagens de qualidades existentes na matéria, já que // a um mesmo olho em posições diferentes, ou a olhos de uma constituição diferente numa mesma posição, elas parecem diferentes e não podem, portanto, ser imagens de algo fixo e determinado fora da mente? Ademais, prova-se que a doçura não está realmente na coisa sápida, pois, ainda que esta permaneça inalterada, o doce pode converter-se em amargo, como no caso de um paladar adulterado pela febre ou por outra causa qualquer. Não seria igualmente razoável dizer que o movimento não existe fora da mente, já que, se a sucessão de ideias na mente torna-se mais rápida, o movimento, como se reconhece, parecerá mais lento, sem que tenha ocorrido alguma alteração em qualquer objeto externo?

15. Em suma, quem considerar esses argumentos – os quais provam manifestamente que cores e sabores existem só na men-

te – descobrirá que eles podem, com igual força, ser aduzidos para provar a mesma coisa a respeito da extensão, da figura e do movimento. Todavia, deve-se reconhecer que esse método de argumentar não prova que não há nenhuma extensão ou cor num objeto externo, tanto quanto que não conhecemos por meio dos sentidos qual é a verdadeira extensão ou cor do objeto. Mas os argumentos precedentes mostraram claramente ser impossível que qualquer cor ou extensão, ou quaisquer outras qualidades sensíveis, possam existir em um sujeito não pensante fora da mente, ou, na verdade, que haja tal coisa como um objeto externo.

16. Mas examinemos um pouco a opinião aceita. Diz-se que a extensão é um modo ou acidente[28] da matéria, e que a matéria é o *substratum* que a suporta. Ora, gostaria de saber o que se quer dizer quando se afirma que a matéria *suporta* a extensão. Poderia dizer que não temos uma ideia da matéria e que, por isso, não é possível explicá-la. A isso respondo dessa forma: embora não tenhamos um significado positivo da matéria, devemos ter pelo menos uma ideia relativa a seu respeito, se quisermos empregar essa palavra com algum significado; e, embora não saibamos qual é, devemos, contudo, supor que sabemos que relação ela possui com os acidentes, e o que queremos dizer com "suportá-los". Evidentemente, não devemos tomar aqui a palavra *suportar* em seu sentido habitual ou literal, como quando dizemos que os pilares suportam um edifício. Em que sentido, pois, deve ser tomada?[29]

---

28 De acordo com o pensamento aristotélico e escolástico, um acidente é uma qualidade ou atributo não essencial de uma coisa, ou seja, uma característica que pode ser atribuída, ou não, à coisa.

29 Na primeira edição, esse parágrafo terminava assim: "De minha parte, não sou capaz de descobrir nenhum sentido que possa ser aplicável a isso".

17. Se investigarmos o que os filósofos mais precisos declaram que entendem por *substância material*, descobriremos que admitem que não há outro significado vinculado a essas palavras a não ser a ideia de ser em geral, junto com a // noção relativa de suportar acidentes.[30] A ideia geral de ser é, para mim, a mais abstrata e incompreensível de todas; e, quanto a suportar acidentes, acabamos de ver que isso não pode ser entendido no sentido comum dessas palavras; elas devem, portanto, ser tomadas em algum outro sentido, embora eles não expliquem qual. De modo que, quando considero as duas partes ou divisões que compõem o significado das palavras *substância material*, me convenço de que não há nenhum significado diferente anexado a elas. Mas para que nos preocuparmos ainda em discutir esse *substratum* material ou suporte da figura e do movimento e das demais qualidades sensíveis? Não se supõe que estas têm uma existência fora da mente? E não é isso uma contradição evidente |*direct repugnancy*| e completamente inconcebível?

18. Mas ainda que seja possível que substâncias sólidas, com figura e com movimento, existam fora da mente, correspondendo às ideias que temos dos corpos, contudo, como seria possível sabermos isso? Ou o sabemos por meio dos sentidos ou por meio da razão. Quanto aos sentidos, por meio deles temos conhecimento apenas de nossas sensações, ideias ou daquilo – como quer que se chamem – que é imediatamente percebido pelos sentidos. Mas eles não nos informam que existem coisas fora da mente, ou impercebidas, semelhantes às que são percebidas. Isso os próprios materialistas reconhecem. Só nos resta concluir, portanto, que, se temos algum

---

30 Ver Locke, *Ensaio*, 1.4.18; 2.8.19; 2.23.2.

conhecimento de coisas exteriores, deve ser por meio da razão, inferindo sua existência a partir do que é imediatamente percebido pelos sentidos. Mas como a razão pode nos induzir a acreditar na existência de corpos fora da mente, a partir do que percebemos, se os próprios defensores da matéria não pretendem que exista alguma conexão necessária entre os corpos e nossas ideias? Sei que todos admitem[31] (e o que ocorre nos sonhos, delírios |*phrensies*| etc. coloca isso acima de qualquer dúvida) que poderíamos ser afetados por todas as ideias que agora temos, ainda que não houvesse nenhum corpo exterior semelhante a elas. Portanto, é evidente que não é necessário supor que existem corpos externos para a produção de nossas ideias, visto que se admite que às vezes elas são produzidas, e poderiam talvez ser produzidas sempre na mesma ordem em que as vemos atualmente, sem a sua participação.

49 // 19. Mas ainda que pudéssemos ter todas as nossas sensações sem os corpos, contudo, talvez pudesse ser considerado mais fácil conceber e explicar a maneira como elas são produzidas supondo que há corpos exteriores semelhantes a elas, em vez de outro modo. E, nesse caso, poderia ser pelo menos provável que houvesse coisas como corpos que suscitam |*excite*| as ideias que temos deles em nossa mente. Mas isso também não pode ser dito, pois, embora concedamos aos materialistas que há corpos externos, eles mesmos confessam estar longe de saber como nossas ideias são produzidas, visto que admitem ser incapazes de compreender como um corpo pode atuar sobre o espírito, ou como é possível que imprima uma ideia na mente.

---

31 Ver Descartes, *Discurso do método*, 4ª parte; Malebranche, *Entretiens sur la métaphysique*, 1.4.

Portanto, é evidente que a produção de ideias ou sensações em nossa mente não pode ser uma razão para que suponhamos a matéria ou substâncias corpóreas, pois se reconhece que permanecem igualmente inexplicáveis, com ou sem essa suposição. Assim, ainda que fosse possível a existência de corpos fora da mente, sustentar que de fato existem seria necessariamente uma opinião muito incerta, pois equivaleria a supor, sem razão alguma, que Deus criou inúmeros seres completamente inúteis, que não servem para nada.

20. Em suma, se houvesse corpos externos, é impossível que jamais chegássemos a sabê-lo; e, se não houvesse, poderíamos ter exatamente as mesmas razões que temos agora para pensar que eles existem. Suponhamos – o que ninguém pode negar que seja possível – que um ser inteligente, sem a participação de corpos externos, seja afetado com a mesma série de sensações ou ideias que nos afetam, impressas na mesma ordem e com igual vivacidade em sua mente. Pergunto se esse ser inteligente não teria todas as razões para acreditar na existência de substâncias corpóreas, representadas por suas ideias e suscitando-as |*exciting them*| em sua mente, como as que podemos talvez ter para acreditar na mesma coisa. Não pode haver dúvida quanto a isso, e essa única consideração é suficiente para levar toda pessoa razoável a suspeitar da força de quaisquer argumentos que ela poderia julgar ter a favor da existência de corpos fora da mente.

21. Se, depois do que foi dito, fosse necessário acrescentar alguma prova adicional contra a existência da matéria, poderia citar como exemplo alguns dos erros e das dificuldades (para não mencionar as impiedades) que surgiram dessa doutrina.

Ela tem ocasionado inúmeras controvérsias e disputas na filosofia, e não poucas de muito maior importância na religião. Mas não entrarei em tais detalhes aqui, porque penso ser desnecessário apresentar argumentos *a posteriori* para confirmar o que, se não me engano, foi // suficientemente demonstrado *a priori*, e também porque mais adiante terei oportunidade de dizer algo a respeito.[32]

22. Receio ter dado motivos para me considerarem desnecessariamente prolixo ao tratar desse assunto, pois, por que se estender sobre o que pode ser demonstrado com a máxima evidência em uma ou duas linhas a qualquer um que seja capaz de refletir minimamente? Basta analisar seu pensamento e ver se consegue conceber a possibilidade de um som, uma figura, um movimento ou uma cor existirem fora da mente, ou serem impercebidos. Essa simples tentativa talvez possa revelar a flagrante contradição do que se defende. Assim, estou disposto a apostar tudo nisto: caso se possa conceber a possibilidade de uma substância extensa e móvel ou, em geral, de qualquer ideia ou qualquer coisa semelhante a uma ideia existir de outro modo que não em uma mente que a perceba, abandonarei imediatamente a causa. E quanto a toda aquela *coleção* |*compages*| de corpos externos, admitirei sua existência, ainda que não se possa oferecer nenhuma razão pela qual se acredita que eles existam, ou atribuir-lhes alguma finalidade |*use*| quando se supõe que eles existam. Ou seja, a simples possibilidade de que tal opinião seja verdadeira será tomada como um argumento de que efetivamente o é.

---

32 Ver, mais adiante, parágrafo 85 e seguintes.

23. Mas, pode-se dizer, não existe seguramente nada mais fácil do que imaginar árvores, por exemplo, num parque, ou livros numa biblioteca, e ninguém para percebê-los. Respondo que na verdade não é difícil. Mas o que é tudo isso, pergunto, senão formar na mente certas ideias que denominamos *livros* e *árvores* e, ao mesmo tempo, omitir formar a ideia de alguém que possa percebê-las? Mas nós mesmos não as percebemos ou nelas pensamos durante esse tempo todo? Isso, portanto, não tem importância para o caso; apenas mostra que temos o poder de imaginar ou formar ideias em nossa mente, mas não mostra ser possível conceber que os objetos de nosso pensamento existam fora da mente. Para compreender isso, seria necessário que os concebêssemos existindo inconcebidos ou impensados, o que constitui uma manifesta contradição. Quando nos empenhamos ao máximo para conceber a existência de corpos externos, estamos o tempo todo somente contemplando nossas ideias. Mas, como a mente não se conhece, engana-se ao pensar que pode conceber e que de fato concebe corpos existindo impensados ou fora da mente, embora ao mesmo tempo sejam apreendidos por ela ou existam // nela. Um pouco de atenção revelará a qualquer um a verdade e a evidência do que estamos dizendo e tornar-se-á desnecessário insistir em outras provas contra a existência da substância material.

24. É bastante simples, depois desse exame de nossos pensamentos, saber se é possível entender o que é significado por *existência independente de objetos sensíveis em si, ou fora da mente*. Para mim, é evidente que essas palavras encerram uma contradição direta ou então nada significam. E, para convencer os outros disso, não conheço nenhuma maneira mais fácil ou mais satis-

fatória do que lhes pedir que examinem calmamente os próprios pensamentos. E, se por meio dessa observação a vacuidade |*emptiness*| ou a contradição daquelas expressões aparecer, seguramente nada mais será necessário para convencê-los. É sobre isto, portanto, que insisto: que a existência independente de coisas não pensantes são palavras sem sentido ou que encerram uma contradição. Isso é o que eu repito e inculco, e com toda sinceridade recomendo ao atento pensar do leitor.

25. Todas as nossas ideias, sensações ou as coisas que percebemos, sejam quais forem os nomes pelos quais elas podem ser distinguidas, são visivelmente inativas: não encerram em si nenhum poder ou ação. De tal sorte que uma ideia – ou um objeto do pensamento – não pode produzir ou realizar nenhuma alteração em outra ideia. Para nos convencermos de que isso é verdade, não precisamos de mais nada a não ser de uma simples observação de nossas ideias, pois, uma vez que elas no todo e em cada uma de suas partes existem apenas na mente, não existe nada nelas a não ser o que é percebido.[33] Mas todo aquele que atentar para suas ideias, seja dos sentidos, seja da reflexão, não perceberá nelas nenhum poder ou atividade; não existe, portanto, tal coisa contida nelas. Um pouco de atenção nos revelará que // o próprio ser de uma ideia encerra em si passividade e inércia, portanto, é impossível uma ideia fazer alguma coisa ou, estrita-

---

33 Segundo Luce e Jessop, esse era um axioma moderno, partilhado por vários filósofos, como Malebranche: "Todas as coisas que vemos imediatamente são sempre tais como as vemos", *A busca da verdade*. 1.14.2; e também por Hume: "como todas as ações e sensações da mente nos são conhecidas pela consciência, elas devem necessariamente, em todos os pormenores, parecer o que são, e ser o que parecem" (*T*, 1.4.2.7).

mente falando, tornar-se a causa de alguma coisa; tampouco pode ser a imagem ou o modelo de algum ser ativo, como é evidente no parágrafo 8. De onde se segue claramente que extensão, figura e movimento não podem ser causas de nossas sensações. Dizer, portanto, que são efeitos de poderes resultantes da configuração, do número, do movimento e tamanho dos corpúsculos[34] deve certamente ser falso.

26. Percebemos uma sucessão contínua de ideias: algumas são suscitadas |*excited*| mais de uma vez, outras mudam ou desaparecem totalmente. Existe, portanto, alguma causa dessas ideias, da qual elas dependem e que as produz e altera. Que essa causa não pode ser uma qualidade ou ideia, ou combinação de ideias, é claro, conforme o parágrafo anterior. Deve ser, portanto, uma substância; mas já mostramos que não existe nenhuma substância corpórea ou material. Daí conclui-se, então, que a causa das ideias é uma substância ativa incorpórea, ou espírito.

27. Um espírito é um ser simples, não dividido e ativo. Quando percebe ideias, chama-se *entendimento*; quando produz ou de algum modo atua sobre as ideias, denomina-se *vontade*. Por isso não se pode formar a ideia de uma alma ou espírito, pois todas as ideias, quaisquer que sejam, sendo passivas e inertes (ver parágrafo 25), não podem nos representar, por meio de imagem ou semelhança |*likeness*|, aquilo que age. Um pouco de atenção tornará claro, a qualquer um, que é absolutamente impossível uma ideia assemelhar-se ao princípio ativo de movimento e mudança de ideias. Tal é a natureza do *espírito*, ou daquele que atua, que não pode ser percebido por si, a não ser unicamente

---

[34] Partículas diminutas da matéria, ou os átomos.

pelos efeitos que produz. Se alguém duvidar da verdade dessa afirmação, sugiro que reflita e experimente se pode formar a ideia de um poder ou ser ativo; e se tem ideias das duas principais faculdades |*powers*|, designadas pelos nomes de *vontade* e de *entendimento*, diferentes uma da outra, assim como de uma terceira ideia, de substância ou ser em geral – com a noção relativa de constituir o suporte ou ser o sujeito das faculdades que acabamos de mencionar –, a qual é designada pelo nome de *alma* ou de *espírito*. Isso é o que alguns sustentam, mas, no meu entender, as palavras *vontade*, *alma* e *espírito*[35] não representam |*stand for*| ideias diferentes nem, na // verdade, ideia alguma, senão algo muito diferente das ideias e que, sendo um agente, não pode ser semelhante a uma ideia ou representado por uma ideia seja esta qual for. [Não obstante, deve-se admitir, ao mesmo tempo, que temos uma noção da alma, do espírito e das operações da mente, tais como querer, amar, odiar pois sabemos ou entendemos o significado dessas palavras.][36]

28. Posso suscitar |*excite*| ideias em minha mente sempre que quiser e variar ou mudar a cena quantas vezes julgar conveniente. Não preciso mais que querer, e imediatamente esta ou aquela ideia surge em minha imaginação |*fancy*|; e pelo mesmo poder ela é obliterada e dá lugar a outras. Esse fazer e desfazer as ideias chama-se, com muita propriedade, mente ativa. Isso é incontestável e baseia-se na experiência. Mas, quando falamos de agentes não pensantes, ou de suscitar |*exciting*| ideias independentemente |*exclusive of*| da volição, apenas fazemos um jogo de palavras.

---

35 Na edição de 1710 lê-se: "vontade, entendimento, mente, alma".
36 Acréscimo da edição de 1734.

29. Seja qual for o poder que eu possa ter sobre os meus pensamentos, noto que as ideias efetivamente percebidas pelos sentidos não têm igual dependência de minha vontade. Quando em plena luz do dia abro meus olhos, não está em meu poder decidir se verei ou não, ou determinar que objetos em particular se apresentarão à minha vista; e assim igualmente quanto à audição e aos outros sentidos: as ideias impressas neles não são produtos |*creatures*| da minha vontade. Existe, portanto, alguma outra vontade ou espírito que as produz.

30. As ideias dos sentidos são mais fortes, vívidas e distintas que as da imaginação.[37] Elas têm também uma estabilidade, ordem e coerência e não são suscitadas |*excited*| ao acaso – como muitas vezes acontece no tocante àquelas que são efeito da vontade humana –, mas numa sequência ou série regular, cuja admirável conexão testemunha suficientemente a sabedoria e a benevolência de seu autor. No entanto, as regras fixas ou os métodos estabelecidos, dos quais a nossa mente depende para suscitar |*excites*| em nós as ideias dos sentidos, são chamados de *Leis da Natureza*, e estas nós aprendemos pela experiência, que nos ensina que tais e tais ideias // são acompanhadas por tais e tais outras ideias no curso ordinário das coisas.

31. Isso nos dá uma espécie de previsão que nos permite regular nossas ações em proveito próprio. E sem isso estaríamos eternamente perdidos, pois não saberíamos como agir para

---

[37] Hume também aponta (*EHU*, 2.12) o mesmo critério para distinguir entre ideias sensíveis e ideias da imaginação. Ver HUME, D. *Investigação sobre o entendimento humano e os princípios da moral*. Trad. José Oscar de Almeida Marques. São Paulo: Ed. UNESP, 2004.

alcançar qualquer coisa que nos pudesse proporcionar o menor prazer nem como evitar a menor dor sensível. Que a comida alimenta, o sono repara e o fogo nos aquece; que semear na época certa é a melhor maneira de conseguir uma boa colheita; e, em geral, que para obter tais e tais fins, tais e tais meios são úteis: tudo isso nós sabemos não porque descobrimos alguma conexão necessária entre nossas ideias, mas apenas mediante a observação das leis fixas da natureza, sem as quais estaríamos todos na incerteza e na confusão, e um adulto não saberia conduzir-se melhor nos afazeres da vida do que uma criança recém-nascida.

32. E, no entanto, essa operação estável e uniforme – que de modo tão evidente revela a bondade e sabedoria desse espírito governante cuja vontade constitui as leis da natureza – está tão longe de conduzir nossos pensamentos a Ele que, antes, os leva a perder-se atrás de causas secundárias, pois, quando percebemos certas ideias dos sentidos constantemente acompanhadas por outras ideias, e sabemos que isso não depende de nós, imediatamente atribuímos poder e ação às próprias ideias e consideramos uma a causa da outra, mas nada pode ser mais absurdo e ininteligível. Assim, por exemplo, tendo observado que quando percebemos pela visão uma certa figura luminosa e redonda, ao mesmo tempo apreendemos pelo tato a ideia ou sensação chamada *calor*, e concluímos que o Sol é a causa do calor. E da mesma maneira, ao perceber que o movimento e a colisão dos corpos são acompanhados de som, inclinamo-nos a pensar que o som é um efeito da colisão.

33. As ideias impressas nos sentidos pelo Autor da natureza são chamadas *coisas reais*, e suscitadas |*excited*| na imaginação,

sendo menos regulares, vívidas e constantes, são mais adequadamente chamadas de *ideias*, ou *imagens de coisas*, as quais elas copiam e representam. Mas por outro lado, nossas sensações, por mais vívidas e distintas que sejam, são, não obstante, *ideias*, ou seja, existem na mente ou são percebidas por ela tão verdadeiramente quanto as ideias que ela própria concebe. Considera-se que as ideias dos sentidos têm em si mais realidade, ou seja, são mais fortes, ordenadas e coerentes do que as criações da mente. Mas isso não constitui um argumento de que elas existam fora da mente. Elas são também menos dependentes do espírito ou da substância pensante que as percebe, pois são suscitadas |*excited*| pela vontade de outro e mais poderoso espírito. Contudo, ainda assim, são *ideias*, e certamente nenhuma *ideia*, seja fraca, seja forte, pode existir de outro modo a não ser numa mente que a perceba.

34. Antes de prosseguir, é necessário gastar algum tempo respondendo às objeções que podem provavelmente ser feitas contra os princípios até aqui estabelecidos.[38] Se, ao fazer isso, eu parecer demasiado prolixo para os leitores de compreensão rápida, espero que me perdoem, pois nem todos os homens apreendem igualmente coisas dessa natureza; e eu desejo ser entendido por todos. Em primeiro lugar, então, pode-se objetar que, pelos princípios precedentes, tudo o que é real e substancial na natureza é banido do mundo, e em seu lugar um esquema quimérico de ideias toma lugar. Todas as coisas que existem somente existem na mente, ou seja, são puramente

---

38 A partir desse parágrafo até o parágrafo 82, Berkeley procura defender-se antecipadamente de possíveis objeções que poderiam ser formuladas contra sua doutrina.

nocionais. O que acontece, então, com o Sol, a Lua e as estrelas? O que devemos pensar das casas, dos rios, das montanhas, árvores, pedras e, mais ainda, de nossos corpos? São todos apenas quimeras e ilusões da imaginação |*fancy*|? A tudo isso, e a todas as outras objeções do mesmo tipo, respondo que pelos princípios anteriormente estabelecidos não somos privados de coisa alguma da natureza. Tudo o que vemos, sentimos, ouvimos, ou de algum modo concebemos ou entendemos continua tão certo como sempre e é tão real como sempre. Existe uma *rerum natura*, e a distinção entre realidade e quimera mantém toda a sua força. Isso é evidente nos parágrafos 29, 30 e 33, nos quais mostrei o que se entende por *coisas reais* em oposição a *quimeras* ou ideias formadas por nós, mas, nesse caso, ambas existem igualmente na mente e nesse sentido são igualmente *ideias*.

35. Não argumento contra a existência de qualquer coisa que podemos apreender, seja pelos sentidos, seja pela reflexão. Não tenho a menor dúvida de que o que vejo com meus olhos e toco com minhas mãos realmente existe. A única coisa cuja existência nego é o que os filósofos chamam de matéria ou substância corpórea. E negando-a não existe nenhum prejuízo para o resto da humanidade, que, ousarei afirmar, nunca sentirá sua falta. O ateu, entretanto, não terá mais o pretexto de um nome vazio para sustentar sua impiedade, e é possível que também os filósofos descubram que perderam um grande pretexto para passar o tempo em inúteis divagações e disputas |*for trifling and disputation*|.

56 // 36. Se alguém pensa que isso retira a existência ou realidade das coisas, está muito longe de entender o que foi exposto

anteriormente nos termos mais claros que eu pude imaginar. Vejamos aqui um resumo do que foi dito: existem substâncias espirituais, mentes ou almas humanas, que provocam ou suscitam |*excite*| em si ideias à vontade. Mas estas são indistintas, fracas e instáveis em relação às outras que percebem por meio dos sentidos e que, sendo impressas neles de acordo com certas regras ou leis da natureza, revelam os efeitos de uma mente mais poderosa e sábia do que os espíritos humanos. Diz-se que estas últimas encerram em si mais *realidade* do que as primeiras, ou seja, que são mais influentes, ordenadas e distintas, e que não são ficções da mente que as percebe. E, nesse sentido, o Sol que vejo durante o dia é o Sol real, e aquele que imagino durante a noite é a ideia do anterior. No sentido que aqui se dá à palavra *realidade*, é evidente que todo vegetal, estrela, mineral e, em geral, cada parte do mundo |*mundane system*| é um *ser real*, tanto por nossos princípios como por quaisquer outros. Se outros dão à palavra *realidade* um significado diferente daquele que lhe dou, convido-os a examinar os próprios pensamentos.

37. Pode-se alegar que, desse modo, pelo menos uma coisa é certa: que elimino todas as substâncias corpóreas. A isso respondo é que se a palavra *substância* é tomada no sentido vulgar, por uma combinação de qualidades sensíveis, tais como extensão, solidez, peso etc., não poderei ser acusado de eliminá-la. Mas, se ela é tomada num sentido filosófico, como suporte de acidentes ou qualidades fora da mente, então, de fato, reconheço que a elimino; se é que alguém pode dizer que elimina o que nunca teve alguma existência, sequer na imaginação.

38. Mas, poder-se-á dizer, soa muito estranho afirmar que comemos e bebemos ideias, e que nos vestimos com ideias. Reco-

nheço que assim é, que a palavra *ideia* não é usada na linguagem ordinária para designar as diversas combinações de qualidades sensíveis chamadas de *coisas*. E é certo que toda expressão que difere do uso familiar da linguagem parecerá estranha e ridícula. Mas isso não afeta a verdade da proposição, que em outras palavras não diz outra coisa senão que nos alimentamos e nos vestimos com o que percebemos imediatamente por meio de nossos sentidos. A dureza ou a maciez, a cor, o sabor, o calor, a figura e as qualidades análogas, que, combinados entre si, constituem os vários tipos de alimentos e // vestuários como já se mostrou, existem somente na mente que os percebe; e isso é tudo o que se quer dizer ao chamá-los de *ideias*: palavra que, se fosse tão comumente utilizada como *coisa*, não soaria nem mais estranha nem mais ridícula do que esta. Não desejo discutir a propriedade, mas a verdade da expressão. Portanto, se o leitor concordar comigo que comemos, bebemos e vestimos os objetos imediatos dos sentidos, os quais não podem existir imperceptidos ou fora da mente, admitirei imediatamente que é mais adequado ou conforme ao costume que sejam chamados de coisas em vez de ideias.

39. Se me perguntassem por que faço uso da palavra *ideia* e não os chamo, antes, em conformidade com o costume, de coisas, responderia que faço isso por duas razões: em primeiro lugar, porque o termo *coisa*, em contraste com *ideia*, supostamente denota algo que existe fora da mente; em segundo lugar, porque *coisa* tem um significado mais amplo que *ideia*, abarcando espíritos ou coisas pensantes assim como ideias. Dado, portanto, que os objetos dos sentidos existem apenas na mente e que, além disso, carecem de pensamento e são inativos, escolhi denominá-los pela palavra *ideia*, que implica essas propriedades.

40. Mas, não importa o que dissermos, sempre haverá alguém disposto a replicar, talvez, que ainda assim acreditará nos próprios sentidos, e nunca admitirá que algum argumento, por mais plausível que seja, prevaleça sobre a sua certeza. Que assim seja; afirme-se a evidência dos sentidos quanto se quiser, pois estou querendo fazer o mesmo. O que vejo, ouço e sinto existe, ou seja, é percebido por mim; e não duvido disso mais do que duvido de minha existência. Porém, não vejo de que forma o testemunho dos sentidos pode ser alegado como uma prova a favor da existência de algo que não é percebido pelos sentidos. Não pretendo que ninguém se torne *cético* e duvide de seus sentidos; pelo contrário, dou a estes toda importância e certeza imagináveis; nem existem princípios mais opostos ao ceticismo do que esses que tenho formulado, como mostrarei com mais clareza a seguir.

41. Em segundo lugar, respondendo às objeções que podem ser feitas, pode-se alegar, por exemplo, que existe uma grande diferença entre o fogo real e a ideia de fogo; entre sonhar ou imaginar que alguém está se queimando e queimar-se efetivamente. Essas e outras coisas semelhantes podem ser alegadas em oposição aos nossos princípios. A resposta a tudo isso é evidente a partir do que já foi dito, e eu somente acrescentarei aqui que, se o fogo real é muito diferente da // ideia de fogo, do mesmo modo também a dor real que ele ocasiona é muito diferente da ideia dessa mesma dor. E, contudo, ninguém pretenderá que a dor real também existe, ou possa talvez existir, em uma coisa incapaz de percepção ou fora da mente, não mais que sua ideia.

42. Em terceiro lugar, objetar-se-á que vemos coisas verdadeiramente exteriores |*without*| ou distantes de nós e que,

consequentemente, não existem na mente, sendo absurdo que as coisas que são vistas à distância de várias milhas estejam tão próximas de nós como o nosso pensamento. Em resposta a isso, desejaria que se considerasse o seguinte: num sonho, muitas vezes percebemos coisas como se existissem a grande distância e, não obstante, reconhecemos que todas essas coisas existem apenas na mente.

43. Para esclarecer melhor esse ponto, pode ser que valha a pena considerar o modo como percebemos pela visão a distância e as coisas situadas a distância. O fato de podermos realmente ver um espaço exterior e corpos efetivamente existindo nele, alguns próximos, outros mais distantes de nós, parece contradizer o que dissemos deles – que não existem em nenhum lugar fora da mente. A consideração dessa dificuldade deu origem ao meu *Ensaio para uma nova teoria da visão*, publicado recentemente.[39] Nesse ensaio, mostra-se que a *distância* ou exterioridade |*outness*| nem é imediatamente percebida pela visão nem é apreendida ou julgada por linhas e ângulos, ou por qualquer coisa que tenha uma conexão necessária com ela, mas que ela é somente sugerida ao nosso pensamento por certas ideias visíveis e sensações que acompanham a visão, as quais em sua própria natureza não têm absolutamente nenhuma semelhança ou relação, nem com a distância nem com coisas situadas a distância. Mas, por uma conexão que nos é ensinada pela experiência, essas ideias e sensações as significam e sugerem a nós, da mesma maneira que as palavras de qualquer linguagem sugerem as ideias que elas representam |*stand for*|.

---

39 *Ensaio para uma nova teoria da visão* foi publicado um ano antes, em 1709.

De tal modo que um homem que nasceu cego e depois voltou a ver não poderia, à primeira vista, pensar que as coisas que ele vê estão fora de sua mente, ou a qualquer distância dele.[40] (Ver o parágrafo 41 do tratado mencionado neste parágrafo.)

44. As ideias da visão e do tato constituem duas espécies, inteiramente distintas e heterogêneas. As primeiras são sinais |*marks*| e indicações |*prognostic*| das segundas. Que os objetos próprios da visão não existem fora da mente nem são imagens de coisas externas foi demonstrado igualmente naquele tratado. Entretanto, ao longo dele, o contrário foi considerado // verdadeiro acerca dos objetos tangíveis. Não que fosse necessário supor esse erro vulgar para estabelecer a noção formulada em tal tratado, mas porque estava fora de meu propósito examinar e refutar tal erro num discurso sobre a *visão*. Desse modo, na verdade, as ideias da visão, quando apreendemos por meio delas a distância e as coisas situadas a distância, não nos sugerem nem

---

[40] William Molyneux (1655-1698), autor de uma importante obra sobre ótica, propôs a Locke a seguinte questão, apresentada no *Ensaio* 2.9.8, de Locke: "Imagine um cego de nascença, agora adulto, que aprendeu a discernir pelo tato entre um cubo e uma esfera feitos do mesmo metal e aproximadamente do mesmo tamanho, de modo a poder dizer, quando apalpa um e outro, qual é o cubo e qual é a esfera. Imagine agora que o cubo e a esfera sejam postos sobre uma mesa e que o homem cego recupere a visão. *Pergunto*: poderia ele distingui-los agora por meio de sua visão, antes de tocá-los, e dizer qual é o globo e qual é o cubo?". O próprio Molyneux, que formulou o problema, bem como Locke e Berkeley, todos concordaram que a resposta era negativa. Se existisse uma conexão necessária entre as ideias da visão e do tato, a resposta deveria ser positiva, pois uma pessoa que recuperasse imediatamente a visão não teria necessidade de experiência adicional para fazer a inferência.

indicam |*mark out*| coisas que realmente existem a distância, mas somente nos advertem que as ideias do tato serão impressas em nossa mente em tais ou quais intervalos de tempo, e como consequência de tais ou quais ações. É evidente, conforme o que foi dito nas partes precedentes deste tratado, no parágrafo 147 e em outras passagens do ensaio sobre a visão, que as ideias visíveis são a linguagem por meio da qual o espírito governante, de quem dependemos, nos informa que ideias tangíveis ele imprime em nós no caso de produzirmos este ou aquele movimento em nossos corpos. Mas para uma informação mais completa sobre esse assunto, remeto ao próprio ensaio.

45. Em quarto lugar, poder-se-á objetar que dos princípios precedentes se segue que as coisas são, a todo momento, aniquiladas e criadas de novo. Os objetos dos sentidos existem somente quando são percebidos; as árvores, portanto, estão no jardim, ou as cadeiras estão na sala, somente enquanto existe alguém para percebê-las. Quando fecho meus olhos, todos os móveis da sala são reduzidos a nada, e, quando os abro, eles são criados de novo. Em resposta a tudo isso, remeto o leitor ao que foi dito nos parágrafos 3, 4 e seguintes, e peço que ele considere se a existência real de uma ideia significa alguma coisa distinta de ser percebida. De minha parte, depois da mais minuciosa investigação que poderia fazer, não sou capaz de descobrir se algo diferente é significado por tais palavras. E, mais uma vez, convido o leitor a examinar seus pensamentos e a não se deixar enganar pelas palavras. Se ele pode conceber como possível ou que suas ideias ou que seus arquétipos existam sem ser percebidos, então abandono a polêmica; mas, se não pode, terá de reconhecer que não é razoável de sua parte levantar-se

em defesa do que não sabe o que é e pretender acusar-me de cometer um absurdo: o de não dar assentimento a proposições que, no fundo, não têm significado algum.

46. Não será inoportuno observar até onde se pode também atribuir esses supostos absurdos aos princípios tradicionais da filosofia. Considera-se estranhamente absurdo que ao cerrar minhas pálpebras todos os objetos visíveis ao meu redor sejam reduzidos a nada. E, não obstante, não é isso que os filósofos comumente reconhecem quando concordam inteiramente |*on all hands*| que luz e cores, os únicos objetos próprios e imediatos da // visão, são meras sensações que não existem senão enquanto são percebidas? Além disso, talvez para alguns pareça muito incrível que as coisas devam ser criadas a cada momento; contudo, essa mesma noção é comumente ensinada nas escolas, pois os *escolásticos*, embora reconheçam a existência da matéria e que toda estrutura do mundo |*mundane fabrick*| é composta dela, são, no entanto, da opinião de que ela não pode subsistir sem a conservação divina, a qual eles explicam como uma criação contínua.

47. Além disso, se pensarmos um pouco, descobriremos que, embora admitamos a existência da matéria ou da substância corpórea, não obstante decorre inevitavelmente dos princípios que são agora geralmente admitidos que os corpos particulares, de qualquer tipo que sejam, não existem enquanto não são percebidos, pois é evidente, de acordo com o parágrafo 11 e os seguintes, que a matéria defendida pelos filósofos é algo incompreensível e sem nenhuma das qualidades particulares por meio das quais distinguimos um dos outros os corpos que caem sob nossos sentidos. Mas, para tornar isso mais claro,

deve-se observar que a infinita divisibilidade da matéria é agora universalmente admitida, ao menos pelos mais autorizados e importantes filósofos, que, baseando-se nos princípios tradicionais, demonstram-na para além de qualquer dúvida. Disso se segue que existe um número infinito de partes em cada partícula da matéria, as quais não são percebidas pelos sentidos. A razão, portanto, pela qual um corpo particular parece ser de uma magnitude finita, ou exibe somente um número finito de partes aos sentidos, não é porque não contém nenhuma parte a mais, já que contém em si um número infinito de partes, senão porque os sentidos não são suficientemente penetrantes para discerni-las. À medida, portanto, que os sentidos se tornam mais penetrantes, percebem maior número de partes no objeto, ou seja, o objeto parece maior e sua figura varia: as partes situadas em suas extremidades, que antes eram imperceptíveis, aparecem agora e a circunscrevem em linhas e ângulos bem diferentes dos percebidos por um sentido mais obtuso. E, finalmente, depois de várias mudanças de tamanho e forma, quando os sentidos se tornam infinitamente penetrantes, o corpo parecerá infinito. Durante todo esse processo não existe alteração alguma no corpo, somente nos sentidos. Por conseguinte, todo corpo considerado em si é infinitamente extenso e, consequentemente, desprovido de forma ou figura. Disso se

61 // segue que, ainda se admitíssemos que não há nada tão certo quanto a existência da matéria, é igualmente certo, contudo, que os próprios materialistas, por seus princípios, são forçados a reconhecer que nem os corpos particulares percebidos pelos sentidos nem qualquer outra coisa semelhante a eles existem fora da mente. A matéria, repito, bem como cada uma de suas partículas, é, de acordo com os materialistas, infinita e sem

forma, e é a mente que forma toda essa variedade de corpos que compõem o mundo visível, nenhum dos quais existe senão enquanto é percebido.

48. Se levarmos a matéria em consideração, descobriremos que a objeção apresentada no parágrafo 45 não ataca os princípios que estabelecemos, assim como, na verdade, não faz nenhuma objeção a nossas noções, pois, embora sustentemos de fato que os objetos dos sentidos não são senão ideias que não podem existir impercebidas, não podemos, contudo, concluir que não têm nenhuma existência exceto somente quando são percebidos por nós, já que pode haver outro espírito que os perceba, conquanto nós não. Sempre que digo que os corpos não têm existência fora da mente, não gostaria de ser entendido como me referindo a esta ou àquela mente em particular, mas a todas as mentes, quaisquer que sejam. Não se segue, portanto, dos princípios precedentes, que os corpos são aniquilados e criados a cada momento, ou que não existem de modo algum durante os intervalos entre a percepção que temos deles.

49. Em quinto lugar, pode-se talvez objetar que, se extensão e figura existem apenas na mente, segue-se que a mente é extensa e tem forma, pois a extensão é um modo ou atributo que (para empregar a linguagem das escolas) se predica do sujeito em que existe. Respondo que essas qualidades estão na mente apenas quando são percebidas por ela, ou seja, não como *modo* ou *atributo*, mas somente como *ideia*; e é tão incorreto deduzir que a alma ou a mente é extensa porque a extensão só existe nela, como dizer que é vermelha ou azul porque todos reconhecem que as cores só existem nela e em nenhum outro lugar. Em relação ao que os filósofos dizem sobre o sujeito e o modo,

parece algo sem fundamento ou ininteligível. Por exemplo, na proposição "um dado é duro, extenso e quadrado", os filósofos entendem que a palavra *dado* denota um sujeito ou substância diferente da dureza, da extensão e da figura, que são predicados dele, e no qual eles existem. Não posso compreender isso; // parece-me que um dado não é distinto daquelas coisas que são denominadas seus modos ou acidentes. E dizer que um dado é duro, extenso e quadrado não é atribuir essas qualidades a um sujeito diferente delas e que as suporta, mas somente uma explicação do significado da palavra *dado*.

50. Em sexto lugar, poder-se-á dizer que muitas coisas foram explicadas por meio da matéria e do movimento, e que, suprimindo-se estes, destrói-se toda a filosofia corpuscular e solapam-se os princípios mecânicos que têm sido aplicados com tanto sucesso na explicação dos *fenômenos*. Em suma, todos os progressos realizados no estudo da natureza, seja pelos filósofos antigos, seja pelos modernos, procedem da suposição de que a substância corpórea ou matéria realmente existe. A isso respondo que não existe um único *fenômeno* explicado na base de tal suposição que não possa ser igualmente explicado sem ela, como poderia facilmente ser mostrado por meio de uma indução de casos particulares. Explicar os *fenômenos* é o mesmo que mostrar por que em tais e tais ocasiões nos sentimos afetados por tais e tais ideias. Mas como a matéria pode atuar sobre o espírito, ou produzir nele alguma ideia, é o que nenhum filósofo pretenderá explicar. É, portanto, evidente que a matéria não tem nenhuma utilidade na filosofia natural. Além disso, aqueles que tentam explicar as coisas não o fazem valendo-se da substância corpórea, mas por meio da figura, do

movimento e de outras qualidades que não são, na verdade, mais que simples ideias e, portanto, não podem ser a causa de coisa alguma, como já mostramos. (Ver parágrafo 25.)

51. Em sétimo lugar, perguntar-se-á a esse respeito se não parece absurdo eliminar as causas naturais e atribuir todas as coisas à operação imediata dos espíritos. Conforme esses princípios, não deveríamos mais dizer que o fogo aquece ou que a água esfria, mas que um espírito aquece, e assim por diante. Não se poderia com razão rir de alguém que falasse dessa maneira? Minha resposta é sim. Em relação a essas coisas, devemos *pensar como os sábios e falar como o vulgo*.[41] Aqueles que por demonstração se convenceram da verdade // do sistema copernicano dizem, não obstante, que o Sol surge, o Sol se põe, ou chega ao meridiano; e, se afetassem um estilo contrário na fala comum, sem dúvida tornar-se-iam ridículos. Uma ligeira reflexão sobre o que aqui se disse tornará manifesto que o uso comum da linguagem não sofrerá nenhum tipo de alteração ou perturbação em consequência da aceitação de nossos princípios.

52. Nos assuntos ordinários da vida, qualquer frase pode ser mantida, desde que nos suscite sentimentos próprios ou disposições para agir de uma maneira conveniente para nosso bem-estar, por mais falsa que possa ser se tomada num sentido estrito e especulativo. Mais ainda: isso é inevitável, uma vez que a correção |*propriety*| é regulada pelo costume e a linguagem se acomoda às opiniões tradicionais, as quais nem sempre são

---

41 Segundo Luce e Jessop, frase do italiano Augustinus Niphus, *Comm. in Aristotelem de Gen. et. Corr.*, livro I: "Loquendum est ut plures, sentiendum ut pauci".

as mais verdadeiras. Dessa maneira, é impossível, mesmo nos raciocínios filosóficos mais rigorosos, alterar a tendência natural e o caráter do idioma que falamos a ponto de nunca dar um pretexto para os sofistas |*give a handle for cavillers*| alegarem dificuldades e inconsistências. Não obstante, um leitor imparcial e sincero inferirá o sentido a partir das intenções, do teor e da concatenação |*connexion*| de um discurso, fazendo concessões aos modos de falar imprecisos que o uso tornou inevitáveis.

53. Quanto à opinião de que não existem causas corpóreas, ela foi mantida outrora por alguns escolásticos e, recentemente, por alguns dos filósofos modernos[42] que, embora admitam que a matéria existe, sustentam, contudo, que só Deus é a causa eficiente imediata de todas as coisas. Esses homens perceberam que entre todos os objetos dos sentidos não havia nenhum que tivesse algum poder ou atividade incluída em si, e que, consequentemente, isso também era verdadeiro de todos os corpos que eles supunham existir fora da mente, inclusive dos objetos imediatos dos sentidos. Mas, então, tinham de supor uma inumerável multidão de seres criados, que eles consideravam incapazes de produzir algum efeito na natureza e que, portanto, são criados sem nenhum propósito, já que Deus poderia ter feito tudo sem eles; ou seja, embora admitíssemos essa suposição como possível, ainda assim ela seria um tanto inexplicável e extravagante.

---

42 Luce e Jessop apontam entre os modernos: Descartes, *Princípios*, 1.23; Malebranche, *A busca da verdade*, 6.2.3; Samuel Clarke, *Discourse of the Being and Attributes of God*; Locke, *Ensaio*, 2.21.2. Entre os escolásticos: Thomas Bradwardine (c. 1290-1349) e Nicolas d'Autrecourt. Ver Luce, A. A. e Jessop, T. E. *Works*, nota 1, p.63.

// 54. Em oitavo lugar, o consenso universal da humanidade pode ser considerado por alguns um argumento invencível a favor da matéria ou da existência de coisas externas. Devemos supor que todo o mundo está errado? E, se esse é o caso, que causa pode ser atribuída a um erro tão difundido e predominante? Respondo, em primeiro lugar, que se realizássemos uma investigação minuciosa, talvez não encontrássemos tantas pessoas, como se imagina, que realmente acreditam na existência da matéria ou de coisas fora da mente. Estritamente falando, acreditar em algo que implica uma contradição, ou não possui nenhum significado em si, é impossível; e eu deixo ao exame imparcial do leitor ver se as expressões anteriores são ou não desse tipo. Em certo sentido, de fato, pode-se dizer que os homens acreditam na existência da matéria, ou seja, eles agem como se a causa imediata de suas sensações, que os afeta a cada momento e lhes é tão intimamente presente, fosse um ser inanimado |senseless| e não pensante. Mas que eles aprendam claramente um significado expressado por tais palavras e formem a partir disso uma firme opinião especulativa é o que não sou capaz de conceber. Esse não é o único caso em que os homens se iludem imaginando acreditar em proposições que muitas vezes ouviram, embora, no fundo, não encontrem nenhum significado nelas.

55. Mas, em nono lugar, ainda quando admitíssemos que uma noção tem uma adesão firme e universal, isso, contudo, seria um fraco argumento sobre sua verdade para todos os que consideram que um vasto número de preconceitos e falsas opiniões são adotados em toda parte com a máxima força por homens incapazes de refletir (os quais constituem a maioria).

Houve um tempo em que os antípodas[43] e o movimento da Terra foram considerados absurdos e monstruosos, inclusive por homens de ciência; e, se considerarmos a escassa proporção que estes representam em relação ao resto da humanidade, descobriremos que, ainda hoje, essas noções ganharam pouco terreno no mundo.

56. Mas exige-se que indiquemos uma causa desse preconceito, e que expliquemos seu predomínio no mundo. A isso respondo que os seres humanos, ao se darem conta de que percebiam várias ideias das quais não eram os autores, pois elas não eram suscitadas |*excited*| desde dentro nem dependentes da operação de suas vontades, foram levados a acreditar que essas ideias ou esses objetos da percepção tinham uma existência independente da mente e fora dela, sem jamais imaginar que essas palavras encerravam uma contradição. Mas os filósofos, tendo claramente compreendido que os objetos imediatos da percepção não existem fora da mente, corrigiram em alguma medida o // erro do vulgo, mas ao mesmo tempo caíram em outro que não parece menos absurdo: há certos objetos que realmente existem fora da mente ou têm uma subsistência diferente da de ser percebida, e dos quais nossas ideias são somente imagens ou semelhanças impressas por eles em nossa mente. E essa noção dos filósofos deve sua origem à mesma causa que deu lugar à primeira: a consciência de que não eram os autores das próprias sensações, as quais eles evidentemente se davam conta de que eram impressas desde fora e que, portanto, deviam ter uma causa diferente da mente em que são impressas.

---

43 Pessoas ou lugares situados no outro lado do globo terrestre.

57. Mas o que lhes fez supor que as ideias dos sentidos são suscitadas |*excited*| em nós por coisas semelhantes a elas, em lugar de recorrer ao *espírito*, o único que pode atuar, pode-se explicar, em primeiro lugar, porque eles não se deram conta da contradição que existe, tanto em supor que coisas semelhantes a nossas ideias existam fora[44] como em atribuir a elas poder ou atividade. Em segundo lugar, porque o espírito supremo que suscita |*excites*| essas ideias em nossa mente não se encontra demarcado e circunscrito à nossa visão por nenhuma coleção particular e finita de ideias sensíveis, como os agentes humanos o são por seu tamanho, aparência |*complexion*|, membros e movimentos. E, em terceiro lugar, porque suas operações são regulares e uniformes. Sempre que o curso da natureza é interrompido por um milagre, os seres humanos estão dispostos a reconhecer a presença de um agente superior. Mas, quando vemos as coisas seguirem seu curso ordinário, elas não nos suscitam nenhuma reflexão; sua ordem e concatenação, embora sejam um argumento da grande sabedoria, poder e bondade em seu Criador, são, contudo, tão constantes e familiares para nós que não as consideramos efeitos imediatos de um *espírito livre*; especialmente porque a inconstância e a mutabilidade no agir, ainda que sejam uma imperfeição, são vistas como um sinal de *liberdade*.

58. Em décimo lugar, pode-se objetar que as noções que expusemos são incompatíveis com várias verdades incontestáveis em filosofia e matemática. Por exemplo, o movimento da Terra é agora universalmente aceito pelos astrônomos como uma

---

44 Subtende-se: fora "da mente".

verdade baseada nas mais claras e convincentes razões; mas, conforme os princípios precedentes, não poderia haver tal coisa, pois, se o movimento é somente uma ideia, segue-se que se não for percebido ele não existe; não obstante, o movimento da Terra não é percebido pelos sentidos. Respondo que essa doutrina, quando corretamente entendida, está de acordo com os princípios que mencionamos, pois a questão sobre se a Terra se move ou não vem a ser, na realidade, simplesmente esta: // se temos razão para concluir, a partir do que tem sido observado pelos astrônomos, que se estivéssemos situados em tais ou quais circunstâncias e em tal ou qual posição ou distância, tanto da Terra como do Sol, perceberíamos a primeira mover-se entre o coro dos planetas e mostrar-se sob todos os aspectos como um deles. E isso, mediante as leis fixas da natureza, das quais não temos razão alguma para desconfiar, é razoavelmente inferido dos fenômenos.

59. Podemos, muitas vezes, a partir da experiência que tivemos do encadeamento e sucessão de ideias em nossa mente, fazer não digo conjecturas incertas, mas predições seguras e bem fundadas sobre as ideias com que seremos afetados, correspondentes a uma grande série de ações, e estaremos habilitados a formular um juízo exato sobre o que teria nos aparecido, caso estivéssemos colocados em circunstâncias muito diferentes das que estamos no presente. É nisso que consiste o conhecimento da natureza, cuja utilidade e certeza são compatíveis com o que sustentamos. Será fácil aplicar isso a quaisquer objeções do mesmo tipo passíveis de ser feitas a partir do tamanho das estrelas ou de quaisquer outras descobertas no terreno da astronomia ou da natureza.

60. Em décimo primeiro lugar, pode-se perguntar para que serve essa curiosa organização das plantas e o admirável mecanismo das partes dos animais. Não poderiam os vegetais crescer, desenvolver folhas e florescer, e os animais realizar todos os seus movimentos da mesma forma tanto sem como com toda essa variedade de partes internas tão bem planejadas e compostas, as quais, sendo ideias, não encerram nenhum poder ou operação nem têm uma conexão necessária com os efeitos atribuídos a elas? Se é um espírito que imediatamente produz todo efeito por um *fiat*[45] ou ato de sua vontade, devemos pensar que tudo o que existe de perfeito e engenhoso |*artificial*| nas obras dos seres humanos ou da natureza foi feito em vão. Segundo essa doutrina, embora um artista tenha feito as molas e engrenagens e todos os mecanismos |*movement*| de um relógio, ajustando-os de tal maneira que sabe que produzirão os movimentos projetados, não obstante, deverá pensar que tudo isso é feito sem nenhum propósito, e que é uma inteligência ques comanda os ponteiros do relógio |*index*| e indica as horas do dia. Se é assim, por que tal inteligência não o faz sem o trabalho de construir os mecanismos e sincronizá-los? Por que não serve igualmente uma caixa vazia tanto quanto um relógio? E como é possível que sempre que há algum defeito no funcionamento de um relógio existe também alguma desordem correspondente nos mecanismos, e que, se estes são ajustados por uma mão hábil, ele funciona perfeitamente de novo? Pode-se // dizer o mesmo de todo mecanismo |*clockwork*| da natureza, grande parte do qual é tão notadamente diminuto e sutil que mal pode

---

45 Em latim no original. Palavra cuja tradução pode ser "comando" ou "ordem".

ser discernido com a ajuda do melhor microscópio. Em suma, perguntar-se-á como, com base em nossos princípios, se pode dar uma explicação aceitável ou atribuir uma causa final a uma inumerável multidão de corpos e de mecanismos |*machines*| construídos com a mais perfeita arte, aos quais a filosofia comum atribui muitas funções diferentes, e dos quais se serve para explicar um grande número de fenômenos.

61. A tudo isso respondo, em primeiro lugar, que, embora haja algumas dificuldades em relação à administração da providência e às finalidades por ela atribuídas a diversas partes da natureza, as quais eu não poderia resolver por meio dos princípios precedentes, essa objeção, não obstante, seria de pouco peso contra a verdade e a certeza daquelas coisas que podem ser provadas, *a priori*, com a máxima evidência. Em segundo lugar, os princípios aceitos tampouco estão livres de semelhantes dificuldades, pois sempre se pode perguntar para que finalidade Deus empregaria esses métodos indiretos de realizar as coisas, mediante instrumentos e mecanismos, as quais, ninguém poderia negar, poderiam ter sido efetuadas pelo simples comando de sua vontade, sem todo esse *apparatus*. Mais ainda: se olharmos bem, perceberemos que a objeção pode voltar-se com maior força contra os que defendem a existência de tais mecanismos fora da mente, pois ficou evidente que solidez, volume, figura, movimento etc. não encerram em si nenhuma *atividade* ou *eficácia*, nem são capazes de produzir algum efeito na natureza. (Ver parágrafo 25.) Portanto, quem quer que suponha que eles existam (admitindo que a suposição seja possível) quando não são percebidos faz isso manifestamente sem nenhum propósito, pois a única finalidade que lhes

é atribuída, quando existem impercebidos, é que produzem efeitos perceptíveis que, na verdade, não podem ser atribuídos a nenhuma outra coisa a não ser a um espírito.

62. Mas, a fim de nos aproximarmos mais da dificuldade, devemos observar que, embora a fabricação de todas essas partes e órgãos não seja absolutamente necessária para produzir algum efeito, ela é necessária, contudo, para produzir as coisas de uma maneira constante, regular, de acordo com as leis da natureza. Existem certas leis gerais que atravessam toda cadeia de efeitos naturais; elas são apreendidas pela observação e pelo estudo da natureza e empregadas pelos seres humanos, tanto para a construção de coisas engenhosas destinadas ao uso e ornamento da vida, como para a explicação de diferentes *fenômenos*. Essa explicação consiste somente em mostrar a conformidade que um // fenômeno particular tem com as leis gerais da natureza, ou, o que é a mesma coisa, em descobrir a *uniformidade* que existe na produção de efeitos naturais, como será evidente a quem prestar atenção nos vários casos em que os filósofos pretendem explicar as aparências. Que existe um grande e evidente uso desses métodos de trabalho constantes e regulares observados pelo Agente Supremo foi mostrado no parágrafo 31. E não é menos evidente que o tamanho particular, a figura, o movimento e a disposição das partes são necessários, embora não o sejam, absolutamente, para produzir um efeito, mas pelo menos para produzi-lo de acordo com as constantes e mecânicas leis da natureza. Assim, por exemplo, não se pode negar que Deus, ou a inteligência que sustenta e regula o curso ordinário das coisas, poderia, se estivesse em seus propósitos, realizar um milagre, produzir todos os movimentos dos pon-

teiros de um relógio e sincronizá-los, ainda quando ninguém tivesse fabricado os mecanismos. Mas, contudo, se quer atuar de acordo com as leis dos mecanismos, estabelecidas e mantidas por Ele para sábios fins quando da Criação, é necessário que as ações do relojoeiro, por meio das quais ele constrói os mecanismos e os ajusta corretamente, precedam a produção dos movimentos mencionados; assim como, também, que qualquer desordem em seus movimentos seja acompanhada da percepção de alguma desordem correspondente nos mecanismos, que, uma vez regulados, funcionarão perfeitamente de novo.

63. Entretanto, pode ser necessário, às vezes, que o Autor da Natureza mostre seu poder supremo produzindo algum fenômeno fora do curso ordinário das coisas. Essas exceções às regras gerais da natureza são apropriadas para surpreender e infundir nos homens um reconhecimento do Ser Divino; mas, nesse caso, devem ser empregadas apenas raramente, do contrário, isso constituiria uma boa razão pela qual perderiam o efeito. Além disso, Deus parece escolher demonstrar seus atributos à nossa razão pelas obras da natureza, as quais revelam grande harmonia e complexidade |*contrivance*| em sua constituição e são evidentes indicações de sabedoria e beneficência de seu Autor, em vez de nos causar admiração e infundir uma crença em seu Ser por meio de eventos anômalos e surpreendentes.

64. A fim de lançar mais luz sobre esse assunto, observarei que o que se objetou no parágrafo 60 se reduz, na realidade, ao seguinte: as ideias não são produzidas de qualquer maneira e ao acaso, pois há certa ordem e conexão entre elas, como a que existe entre causa e efeito; há também diversas combinações delas, produzidas de uma maneira muito regular e engenhosa,

69 semelhantes a muitos instrumentos nas mãos da natureza, que, estando // ocultos, por assim dizer, atrás dos bastidores, têm uma participação |*operation*| secreta na produção dos fenômenos |*appearances*| que são vistos no teatro do mundo. E esses instrumentos são discerníveis somente ao olhar curioso dos filósofos. Mas, como uma ideia não pode ser a causa de outra, para que serve essa conexão? E, como esses instrumentos, sendo apenas *percepções ineficazes* na mente, não servem para a produção de efeitos naturais, é preciso perguntar por que foram criados ou, em outras palavras, que razão pode ser alegada para que Deus nos fizesse, a partir de um minucioso exame de suas obras, contemplar essa grande variedade de ideias, tão habilmente concatenadas e reguladas, não sendo possível acreditar que teria gasto (se podemos falar assim) toda essa arte e método sem objetivo algum.

65. A tudo isso respondo, em primeiro lugar, que a conexão de ideias não implica a relação de *causa* e *efeito*, mas somente de um sinal ou *signo* com a coisa *significada*. O fogo que vejo não é a causa da dor que experimento ao me aproximar dele, mas o sinal que me previne de tal dor. Da mesma maneira, o ruído que ouço não é o efeito de tal ou qual movimento ou colisão de corpos circunvizinhos, mas o sinal de tal movimento ou colisão. Em segundo lugar, a razão pela qual as ideias são convertidas em mecanismos, ou seja, em combinações artificiais e regulares, é a mesma razão pela qual se combinam letras em palavras. Para que algumas ideias originais possam expressar |*signify*| um grande número de efeitos e ações, é necessário que elas se combinem de diversas maneiras; e, a fim de que seu uso seja permanente e universal, essas combinações devem ser

feitas segundo uma *regra* e com *sábio engenho*. Desse modo, recebemos muitas informações a respeito do que devemos esperar de tais ou quais ações e sobre que métodos são mais apropriados de seguir para suscitar |*exciting*| estas ou aquelas ideias. E isso, com efeito, é tudo o que imagino que seja claramente significado quando se diz que ao discernir a figura, a textura e o mecanismo das partes internas dos corpos, sejam estes naturais ou artificiais, podemos chegar a conhecer os diversos usos e propriedades que dependem deles, ou a natureza das coisas.

66. É evidente, por essa razão, que as coisas que são completamente inexplicáveis e nos levam a grandes absurdos sob a noção de uma causa que coopera ou contribui para a produção dos efeitos podem ser explicadas muito naturalmente, e pode-se atribuir a elas um uso próprio e óbvio quando as considerarmos unicamente como sinais ou signos para nossa informação. E é a busca // e o empenho de entender esses signos instituídos pelo Autor da Natureza[46] o que deveria constituir a ocupação do filósofo natural, não a pretensão de explicar as coisas por meio de causas materiais |*corporeal*|, doutrina essa que parece ter afastado muito a mente dos homens do princípio ativo, daquele espírito sábio e supremo *em quem vivemos, nos movemos e existimos*.[47]

67. Em décimo segundo lugar, pode-se talvez objetar que, embora seja claro, conforme o que foi dito, que não pode haver tal coisa como uma substância inerte, inanimada, extensa,

---

46 Na edição de 1710 lê-se: "*entender esta linguagem (se assim posso chamá-la) do autor da natureza*".

47 *Atos dos Apóstolos* 17:28: "ἐμ αὐτῶν γὰρ ζῶμεν καὶ κινούμετα καὶ ἐσμέν". Berkeley repete esta citação no parágrafo 149 e também nos *Três diálogos*, p.214 e 236.

sólida, com forma, móvel, existindo fora da mente, tal como os filósofos descrevem a matéria, entretanto, se alguém afastar de sua ideia de *matéria* as ideias positivas de extensão, figura, solidez e movimento e disser que essa palavra significa somente uma substância inanimada e inerte que existe fora da mente, ou impercebida, que é a razão de nossas ideias, ou na presença da qual Deus se compraz em suscitar |*excite*| ideias em nós, é possível que, tomada nesse sentido, a matéria possa existir. Em resposta a isso afirmo, em primeiro lugar, que não parece menos absurdo supor uma substância sem acidentes do que supor acidentes sem uma substância. Em segundo lugar, que embora concedamos que essa substância desconhecida possa talvez existir, contudo, onde suporemos que está? Estamos todos de acordo que ela não existe na mente, e não é menos certo que ela não existe em nenhum lugar, já que toda extensão existe somente na mente, como já provamos. É preciso concluir, portanto, que ela não existe absolutamente em nenhum lugar.

68. Examinemos um pouco a descrição que aqui nos é dada da *matéria*. Ela não atua, não percebe nem é percebida, pois isso é tudo o que se quer dizer quando se afirma que ela é uma substância inerte, inanimada |*senseless*|, desconhecida; definição esta inteiramente composta de termos negativos, excetuando somente a noção relativa de "estar sob" ou de "suportar". Mas, então, deve-se observar que ela não *suporta* absolutamente nada. E gostaria que se levasse em conta como isso coincide aproximadamente com a descrição de uma *não entidade*. Mas, o leitor dirá, trata-se da *ocasião desconhecida* em // presença da qual as ideias são suscitadas |*excited*| em nós pela vontade de Deus. No entanto, gostaria muito de saber como uma coisa que não

é perceptível pelos sentidos nem pela reflexão, nem capaz de produzir alguma ideia em nossa mente, nem é, de modo algum, extensa, dotada de uma forma ou existente em algum lugar, pode estar presente para nós. As palavras *estar presente*, quando assim aplicadas, devem ser tomadas em um sentido abstrato e estranho, que não sou capaz de compreender.

69. Examinemos agora o que se significa por *ocasião*. No que posso deduzir do uso comum da linguagem, essa palavra significa o agente que produz algum efeito, ou algo que observamos que acompanha ou precede o efeito no curso ordinário das coisas. Mas, quando se aplica à matéria como acima descrito, não pode ser tomada em nenhum desses sentidos, pois considera-se que a matéria é passiva e inerte, e, por essa razão, não pode ser um agente ou causa eficiente. Ela é, além disso, imperceptível, visto que é desprovida de todas as qualidades sensíveis, e por isso não pode ser a ocasião de nossas percepções no último sentido, como quando se diz que queimar meu dedo é a ocasião da dor que o acompanha. O que se quer significar, então, ao chamar a matéria de *ocasião*? Esse termo é usado sem sentido algum, ou, ao contrário, em algum sentido muito distante do significado reconhecido.

70. Talvez se diga que a matéria, embora não seja percebida por nós, é, não obstante, percebida por Deus, para quem ela constitui a ocasião para suscitar |*exciting*| ideias em nossa mente. Desse modo, pode-se dizer, dado que observamos que nossas sensações são impressas de uma maneira ordenada e constante, que é razoável supor a existência de certas ocasiões constantes e regulares de sua produção. Ou seja, que há certas partículas |*parcels*| da matéria, permanentes e diferentes, corresponden-

tes às nossas ideias, e que, embora não as suscitem em nossa mente ou de alguma maneira nos afetem imediatamente, pois são completamente passivas e imperceptíveis para nós, são percebidas por Deus como ocasiões que lhe recordam quando e quais ideias imprimir em nossa mente, para que assim as coisas sigam de uma maneira constante e uniforme.

// 71. Em resposta a isso, observarei que, tal como a noção de matéria é aqui exposta, a questão não diz mais respeito à existência de algo diferente de *espírito* e *ideia*, de perceber e ser percebido, mas se não existem certas ideias, não sei de que tipo, na mente de Deus, as quais são como marcas ou sinais |*notes*| que o instruem |*direct*| sobre como produzir sensações em nossa mente, segundo um método constante e regular; quase da mesma maneira como um músico é instruído |*directed*| pelas notas musicais a produzir aquela harmoniosa sucessão e composição de sons, que se chama *melodia*, ainda que quem ouve a música não perceba as notas e possa até ignorá-las completamente. Mas essa noção de matéria[48] parece demasiado extravagante para merecer ser refutada. Além disso, ela não representa realmente uma objeção contra o que tenho exposto: que não existe *substância* inanimada e impercebida.

72. Se seguirmos a luz da razão, a partir do método constante e uniforme de nossas sensações, inferiremos a bondade e a sabedoria do *espírito* que as excitam em nossa mente. Mas isso é tudo o que posso ver razoavelmente deduzido daí. Para mim, repito, é evidente que a existência de um *espírito infinitamente*

---

48 O texto da primeira edição acrescentava: "que afinal de contas é a única inteligível que posso captar a partir do que se diz sobre ocasiões desconhecidas...".

sábio, bom e poderoso é mais do que suficiente para explicar todos os fenômenos |*appearances*| da natureza. Mas, quanto à *matéria inerte e inanimada*, nada do que percebo tem a menor conexão com ela, ou me leva a pensar nela. E me alegraria ver alguém explicar o mais insignificante fenômeno da natureza por meio dela; ou mostrar algum tipo de razão, ainda que fosse o menos provável, que ele pode ter a favor de sua existência; ou ao menos apresentar algum sentido ou significado aceitável dessa suposição, pois, no que se refere a ela ser uma ocasião, penso que mostrei com evidência que relativamente a nós ela não é ocasião alguma. Resta, portanto, que ela seja, se é que é alguma coisa, a ocasião para Deus suscitar |*exciting*| ideias em nós; e o que isso quer dizer nós acabamos de ver.

73. Vale a pena refletir um pouco enquanto isso sobre os motivos que induziram os homens a supor a existência da substância material, a fim de que, uma vez observadas a gradual suspensão e a extinção daqueles motivos e razões, possamos, na mesma medida, remover o nosso assentimento que estava baseado neles. Em primeiro lugar, então, pensava-se que a cor, a figura, o movimento e as demais qualidades sensíveis ou acidentes existiam de fato fora da mente, e por essa razão parecia necessário supor algum *substratum* ou *substância* não pensante em que eles existissem, uma vez que não poderiam ser concebidos como se existissem por si. Depois, no decorrer do tempo, ao estarem os homens // convencidos de que as cores, os sons e as demais qualidades sensíveis secundárias não tinham existência fora da mente, despiram tal *substratum* ou substância material de tais qualidades, deixando somente as *primárias*: figura, movimento, etc., os quais eram ainda concebidos como se existissem fora da mente e, consequentemente, necessitando de um suporte

material. Mas, tendo-se mostrado que nenhuma qualidade, nem estas últimas, pode existir de outra maneira senão num espírito ou mente que a perceba, segue-se que não temos mais razão alguma para supor a existência da *matéria*. Mais ainda: que é absolutamente impossível existir tal coisa, uma vez que se emprega a palavra para denotar um *substratum não pensante* de qualidades ou acidentes, no qual estes existem fora da mente.

74. Contudo, os próprios *materialistas* admitem que se pensou na matéria só para dar suporte aos acidentes. Uma vez eliminada por completo essa razão, alguém poderia esperar que a mente abandonasse naturalmente, e sem nenhuma relutância, a crença que estava unicamente baseada nela. No entanto, o preconceito está arraigado de forma tão profunda em nosso pensamento que é difícil dizer como desfazer-nos dele; e nos sentimos por isso inclinados, visto que a *coisa* é ela mesma indefensável, a pelo menos conservar o *nome*, aplicando-o a não sei que noções abstratas e indefinidas de *ser*, ou *ocasião*, embora sem nenhum indício de razão, pelo menos até onde posso ver, pois o que há em nós, ou o que percebemos entre todas as ideias, sensações e noções impressas em nossa mente, seja pelos sentidos, seja pela reflexão, para que possamos inferir a existência de uma ocasião inerte, sem pensamento |*thoughtless*| e impercebida? E, por outro lado, o que pode haver que nos faça crer, ou ao menos suspeitar, que um *espírito autossuficiente* é *dirigido* por uma ocasião inerte a suscitar |*excite*| ideias em nossa mente?

75. É um exemplo extraordinário da força do preconceito, e algo a ser lamentado, que a mente humana, contra todas as evidências da razão, guarde tão forte afeição por *alguma coisa* sem inteligência |*stupid*| e que carece de pensamento, por cuja

interposição ficaria, por assim dizer, separada da providência de Deus, afastando-o dos acontecimentos do mundo. Mas, ainda que façamos todo o possível para defender a crença na *matéria*, ainda que, quando a razão nos abandona, tratemos de sustentar nossa opinião baseados na sua mera possibilidade, e ainda que nos deixemos levar completamente pelo imenso alcance de uma imaginação não regulada pela razão a fim de dar forma a essa mera // *possibilidade*, contudo, a conclusão de tudo isso é que existem certas *ideias desconhecidas* na mente de Deus. E isso é tudo, se é que é alguma coisa, o que imagino que seja significado por *ocasião* relativamente a Deus. E isso, no fundo, não é mais argumentar a favor da *coisa*, mas a favor do *nome*.

76. Não discutirei, portanto, se existem tais ideias na mente de Deus nem se elas podem ser denominadas *matéria*. Mas, se se insistir na noção de uma substância não pensante, ou suporte da extensão, do movimento e de outras qualidades sensíveis, então, para mim, é evidentemente impossível a existência de tal coisa, pois é uma contradição evidente que essas qualidades existam numa substância não perceptiva, ou sejam suportadas por ela.

77. Pode-se dizer, contudo, que, embora se admita que não existe suporte não pensante |*thoughtless*| da extensão e das demais qualidades ou acidentes por nós percebidos, é possível, todavia, que exista uma substância inerte não perceptiva, ou *substratum* de algumas outras qualidades tão incompreensíveis para nós como as cores o são para um homem cego de nascença, e isso por não possuirmos nenhum sentido adaptado a elas.[49] Mas, se tivéssemos um novo sentido, é possível que não duvidássemos

---

[49] Ver *Comentários filosóficos*, Caderno A, anotação 601.

de sua existência mais do que um homem cego que voltasse a ver duvidaria da existência da luz e das cores. Respondo, em primeiro lugar, que, se o que se quer dizer com a palavra *matéria* é apenas o suporte desconhecido de qualidades desconhecidas, não importa se tal coisa existe ou não, já que ela não nos diz mais respeito. E não vejo vantagem em discutir sobre algo do qual não sabemos o *quê* nem o *porquê*.

78. Mas, em segundo lugar, se tivéssemos um novo sentido, este só poderia fornecer-nos novas ideias ou sensações. E, nesse caso, teríamos as mesmas razões contra sua existência em uma substância incapaz de percepção como as que já foram apresentadas no tocante à figura, ao movimento, às cores etc. As qualidades, como já se mostrou, não são senão *sensações* ou *ideias* existentes só numa *mente* que as percebe. E isso é verdade não somente para as ideias com as quais estamos agora familiarizados, mas também para todas as ideias possíveis, sejam estas quais forem.

79. Pode-se insistir, no entanto: que importa se não temos nenhuma razão para acreditar na existência da matéria? Que importa se não podemos atribuir-lhe nenhum uso ou explicar nada por meio dela, ou mesmo conceber o que se quer dizer com essa palavra? Ainda assim, não há contradição alguma em dizer que a matéria existe, e que essa matéria é *em geral* uma *substância*, ou *ocasião de ideias*; embora, de fato, possamos encontrar grande dificuldade quando pretendemos explicar o significado ou aderir a uma explicação particular dessas palavras. Respondo o seguinte: quando as palavras são empregadas sem um significado, pode-se reuni-las à vontade, sem perigo de incorrer em contradição. Pode-se dizer, por exemplo, que *dois*

vezes dois é igual a *sete*, contanto que se declare que não se tomam as palavras dessa proposição em sua acepção usual, mas como sinais de algo que não se sabe o que é. E, pela mesma razão, pode-se dizer que existe uma substância inerte não pensante e sem acidentes: a ocasião para as nossas ideias. E entenderíamos perfeitamente tanto uma proposição como a outra.

80. Em último lugar, pode-se dizer, o que aconteceria se abandonássemos a defesa da substância material e afirmássemos que a matéria é *alguma coisa* desconhecida, nem substância nem acidente, nem espírito nem ideia, inerte, sem pensamento, indivisível, imóvel, inextensa e que não existe em lugar algum? Pois pode-se dizer que tudo o que se pode alegar contra a *substância* ou a *ocasião*, ou qualquer outra noção positiva ou relativa da matéria, não tem cabimento algum enquanto aderirmos a uma definição *negativa* de matéria. Respondo que alguém pode, se achar melhor, empregar a palavra *matéria* no mesmo sentido que outras pessoas empregam a palavra *nada*, e tornar esses termos equivalentes em sua maneira de falar, afinal, parece-me ser esse o resultado daquela definição, cujas partes, quando as considero com atenção, sejam reunidas, sejam separadas umas das outras, não causam em minha mente nenhum tipo de efeito ou impressão diferente daquele que é suscitado pelo termo *nada*.

81. Alguém talvez replique que a definição acima inclui – o que a distingue suficientemente do termo *nada* – a ideia positiva e abstrata de *essência* |*quiddity*|,[50] *entidade* ou *existência*. Reconheço, certamente, que os que alegam termos a faculdade de formar

---
50 A quididade de algo constitui sua qualidade essencial, ou então, o conjunto das condições que determinam um ser particular.

ideias gerais abstratas falam como se tivessem essa ideia, a qual é, segundo dizem, a noção mais abstrata e geral de todas e, para mim, a mais incompreensível que existe. Que há uma grande variedade de espíritos de diferentes espécies |*orders*| e capacidades, cujas faculdades, tanto em número como em amplitude, excedem em muito as que o Autor de meu ser me concedeu, não vejo razão alguma para negar. E, certamente, seria grande loucura e presunção de minha parte pretender determinar, por meio de meus escassos, estreitos e limitados recursos perceptivos, que ideias o inexaurível poder do // Espírito Supremo poderia imprimir sobre elas. Afinal, que eu saiba, pode haver inúmeras espécies de ideias ou sensações tão diferentes umas das outras e tão diferentes de todas as que percebi como o são as cores dos sons. Entretanto, por mais propenso que eu esteja a reconhecer a deficiência de minha compreensão relativamente à infinita variedade de espíritos e de ideias que poderiam talvez existir, suspeito, contudo, ser uma contradição evidente e um jogo de palavras alguém pretender ter uma noção de entidade ou de existência *separada* |*abstracted*| do *espírito* e da *ideia*, de perceber e ser percebido. Resta agora considerarmos as objeções que talvez possam ser feitas por parte da religião.

82. Há alguns[51] que pensam que, embora os argumentos a favor da existência real dos corpos e derivados da razão não

---

51 Alusão principalmente a Malebranche, ver *Entretien sur la métaphysique*, 6.8. Bayle tinha argumentado que a razão não pode provar a existência de um mundo corpóreo, ver *Dictionnaire historique et critique*, artigos "Zenon", Nota H e "Pirro", Nota B. (Tradução do artigo "Pirro" por José Raimundo Maia Neto, In: *O que nos faz pensar*, PUC-Rio, n.8, 1994.)

equivalham a uma demonstração, as Sagradas Escrituras, no entanto, são tão claras nesse ponto que bastarão para convencer todo bom cristão de que os corpos realmente existem e são algo mais que meras ideias, pois, nos Livros Sagrados, se relatam inúmeros fatos que evidentemente supõem a realidade da madeira, das pedras, das montanhas, dos rios, das cidades e dos corpos humanos. A isso respondo que nossa doutrina não coloca em perigo a verdade de nenhum escrito, sagrado ou profano, quando emprega essas palavras e outras semelhantes em sua acepção vulgar, ou de tal maneira que encerrem algum significado. Que todas essas coisas realmente existem, que há corpos e inclusive substâncias corpóreas, quando tomadas no sentido vulgar, está de acordo com nossos princípios, como já mostramos; e a diferença entre *coisas* e *ideias*, *realidades* e *quimeras*, foi claramente explicada.* E não creio que nem o que os filósofos chamam de *matéria* nem a existência de objetos fora da mente sejam mencionados em algum lugar nas Escrituras.

83. Mais uma vez, quer existam quer não coisas externas, todo mundo concorda que o uso apropriado das palavras é expressar nossas concepções, ou as coisas, somente enquanto elas são conhecidas e percebidas por nós; donde se segue claramente que nos princípios aqui expostos nada há de incompatível com o uso correto e com o significado da *linguagem*, e que o discurso, seja de que tipo for, sendo // inteligível, não sofre alteração alguma. Mas tudo isso parece tão manifesto, de acordo com o que foi dito nas premissas, que é desnecessário insistir mais a respeito.

---

* Parágrafos 29, 30, 33, 36 e seguintes.

84. Mas pode-se insistir que os milagres, de qualquer forma, perdem muito de sua força e importância segundo nossos princípios. O que devemos pensar do cajado de Moisés? Foi *realmente* transformado numa serpente ou tratou-se apenas de uma mudança de *ideias* na mente dos espectadores? E pode-se supor que, nas bodas de Canaã, nosso Salvador não fez mais que se impor à visão, ao olfato e ao gosto dos convidados, de modo a criar para eles apenas a aparência ou a ideia do vinho?[52] O mesmo se pode dizer de todos os outros milagres, que, em consequência dos princípios precedentes, devem ser considerados somente muitas fraudes ou ilusões da imaginação. A isso respondo que o cajado foi transformado numa serpente real, e a água em vinho real. Que isso em nada contradiz o que eu disse em outra parte é evidente, conforme os parágrafos 34 e 35. Mas essa questão do *real* e do *imaginário* já foi tão clara e completamente explicada, tão frequentemente mencionada, e as dificuldades a seu respeito são respondidas de forma tão fácil a partir do que foi dito antes, que seria uma afronta ao entendimento do leitor resumir aqui de novo tal explicação. Observarei apenas que, se todos os que se achavam presentes à mesa viram, cheiraram, provaram e beberam vinho, e sentiram os seus efeitos, para mim não pode haver dúvida alguma sobre sua realidade. Desse modo, no fundo, a dúvida relativa aos milagres reais não tem lugar em nossos princípios, mas somente naqueles tradicionalmente aceitos, e, em consequência disso, depõe mais *a favor* do que *contra* o que foi dito.

---

52 Referência aos milagres realizados por Jesus nas bodas de Canaã, na Galileia – segundo o Evangelho de São João, 2:1-11 –, quando o vinho acabou e Jesus teria transformado a água em vinho.

85. Tendo acabado as objeções, as quais procurei apresentar o mais claramente possível e com toda força e importância que poderia lhes dar, passarei agora ao exame de nossos princípios em suas consequências. Algumas delas aparecem à primeira vista, de modo que várias dificuldades e questões obscuras, sobre as quais se têm feito muitas especulações, são inteiramente banidas da filosofia. Se a substância corpórea pode pensar; se a matéria é infinitamente divisível; e como ela atua sobre o espírito – // essas e outras perguntas do mesmo gênero proporcionaram infinito entretenimento a filósofos de todas as épocas. Mas como essas questões dependem da existência da *matéria*, elas não têm lugar em nossos princípios. Há muitas outras vantagens, tanto no tocante à *religião* como às *ciências*, as quais é fácil para qualquer um deduzir a partir do que foi estabelecido. Mas isso aparecerá de maneira mais clara em seguida.

86. Dos princípios que estabelecemos, segue-se que o conhecimento humano pode naturalmente ser reduzido a duas categorias: a das *ideias* e a dos *espíritos*. Tratarei de cada uma delas em sequência. Em primeiro lugar, no que se refere às ideias ou a coisas não pensantes, nosso conhecimento delas tem sido muito obscurecido e confundido, e fomos levados a erros muito perigosos ao supor uma dupla existência dos objetos dos sentidos: uma *inteligível* ou na mente, outra *real* e fora da mente, pela qual se considera que as coisas não pensantes têm uma subsistência natural própria, diferente da de ser percebida por espíritos. Noção essa que, se não me engano, mostrei ser a mais infundada e absurda, é a verdadeira raiz do *ceticismo*, pois, enquanto o homem pensava que as coisas reais subsistiam fora da mente, e que seu conhecimento era *verdadeiro*

somente à medida que correspondesse às *coisas reais*, seguia-se que nunca podia estar certo de possuir um conhecimento verdadeiro, afinal, como se poderia saber que as coisas percebidas correspondem |*are conformable*| às que não são percebidas ou que existem fora da mente?

87. Cor, figura, movimento, extensão etc., considerados só como outras tantas *sensações* na mente, são perfeitamente conhecidos, pois nada há neles que não seja percebido. Mas, se são considerados notas ou imagens que se referem a *coisas* ou a *arquétipos* que existem fora da mente, então estamos completamente envolvidos no *ceticismo*. Vemos somente as aparências, não as qualidades reais das coisas. Não podemos conhecer real e absolutamente, ou em si mesmos, o que são a extensão, a figura ou o movimento de uma coisa, mas somente a proporção ou relação que mantêm com os nossos sentidos. Se as coisas permanecem as mesmas e as nossas ideias variam, está fora de nosso alcance determinar qual de nossas ideias, ou sequer se alguma delas, representa a verdadeira qualidade de fato existente na coisa. De tal modo que, pelo que // sei, tudo quanto vemos, ouvimos e sentimos pode ser somente fantasma e vã quimera, e não coincidir em absoluto com as coisas reais e existentes na *rerum natura*. Todo esse ceticismo decorre de supormos uma diferença entre *coisas* e *ideias*, e que as primeiras têm uma subsistência fora da mente, ou impercebida. Seria fácil estender-se sobre esse assunto e mostrar como os argumentos apresentados pelos *céticos* de todas as épocas dependem sempre da suposição de que há objetos externos.[53]

---

53 A edição de 1710 acrescenta: "Mas isso é demasiado óbvio para que se necessite insistir".

88. À medida que atribuímos uma existência real a coisas não pensantes, diferente da de serem percebidas, não só nos será impossível conhecer com evidência a natureza de qualquer ser real não pensante como também que ele existe. Por isso vemos os filósofos desconfiarem de seus sentidos e duvidarem da existência do céu e da terra, de tudo o que veem ou sentem, inclusive de seus corpos. E, depois de todo o seu trabalho e esforço mental, são forçados a admitir que não podemos alcançar nenhum conhecimento autoevidente ou demonstrativo da existência de coisas sensíveis. Mas toda essa dúvida que tanto desnorteia e confunde a mente, e torna a *filosofia* ridícula aos olhos do mundo, desaparece se atribuirmos |*annex*| um significado a nossas palavras e não nos divertirmos com termos como *absoluto*, *externo*, *existe* etc., que não sabemos o que significam. Posso tão bem duvidar do meu ser quanto do ser das coisas que percebo realmente pelos sentidos, pois seria uma manifesta contradição que um objeto sensível fosse imediatamente percebido pela visão ou pelo tato e que, ao mesmo tempo, não tivesse nenhuma existência na natureza, visto que a própria existência de um ser não pensante consiste em *ser percebido*.

89. Nada parece mais importante quando se trata de erigir um sistema firme de conhecimento sólido e real, que possa estar à prova dos ataques do *ceticismo*, que o fazer repousar numa explicação diferente do que se entende por *coisa, realidade, existência*, pois em vão disputaremos sobre a real existência das coisas, ou pretenderemos obter um conhecimento a seu respeito, enquanto não tivermos fixado o significado dessas palavras. *Coisa* ou *ser* é o nome mais geral de todos, compreendendo duas espécies inteiramente diferentes e heterogêneas, e que nada têm em comum

senão o nome, a saber, *espíritos* e *ideias*. Os primeiros são *substâncias ativas, indivisíveis*; as segundas são *seres inertes, efêmeros e dependentes*, que // não subsistem por si, mas são suportados por mentes ou substâncias espirituais ou existem nelas. [Compreendemos nossa existência por um sentimento interior ou reflexão, e a dos outros espíritos pela razão. Pode-se dizer que temos algum conhecimento ou noção de nossa mente, dos espíritos e dos seres ativos, dos quais, num sentido estrito, não temos ideias. Da mesma maneira, conhecemos as relações entre coisas ou ideias, relações estas que são diferentes das ideias ou das coisas relacionadas, pois as últimas podem ser percebidas por nós sem que percebamos as primeiras. A mim me parece que ideias, espíritos e relações são todos, em seus respectivos gêneros, objeto do conhecimento humano e tema do discurso; e que seria uma impropriedade aplicar a palavra *ideia* para significar todas as coisas que conhecemos ou das quais temos alguma noção.][54]

90. As ideias impressas nos sentidos são coisas reais, ou existem realmente; isso eu não nego. Mas nego que elas possam subsistir fora da mente que as percebe, ou que elas sejam semelhanças de arquétipos existentes fora da mente, visto que o próprio ser de uma sensação ou ideia consiste em ser percebido, e uma ideia não pode assemelhar-se a nada senão a outra ideia. Por outro lado, as coisas percebidas pelos sentidos podem ser denominadas de *externas* no tocante a sua origem, na medida em que não são geradas internamente, pela própria mente, mas impressas por um espírito diferente daquele que as percebe. Pode-se também dizer que os objetos sensíveis existem fora da mente, em outro sentido, isto é, quando existem em alguma

---

54 Acréscimo da edição de 1734.

outra mente. Assim, quando fecho meus olhos, as coisas que eu via poderão continuar a existir, mas deve ser em outra mente.

91. Seria um erro pensar que o que aqui dissemos anula |*derogate*| completamente a realidade das coisas. Admite-se, segundo os princípios tradicionais, que a extensão, o movimento e, numa palavra, todas as qualidades sensíveis têm necessidade de um suporte, pois não são capazes de subsistir sozinhas. Mas admite-se que os objetos percebidos pelos sentidos não são senão combinações daquelas qualidades e, consequentemente, não podem subsistir por si. Até aqui todo mundo está de acordo. De maneira que, ao negar às coisas percebidas pelos sentidos uma existência independente de uma substância, ou de um suporte em que elas possam existir, não subtraio nada à opinião tradicional sobre sua *realidade*, nem sou responsável por nenhuma inovação a esse respeito. Toda a diferença consiste, a meu ver, em que os seres não pensantes percebidos pelos sentidos não têm existência diferente da de ser percebidos, e não podem, portanto, existir em outra substância, senão naquelas inextensíveis e indivisíveis, ou *espíritos*, que atuam, pensam // e os percebem. Por sua vez, os filósofos comumente sustentam que as qualidades sensíveis existem numa substância inerte, extensa e incapaz de percepção, que chamam de *matéria*, à qual atribuem uma subsistência natural, exterior a todos os seres pensantes, ou diferente de ser percebida por qualquer mente que seja, inclusive a mente eterna do Criador, na qual supõem que só haja ideias das substâncias corpóreas criadas por ele, se é que admitem que elas sejam realmente criadas.

92. Como já mostramos, a doutrina da matéria ou substância corpórea tem sido o principal pilar e suporte do *ceticismo*, e tam-

bém sobre os mesmos fundamentos têm sido erigidos todos os sistemas ímpios do *ateísmo* e da irreligião. Mais ainda, tão grande era a dificuldade de pensar e conceber a matéria produzida a partir do nada que os mais célebres entre os filósofos antigos, inclusive entre os que sustentavam a existência de um Deus, pensaram que a matéria era incriada e coeterna com Ele. É inútil dizer quanto a substância material tem sido aliada dos *ateus* de todas as épocas. Todos os seus monstruosos sistemas dependem visível e necessariamente dela, a tal ponto que, quando essa pedra angular é removida, todo o edifício |*fabric*| não tem outra opção a não ser cair por terra; de tal modo que nem vale mais a pena dar atenção especial aos absurdos de todas as deploráveis seitas dos *ateus*.

93. Que as pessoas ímpias e profanas caiam facilmente nesses sistemas que favorecem suas inclinações, ridicularizando a substância imaterial e supondo que a alma seja divisível e sujeita à corrupção como o corpo; que eliminem toda a liberdade, inteligência e desígnio da formação das coisas e, em vez disso, considerem uma substância não pensante, autoexistente e sem inteligência |*stupid*| a raiz e a origem de todos os seres; que elas deem ouvidos aos que negam uma providência, ou a supervisão de uma mente superior sobre os assuntos mundanos, atribuindo todas as séries de eventos ao cego acaso ou à fatal necessidade que surge do impulso de um // corpo sobre outro – tudo isso é muito natural. E, por outro lado, quando homens de melhores princípios observam os inimigos da religião colocar tanta ênfase na *matéria não pensante*, e todos eles usarem tanto engenho e habilidade para reduzir tudo a ela, parece-me que deveriam alegrar-se em vê-los privados de seu grande apoio

e expulsos dessa única fortaleza, sem a qual os *epicuristas*,[55] *hobbistas*[56] e outros mais não têm já a sombra de um pretexto, mas tornam-se o triunfo mais barato e fácil do mundo.

94. A existência da matéria ou de corpos impercebidos não só tem sido o principal apoio dos *ateus e fatalistas*,[57] mas do mesmo princípio depende também a *idolatria* em todas as suas várias formas. Se os homens considerassem o Sol, a Lua, as estrelas e todos os demais objetos dos sentidos apenas outras tantas sensações em sua mente que não têm outra existência senão a de ser percebidas, sem dúvida nunca se prostrariam, e adorariam suas próprias *ideias*, mas, antes, dirigiriam suas homenagens àquela Mente eterna e invisível que produz e sustenta todas as coisas.

95. O mesmo princípio absurdo, ao misturar-se com os artigos da nossa fé, ocasionou não poucas dificuldades aos cristãos. Por exemplo, a respeito da *ressurreição*, quantos escrúpulos e objeções têm sido levantados pelos *socinianos*[58] e outros

---

55 Partidários das ideias de Epicuro (341-270 a.C.), fundador da escola epicurista em Atenas em 306, que, com o estoicismo, dominou amplamente o período posterior à filosofia clássica. Conhecido, sobretudo, por seu tratado *Da natureza*, no qual retoma as teorias atomistas de Demócrito e Leucipo, defendendo que o universo consiste de espaço vazio infinito e de um número infinito de partículas físicas minúsculas eternamente existentes.

56 Partidários das ideias de Hobbes (1588-1679), filósofo que, embora não negue explicitamente a existência de Deus, sempre foi considerado ateu.

57 Defensores do fatalismo, doutrina que admite que o curso dos acontecimentos está previamente fixado, nada podendo alterá-lo.

58 Seguidores do italiano Fausto Sozzini (1539-1604), latinizado "Socinus", e precursores dos unitarianos. Enfatizavam a unidade e a eternidade de Deus, mas duvidavam da eternidade e da divindade de Jesus, questionando assim a doutrina da Trindade.

mais?⁵⁹ Porém, a mais plausível dessas objeções não depende da suposição de que um corpo é denominado o *mesmo*, não relativamente à forma ou àquilo que é percebido pelos sentidos, senão à substância material que permanece a mesma sob várias formas? Elimine-se essa *substância material*, a respeito de cuja identidade surgem todas as disputas, e entenda-se por *corpo* o que qualquer pessoa comum quer dizer por tal palavra, ou seja, que é imediatamente visto e sentido, e que é apenas uma combinação de qualidades sensíveis ou ideias, e então as mais irrespondíveis objeções se reduzem a nada.

96. Uma vez que a matéria é banida da natureza, arrasta consigo muitas noções ímpias e céticas, tais como um incrível número de controvérsias e questões complicadas que têm sido fonte de aborrecimento para os teólogos, assim como para os filósofos, e dado lugar a tanto trabalho estéril para a humanidade, de modo que, se os argumentos que apresentei contra ela não forem considerados adequados à demonstração (como a mim eles evidentemente me parecem ser), estou seguro de que todos os amigos do conhecimento, da paz e da religião têm razões para desejar que o sejam.

// 97. Além da existência externa dos objetos da percepção, outra grande fonte de erros e dificuldades no tocante ao conhecimento ideal é a doutrina das *ideias abstratas*, tal como ela foi exposta na Introdução. As coisas mais simples do mundo, aquelas com as quais estamos mais intimamente familiarizados e conhecemos perfeitamente, parecem estranhamente difíceis e incompreensíveis quando consideradas de uma maneira abstrata. O tempo, o lugar e o movimento, tomados em particular ou em concreto,

---

59 Ver a primeira carta a Johnson, incluída neste volume, p.369.

são o que todo mundo sabe; mas, quando passam pelas mãos de um metafísico, tornam-se demasiado abstratos e sutis para ser apreendidos pelo ser humano comum. Pedi a vosso criado para que vos encontre a tal *hora* e em tal *lugar*, e ele jamais se deterá em deliberar sobre o sentido dessas palavras. Ele não encontrará a menor dificuldade em conceber o tempo e o lugar particulares, ou o movimento pelo qual deve ir ao lugar combinado. Mas, se se toma o *tempo*, independentemente de todas as ações e ideias particulares que diversificam o dia, apenas como a continuação da existência ou como duração em abstrato, então talvez até mesmo um filósofo terá dificuldade em compreendê-lo.[60]

98. Quando tento formar uma simples ideia de *tempo*, abstraída da sucessão de ideias em minha mente, que flui uniformemente e é partilhada por todos os seres, fico perdido e enredado em dificuldades inextricáveis. Não tenho a menor noção de tudo isso, somente ouço outros dizer que é infinitamente divisível, e falar dele de tal maneira que me leva a alimentar estranhos pensamentos sobre minha existência, pois essa doutrina nos impõe uma absoluta necessidade de pensar que ou passamos inúmeras idades sem um pensamento, ou somos aniquilados a cada momento de nossa vida: as duas coisas parecem igualmente absurdas. Portanto, como o tempo não é nada quando abstraído da sucessão de ideias em nossa mente, segue-se que a duração de um espírito finito deve ser calculada pelo número de ideias

---

[60] Ver Santo Agostinho, *Confissões*, 11.14: "Que é o tempo? Se ninguém me perguntar, eu sei; se quiser explicá-lo a quem me fizer a pergunta, já não sei". Berkeley demonstrou interesse pelo tema. Nos *Comentários filosóficos*, as primeiras anotações são sobre o tempo. Na segunda carta a Johnson (ver p.391 neste volume), Berkeley afirmou que uma de suas primeiras investigações foi sobre o tempo.

ou ações que se sucedem umas às outras nesse mesmo espírito ou mente. Assim, é uma consequência clara que a alma sempre pensa. E, em verdade, acredito que qualquer um que tente // separar em seus pensamentos ou abstrair a *existência* de um espírito de sua *cogitation* descobrirá que não é uma tarefa fácil.

99. Da mesma maneira, quando tentamos abstrair a extensão e o movimento de todas as demais qualidades, e os consideramos em si, logo os perdemos de vista e caímos em grandes extravagâncias;[61] e todas elas dependem de uma dupla abstração: primeiro, supõe-se que a extensão, por exemplo, pode ser abstraída de todas as outras qualidades sensíveis, e, em segundo lugar, que a existência |entity| da extensão pode ser abstraída de seu ser percebido. Mas quem refletir e procurar compreender o que diz reconhecerá, se não me engano, que todas as qualidades sensíveis são igualmente *sensações* e igualmente *reais*; que onde há a extensão há também a cor, isto é, na sua mente; que seus arquétipos podem existir somente em alguma outra *mente*, e que os objetos dos sentidos não são senão essas sensações combinadas, misturadas, ou (se podemos falar assim) amalgamadas juntas. Nenhuma delas pode supor-se que exista impercebida.

100. O que faz um homem ser feliz ou um objeto ser bom é algo que cada um julga saber. Mas formar uma ideia abstrata de *felicidade*, prescindindo de todo prazer particular, ou de *bondade*, de tudo que é bom, isso é o que poucos alegam saber. Mesmo assim, um homem pode ser justo e virtuoso sem ter ideias pre-

---

61 O texto da primeira edição continuava assim: "Daqui nasceram esses estranhos paradoxos de que o fogo *não é quente*, nem o *muro branco* etc., ou que o calor e a cor não estão nos objetos mais que a figura e o movimento".

cisas da *justiça* e da *virtude*. A opinião de que essas e outras palavras semelhantes representam noções gerais abstraídas de todas as pessoas e ações particulares parece ter tornado a moralidade difícil e seu estudo de pouca serventia para a humanidade.[62] E, na realidade, a // doutrina da *abstração* contribuiu muito para destruir a parte mais útil do conhecimento.

101. As duas grandes áreas da ciência especulativa relacionadas às ideias recebidas dos sentidos [e suas relações],[63] e relativamente a cada uma das quais farei algumas observações, são a *Filosofia natural* e a *Matemática*. Em primeiro lugar, direi algo sobre a Filosofia natural. É nesse terreno que os *céticos* triunfam. Todo o arsenal de argumentos que eles produzem para depreciar as nossas faculdades, e fazer a humanidade parecer ignorante e atrasada, é extraído principalmente deste tópico, ou seja, que estamos submersos numa cegueira insuperável em relação à *verdadeira* e *real* natureza das coisas. Sobre isso eles exageram e gostam de discorrer longamente. Somos miseravelmente enganados, dizem, pelos nossos sentidos, e entretidos somente com o aspecto exterior e com a aparência das coisas. A essência real, as qualidades internas e a constituição de cada um dos menores objetos escondem-se à nossa vista. Há algo em cada gota de água, em cada grão de areia que está além do poder de o entendimento humano penetrar ou compreender. Mas é evidente,

---

62 A edição de 1710 continua assim: "E, com efeito, alguém pode fazer um grande progresso na *Ética das Escolas* sem nunca ser, por isso, um homem mais sábio ou melhor, ou saber como se conduzir nos negócios da vida, em relação às vantagens para si mesmo ou para seus próximos, mais do que antes. Essa sugestão é suficiente para levar qualquer um a ver que a doutrina da abstração...".

63 Acréscimo da edição de 1734.

como já se mostrou, que todas essas queixas são infundadas, e que somos influenciados por falsos princípios a ponto de desconfiarmos de nossos sentidos e pensarmos que nada sabemos sobre essas coisas que compreendemos perfeitamente.

102. Um grande motivo para nos declararmos ignorantes a respeito da natureza das coisas é a opinião comum de que todas as coisas contêm dentro de si as causas de suas propriedades, ou que há em cada objeto uma essência interior, que é a fonte de onde suas qualidades discerníveis fluem e de que dependem. Alguns pretenderam explicar os fenômenos |*appearances*| por meio de qualidades ocultas, mas recentemente a maioria se decidiu pelas causas mecânicas: a figura, o movimento, o peso e outras qualidades semelhantes de partículas insensíveis; ao passo que, na verdade, não existe nenhum outro agente ou causa eficiente senão o *espírito*, sendo evidente que o movimento, assim como todas as outras *ideias*, é perfeitamente inerte. (Ver parágrafo 25.) Por isso, empenhar-se em explicar a produção das cores ou dos sons pela figura, movimento, magnitude etc. é necessariamente trabalhar em vão. E, assim, vemos que as tentativas desse tipo não são absolutamente satisfatórias. E o mesmo se pode dizer, em geral, dos casos em que uma ideia ou qualidade é atribuída como causa de outra. Não preciso dizer quantas *hipóteses* e especulações são deixadas de lado e quanto se abrevia o estudo da natureza por meio dessa doutrina.

// 103. O grande princípio mecânico agora em voga é a *atração*. Para alguns, pode parecer já suficientemente explicado que uma pedra caia ao solo, ou que o mar suba durante as marés. Mas de que maneira somos esclarecidos quando se diz que isso ocorre por atração? Por acaso a palavra significa o modo da tendência |*the manner of the tendency*|, e que o é pela atração mútua |*mutual drawing*| dos corpos, em vez de eles serem impelidos ou lançados um em direção ao outro? Mas nada é determinado sobre o modo ou a ação, e, pelo que sei, eles podem, na verdade, tanto se chamar *impulso* ou *propulsão* como *atração*. Por outro lado, as partículas do aço que vemos manter-se firmemente coesas também representam algo que se explica pela atração. Mas nesse como em outros casos não percebo que signifique alguma coisa além do próprio efeito. Pois, quanto ao modo da ação por meio do qual ele é produzido ou à causa que o produz, esses não são sequer indicados.

104. Na verdade, se examinarmos os diferentes *fenômenos* e os compararmos uns com os outros, poderemos observar alguma semelhança e conformidade entre eles. Por exemplo, na queda de uma pedra, nas marés, na coesão e cristalização existe alguma coisa semelhante: uma união ou aproximação mútua dos corpos. De tal modo que qualquer um desses *fenômenos*, ou outros semelhantes, não é estranho ou surpreendente a um homem que observou e comparou minuciosamente os efeitos da natureza, pois só consideramos estranho ou surpreendente o que é incomum, ou uma coisa isolada e fora do curso ordinário de nossa observação. Que os corpos tendam em direção ao centro da Terra não é considerado estranho, porque é o que percebemos em cada momento de nossa vida. Mas que os corpos tenham uma gravitação semelhante para o centro da Lua pode parecer estranho e inexplicável a muitos homens, porque isso é percebido somente nas marés. Mas um filósofo, cujos pensamentos abarcam uma ampla extensão da natureza, depois de ter observado uma indubitável semelhança entre os fenômenos |*a certain similitude of appearances*|, tanto celestes como terrestres, o que revela que inúmeros corpos têm uma tendência mútua uns na direção dos outros, // designa essa tendência pelo nome

geral de *atração*, e considera adequadamente explicado tudo o que possa ser reduzido a isso. Assim, ele explica as marés pela atração exercida pela Lua sobre o globo terrestre |*terraqueous*|, o que não lhe parece estranho ou anômalo, mas somente um exemplo particular de uma regra ou lei geral da natureza.

105. Portanto, se considerarmos a diferença existente entre os filósofos naturais e os demais homens no tocante ao seu conhecimento dos *fenômenos*, descobriremos que esta consiste não num conhecimento mais exato das causas eficientes que os produzem, pois pode não haver nenhuma outra senão a *vontade de um espírito*, mas somente numa maior extensão da compreensão por meio da qual descobrem analogias, harmonias e concordâncias nas obras da natureza, e explicam os efeitos particulares, ou seja, reduzem-nos a regras gerais (ver parágrafo 62), que, baseadas na analogia e na uniformidade observadas na produção dos efeitos naturais, são mais satisfatórias e desejadas pela mente, pois elas estendem nossa perspectiva para além do que está presente e próximo a nós, e nos capacitam a fazer conjecturas muito prováveis a respeito das coisas que podem ter acontecido a distâncias remotas no tempo e no espaço, bem como predizer as coisas que sucederão, o que é um tipo de esforço voltado para a onisciência que influencia muito a mente.

106. Mas devemos proceder com cautela em tais coisas, pois tendemos a dar demasiada importância às analogias, e, em prejuízo da verdade, cedemos a uma certa disposição da mente que a leva a estender seu conhecimento a teoremas gerais. Por exemplo, pelo fato de a gravitação ou a atração mútua aparecer em muitos casos, alguns logo a proclamam *universal*, e que *atrair e ser atraído por todos os demais corpos é uma qualidade essencial inerente a todos os corpos, quaisquer que sejam*. Entretanto, parece que as

estrelas fixas não têm tal tendência umas em relação às outras; e a gravitação está tão longe de ser *essencial* aos corpos que, em alguns casos, parece manifestar-se um princípio inteiramente contrário, como no crescimento vertical |*perpendicular*| das plantas e na elasticidade do ar. Não há nada necessário ou essencial nesses casos, senão que dependem inteiramente da vontade do *espírito governante*, que faz com que certos corpos se mantenham juntos ou tendam uns para os outros, em conformidade com diferentes leis, ao passo que mantém outros a uma distância fixa e a alguns ele dá uma tendência inteiramente contrária para mover-se separados, tal como julgar conveniente.

107. Depois do que foi dito, penso que podemos estabelecer as seguintes conclusões. Em primeiro lugar, é evidente que os filósofos perdem seu tempo em vão quando perguntam por uma causa eficiente natural, diferente de uma *mente* ou *espírito*. Em segundo lugar, considerando que toda a criação é obra de um *agente sábio e bom*, parece que seria mais adequado que os filósofos ocupassem seu pensamento (ao contrário do que alguns sustentam) com as causas finais das coisas. E, devo confessar, não vejo razão pela qual não se deveria considerar uma boa maneira de explicar as coisas, nem completamente digna de um filósofo, a que mostrasse os vários fins aos quais as coisas naturais estão adaptadas e para os quais foram originalmente planejadas com indizível sabedoria. Em terceiro lugar, do que foi dito, não se pode extrair nenhuma razão pela qual não se deveria mais estudar a História Natural nem fazer observações e experimentos, os quais, se são úteis à humanidade e nos capacitam a tirar algumas conclusões gerais, não o são como resultado de alguns aspectos |*habitudes*| ou relações imutáveis entre as próprias coisas, mas somente da bondade e

generosidade de Deus para com os homens na administração do mundo. (Ver parágrafos 30 e 31.) Em quarto lugar, mediante uma observação atenta dos *fenômenos* que estão ao nosso alcance |*within our view*|, podemos descobrir as leis gerais da natureza e delas deduzir, não *demonstrar*, os demais *fenômenos*, pois todas as deduções desse tipo dependem da suposição de que o Autor da Natureza sempre atua uniformemente e numa constante observância daquelas normas que tomamos como princípios, os quais não podemos conhecer com evidência.

108.[64] Aqueles que formulam leis gerais a partir dos *fenômenos* e depois derivam os *fenômenos* de tais leis parecem levar em consideração os signos em vez das causas. Um homem pode muito bem compreender os signos naturais sem conhecer sua classificação,[65] ou sem ser capaz de dizer em virtude de que lei uma coisa é desta ou daquela maneira. E, tal como é possível escrever incorretamente por causa de uma observação demasiado estrita das regras gerais da gramática, também é possível

---

64 Na edição de 1710, este parágrafo começa assim: "É evidente, de acordo com o parágrafo 66, que os métodos fixos e constantes da natureza não podem ser adequadamente chamados de linguagem de seu *Autor*, pela qual ele revela seus *atributos* à nossa visão e nos orienta a agir para a comodidade e felicidade da vida. E, para mim, aqueles homens que formulam leis gerais a partir dos fenômenos, e depois derivam os fenômenos dessas leis, parece que são os gramáticos, e sua arte, a gramática da natureza. Existem duas maneiras de aprender uma linguagem, ou por meio de regras ou pela prática. Um homem pode ser versado na linguagem da natureza sem entender a sua gramática, ou ser capaz de dizer por qual regra uma coisa é deste ou daquele modo".

65 "Analogy", isto é, um processo de raciocínio a partir de casos paralelos, por isso, classificação. Ver o *Glossário* da edição de J. Dancy.

que, ao raciocinar a partir das leis gerais da natureza, levemos a analogia demasiado longe e dessa forma caiamos em erros.

109. Assim como ao ler um livro um homem sensato escolherá fixar sua atenção no sentido e aplicá-lo na prática em vez de em observações gramaticais sobre a linguagem, da mesma forma, ao examinar o livro da natureza, parece que é indigno da mente pretender uma exatidão ao reduzir cada *fenômeno* particular a leis gerais, ou mostrar como estas decorrem daqueles. Deveríamos ter em vista fins mais nobres, tais como recrear e exaltar a mente com uma visão da beleza, ordem, extensão e variedade das coisas naturais, e, a partir disso, mediante as próprias inferências, alargar nossas noções da grandeza, sabedoria e beneficência do Criador. E, finalmente, fazer, à medida que isso nos é possível, que as várias partes da criação sirvam os fins para os quais foram designadas, ou seja, para a glória de Deus e para a nossa conservação e bem-estar, bem como de outras criaturas semelhantes.

110.[66] A melhor explicação para a referida analogia, ou ciência natural, é sem dúvida um célebre tratado de *mecânica*.[67] Na

---

66 Na edição de 1710, este parágrafo começa assim: "A melhor gramática do gênero de que estamos falando, como facilmente se reconhecerá, é um tratado de mecânica, demonstrada e aplicada à natureza por um filósofo de uma nação vizinha, que todo mundo admira. Não me encarregarei de fazer observações sobre essa extraordinária personalidade; somente sobre algumas coisas que ele tem defendido, tão diretamente opostas à doutrina que estive expondo até agora que seria uma falta de consideração devida à autoridade de tão extraordinário homem não mencioná-las".

67 Alusão à obra *Princípios matemáticos da filosofia natural*, de Isaac Newton (1642-1727), publicada em 1687. Berkeley cita esse tratado pelo seu título em latim no parágrafo 114.

introdução desse tratado tão justamente admirado, o tempo, o espaço e o movimento são distinguidos em *absoluto* e *relativo*, *verdadeiro* e *aparente*, *matemático* e *vulgar*. E essa distinção, que é detalhadamente explicada pelo autor, supõe que aquelas quantidades têm uma existência fora da mente e que // elas são ordinariamente concebidas com referência às coisas sensíveis, com as quais, no entanto, por sua própria natureza, elas não possuem relação alguma.

111. Quanto ao *tempo*, como ele é tomado ali num sentido absoluto ou abstrato, como duração ou continuidade |*perseverance*| da existência das coisas, não tenho mais nada a acrescentar a seu respeito além do que já disse sobre esse assunto (parágrafos 97 e 98). Quanto às demais noções, esse célebre autor sustenta que existe um *espaço absoluto*, o qual, sendo imperceptível aos sentidos, permanece em si mesmo igual e imóvel, e um espaço relativo que é sua medida, o qual, sendo móvel, e definido por sua situação em relação aos corpos sensíveis, é vulgarmente considerado como espaço imóvel. Ele define o *lugar* como aquela parte do espaço que é ocupada por algum corpo. E, conforme o espaço seja absoluto ou relativo, o mesmo se dá também com o lugar. O *movimento absoluto* é explicado como a translação de um corpo de um lugar absoluto para um lugar absoluto, ao passo que o movimento relativo é de um lugar relativo para outro. E, como as partes do espaço absoluto não caem sob nossos sentidos, no lugar delas somos obrigados a usar suas medidas sensíveis, e assim definir tanto o lugar como o movimento com respeito aos corpos, os quais consideramos como imóveis. Afirma-se, entretanto, que em questões filosóficas devemos nos abstrair de nossos sentidos, uma vez que

talvez nenhum desses corpos que parecem estar em repouso o estejam realmente; e que a mesma coisa que, relativamente, está em movimento pode estar, na realidade, em repouso. Ao passo que, igualmente, um só e mesmo corpo pode estar em repouso e movimento relativos, ou ainda movido ao mesmo tempo por movimentos relativos contrários, conforme seu lugar seja diferentemente definido. Toda essa incerteza |*ambiguity*| se encontra nos movimentos aparentes, mas não nos movimentos verdadeiros e absolutos, que, portanto, são os únicos que deveriam ser considerados na filosofia. Diz-se que os movimentos verdadeiros distinguem-se dos movimentos aparentes ou relativos pelas seguintes propriedades: em primeiro lugar, no movimento verdadeiro ou absoluto todas as partes que preservam a mesma posição com respeito ao todo participam dos movimentos do todo. Em segundo lugar, se o lugar se move, aquilo que ocupa o lugar também se move; de modo que um corpo que se move num lugar que está em movimento participa do movimento de tal lugar. Em terceiro lugar, o movimento verdadeiro nunca é produzido ou modificado de outra maneira senão por uma força aplicada sobre o próprio corpo. Em quarto lugar, o movimento verdadeiro é sempre modificado por uma força impressa sobre o corpo movido. Em quinto lugar, no movimento circular puramente relativo não existe nenhuma força centrífuga, que, entretanto, no movimento verdadeiro ou absoluto, é proporcional à quantidade de movimento.

// 112. Mas, apesar do que se disse, não me parece que possa haver algum outro movimento a não ser o *relativo*,[68] de modo

---

68 Berkeley trata do movimento em seus vários aspectos no ensaio *Sobre o movimento*, incluído neste volume, p.319.

que, para conceber o movimento, devem ser pelo menos concebidos dois corpos, cuja distância ou posição de um em relação ao outro seja variada. Portanto, se existisse um único corpo, este não poderia mover-se. Isso parece evidente, pois a ideia que tenho de movimento inclui necessariamente uma relação.[69]

113. Mas ainda que em todo movimento seja necessário conceber mais de um corpo, contudo, pode ocorrer que só um deles se mova, a saber, aquele sobre o qual se aplica a força que causa a mudança de distância, ou, em outras palavras, aquele ao qual a ação é aplicada, pois, embora alguns possam definir o movimento relativo dizendo que o corpo *movido* é aquele que muda sua distância relativamente a algum outro corpo, independentemente se a força ou a ação que causa aquela mudança é aplicada a ele ou não, no entanto, como o movimento relativo é aquele que é percebido pelos sentidos e considerado nos assuntos ordinários da vida, parece que todo homem do senso comum sabe muito bem o que ele é tanto quanto o melhor filósofo. Ora, pergunto a qualquer um se de acordo com o que entende por movimento pode dizer, quando passeia pelas ruas, que as pedras sobre as quais passa se *movem* porque elas mudam de distância conforme seus passos. Parece-me que, embora o movimento inclua uma relação de uma coisa com outra, não é necessário, contudo, que cada um dos termos da relação seja definido a partir dele. Assim como um homem pode pensar em alguma coisa que não pensa, do mesmo modo um corpo pode

---

[69] Este parágrafo continuava assim na primeira edição: "Isso me parece muito evidente, na medida em que a ideia de movimento não implica necessariamente uma relação. Se outros podem concebê-la de outro modo, um pouco de atenção pode convencê-los".

mover-se em direção a um outro corpo ou para longe dele, sem que este último esteja em movimento.[70]

114. Como o lugar pode ser definido de várias maneiras, o movimento que se relaciona com ele também varia. Pode-se dizer que um homem num navio está em repouso em relação às bordas da embarcação e, no entanto, em movimento em relação às margens. Pode mover-se para o leste, em relação a um lado, e para o oeste, em relação ao outro. Na vida corrente, os homens nunca vão além da Terra para definir o lugar // de um corpo, e aquilo que está em repouso em relação à Terra diz-se que se acha em repouso de modo *absoluto*. Mas os filósofos, que têm um pensamento mais abrangente e noções mais precisas sobre o sistema das coisas, descobriram que a Terra mesma se move. Assim, a fim de fixar as suas noções, parecem conceber o mundo corpóreo como finito, e as partes extremas ou externas imóveis dele como o lugar desde o qual calculam os movimentos verdadeiros. Se examinarmos nossas próprias concepções, creio que poderemos descobrir que todo movimento absoluto do qual podemos formar uma ideia não é, no fundo, senão o movimento relativo assim definido, pois, como já observamos, o movimento absoluto independentemente |*exclusive of*| de toda relação exterior é incompreensível; e, se não me engano, a essa espécie de movimento relativo se aplicam todas as propriedades, causas e efeitos acima mencionados e atribuídos ao movimento absoluto. Quanto ao que se diz da força centrífuga, que ela não pertence ao movimento relativo circular, não vejo

---

70 Na edição de 1710, este parágrafo termina assim: "... por movimento, quero dizer *movimento relativo*, pois não sou capaz de conceber outro".

como isso se segue do experimento produzido para prová-la.[71] (Ver *Philosophiae naturalis principia mathematica*, in *Schol. Def.* VIII.) Porque a água no balde, no momento em que se diz que tem o máximo movimento relativo circular, penso, não tem movimento algum, como é evidente conforme o parágrafo anterior.

115. Para dizer que um corpo se *move*, é necessário, em primeiro lugar, que ele mude sua distância ou sua posição relativamente a algum outro corpo; e, em segundo lugar, que a força ou ação que ocasiona aquela mudança seja aplicada a ele. Se uma ou outra dessas condições falta, não creio que, de acordo com a opinião geral dos homens, ou a propriedade da linguagem, se possa dizer que um corpo está em movimento. Concedo, certamente, que é possível que pensemos que um corpo que vemos mudar de distância a contar de algum outro se move, embora não haja força alguma aplicada a ele (e nesse sentido pode haver um movimento aparente), mas, se é assim, é porque imaginamos que a força que causa a mudança da distância é aplicada ou impressa sobre aquele corpo que pensamos que se move. Isso na verdade mostra que podemos nos enganar, achando que uma coisa está em movimento quando não está,[72] nada mais.

---

[71] Trata-se do experimento do balde em rotação proposto por Newton. Ver Newton, *Princípios matemáticos de filosofia natural*. Trad. Carlos Lopes de Mattos e Pablo Rubén Mariconda. Col. Os pensadores. São Paulo: Nova Cultural, 2005, p.28. Sobre esse experimento ver também o ensaio *Sobre o movimento*, 61-2, incluído neste volume.

[72] Na edição de 1710, este parágrafo termina assim: "mas não prova que, na acepção comum de *movimento*, um corpo está em movimento meramente porque muda de distância em relação a outro; visto que, assim que percebemos o engano e descobrimos que a força do movimento não era comunicada a ele, não o consideramos mais como corpo em movimento. Por outro lado, quando se imagina que existe um

93 // 116. Do que foi dito se segue que a consideração filosófica do movimento não implica a existência de um *espaço absoluto*, diferente daquele que é percebido pelos sentidos e relacionado com os corpos; e que este não pode existir fora da mente é claro a partir dos próprios princípios que demonstram o mesmo a respeito de todos os demais objetos dos sentidos. E talvez, se investigarmos minuciosamente, descubramos que não podemos sequer formar uma ideia de um *espaço puro*, sem nenhum corpo. Devo confessar que isso parece impossível, visto tratar-se de uma ideia muitíssimo abstrata. Quando provoco um movimento em alguma parte de meu corpo, se ele for livre ou sem resistência, digo que há *espaço*; mas se encontro uma resistência então digo que há *corpo*, e à medida que a resistência ao movimento é menor ou maior, digo que o *espaço* é mais ou menos *puro*. De modo que, quando falo de espaço puro ou vazio, não se deve supor que a palavra *espaço* represente |*stands for*| uma ideia diferente dos corpos e do movimento ou que seja concebível sem estes. Entretanto, de fato, podemos pensar que cada nome substantivo representa uma ideia diferente, que pode ser separada de todas as outras, o que tem ocasionado uma infinidade de erros. Portanto, quando suponho que todo o mundo foi aniquilado,

---

único corpo, cujas partes preservam uma dada posição entre si, há alguns que pensam que ele não pode ser movido em todas as direções, embora sem nenhuma mudança de distância ou de lugar relativamente a quaisquer outros corpos; o que não negaríamos, se eles significassem somente que poderia haver uma força impressa que, sob a simples criação de outros corpos, produziria um movimento de certa quantidade e determinação. Mas, que um movimento real (distinto da força impressa, ou do poder causador da mudança de lugar, nos casos em que há corpos presentes por meio dos quais é definido) possa existir em tal corpo simples, devo confessar que não sou capaz de compreender".

exceto meu próprio corpo, e digo que aí ainda permanece o *espaço puro*, não quero dizer nada mais senão que concebo como possível que os membros de meu próprio corpo se movam em todas as direções sem a menor resistência; mas, se este também fosse aniquilado, então não poderia haver movimento algum e, consequentemente, nenhum espaço. Alguns talvez possam pensar que o sentido da vista lhes fornece a ideia de espaço puro; mas é evidente, conforme o que mostrei em outro lugar, que as ideias de espaço e de distância não são obtidas por esse sentido. (Ver o *Ensaio sobre a visão*.)

117. O que é aqui estabelecido parece colocar um fim a todas as disputas e dificuldades que surgiram entre os // homens de ciência a respeito da natureza do *espaço puro*. Mas a principal vantagem que surge disso é que nos livramos desse perigoso *dilema*, ao qual se viram levados muitos[73] dos que se dedicaram a pensar sobre o assunto, a saber, de pensar ou que o espaço real é Deus ou, ao contrário, que há algo além de Deus que é eterno, incriado, infinito, indivisível e imutável. Ambas as noções podem justamente ser consideradas perniciosas e absurdas. É certo que não poucos teólogos, assim como filósofos de grande renome, diante das dificuldades que encontraram para conceber os limites ou a aniquilação do espaço, concluíram que este deve ser *divino*. E alguns ultimamente se esforçaram de modo particular para mostrar que os atributos incomunicáveis de Deus concordam com isso. Doutrina da qual, por mais indigna da Natureza Divina que possa parecer, não vejo como podemos nos livrar enquanto seguirmos aderindo às opiniões recebidas.

---

73 Conforme a anotação 298 dos *Comentários filosóficos*, dentre eles Locke, More e Raphson.

118. Até aqui, sobre a Filosofia natural. Vamos agora fazer uma investigação acerca do outro grande ramo do conhecimento especulativo, ou seja, a *Matemática*. Por mais celebrada que possa ser por sua clareza e certeza demonstrativa, coisas que dificilmente se encontram em outras disciplinas, entretanto, não pode ser considerada completamente livre de erros se em seus princípios se esconderem alguns erros ocultos, comuns aos professores dessa ciência e aos demais homens. Embora os matemáticos possam deduzir seus teoremas de um alto grau de evidência, seus primeiros princípios estão limitados pela consideração da quantidade, e eles não aprofundam nenhuma investigação acerca das máximas gerais |*transcendental maxims*| que influenciam todas as ciências particulares; cada // parte das quais, e a matemática não é uma exceção, participa, consequentemente, dos erros envolvidos nelas. Não nego que os princípios estabelecidos pelos matemáticos sejam verdadeiros, nem que seu método de dedução desses princípios seja claro e incontestável. Sustento, porém, que pode haver certas máximas errôneas cujo alcance ultrapassa o dos objetos da matemática, as quais, por essa razão, não são expressamente mencionadas, ainda que tacitamente supostas em todo progresso dessa ciência; e que os maus efeitos desses erros ocultos e não examinados estão difundidos em todos os seus ramos. Para ser sincero, suspeito que os matemáticos, assim como os demais homens, estão envolvidos nos erros que surgem da doutrina das ideias gerais abstratas e da existência de objetos fora da mente.

119. Pensou-se que a *aritmética* tem por seu objeto as ideias abstratas de *número*. Supôs-se não fazer parte do conhecimento especulativo compreender as propriedades e relações mútuas

|*mutual habitudes*|. A opinião sobre a natureza pura e intelectual dos números em abstrato conferiu a estes estima entre os filósofos, que parecem ter afetado uma incomum sutileza e elevação de pensamento. Essa opinião tem emprestado valor às mais insignificantes especulações numéricas que na prática não servem para nada senão apenas para divertimento, e, por essa razão, tem contagiado tanto a mente de alguns que eles imaginaram profundos *mistérios* envoltos nos números, e tentaram explicar as coisas naturais por meio deles. Mas, se examinarmos bem nossos pensamentos e levarmos em consideração o que // foi estabelecido, talvez tenhamos uma péssima opinião desses altos voos do pensamento e abstrações, e consideremos todas as investigações sobre os números apenas como outras tantas *difficiles nuga*,[74] posto que não servem para a prática e não oferecem benefícios para a vida.

120. A unidade em abstrato nós já consideramos no *parágrafo 13*, e a partir do qual e do que dissemos na Introdução segue-se claramente que não existe tal ideia. Mas, ao definir o número como uma *coleção de unidades*, podemos concluir que, se não há tal coisa como a unidade ou a unidade em abstrato, não pode haver ideias de números em abstrato denotadas pelos nomes e algarismos |*figures*| numéricos. Portanto, as teorias da aritmética, se são abstraídas dos nomes e dos algarismos, assim como de todo uso e prática, e das coisas particulares numeradas, pode-se supor, não têm como objeto absolutamente nada. Donde podemos ver como a ciência dos números se subordina inteiramente à prática e como se torna vazia |*jejune*| e trivial |*trifling*| quando considerada como um assunto de mera especulação.

---

74 "Dificuldades triviais" ou "ninharias".

121. No entanto, como pode haver alguém que, iludido pela especiosa aparência de descobrir verdades abstratas, gaste seu tempo em teoremas e problemas aritméticos que não têm utilidade alguma, não será fora de propósito considerar e expor mais detalhadamente a vaidade dessa pretensão. Isso aparecerá com toda clareza à medida que examinarmos o que foi a aritmética em sua infância e observarmos o que é que originalmente levou os homens ao estudo dessa ciência, e a que fim a dirigiram. É natural pensar que inicialmente os homens, para auxiliar a memória e facilitar os cálculos, fizessem uso de objetos |counter|, ou escrevessem simples traços, pontos ou coisas semelhantes, cada um dos quais produzido para representar uma unidade, ou seja, uma das coisas, de qualquer espécie que fosse, que tivessem de contar. Depois descobriram uma maneira mais simples, fazendo com que um caractere substituísse vários traços ou pontos. E, por fim, a notação dos árabes[75] ou dos hindus foi posta em uso, em que, pela repetição de alguns caracteres ou algarismos, e variando o significado de cada algarismo de acordo com o lugar que ele ocupa, todos os números podem ser mais adequadamente representados. Isso parece ter sido feito imitando-se a linguagem, de modo que se observa uma exata analogia entre a notação por meio de algarismos e os nomes: os nove algarismos simples correspondendo aos nove primeiros nomes numéricos e os lugares dos primeiros correspondendo às denominações dos últimos. E, de acordo com essas condições do valor simples e local dos algarismos, inventaram-se métodos para descobrir, pelos algarismos dados ou sinais das partes, quais algarismos // e em que posição são

---

[75] Ou seja, os algarismos arábicos.

próprios para designar o todo, ou *vice versa*. E, encontrando-se os algarismos procurados e observando-se sempre a mesma regra ou analogia, é fácil traduzi-los em palavras; e assim os números tornam-se perfeitamente conhecidos, pois pode-se dizer que se conhece o número de uma série de coisas quando se sabem o nome ou os algarismos (na sua ordem adequada) que, de acordo com a analogia estabelecida, pertencem a essas coisas. Desse modo, uma vez conhecidos esses signos, podemos, pelas operações da aritmética, conhecer os signos de qualquer parte da soma particular significada por eles; e assim, computando em sinais (devido à conexão estabelecida entre eles e os diferentes conglomerados |*multitudes*| de coisas, das quais uma é tomada como uma unidade), podemos perfeitamente ser capazes de somar, dividir e comparar as coisas mesmas que pretendemos numerar.

122. Em *aritmética*, portanto, não consideramos as *coisas* mas os *signos*, os quais, todavia, não são tomados por si mesmos, mas porque nos indicam como devemos agir relativamente às coisas e dispor adequadamente delas. Ora, de acordo com o que já observamos sobre as palavras em geral (parágrafo 19, Introdução), aqui também ocorre que se pensa que as ideias abstratas são significadas por nomes numerais ou caracteres, embora eles não sugiram à nossa mente ideias de coisas particulares. Não entrarei no momento numa dissertação mais detalhada sobre esse assunto; mas somente observarei que é evidente, segundo o que foi dito, que essas coisas que passam por verdades abstratas e teoremas relativos a números não dizem respeito, na realidade, a nenhum objeto diferente de coisas particulares numeráveis, exceto unicamente nomes e caracteres, os quais,

originalmente, não foram considerados senão como *signos*, ou capazes de representar adequadamente quaisquer coisas particulares que os homens tivessem necessidade de computar. Donde se segue que estudá-los por si mesmos seria justamente tão sensato e pertinente[76] como se um homem, negligenciando o verdadeiro uso ou a intenção e a utilidade original da linguagem, gastasse seu tempo com críticas irrelevantes a respeito das palavras, ou com raciocínios e controvérsias puramente verbais.

123. Após os números, passo agora a falar da *extensão*, a qual, considerada como relativa, é o objeto da geometria. A *infinita* divisibilidade da extensão *finita*, embora não seja expressamente formulada como um axioma ou como um teorema nos elementos dessa ciência, // é, no entanto, ao longo da mesma, suposta em toda parte, e considera-se que tem uma conexão tão inseparável e essencial com os princípios e demonstrações em geometria que os matemáticos nunca a põem em dúvida, nem fazem a menor questão disso. E como essa noção é a fonte de onde surgem todos aqueles divertidos paradoxos geométricos[77] que contradizem diretamente o senso comum da humanidade, e que são admitidos com muita relutância por uma mente ainda não corrompida pela ciência, é também a principal causa de toda essa refinada e extrema sutileza que torna o estudo da *Matemática* tão difícil e tedioso. Por isso, se pudermos mostrar que nenhuma extensão finita contém partes inumeráveis, ou é infinitamente

---

76 Há uma evidente ironia aqui da parte de Berkeley, de modo que essas palavras devem ser tomadas em sentido contrário.
77 Provável referência aos paradoxos de Zenão, destinados a testar, dentre outras coisas, a hipótese de que o espaço é infinitamente divisível.

divisível, segue-se que, ao mesmo tempo, livraremos a ciência da geometria de um grande número de dificuldades e de contradições que sempre foram consideradas uma censura à razão humana, e, com isso, faremos que o seu estudo seja algo que ocupe menos tempo e seja menos penoso do que tem sido até aqui.

124. Cada extensão finita particular que possa ser objeto de nosso pensamento é uma *ideia* que existe somente na mente e, consequentemente, cada uma de suas partes deve ser percebida. Se, portanto, não percebo inúmeras partes em uma extensão finita que eu considero, é certo que não estão contidas nela. Mas é evidente que não posso distinguir inúmeras partes em uma linha, superfície ou corpo sólido particulares que percebo pelos sentidos ou formo para mim mesmo em minha mente; por isso, concluo que não estão contidas nela. Nada pode ser mais evidente para mim que as extensões que tenho em vista não são outra coisa senão minhas próprias ideias, e não é menos evidente que não posso decompor nenhuma de minhas ideias em um número infinito de outras ideias, ou seja, que elas não são infinitamente divisíveis. Se por *extensão finita* se quer significar alguma coisa diferente de uma ideia finita, declaro que não sei o que é, e que, portanto, não posso nem afirmar nem negar alguma coisa sobre ela. Mas, se os termos *extensão*, *partes*, e outros mais, são tomados em um sentido concebível, ou seja, como ideias, então dizer que uma quantidade ou extensão finitas consistem de um número infinito de partes constitui uma contradição tão manifesta que todo o mundo a reconhecerá à primeira vista como tal. E é impossível que uma criatura razoável lhe dê crédito, a menos que seja levada a isso gradual e lentamente, tal como um pagão convertido a acreditar

na *transubstanciação*.[78] Os antigos e enraizados preconceitos se convertem frequentemente em *princípios*, e aquelas proposições que uma vez obtiveram a força e a credibilidade de um *princípio* são consideradas isentas de qualquer exame, e não somente elas mesmas, mas também // tudo o que se pode deduzir delas. E, por esse meio, não há nenhum absurdo tão grande que a mente humana não esteja preparada para aceitar.

125. Aquele cujo entendimento esteja inclinado a favor da doutrina das ideias gerais abstratas pode estar persuadido (independentemente do que possa pensar das ideias dos sentidos) de que a extensão em *abstrato* é infinitamente divisível. E aquele que pensa que os objetos dos sentidos existem fora da mente talvez, em virtude disso, seja levado a admitir que uma linha de apenas uma polegada de comprimento pode conter inúmeras partes realmente existentes, ainda que demasiado pequenas para ser discernidas. Esses erros estão implantados tanto na mente dos *geômetras* como na dos demais homens, e exercem uma influência semelhante em seu raciocínio; e não seria difícil mostrar como os argumentos da geometria usados para apoiar a infinita divisibilidade da extensão se baseiam neles. No momento deverei apenas observar, de modo geral, por que motivo é que todos os matemáticos gostam tanto dessa doutrina e a defendem com firmeza.

126. Observamos em outro lugar que os teoremas e as demonstrações em geometria versam sobre ideias universais. (Parágrafo 15, Introdução.) Explicamos então em que sentido se deve

---

78 Termo usado pela Igreja Católica para explicar a conversão do pão e do vinho no corpo e no sangue de Cristo.

entender isso, a saber, que as linhas e as figuras particulares incluídas num diagrama supostamente representam inúmeras outras de diferentes tamanhos, ou, em outras palavras, que o geômetra as considera fazendo abstração de sua magnitude, o que não implica que ele forma uma ideia abstrata, senão unicamente que não se preocupa em saber qual é a magnitude particular, se grande ou pequena, considerando-a como uma coisa irrelevante para a demonstração. Donde se segue que uma linha num diagrama |*scheme*|, ainda que de apenas uma polegada de comprimento, deve ser tratada como se contivesse dez mil partes, já que não é considerada em si mesma, senão na medida em que ela é universal, e é universal somente em sua significação, porque representa inúmeras linhas maiores que ela, nas quais se podem distinguir dez mil partes ou mais, embora ela mesma não passe de uma polegada. Segundo esse procedimento, as propriedades das linhas significadas são (por uma figura retórica muito comum) transferidas para os signos e, então, devido a um erro, consideradas como pertencentes a estes em sua própria natureza.

// 127. Como não há um número de partes tão grande que não possa haver uma linha que contenha mais, diz-se que uma linha de uma polegada contém mais partes que qualquer número imaginável; o que é verdade, não da polegada tomada absolutamente, mas somente das coisas significadas por ela. Mas os homens não retêm essa distinção em seus pensamentos e caem na crença de que a pequena linha particular traçada sobre o papel contém em si mesma partes inumeráveis. Não há tal coisa como a décima milésima parte de uma *polegada*, mas de uma *milha* ou do *diâmetro de terra*, as quais podem ser representadas por meio daquela polegada. Portanto, quando desenho um triângulo sobre o papel e, por exemplo, tomo um de seus lados não maior do que uma polegada de extensão como seu *raio*, considero este como dividido em dez mil ou cem mil partes, ou mais, pois, ainda que a décima milésima parte dessa linha, considerada em si mesma, não seja absolutamente nada e, consequentemente, possa ser omitida sem nenhum erro ou inconveniência, ocorre, contudo, que essas linhas traçadas são apenas sinais que servem para representar quantidades maiores, das quais a décima milésima parte pode ser muito considerável. Disso se segue que, na prática, para evitar grandes erros, deve--se tomar um *raio* de dez mil partes ou mais.

128. Do que se disse se depreende claramente que, se quisermos que os teoremas alcancem uma aplicação universal, é necessário falarmos das linhas traçadas sobre o papel como se contivessem partes que, na realidade, não contêm. Ao fazer isso, se examinarmos bem a questão, talvez descubramos que não podemos conceber uma polegada em si mesma como consistindo de, ou sendo divisível em, um milhão de partes, mas só alguma outra linha maior que uma polegada e representada por ela. E, quando dizemos que uma linha é *infinitamente divisível*, o que queremos dizer é que se trata de uma linha que é *infinitamente grande*. O que acabamos de mencionar parece ter sido a causa principal por que se pensou que era necessário supor, na geometria, a infinita divisibilidade da extensão.

129. Os vários absurdos e as contradições que surgiram desse falso princípio poderiam, alguém pensaria, ter sido estimados como outras tantas demonstrações contrárias a ele. Mas não sei com base em que *lógica* se sustenta que provas *a posteriori*

não devem ser admitidas contra proposições relativas ao infinito. Como se não fosse impossível, inclusive para uma mente infinita, reconciliar contradições. Ou como se algo absurdo e contraditório pudesse ter uma conexão necessária com a verdade ou derivar dela. Mas quem quer que considere a fraqueza desse pretexto |*pretence*| pensará que foi inventado com o propósito // de ceder à indolência mental, que prefere aquiescer a um ceticismo indolente a dar-se ao trabalho de fazer um exame rigoroso daqueles princípios que sempre abraçou como verdadeiros.

130. Ultimamente, as especulações sobre os infinitos alcançaram tal nível e geraram teorias |*notions*| tão estranhas que ocasionaram muitos escrúpulos e disputas entre os geômetras da atualidade. Há alguns, de enorme reputação, que, não contentes em sustentar que linhas finitas podem ser divididas em um número infinito de partes, afirmam também que cada um desses infinitesimais é por sua vez subdivisível em uma infinidade de outras partes, isto é, em infinitesimais de segunda ordem, e assim por diante, *ad infinitum*. Esses geômetras, repito, dizem que há infinitesimais de infinitesimais de infinitesimais, sem nunca chegar ao fim. De modo que, de acordo com eles, uma polegada não apenas contém um número infinito de partes, mas uma infinidade de uma infinidade de uma infinidade *ad infinitum* de partes. Há outros que sustentam que todas as ordens de infinitesimais abaixo da primeira nada são em absoluto, pensando, com boas razões, que é absurdo imaginar que há uma quantidade positiva ou parte da extensão que, embora multiplicada infinitamente, nunca pode igualar-se à menor extensão dada. E, contudo, por outro lado, não parece menos

absurdo pensar que o quadrado, o cubo ou outra potência de uma raiz real positiva não seja absolutamente nada em si; coisa que aqueles que sustentam os infinitesimais de primeira ordem e negam todas as ordens subsequentes veem-se obrigados a manter.

131. Não temos, portanto, razão para concluir que *uns e outros* estão errados, e que, na realidade, não há essas coisas como partes infinitamente pequenas, ou um número infinito de partes contidas em uma quantidade finita? Dir-se-á, porém, que, se essa doutrina for aceita, os próprios fundamentos da geometria são destruídos, e que os grandes homens que elevaram essa ciência a uma altura tão assombrosa não fizeram mais o tempo todo do que construir um castelo no ar. A isso se pode responder que tudo quanto é útil em geometria e promove o benefício da vida humana permanece firme e inabalável conforme nossos princípios. Segundo o que dissemos, essa ciência, considerada do ponto de vista prático, receberá vantagens antes de algum prejuízo, mas pôr isso à luz devida seria objeto de outra investigação.[79] De resto, ainda que se siga que algumas das partes mais intrincadas e sutis da *Matemática especulativa* possam ser descartadas sem nenhum prejuízo para a verdade, não vejo, porém, que prejuízo para a humanidade poderia derivar disso. Pelo contrário, // seria muito desejável que homens de grande talento e obstinada dedicação afastassem seus pensamentos desses passatempos |*amusements*| e os empregassem no estudo dessas coisas que estão mais ligadas aos assuntos da vida ou que têm uma influência mais direta sobre os costumes.

---

79 Foi ao que Berkeley se propôs posteriormente na obra *The Analyst, or a Discourse Addressed to an Infidel Mathematician*, publicada em 1734.

132. Se se disser que vários teoremas indubitavelmente verdadeiros são descobertos por meio de métodos nos quais se faz uso de infinitesimais, o que nunca poderia acontecer se sua existência implicasse uma contradição, respondo que, sob um exame cuidadoso, descobrir-se-á que em nenhum caso é necessário fazer uso de partes infinitesimais de linhas finitas, nem mesmo concebê-las, ou de quantidades menores do que o *minimum sensibile*.[80] Mais ainda, será evidente que nunca se faz isso, uma vez que é impossível.[81]

133. De acordo com o que mencionamos, é evidente que numerosos e importantes erros surgiram desses falsos princípios que foram refutados nas partes precedentes deste tratado. E os princípios opostos àqueles princípios errôneos parecem ser, ao mesmo tempo, mais frutíferos, e deles derivam inúmeras consequências altamente vantajosas para a verdadeira filosofia, bem como para a religião. Mostramos particularmente que a *matéria* ou a *existência absoluta de objetos corpóreos* é aquilo em que os mais declarados e perigosos inimigos de todo conhecimento huma-

---

80 A menor quantidade capaz de ser sentida.
81 Na edição de 1710, o parágrafo continua assim: "E, seja o que for que os matemáticos possam pensar das fluxões [*fluxions*] ou do cálculo diferencial e coisas semelhantes, um pouco de reflexão lhes mostrará que ao trabalhar com aqueles métodos eles não concebem ou imaginam linhas ou superfícies menores que aquelas que são percebidas pelos sentidos. Eles podem, de fato, chamar aquelas pequenas e quase insensíveis quantidades de infinitesimais ou infinitesimais de infinitesimais, se quiserem; mas no fundo isso é tudo; na verdade, sendo elas finitas, a solução dos problemas não requer a suposição de nenhuma outra. Mas isso será mais claramente compreendido mais adiante".

no ou divino basearam sempre sua principal força e confiança. E, certamente, distinguindo a existência real de coisas não pensantes de seu ser percebido, e admitindo que elas tenham uma subsistência própria fora da mente dos espíritos, nada se explica na natureza, senão, ao contrário, muitas dificuldades inexplicáveis surgem; se a suposição da existência da matéria é simplesmente precária, pois não se funda em nenhuma razão; se suas consequências não podem resistir à luz de um exame e de uma livre investigação, mas se escondem sob a desculpa |pretence| obscura e usual de que os *infinitos são incompreensíveis*; se além disso a eliminação dessa *matéria* não acarreta a menor consequência desfavorável; se nem sequer // faz falta no mundo, mas tudo é mais fácil ainda de conceber sem ela; se, por último, tanto os *céticos* como os *ateus* são reduzidos para sempre ao silêncio ao se supor que haja apenas espíritos e ideias, e se esse esquema de coisas está perfeitamente de acordo tanto com a *razão* como com a *religião*, penso que podemos esperar que seja admitido e firmemente abraçado, embora tenha sido proposto somente como uma *hipótese*, e a existência da matéria tenha sido considerada possível; o que, contudo, penso ter, de maneira evidente, demonstrado que não o é.

134. É verdade que em consequência dos princípios precedentes várias controvérsias e especulações, que se estimam uma parte nada desprezível da ciência, são rejeitadas como inúteis. Mas, por maior que seja o preconceito contra nossas noções que isso possa despertar naqueles que já se engajaram profundamente e fizeram grandes avanços nos estudos dessa natureza, espero que outros, no entanto, não tenham como motivo de aversão contra os princípios e dogmas aqui apresentados o fato

de que estes abreviam o estudo e tornam as ciências humanas mais claras, concisas e factíveis do que têm sido até agora.

135. Tendo concluído o que pretendia dizer sobre o conhecimento das *ideias*, o método que propus leva-me a tratar, a seguir, dos *espíritos*, relativamente aos quais, talvez, o conhecimento humano não seja tão deficiente como comumente se imagina. A grande razão que se dá para pensar que somos ignorantes da natureza dos espíritos é a de não termos nenhuma ideia dessa natureza. Mas certamente não se deve considerar um defeito do entendimento humano que ele não perceba a ideia de *espírito*, se é manifestamente impossível que exista tal *ideia*. E isso, se não me engano, foi demonstrado no parágrafo 27. Acrescentarei agora que se mostrou que um espírito é a única substância ou suporte em que os seres não pensantes ou ideias podem existir. Mas, que essa *substância* que suporta ou percebe ideias deva ela mesma ser uma *ideia* ou semelhante a uma *ideia*, é evidentemente absurdo.

136. Talvez se diga que carecemos de um sentido (como alguns já imaginaram) apropriado para conhecer as substâncias, e que se o tivéssemos poderíamos conhecer a nossa própria alma como conhecemos um triângulo. A isso respondo que, caso tivéssemos sido dotados de um novo sentido, poderíamos apenas receber desse modo algumas novas sensações ou ideias dos sentidos. // Mas acredito que ninguém dirá que o que ele significa pelos termos *alma* e *substância* seja somente uma espécie particular de ideia ou sensação. Portanto, considerando devidamente todas as coisas, podemos inferir que não é mais razoável pensar que nossas faculdades são imperfeitas, dado que não nos fornecem uma ideia do espírito ou da substância

ativa pensante, do que o seriam se as censurássemos por não serem capazes de compreender o *quadrado redondo*.

137. Da opinião de que os espíritos podem ser conhecidos da mesma maneira que uma ideia ou sensação surgiram muitas doutrinas absurdas e heterodoxas e muito ceticismo a respeito da natureza da alma. É, inclusive, provável que essa opinião possa ter produzido em alguns a dúvida sobre se eles tinham uma alma absolutamente diferente de seus corpos, uma vez que, examinando-se, não puderam achar que tivessem uma ideia dela. Que uma *ideia* que é inativa e cuja existência consiste em ser percebida deva ser a imagem ou semelhança de um agente subsistente por si mesmo, parece que não precisa de outra refutação, senão simplesmente que se preste atenção ao que se significa com essas palavras. Mas talvez se diga que, embora uma *ideia* não possa assemelhar-se a um *espírito* quanto a seu pensar, agir ou subsistir por si, ela pode, contudo, em alguns outros aspectos; e não é necessário que uma ideia ou imagem seja em todos os aspectos semelhante ao original.

138. Respondo que, se uma ideia não pode assemelhar-se ao espírito quanto aos aspectos mencionados, é impossível que ela o represente em alguma outra coisa. Suprima-se a capacidade de querer, de pensar e de perceber ideias, e não restará mais nada em que uma ideia possa assemelhar-se a um espírito, pois, com a palavra *espírito* significamos apenas algo que pensa, quer e percebe; esse, e somente esse, constitui o significado desse termo. Portanto, se é impossível que esses poderes possam ser em algum grau representados em uma ideia, é evidente que não pode haver nenhuma ideia[82] de um espírito.

---

82 Na edição de 1710 lia-se: "ideias ou noção".

139. Mas pode-se objetar que, se não há nenhuma ideia significada pelos termos *alma*, *espírito* e *substância*, eles são completamente sem significação, ou não têm nenhum sentido. Respondo que essas palavras significam ou representam |*signify*| uma coisa real que não é nem uma ideia nem semelhante a uma ideia, mas aquilo que percebe ideias, tem vontade e raciocina a respeito delas. O que eu mesmo sou, isso que eu denoto pelo termo "eu", é idêntico // ao que é significado por *alma* ou *substância espiritual*. Se se disser que isso não é mais que uma disputa de palavras, dado que os significados imediatos de outros nomes recebem por consenso geral o nome de *ideias*, não se pode dar nenhuma razão pela qual o que é significado pelo nome de *espírito* ou *alma* não possa partilhar a mesma denominação. Respondo a isso que todos os objetos mentais não pensantes coincidem, na medida em que são inteiramente passivos, e que sua existência consiste somente em ser percebidos; ao passo que uma alma ou espírito é um ser ativo cuja existência consiste não em ser percebido, mas em perceber ideias e pensar. É, portanto, necessário, a fim de evitar equívocos e de não confundir naturezas perfeitamente incompatíveis e diferentes, que distingamos entre *espírito* e *ideia*. (Ver parágrafo 27.)

140. Em um amplo sentido, certamente, podemos dizer que temos uma ideia [ou, melhor, uma noção][83] do *espírito*, ou seja, que entendemos o significado da palavra, já que, do contrário, nada poderíamos afirmar nem negar sobre ele. Além disso, da mesma maneira como concebemos as ideias que estão na mente de outros espíritos por meio das nossas, as quais nós supomos que são semelhanças deles, conhecemos também outros espí-

---

83 Acréscimo da edição de 1734.

ritos por meio da nossa própria alma, a qual, nesse sentido, é a imagem ou ideia deles, tendo igual relação com os outros espíritos como a que o azul ou o calor por mim percebidos têm com aquelas ideias percebidas por outro.

141.[84] Não se deve supor que aqueles que defendem a imortalidade natural da alma são da opinião de que esta absolutamente não pode ser aniquilada nem mesmo pelo poder infinito do Criador que primeiro lhe conferiu existência, senão somente que ela não está sujeita a ser destruída ou dissolvida pelas leis ordinárias da natureza ou do movimento. Na verdade, aqueles que sustentam que a alma do ser humano é apenas uma débil chama vital, ou um sistema de espíritos animais, julgam-na perecível e corruptível como o corpo, visto que não há nada mais facilmente dissipável do que tal ser, o qual é naturalmente impossível que sobreviva ao perecimento do tabernáculo em que se acha encerrado. E essa opinião foi avidamente abraçada e alimentada pela pior parte da humanidade como o antídoto mais eficaz contra todas as impressões da virtude e da religião. Mas já tornamos evidente que // os corpos, quaisquer que sejam sua constituição ou textura, são meras ideias passivas na mente, a qual é mais heterogênea e encontra-se mais distante delas do que a luz o está das trevas. Mostramos que a alma é indivisível, incorpórea, inextensível e que, portanto, é incorruptível. Nada pode ser mais claro de que os movimentos, as mudanças, a deterioração e a decomposição que vemos a toda

---

84 Este parágrafo começa assim na primeira edição: "A imortalidade da alma é uma consequência necessária da doutrina precedente; mas, antes de tentarmos provar isso, convém que expliquemos o significado desse dogma |tenet|".

hora suceder aos corpos naturais (e que é o que queremos dizer por *curso da natureza*) não podem possivelmente afetar uma substância ativa, simples e não composta. Um ser assim é, portanto, indissolúvel pela força da natureza, ou seja, *a alma do homem é naturalmente imortal.*

142. Depois do que foi dito, suponho que seja claro que nossa alma não pode ser conhecida da mesma maneira como os objetos inativos inanimados, ou por meio de uma *ideia*. *Espíritos* e *ideias* são coisas tão completamente diferentes que, quando dizemos: *elas existem, elas são conhecidas*, ou algo assim, não devemos pensar que essas palavras significam alguma coisa comum a ambas as naturezas. Entre elas, nada há de semelhante ou comum; e esperar que em virtude de alguma multiplicação ou de um aumento de nossas faculdades sejamos capazes de conhecer um espírito como conhecemos um triângulo parece tão absurdo como se esperássemos *ver um som*. Digo isso porque imagino que pode ser oportuno para esclarecer várias questões importantes e impedir alguns erros muito perigosos relativos à natureza da alma. [Penso que, a rigor, não podemos dizer que temos uma ideia de um ser ativo ou de uma ação, embora possamos dizer que temos uma noção deles. Eu tenho algum conhecimento ou noção de minha mente e de seus atos sobre as ideias, visto que sei ou entendo o que se quer dizer com essas palavras. Do que eu conheço, tenho alguma noção. Não direi que os termos *ideia* e *noção* podem ser usados um no lugar do outro, se o mundo assim o quiser. Mas, contudo, contribuiria para a clareza e a exatidão que distinguíssemos coisas muito diferentes com nomes diferentes. Deve-se também notar que, dado que todas as relações incluem um ato da mente, não po-

demos propriamente dizer que temos uma ideia, mas, antes, uma noção das relações ou ligações |*habitudes*| entre as coisas. Mas, se no uso moderno a palavra *ideia* se estende a espíritos, relações e atos, trata-se, afinal de contas, de um assunto de natureza verbal].[85]

143. Não será inoportuno acrescentar que a doutrina das *ideias abstratas* contribuiu muito para tornar as ciências intrincadas // e obscuras, particularmente aquelas relativas a coisas espirituais. Os homens imaginaram que poderiam formar noções abstratas de poderes e atos da mente, e considerá-los prescindindo da mente ou do próprio espírito, bem como de seus respectivos objetos e efeitos. Daí um grande número de termos obscuros e ambíguos, que se presumia que representassem noções abstratas, foi introduzido na metafísica e na moral, e em consequência disso surgiram infinitas confusões e controvérsias entre os homens de ciência.

144. Mas nada parece ter contribuído mais para envolver os homens em controvérsias e erros relativamente à natureza e operações da mente que o costume de se falar dessas coisas com termos emprestados das ideias sensíveis. Por exemplo, a vontade é chamada de *movimento* da alma, o que infunde uma crença de que a mente humana é como uma bola em movimento, impelida e determinada pelos objetos dos sentidos, tão necessariamente como esta o é pelo golpe de uma raquete. Disso surge uma infinidade de escrúpulos e erros de consequências perigosas para a moralidade. Tudo isso, sem dúvida, pode ser esclarecido, e a verdade aparecerá simples, uniforme e

---

85 Acréscimo da edição de 1734.

consistente se os filósofos souberem se concentrar e considerar atentamente o sentido que dão às palavras |*their own meaning*|.⁸⁶

145. De acordo com o que foi dito, é claro que não podemos conhecer a existência de outros espíritos de outra maneira senão por suas operações ou pelas ideias por eles suscitadas |*excited*| em nós. Percebo diferentes movimentos, mudanças e combinações de ideias que me informam que há certos agentes particulares semelhantes a mim mesmo, que acompanham as ideias e concorrem para sua produção. Consequentemente, o conhecimento que tenho de outros espíritos não é imediato, como é o de minhas ideias, mas depende da intervenção de ideias por mim atribuídas a agentes ou espíritos diferentes de mim, como efeitos ou signos concomitantes.

146. Mas, embora haja algumas coisas que nos convencem de que os agentes humanos participam de sua produção, contudo, é evidente, a todo mundo, que aquelas coisas que são chamadas de obras da natureza, ou seja, a maior parte das ideias ou sensações percebidas por nós, não são produzidas pelos homens nem dependem de sua vontade. // Há, portanto, algum outro espírito que as produz, visto que é contraditório que elas devam subsistir por si mesmas. (Ver parágrafo 29.) Mas, se nós considerarmos atentamente a constante regularidade, ordem e concatenação das coisas naturais, a surpreendente magnificência, beleza e perfeição das partes maiores da criação e a

---

86 Na edição de 1710, este parágrafo terminava assim: "renunciar a certos preconceitos e modos de falar comuns e, isolando-as, considerar atentamente seus próprios significados. Mas as dificuldades levantadas aqui precisariam ser tratadas de uma maneira mais particular do que a que comporta o plano deste tratado".

extraordinária complexidade |*contrivance*| das menores, além da exata harmonia e correspondência do todo, e, principalmente, as nunca suficientemente admiradas leis da dor e do prazer, e os instintos ou as inclinações naturais, os apetites e as paixões dos animais; se, eu disse, considerarmos todas essas coisas e ao mesmo tempo prestarmos atenção no significado e denotação |*import*| dos atributos "uno", "eterno", "infinitamente sábio", "bom" e "perfeito", perceberemos claramente que eles pertencem ao espírito acima mencionado, *que realiza tudo em todos,*[87] e *por quem todas as coisas existem.*[88]

147. Portanto, é evidente que Deus é conhecido tão certa e imediatamente como qualquer outra mente ou espírito diferente de nós. Podemos inclusive afirmar que a existência de Deus é percebida de uma maneira muito mais evidente do que a existência do homem, visto que os efeitos da natureza são infinitamente mais numerosos e consideráveis do que aqueles atribuídos aos agentes humanos. Não há sinal algum que denote um homem, ou um efeito produzido por ele, que não evidencie ainda mais intensamente a existência daquele espírito que é o *Autor da Natureza*, pois é evidente que para ter influência sobre outras pessoas a vontade humana não tem nenhum outro objeto a não ser apenas o movimento dos membros de seu corpo. Mas que tal movimento seja acompanhado de uma ideia, ou produza uma ideia na mente de outra pessoa, depende completamente da vontade do Criador. É somente Ele que, *sustentando todas as coisas pela Palavra de seu Poder,*[89] mantém aquela

---

87 *Primeira epístola aos Coríntios* 12:6.
88 *Colossenses* 1:17.
89 *Carta aos Hebreus* 1:3.

correspondência entre os espíritos, pela qual são capazes de perceber a existência uns dos outros. E, contudo, essa luz pura e clara que ilumina a todos é ela mesma invisível.[90]

148. Parece ser uma desculpa geral da multidão dos não pensantes que eles não podem ver Deus. Dizem que, se pudéssemos vê-lo como vemos um homem, acreditaríamos que existe e, acreditando nele, obedeceríamos a seus mandamentos. Mas precisamos apenas abrir nossos olhos para ver o Senhor soberano de todas as coisas com uma visão mais completa e clara do que aquela que temos de nossos semelhantes. Não que eu imagine que vemos Deus (como alguns pretenderiam) por uma visão direta e imediata, ou que vemos as coisas corpóreas não por si mesmas, mas vendo aquilo que as representa na essência de Deus, uma doutrina que, devo // confessar, é para mim incompreensível.[91] Mas eu explicarei o que eu quero dizer. Um espírito humano ou pessoa não se percebe pelos sentidos, pois não é uma ideia. Portanto, quando vemos a cor, o tamanho, a figura e os movimentos de um homem, percebemos só certas sensações ou ideias suscitadas em nossa própria mente; e essas ideias, ao se apresentarem à nossa visão em várias coleções diferentes, servem para assinalar-nos a existência de espíritos finitos e criados, como nós. Consequentemente, é claro que não vemos um homem, se por *homem* se quer dizer aquele que vive, se move, percebe e pensa como o fazemos; mas somente certa

---

90 Na primeira edição, a frase continua assim: "para a maioria dos homens".

91 Referência à doutrina de Malebranche. Ver *A busca da verdade*. Trad. Plínio Junqueira Smith. São Paulo: Discurso Editorial/Paulus, 2004, Livro 3, parte 2, cap. 6, p.190 e seg.

coleção de ideias que nos leva a pensar que há um princípio distinto do pensamento e do movimento semelhante a nós mesmos, que a acompanha e é representado por ela. E da mesma maneira vemos Deus. Toda diferença consiste em que, enquanto uma coleção |*assemblage*| de ideias finita e limitada denota uma mente humana particular, para onde quer que dirijamos nossa visão, perceberemos sempre e em toda parte sinais manifestos da divindade. Tudo o que vemos, ouvimos, sentimos, ou de alguma maneira percebemos pelos sentidos, constitui um sinal ou efeito do poder de Deus, como o é também nossa percepção dos próprios movimentos que são produzidos pelo homem.

149. É manifesto, portanto, que nada pode ser mais evidente, a qualquer um que seja capaz de refletir um pouco, do que a existência de Deus ou de um espírito que está intimamente presente à nossa mente, produzindo nela toda a variedade de ideias e de sensações que continuamente nos afeta, e de quem temos uma completa |*absolute*| e inteira dependência, em suma, *em quem vivemos, nos movemos e existimos*.[92] Que a descoberta dessa grande verdade que se encontra tão próxima e óbvia para a mente deva ser alcançada pela razão de tão poucos é um triste exemplo da estupidez e da falta de atenção dos homens, que, embora estejam rodeados por tão claras manifestações de Deus, são, contudo, tão pouco afetados por elas que parece como se tivessem sido cegados pelo excesso de luz.

150. Mas, dir-se-á, acaso a natureza não teve nenhuma participação na produção das coisas naturais e todas elas devem ser

---

[92] *Atos dos Apóstolos*, 17:28. Citação apresentada anteriormente no parágrafo 66.

atribuídas à operação única e imediata de Deus? Respondo: se por *natureza* se entendem só as *séries* visíveis de efeitos, ou sensações impressas em nossa mente de acordo com certas leis fixas e gerais, então é claro que, tomada nesse sentido, a natureza não pode produzir absolutamente nada. Mas, se por *natureza* se entende algum ser diferente de Deus, assim como das leis da natureza e das coisas percebidas pelos sentidos, devo confessar que essa palavra é para mim um som vazio sem nenhum significado inteligível vinculado a ela. Nessa acepção, a natureza é uma vã // *quimera* introduzida por esses pagãos que não têm noções corretas da onipresença e infinita perfeição de Deus. Mas é mais estranho que essa opinião seja aceita entre os cristãos que professam acreditar nas Sagradas Escrituras, as quais constantemente atribuem à imediata mão de Deus os efeitos que os filósofos pagãos costumam atribuir à *natureza*. *O Senhor causa a ascensão dos vapores; produz relâmpagos com chuva; solta o vento de suas clausuras.* (Jeremias. Cap. 10, v.13.) *Ele transforma a sombra da morte em manhã e torna o dia escuro como a noite.* (Amós, Cap. 5, v.8.) *Ele visita a terra, e a torna branda com a chuva; abençoa a sementeira e coroa o ano com Sua bondade; e os pastos se revestem de rebanhos e os vales se cobrem de trigo.* (Ver *Salmos* 65.) Mas, apesar de ser essa a linguagem constante das Escrituras, temos não sei que aversão de acreditar que Deus se preocupa tão intimamente com nossos assuntos. Preferiríamos supô-lo bem distante e colocar em seu lugar algum substituto cego e não pensante, embora (se podemos acreditar em São Paulo) *ele não está longe de cada um de nós.*[93]

151. Sem dúvida se objetará que o método lento e gradual observado na produção das coisas naturais não parece ter por

---

[93] *Atos dos Apóstolos,* 17:27.

causa a mão imediata de um *Agente todo-poderoso*. Além disso, os monstros, os abortos, os frutos crestados em flor, a chuva que cai em lugares desertos, as misérias inerentes à vida humana são outros tantos argumentos de que todo o plano da natureza não se encontra sob a ação e supervisão imediata de um espírito de infinita sabedoria e bondade. Mas a resposta a essa objeção é em grande medida clara de acordo com o parágrafo 62, sendo evidente que os métodos da natureza acima mencionados são absolutamente necessários a fim de atuar por meio das regras mais simples e gerais e segundo uma maneira estável e constante; o que demonstra tanto a *sabedoria* como a *bondade* de Deus.[94] Tal é o engenhoso artifício dessa poderosa máquina da Natureza que, ao mesmo tempo em que seus movimentos e vários fenômenos atingem nossos sentidos, a mão que põe em movimento o todo é ela mesma imperceptível aos homens de carne e osso. *Em verdade* (diz o profeta), *tu és o Deus que se esconde*. (Isaías, Cap. 45, v.15.) Mas, ainda que Deus se esconda aos olhos dos *sensualistas* e *indolentes*, // que não querem fazer o menor esforço de pensamento, para uma mente imparcial e atenciosa nada pode ser mais claramente legível do que a presença íntima de um *Espírito onisciente* que modela, regula e sustenta todo o sistema dos seres. É claro, conforme já observamos em outra parte, que operar de acordo com as leis gerais e estáveis é tão necessário para nos orientarmos nos assuntos da vida e penetrarmos os segredos da natureza que, sem isso, todo

---

94 Na edição de 1710, lê-se a seguir: "Pois, segue-se então daí que o dedo de Deus não é tão manifesto para o pecador empedernido, pois lhe dá oportunidade para fortalecer-se em sua impiedade e ter oportunidade para a vingança. Ver Seção 52".

alcance e amplitude do pensamento, toda sagacidade e desígnio humanos não serviriam para nada; seria inclusive impossível que houvesse essas faculdades ou poderes mentais. (Ver parágrafo 31.) Uma consideração que compensa abundantemente qualquer inconveniente particular que disso possa surgir.

152. Devemos, além disso, considerar que as próprias imperfeições e defeitos da natureza não deixam de ter utilidade, na medida em que constituem uma agradável espécie de variedade, e aumentam a beleza do resto da criação, da mesma maneira como a sombra numa pintura serve para acentuar as partes mais brilhantes e iluminadas. Faríamos bem em examinar também se nossa acusação de imprudência por parte do Autor da Natureza pelas perdas de sementes e de embriões e pela destruição acidental de plantas e animais antes de eles chegarem à completa maturidade não é consequência de nosso preconceito adquirido por nossa familiaridade com impotentes e limitados mortais. No *homem*, de fato, a administração parcimoniosa das coisas que ele não pode obter sem muito esforço e engenho pode ser considerada *sabedoria*. Mas não devemos imaginar que a estrutura orgânica inexplicavelmente requintada |*inexplicably fine machine*| de um animal ou de um vegetal custe ao grande Criador algum esforço ou dificuldade maior para ser produzida do que custa a produção de uma pedrinha, pois nada é mais evidente do que o fato de que um espírito onipotente pode produzir indiferentemente qualquer coisa por um mero *fiat* ou ato de sua vontade. Por isso, é claro que a esplêndida profusão de coisas naturais não deve ser interpretada como fraqueza ou prodigalidade do agente que as produz, mas, antes, deve ser considerada um argumento da riqueza de seu poder.

153. Quanto à mistura de dor ou desprazer que reina no mundo, conforme as leis gerais da natureza e as ações dos espíritos finitos imperfeitos, isso é indispensavelmente necessário para nosso bem-estar no estado em que nos encontramos no momento. Mas as nossas perspectivas são demasiado limitadas: tomamos, por exemplo, em nosso pensamento a ideia de alguma dor particular e a qualificamos como um *mal*, ao passo que, se ampliássemos nossa visão de modo a compreender os vários fins, conexões e dependências das coisas, em que ocasiões e em // que proporções somos afetados pela dor e pelo prazer, a natureza da liberdade humana e o desígnio com que fomos colocados no mundo, seríamos forçados a reconhecer que essas coisas particulares que, tomadas em si mesmas, parecem ser um *mal* têm a natureza de um *bem* quando as consideramos vinculadas a todo o sistema dos seres.

154. A partir do que foi dito, será manifesto para qualquer pessoa judiciosa que é somente por falta de atenção e de compreensão que nos deparamos com alguns partidários do *ateísmo* ou com a *heresia dos maniqueus*.[95] As almas mesquinhas e que não refletem podem, de fato, ridicularizar as obras da Providência, cuja beleza e ordem não têm capacidade ou não fazem esforço para compreender. Mas aqueles que são dotados de alguma imparcialidade e extensão de pensamento, e que estão, além disso, habituados a refletir, nunca poderão admirar suficientemente os sinais divinos de sabedoria e bondade que resplandecem em toda a parte a parcimônia da natureza. Mas que outra verdade

---

95 Seguidores de Mani (215-6- 276-7 d.C.), para quem o mundo é o resultado de duas forças opostas: luz ou bem e trevas ou mal.

há que irradie tão forte esplendor na mente que, a não ser por um desvio do pensamento ou fechando voluntariamente os olhos, não podemos deixar de vê-la?[96] É de estranhar, então, se a maioria dos homens, que está sempre entregue aos negócios ou aos prazeres e pouco habituada a fixar ou abrir os olhos da mente, não tem toda aquela convicção e evidência da existência de Deus que se poderia esperar de criaturas racionais?

155. Deveríamos nos surpreender muito mais por encontrar homens tão néscios e negligentes do que pelo fato de serem negligentes, por não se convencerem acerca de uma verdade tão evidente e importante. E, no entanto, assusta que muitos homens talentosos e livres, que vivem em países cristãos, meramente em virtude de uma espantosa e indolente negligência, caiam numa espécie de *ateísmo*,[97] pois é absolutamente impossível que uma alma penetrada e iluminada com o sentido perfeito da onipresença, da santidade e da justiça do *Espírito Onipotente* persista sem remorsos na violação de suas leis. Devemos, pois, meditar seriamente e nos deter nesses importantes pontos, de modo que possamos adquirir a convicção sem sombra de dúvida de que *em todo lugar os olhos do Senhor estão vigiando os maus e os bons*;[98] *que Ele está conosco e nos guarda em todas as partes aonde vamos*,

---

96 Na edição de 1710, a frase continua assim: "pelo menos não com uma visão total e direta".

97 Na edição de 1710, lê-se: "... semiateísmo. Eles não podem dizer que não existe um Deus, mas nem estão convencidos de que existe. Pois que outra coisa pode ser senão uma infidelidade oculta, uma secreta apreensão da mente, relativamente à existência e a atributos de Deus, que permite aos pecadores crescer e fortalecer-se na impiedade?".

98 *Provérbios* 15:3.

113 // *dando-nos o pão de cada dia e a roupa para nos vestir*;[99] que Ele está presente e conhece nossos pensamentos mais íntimos; e que temos a mais absoluta e imediata dependência d'Ele. Uma visão clara dessas grandes verdades só poderá encher nosso coração de uma tremenda circunspeção e de um temor sagrado, os quais constituem o mais forte incentivo à *virtude* e o melhor antídoto contra o *vício*.

156. Porque, afinal de contas, o que merece o primeiro lugar em nossos estudos é a consideração de *Deus* e de nosso *dever*. Promover isso foi a principal intenção e o propósito de meu trabalho, de modo que o considerarei completamente inútil e ineficaz se tudo o que eu disse não conseguir inspirar em meus leitores um sentido piedoso da presença de Deus; e, tendo mostrado a falsidade ou inutilidade das especulações estéreis que constituem a principal tarefa dos homens de ciência, melhor dispô-los a reverenciar e abraçar as saudáveis verdades do Evangelho, cujos conhecimento e prática constituem a mais alta perfeição da natureza humana.

* * *

---

99 *Gênesis* 28:20.

Três diálogos entre Hylas e Philonous

Cujo propósito é demonstrar claramente a realidade e a perfeição do conhecimento, a natureza incorpórea da alma e a providência imediata de uma Divindade em oposição aos Céticos e Ateus, assim como descobrir um método para tornar as Ciências mais fáceis, úteis e sucintas.

Dedicatória[1]

165 //

    Ao mui honrado
    Senhor Berkeley de Stratton,
    Master of the Rolls no Reino da Irlanda, chanceler do Duque de Lancaster e um dos senhores mais honráveis do conselho privado de Sua Majestade.

Caro senhor,

A virtude, o saber e o bom senso, que reconhecidamente distinguem vosso caráter, induziram-me a entregar-me ao prazer que os homens naturalmente sentem ao aplaudir aqueles a quem eles estimam e honram. E seria importante para os súditos da Grã-Bretanha que eles soubessem que as elevadas graças que gozais sob a proteção do Vosso Soberano e as honras que ele vos conferiu, não foram por causa de nenhuma solicitação de Vossa Senhoria, mas inteiramente pela própria intenção de Sua Majestade, decorrente de um sentido de vosso mérito

---

1 A dedicatória foi incluída somente nas edições de 1713 e 1725.

pessoal e de uma inclinação a recompensá-lo. Mas, como vosso nome é anteposto a este tratado, com a intenção exclusiva de honrar-me, direi apenas que me sinto encorajado, pela bondade com que me tratastes, a dedicar estes escritos a Vossa Senhoria. Tinha enorme desejo de fazer isso, porque um tratado filosófico não pode propriamente ser dedicado a qualquer um, senão a uma pessoa do caráter de Vossa Senhoria, que, às vossas demais distinções valiosas, somais o conhecimento e o gosto pela filosofia. Sou, com o maior respeito,

                                                                  Meu Senhor,
                                        o mais obediente e
mais humilde servo de Vossa Senhoria,

                                             George Berkeley.

Prefácio

167 // Embora pareça a opinião comum dos homens – nada mais nada menos que o desígnio da Natureza e da Providência – que a finalidade da especulação seja a prática, ou a melhoria e direção de nossas vidas e ações, contudo, aqueles que são muito afeitos aos estudos especulativos parecem geralmente ser de outra opinião. E, realmente, se considerarmos os esforços que têm sido feitos para complicar as coisas mais simples, a dúvida acerca dos sentidos, as dúvidas e escrúpulos, as abstrações e sutilezas que ocorrem na própria entrada das ciências, não parecerá estranho que os homens entregues ao ócio e à curiosidade se lancem em inúteis investigações, sem se voltar para os aspectos práticos da vida ou se informar acerca dos aspectos mais necessários e importantes do conhecimento.

Conforme os princípios comuns dos filósofos, nós não estamos seguros da existência das coisas a partir do seu ser percebido. E nos ensinam a distinguir sua natureza real da que chega aos nossos sentidos. Em consequência, surgem o ceticismo e os paradoxos. Não é suficiente que vejamos e sintamos, que provemos e cheiremos uma coisa. Sua verdadeira natureza, sua existência independente externa |*absolute external entity*| permanece ainda oculta, pois, embora seja invenção de nosso cérebro, nós a tornamos inacessível a todas as nossas faculdades. Os sentidos são falaciosos; a razão, defeituosa. Gastamos nossa vida duvidando do que outros homens conhecem de modo evidente, e acreditamos no que eles riem e desprezam.

A fim de distrair a mente ocupada dos homens das vãs pesquisas, portanto, pareceu necessário investigar a origem de suas perplexidades; e, se possível, estabelecer esses princípios, assim como, por uma fácil solução destes, juntamente com sua evidência natural, poder, ao mesmo tempo, recomendá-los como verdadeiros para a mente, e livrá-la daquelas intermináveis buscas de que ela se ocupa. Isso, além de uma clara demonstração da imediata providência de um Deus onisciente e da natural imortalidade da alma, deveria parecer a mais fácil preparação, assim como o mais forte motivo, para o estudo e a prática da virtude.

Esse objetivo foi por mim proposto na Primeira Parte do Tratado sobre os Princípios do Conhecimento, publicado em 1710. Mas, antes de continuar e publicar a Segunda Parte, pensei que seria necessário tratar mais clara e completamente de certos princípios expostos na primeira // e colocá-los sob uma nova perspectiva. Esse é o propósito dos Diálogos que aqui apresento.

Neste tratado, o qual não pressupõe que o leitor tenha algum conhecimento do que estava contido no primeiro, meu objetivo foi introduzir as noções que defendo, na mente, de uma maneira mais fácil e familiar; especialmente porque elas comportam uma grande oposição aos preconceitos dos filósofos, os quais têm até aqui prevalecido contra o senso comum e as noções comuns do gênero humano.

Se os princípios que eu aqui me esforço para propagar forem admitidos como verdadeiros, as consequências que, eu penso, evidentemente decorrem são que o ateísmo e o ceticismo serão destruídos por completo, muitas questões intrincadas tornar-se-ão claras, grandes dificuldades serão resolvidas, várias partes inúteis da ciência serão eliminadas, a especulação será submetida à prática, e os homens serão reconduzidos dos paradoxos ao senso comum.

E, embora possa, talvez, parecer uma reflexão difícil para alguns, que após percorrerem muitas noções refinadas e invulgares deveriam pelo menos chegar a pensar como os outros homens, contudo, parece-me, esse retorno aos simples mandamentos da natureza, depois de ter vagado pelos extraordinários labirintos da filosofia, não é desagradável. É como chegar à casa após uma longa viagem: um homem reflete com prazer sobre as muitas dificuldades e perplexidades que atravessou, aquieta o coração e goza com mais satisfação o futuro.

Como minha intenção foi convencer os céticos e infiéis por meio da razão, meu esforço foi observar estritamente as mais rígidas leis do raciocínio. E, para um leitor imparcial, espero, será manifesto que a sublime noção de um Deus e a confortável expectativa da imortalidade, surgem naturalmente de uma aplicação rigorosa e metódica do pensamento. Seja qual for o resultado dessa maneira livre e incoerente, não de forma completamente imprópria chamada livre pensamento por certos libertinos, não pode suportar as restrições da lógica mais do que as da religião ou do governo.

Será, talvez, objetado ao meu objetivo que, na medida em que ele tende a aliviar a mente das investigações difíceis e inúteis, pode afetar apenas algumas pessoas especulativas; mas, se por meio de suas especulações corretamente aplicadas o estudo da moralidade e das leis da natureza for introduzido de uma maneira mais adequada entre os homens de talento e de gênio, os desencorajamentos que arrastam ao ceticismo forem removidos, as medidas do certo e errado forem corretamente definidas, e os princípios da religião natural forem reduzidos a sistemas regulares, tão artificialmente dispostos e claramente conectados com os de algumas outras ciências – existem bases para pensar –, esses efeitos não somente terão uma gradual influência ao reparar o também muito deformado senso de virtude no mundo, mas também, ao mostrar que essas partes da revelação, na medida em que se encontram dentro do domínio da investigação humana são mais agradáveis à correta razão, induzirão todas as pessoas prudentes // e sem preconceitos a um modesto e cuidadoso tratamento dos mistérios sagrados, os quais estão acima da compreensão de nossas faculdades.

Gostaria ainda que o leitor guardasse suas censuras a estes Diálogos até que os tenha lido completamente. De outro modo, ele pode deixar de considerá-los num erro a respeito de seu objetivo, ou na abordagem das dificuldades ou objeções que ele encontrará irrespondidas na sequência. Um tratado dessa natureza precisa ser lido pelo menos uma vez de forma coerente, a fim de compreender seus objetivos, provas, solução das dificuldades, bem como a conexão e a disposição de suas partes. Se se pensar que ele merece uma segunda leitura, imagino que isso tornará todo o esquema muito claro: especialmente se se recorrer a um ensaio sobre a visão que escrevi alguns anos atrás e ao Tratado sobre os Princípios do Conhecimento Humano, nos quais diversas noções defendidas nestes Diálogos são mais detalhadas ou colocadas sob uma perspectiva diferente, e outras questões são tratadas, as quais naturalmente tendem a confirmar e ilustrar as primeiras.

Primeiro diálogo

171 //
Philonous. Bom dia, Hylas! Não esperava encontrar você fora de casa tão cedo.
Hylas. É realmente um tanto incomum, mas meus pensamentos estavam tão absorvidos com um assunto que eu estava discutindo na noite passada que, achando que não poderia dormir, resolvi me levantar e dar uma volta no jardim.
Phil. Que bom que isso tenha ocorrido, para levar você a perceber os prazeres inocentes e agradáveis que perde todas as manhãs. Pode existir uma hora do dia mais agradável ou uma estação do ano mais encantadora? Esse céu cor de púrpura, os agrestes mas doces cantos dos pássaros, a fragrante florescência das árvores e flores, a agradável influência da aurora, essas e outras inúmeras belezas inauditas da natureza inspiram a alma com êxtases secretos. Suas faculdades também, sendo mais bem-dispostas e ativas neste horário, estão aptas para a meditação, a que a solidão de um jardim e a tranquilidade da manhã naturalmente nos inclinam. Mas receio interromper seus pensamentos, pois você parecia muito concentrado em alguma coisa.

Hyl. É verdade, estava, e agradeceria se você me permitisse continuar na mesma linha de raciocínio. Não que de qualquer maneira desejaria privar-me de sua companhia, pois meus pensamentos sempre fluem melhor quando converso com um amigo do que quando estou sozinho. Mas o que pergunto é se me permitiria comunicar meus pensamentos a você.

Phil. Sem dúvida, é o que eu mesmo teria solicitado, se você não tivesse me impedido.

Hyl. Estava pensando no estranho destino daqueles homens que, em todas as épocas, pela presunção de se distinguirem das pessoas comuns, ou devido a uma inexplicável maneira de pensar, fingiram não acreditar em nada ou acreditar nas coisas mais extravagantes do mundo. Isso, porém, teria sido aceitável, caso seus paradoxos ou ceticismo não tivessem trazido algumas consequências desvantajosas para a humanidade. Mas o problema reside // aqui, quando pessoas mais ocupadas percebem as que supostamente gastaram todo o seu tempo em busca de conhecimento professar uma completa ignorância acerca de todas as coisas, ou sugerir noções que são contrárias aos princípios mais evidentes e comumente aceitos, elas serão tentadas a nutrir dúvidas em relação às verdades mais importantes, as quais até então eram consideradas sagradas e inquestionáveis.

Phil. Concordo inteiramente com você quanto à má tendência das dúvidas fingidas de alguns filósofos e quanto aos conceitos fantásticos de outros. Eu mesmo estou tão longe dessa linha de raciocínio que abandonei algumas das noções mais sublimes que obtive em suas escolas por opiniões comuns. E dou-lhe minha palavra, desde essa revolta das noções metafísicas contra os simples ditados da natureza e do senso comum, que encontro meu entendimento estranhamente iluminado, de forma que posso agora compreender facilmente muitas coisas que antes eram consideradas misteriosas e enigmáticas.

Hyl. Fico feliz de verificar que não é verdade o que ouvi a seu respeito.

Phil. Por favor, e o que foi que disseram?

Hyl. Você foi apresentado, na conversa de ontem à noite, como alguém que mantém a mais extravagante opinião que até aqui entrou na mente de um homem, ou seja, a de que não existe no mundo tal coisa como a *substância material*.

Phil. De que não existe tal coisa como a que os filósofos chamam *substância material* estou seriamente persuadido. Mas, se tivesse de achar alguma coisa absurda ou cética nesse assunto, então teria a mesma razão para abandoná-la, como a que eu imagino ter agora para rejeitar a opinião contrária.

Hyl. Como! Pode existir alguma coisa mais fantástica, mais contrária ao senso comum, ou ser uma demonstração mais clara de ceticismo, do que acreditar que não existe tal coisa como a *matéria*?

Phil. Devagar, caro Hylas. O que faria se eu provasse que você, que sustenta a existência da matéria, é, em virtude dessa opinião, mais cético do que eu, que não acredito em tal coisa, e mantém mais paradoxos e oposições ao senso comum?

Hyl. Você poderá persuadir-me logo de que a parte é maior que o todo, de forma que, a fim de evitar o absurdo e o ceticismo, deverei ver-me obrigado a abandonar minha opinião a esse respeito.

Phil. Bom, então você se dispõe a admitir como verdadeira a opinião que, sob exame, parece ser mais de acordo com o senso comum e distante do ceticismo?

173 *Hyl.* De todo coração. Já que você está levantando questões // sobre as coisas mais evidentes da natureza, estou disposto, por enquanto, a ouvir o que você tem a dizer.

Phil. Por favor, Hylas, o que você quer dizer com *cético*?

Hyl. Quero dizer o mesmo que todo mundo: alguém que duvida de tudo.

Phil. Aquele, por conseguinte, que não tiver nenhuma dúvida sobre certa questão particular, no tocante a esse assunto, não pode ser considerado *cético*.

Hyl. Concordo.

Phil. E duvidar consiste em abraçar o lado afirmativo ou negativo de uma questão?

Hyl. Nenhum dos dois, pois qualquer um que compreenda inglês não pode entender outra coisa senão que *duvidar* significa uma suspensão entre ambos.

Phil. Não se pode dizer, então, que aquele que nega qualquer questão duvida mais dela do que aquele que a afirma com o mesmo grau de certeza.

Hyl. Exatamente.

Phil. E, consequentemente, devido a essa sua negação, não deve ser considerado mais *cético* do que o outro.

Hyl. Reconheço.

Phil. Então, como é possível que você, Hylas, me considere *cético*, porque nego o que você afirma, ou seja, a existência da *matéria*? Gostaria que você me dissesse, já que sou tão categórico na minha negação como você o é na sua afirmação.

Hyl. Espere, Philonous, fui meio vago em minha definição, mas não se deve persistir num passo falso que alguém dá num raciocínio. Eu realmente disse que *cético* era aquele que duvidava de tudo; porém, deveria ter acrescentado: ou aquele que nega a realidade e a verdade das coisas.

Phil. Que coisas? Você quer dizer os princípios e os teoremas das ciências? Mas estes, você sabe, são noções intelectuais universais e, consequentemente, independentes da matéria. A negação desta, portanto, não implica a negação daqueles.

Hyl. Admito. Mas não existem outras coisas? O que você pensa da desconfiança dos sentidos, de negar a real existência das coisas sensíveis, ou de fingir que nada conhecemos a seu respeito? Não será isso suficiente para denominar um homem de *cético*?

Phil. Devemos, então, examinar qual de nós nega a realidade das coisas sensíveis ou declara a maior ignorância a seu respeito, já que, se compreendo você corretamente, esse deve ser considerado o maior *cético*?

174 // *Hyl.* Isso é o que eu desejo.

Phil. O que você quer dizer com coisas sensíveis?

Hyl. Aquelas coisas que são percebidas por meio dos sentidos. Você acha que eu quis dizer alguma outra coisa?

Phil. Perdoe-me, Hylas, se estou ansioso por entender suas noções, já que isso poderá abreviar muito nossa investigação. Permita-me, então, fazer a você mais esta pergunta. Apenas as coisas percebidas pelos sentidos são percebidas imediatamente? Ou também as coisas percebidas mediatamente, ou com a intervenção de outras, podem ser consideradas *sensíveis*?

Hyl. Não o estou compreendendo muito bem.

Phil. Ao ler um livro, o que imediatamente percebo são as letras, mas mediatamente, ou por meio destas, são sugeridas à minha mente[2] as noções de Deus, virtude, verdade etc.

---

2 Edições de 1713 e 1725: "a meus pensamentos".

Ora, não há nenhuma dúvida de que as letras são realmente coisas sensíveis ou percebidas pelos sentidos, mas gostaria de saber se você considera que as noções sugeridas pelas letras também são sensíveis.

Hyl. Não, certamente. Seria absurdo pensar *Deus* ou *virtude* como sendo coisas sensíveis, embora elas possam ser significadas e sugeridas à nossa mente por sinais sensíveis, com os quais têm uma conexão arbitrária.

Phil. Parece, então, que por *coisas sensíveis* você entende somente aquilo que pode ser percebido imediatamente pelos sentidos?

Hyl. Exatamente.

Phil. Posso concluir, desse modo, que se eu vir uma parte do céu vermelha e outra azul, e minha razão concluir evidentemente que deve haver uma causa para essa diversidade de cores, mesmo assim, tal causa não pode ser considerada uma coisa sensível ou percebida pelo sentido da visão?

Hyl. Pode.

Phil. Da mesma maneira, apesar de ouvir uma variedade de sons, não posso dizer que ouço as causas desses sons?

Hyl. Não pode.

Phil. E quando, por meio do tato, percebo que uma coisa é quente e pesada, não posso dizer, de maneira verdadeira e apropriada, que sinto a causa de seu calor e de seu peso?

Hyl. Para evitar outras perguntas desse tipo, digo-lhe de uma vez por todas que por *coisas sensíveis* quero dizer somente aquelas perceptíveis pelos sentidos; e que na verdade os sentidos percebem somente o que percebem imediatamente, pois eles não fazem nenhuma // inferência. Portanto, a dedução das causas ou ocasiões dos efeitos ou aparências, os quais só são percebidos pelos sentidos, está inteiramente relacionada à razão.

Phil. Neste ponto, então, estamos de acordo: que *coisas sensíveis são somente as que são imediatamente percebidas pelos sentidos*. Você deverá me dizer se percebemos imediatamente por meio da visão alguma coisa além da luz, cores e figuras; ou por meio da audição alguma coisa a não ser sons; por meio do paladar, alguma coisa a não ser sabores; por meio do olfato, algo além de odores; e, pelo tato, algo além de qualidades tangíveis.

Hyl. Não percebemos.

Phil. Parece-me, portanto, que, se suprimirmos todas as qualidades sensíveis, não resta nada de sensível.

Hyl. Concordo.

Phil. Coisas sensíveis, portanto, não são nada mais do que tantas qualidades sensíveis ou combinações de qualidades sensíveis.

Hyl. Nada mais.

Phil. O calor, então, é uma coisa sensível?

Hyl. Certamente.

Phil. Será que a realidade das coisas sensíveis consiste em ser percebidas ou é alguma coisa diversa do seu ser percebido e que não tem nenhuma relação com a mente?

Hyl. *Existir* é uma coisa; ser *percebido* é outra.

Phil. Falo em relação às coisas sensíveis apenas, e destas pergunto se por sua existência real você quer dizer uma subsistência exterior à mente e diversa do seu ser percebido.

Hyl. Quero dizer uma existência absoluta e real, diversa de seu ser percebido e sem nenhuma relação com ele.

Phil. O calor, portanto, se for admitido que ele tem uma existência real, deve existir fora da mente?

Hyl. Deve.

Phil. Diga-me, Hylas, essa existência real é igualmente compatível com todos os graus de calor que percebemos ou há alguma razão pela qual deveríamos atribuí-la a certos graus e negá-la a outros? E, se existir uma razão, por favor, deixe-me saber qual é.

Hyl. Seja qual for o grau de calor que percebemos por meio dos sentidos, podemos ter certeza de que tal calor existe no objeto que o ocasiona.

Phil. O quê? Tanto o maior quanto o menor?

Hyl. Digo-lhe que a razão é manifestamente a mesma a respeito de ambos por serem percebidos por meio dos sentidos. E mais ainda: o maior grau de calor é mais sensivelmente percebido e, consequentemente, se existir // alguma diferença, temos mais certeza de sua existência real do que podemos ter acerca da realidade de um grau menor.

Phil. Mas o grau mais veemente e intenso de calor não é uma grande dor?

Hyl. Ninguém pode negar isso.

Phil. E uma coisa que não se percebe é suscetível de dor ou prazer?

Hyl. Não, certamente.

Phil. Será a sua substância material um ser inanimado |*senseless*| ou um ser dotado de sentido e percepção?

Hyl. É inanimado, sem dúvida.

Phil. E não pode, portanto, ser o sujeito da dor?

Hyl. De modo algum.

Phil. Nem, consequentemente, do maior calor percebido pelos sentidos, visto que você reconhece que seria uma dor muito grande.

Hyl. Admito.

Phil. O que diremos, então, de seu objeto externo: é uma substância material ou não?

Hyl. É uma substância material com qualidades sensíveis inerentes a ela.

Phil. Como pode, então, existir um grande calor nela, já que você mesmo admite que ele não pode existir numa substância material? Gostaria que você esclarecesse esse ponto.

Hyl. Um momento, Philonous. Receio que fui longe demais ao conceder que o calor intenso é uma grande dor. Parece-me, em vez disso, que a dor é alguma coisa diversa do calor e a consequência ou efeito dele.

Phil. Colocando sua mão perto do fogo, você percebe uma sensação uniforme simples ou duas sensações diferentes?

Hyl. Apenas uma sensação simples.

Phil. O calor não é imediatamente percebido?

Hyl. É.

Phil. E a dor?

Hyl. Também.

Phil. Visto, portanto, que as duas sensações são imediatamente percebidas ao mesmo tempo, e que o fogo nos afeta somente com uma ideia simples, indecomponível, segue-se que essa mesma ideia simples é simultaneamente o calor intenso imediatamente percebido e a dor e, consequentemente, que o calor intenso imediatamente percebido não é diferente de um tipo particular de dor.

Hyl. Parece que é isso mesmo.

Phil. Tente de novo, Hylas, se você pode conceber em seus pensamentos uma sensação veemente sem ser com dor ou prazer.

// *Hyl*. Não posso.

Phil. Ou pode formar uma ideia da dor ou prazer sensível em geral, independentemente de toda ideia particular de calor, frio, sabor, cheiro etc.?

Hyl. Acho que não posso.

Phil. Não se segue, portanto, que a dor sensível não é diversa daquelas sensações ou ideias em um grau intenso?

Hyl. É inegável. E, para falar a verdade, começo a suspeitar que um calor muito intenso não pode existir senão numa mente que o percebe.

Phil. O quê? Você se encontra, então, naquele estado *cético* de suspensão entre a afirmação e a negação?

Hyl. Penso que posso ser afirmativo sobre esse ponto. Um calor muito violento e doloroso não pode existir fora da mente.

Phil. Ele não tem, então, em sua opinião, uma existência real?

Hyl. Reconheço.

Phil. Então é certo que não há nenhum corpo na natureza realmente quente?

Hyl. Não neguei que existe um calor real nos corpos. Apenas disse que não existe tal coisa como um calor real intenso.

Phil. Mas você não disse antes que todos os graus de calor eram igualmente reais? Ou que, se houvesse alguma diferença, o grau mais elevado era sem dúvida mais real que o menor?

Hyl. É verdade, mas isso foi porque não considerei o fundamento que existe para distinguir entre eles, o que agora vejo claramente. E é o seguinte: como o calor intenso não é outra coisa senão uma espécie particular de sensação dolorosa, e a dor não pode existir a não ser num ser perceptivo, conclui-se que nenhum calor intenso pode realmente existir numa substância corpórea incapaz de percepção |*unperceiving*|. Mas não há nenhuma razão para negarmos que existe calor num grau inferior em tal substância.

Phil. Mas como seremos capazes de discernir os graus de calor que existem somente na mente daqueles que existem fora dela?

Hyl. Essa não é uma questão difícil. Você sabe que a mais ínfima dor não pode existir impercebida; portanto, todo grau de calor, que é uma dor, existe somente na mente. Mas, em relação a todos os demais graus de calor, nada nos obriga a pensar da mesma forma.

Phil. Pensei que você tivesse admitido anteriormente que nenhum ser incapaz de percepção fosse capaz de sentir mais prazer, do que dor.

Hyl. Eu admiti.

Phil. E não é a tepidez, ou um grau de calor mais moderado do que aquele que nos causa mal-estar, um prazer?

Hyl. E então?

Phil. Consequentemente, ele não pode existir fora da mente em uma substância, ou corpo, incapaz de percepção.

Hyl. Assim parece.

Phil. Uma vez que tanto os graus de calor que não são dolorosos quanto os que são só podem existir numa substância pensante, não podemos concluir que os corpos externos são absolutamente incapazes de qualquer grau de calor que seja?

Hyl. Pensando melhor, não acho que é tão evidente que a tepidez seja um prazer, assim como um elevado grau de calor é uma dor.

Phil. Não pretendo que a tepidez seja um prazer tão grande quanto o calor é uma dor. Mas, se você admitir que se trata de um prazer, ainda que pequeno, isso será suficiente para justificar minha conclusão.

Hyl. Poderia mais propriamente chamar isso de *indolência*. Parece não passar de uma privação tanto da dor como do prazer. E espero que você não negue que tal qualidade ou estado possa corresponder a uma substância não pensante.

Phil. Se você estiver decidido a sustentar que a tepidez, ou um grau de calor moderado, não é um prazer, não sei como lhe convencer do contrário, a não ser apelando para sua razão |*sense*|. Mas o que você acha do frio?

Hyl. O mesmo que acho do calor. Um grau intenso de frio é uma dor, pois sentir um frio muito intenso é sentir um grande mal-estar. Não pode, portanto, existir fora da mente, mas um grau menor de frio pode, assim como um grau menor de calor.

Phil. Podemos, então, concluir que aqueles corpos, no contato dos quais percebemos um grau moderado de calor, têm um grau moderado de calor ou tepidez; e aqueles no contato dos quais sentimos um grau semelhante de frio, podemos concluir, têm neles frio.

Hyl. Podemos.

Phil. Pode ser verdadeira uma doutrina que necessariamente leva um homem a um absurdo?

Hyl. Sem dúvida que não.

Phil. E não é um absurdo pensar que uma mesma coisa possa ser ao mesmo tempo quente e fria?

Hyl. É.

Phil. Suponha agora que uma de suas mãos esteja quente e a outra fria, e que ambas sejam colocadas ao mesmo tempo numa bacia de // água, numa temperatura intermediária. A água não parecerá fria para uma mão e quente para a outra?

Hyl. Parecerá.

Phil. E não devemos então concluir, mediante seus princípios, que ela é ao mesmo tempo realmente fria e morna, ou seja, conforme você mesmo reconhece, acreditar num absurdo?

Hyl. Confesso que assim parece.

Phil. Consequentemente, os próprios princípios são falsos, já que você admitiu que nenhum princípio verdadeiro conduz a um absurdo.

Hyl. Mas, afinal, pode haver uma coisa mais absurda do que dizer que *não há nenhum calor no fogo*?

Phil. Para tornar a questão ainda mais clara, diga-me se em dois casos exatamente idênticos não devemos fazer o mesmo juízo.

Hyl. Devemos.

Phil. Quando um alfinete fura seu dedo, ele não lacera e corta as fibras de sua carne?

Hyl. Sim.

Phil. E quando uma brasa queima seu dedo, faz algo muito diferente disso?

Hyl. Não faz.

Phil. Uma vez que, portanto, você não julga que a sensação ocasionada pelo alfinete, nem qualquer coisa semelhante a ela, está no próprio alfinete, você não deveria, de acordo com o que acabou de admitir, julgar que a sensação ocasionada pelo fogo, ou qualquer coisa semelhante a ela, está no próprio fogo.

Hyl. Bem, já que deve ser assim, estou disposto a ceder nesse ponto, e reconheço que calor e frio são apenas sensações existentes em nossa mente. Mas ainda restam qualidades suficientes para assegurar a realidade das coisas externas.

Phil. Mas o que você diria, Hylas, se aparentemente o caso fosse o mesmo em relação a todas as qualidades sensíveis, e que não se pudesse supor que elas existem fora da mente mais do que o calor e o frio?

Hyl. Que nesse caso realmente você teria feito alguma coisa para o seu objetivo, mas isso é o que eu gostaria de ver provado.

Phil. Procuremos examiná-las por ordem. O que você pensa dos sabores? Existem fora da mente ou não?

Hyl. Pode alguém em seu juízo perfeito duvidar que o açúcar é doce e o absinto, amargo?

Phil. Diga-me, Hylas. Um sabor doce é uma forma de prazer ou sensação agradável, ou não é?

// *Hyl.* É.

Phil. E o sabor amargo, uma forma de desprazer ou dor?

Hyl. Reconheço que é.

Phil. Se, então, o açúcar e o absinto são substâncias corpóreas não pensantes existentes fora da mente, como podem a doçura e o amargor, ou seja, o prazer e a dor, corresponder a elas?

Hyl. Espere, Philonous. Agora vejo que me enganei durante todo esse tempo. Você perguntou se calor e frio, doçura e amargor não seriam tipos particulares de prazer e dor; ao que eu respondi simplesmente que eram. Em vez disso, eu deveria tê-los assim distinguido: essas qualidades, conforme percebidas por nós, são prazeres e dores, mas não enquanto existentes nos objetos externos. Portanto, não devemos concluir de maneira absoluta que não há calor no fogo ou doçura no açúcar, mas somente que calor e doçura, conforme percebidos por nós, não estão no fogo ou no açúcar. O que você diz disso?

Phil. Digo que não tem nada a ver. Toda a nossa conversa começou acerca das coisas sensíveis, que você definiu como as coisas que *percebemos imediatamente por meio de nossos sentidos*. Portanto, nada sei a respeito de quaisquer outras qualidades diferentes dessas que você menciona, nem se elas fazem parte da questão em debate. Você pode, de fato, alegar ter descoberto certas qualidades que você não percebe e afirmar que essas qualidades não sensíveis |*insensible*| existem no fogo ou no açúcar, mas não consigo compreender que uso pode ser feito disso para seu objetivo atual. Diga-me, então, mais uma vez, se você reconhece que calor e frio, doçura e amargor (ou seja, as qualidades que são percebidas pelos sentidos) não existem fora da mente.

Hyl. Vejo que não faz nenhum sentido resistir, de modo que entrego a causa em relação às qualidades mencionadas. Entretanto, confesso que soa estranho dizer que o açúcar não é doce.

Phil. Mas, para sua satisfação, leve em conta o seguinte: aquilo que em certas ocasiões parece doce pode parecer amargo para um paladar viciado. E nada pode ser mais evidente que diversas pessoas perceberem diferentes sabores na mesma comida, já que o que agrada a um desagrada a outros. E como isso poderia ocorrer se o sabor fosse alguma coisa realmente inerente à comida?

Hyl. Confesso que não sei como.

Phil. Consideremos agora os odores. E em relação a eles, gostaria de saber se o que foi // dito acerca dos sabores se aplica exatamente a eles. Não são os odores muitas sensações agradáveis ou desagradáveis?

Hyl. São.

Phil. Você pode, então, conceber que seja possível que eles existam numa coisa incapaz de perceber?

Hyl. Não posso.

Phil. Ou pode você imaginar que a sujeira e o esterco afetam esses animais irracionais que se alimentam deles sem escolha com os mesmos cheiros que percebemos neles?

Hyl. De modo algum.

Phil. Não podemos, portanto, concluir acerca dos cheiros, assim como das demais qualidades anteriormente mencionadas, que não podem existir senão numa substância ou mente capaz de perceber?

Hyl. Acredito que sim.

Phil. E, no tocante aos sons, o que devemos pensar deles: são acidentes realmente inerentes aos corpos externos ou não?

Hyl. Que eles não são inerentes aos corpos sonoros é evidente, pois um sino tocado dentro de uma campânula vazia de uma máquina pneumática não produz nenhum som. O ar, portanto, deve ser considerado o objeto |*subject*| do som.

Phil. Que razão existe para isso, Hylas?

Hyl. Porque, quando algum movimento é produzido no ar, percebemos um som maior ou menor, proporcionalmente ao movimento do ar; mas, sem algum movimento no ar, não ouviremos som algum.

Phil. E, admitindo que nunca ouçamos nenhum som, a não ser quando algum movimento é produzido no ar, não vejo, contudo, como você pode inferir a partir disso que o próprio som está no ar.

Hyl. É o próprio movimento no ar externo que produz na mente a sensação de som, pois, ao atingir o tímpano, ele causa uma vibração que por meio dos nervos auditivos é comunicada ao cérebro e a alma é assim imediatamente afetada com a sensação chamada de *som*.

Phil. O quê? O som é então uma sensação?

Hyl. Eu lhe digo que, da forma como percebido por nós, é uma sensação particular na mente.

Phil. E pode qualquer sensação existir fora da mente?

Hyl. Não, certamente.

Phil. Como então pode o som, sendo uma sensação, existir no ar, se por *ar* você entende uma substância inanimada existindo fora da mente?

Hyl. Você deve distinguir, Philonous, entre o som como ele é // percebido por nós e como ele é em si, ou (o que é a mesma coisa) entre o som que percebemos imediatamente e aquele que existe fora de nós. O primeiro é de fato uma espécie particular de sensação, mas o segundo é meramente um movimento vibratório e ondulatório no ar.

Phil. Pensei que já tinha rejeitado essa distinção na resposta que dei quando você a aplicou anteriormente num caso semelhante. Mas, para não repetir o que já foi dito, você tem certeza de que o som não é, de fato, outra coisa senão movimento?

Hyl. Tenho.

Phil. Tudo o que corresponde ao som real pode, na verdade, ser atribuído ao movimento.

Hyl. Pode.

Phil. Faz sentido, então, falar do *movimento* como de algo que é *intenso*, *suave*, *agudo* e *grave*.

Hyl. Vejo que você está decidido a não me compreender. Não é evidente que os acidentes ou modos pertencem somente ao som sensível ou ao *som* na acepção comum da palavra, mas não ao *som* no sentido real e filosófico, que, como acabo de lhe dizer, não é outra coisa senão um certo movimento do ar?

Phil. Parece, então, que há dois tipos de sons: o comum, ou aquele que é ouvido, e o outro, filosófico e real.

Hyl. Isso mesmo.

Phil. E o último consiste em movimento?

Hyl. Já lhe disse isso antes.

Phil. Diga-me, Hylas, a qual dos sentidos você pensa que a ideia de movimento pertence? À audição?

Hyl. Não, certamente, mas à visão e ao tato.

Phil. Devo então concluir que, em sua opinião, os sons reais podem possivelmente ser *vistos* ou *sentidos*, mas não *ouvidos*.

Hyl. Olhe Philonous, você pode zombar de minha opinião se quiser, mas isso não alterará a verdade dos fatos. Reconheço que as inferências que você deduziu de minha posição soam um tanto estranhas, mas a linguagem comum, como você sabe, é moldada |*framed*| pelo povo |*vulgar*| e para seu uso. Não devemos nos espantar, portanto, se expressões adaptadas a noções filosóficas exatas pareçam esquisitas e fora de contexto.

Phil. E você chegou a esse ponto? Asseguro-lhe que imagino que ganhei um ponto importante, já que você não dá muita importância ao fato de ter se afastado dos termos e opiniões comuns, pois uma parte importante de nossa investigação é examinar de quem são as noções mais distantes do // senso comum |*common road*| e mais inconsistentes com a compreensão |*sense*| geral do mundo. Mas você não pensa que é um paradoxo filosófico dizer que *sons reais nunca são ouvidos*, e que a ideia do som é obtida mediante algum outro sentido. E não há nada nisso contrário à natureza e à verdade das coisas?

Hyl. Para ser sincero, não está me agradando. E, depois das concessões já feitas, devo igualmente admitir que os sons também não têm existência real fora da mente.

Phil. E espero que você não tenha dificuldade de reconhecer o mesmo acerca das cores.

Hyl. Perdoe-me, mas o caso das cores é muito diferente. Pode haver uma coisa mais evidente do que o fato de vermos as cores nos objetos?

Phil. Os objetos de que você fala são, suponho, substâncias corpóreas existentes fora da mente.

Hyl. São.

Phil. E têm cores verdadeiras e reais inerentes a eles?

Hyl. Cada objeto visível tem a cor que vemos nele.

Phil. Como? Existe alguma coisa visível a não ser o que percebemos pelos olhos?

Hyl. Não existe.

Phil. E percebemos alguma coisa pelos sentidos que não percebemos imediatamente?

Hyl. Quantas vezes serei obrigado a repetir a mesma coisa? Eu lhe digo que não percebemos.

Phil. Tenha paciência, caro Hylas, e diga-me mais uma vez se existe alguma coisa imediatamente percebida pelos sentidos exceto as qualidades sensíveis. Sei que você afirmou que não, mas gostaria que me dissesse se você ainda mantém a mesma opinião.

Hyl. Mantenho.

Phil. Diga-me: a sua substância corpórea é uma qualidade sensível ou feita de qualidades sensíveis?

Hyl. Que pergunta é essa? O que você pensou que fosse?

Phil. Minha razão para perguntar foi porque, ao dizer *cada objeto visível tem a cor que vemos nele*, você transforma os objetos visíveis em substâncias corpóreas, o que implica que as substâncias corpóreas são qualidades sensíveis, ou então que existe alguma coisa além das qualidades sensíveis percebidas pela visão. Mas, como anteriormente estávamos de acordo sobre esse ponto, e você ainda o mantém, é uma clara consequência que sua substância corpórea não se distingue das qualidades sensíveis.

184 // *Hyl.* Você pode tirar quantas consequências absurdas quiser e tentar complicar as coisas mais claras, mas nunca me persuadirá de que perdi o juízo. Compreendo claramente o que quero dizer.

Phil. Gostaria que você também me fizesse compreender. Mas, já que você não deseja ter sua noção de substância corpórea examinada, deixarei de insistir nesse ponto. Gostaria apenas que me dissesse se as mesmas cores que vemos existem em corpos externos, ou algumas outras.

Hyl. As mesmas.

Phil. O quê? Então o belo vermelho e o belo roxo que vemos nas nuvens lá longe existem realmente nelas? Ou você imagina que elas têm em si alguma outra forma diferente da de uma névoa ou de um vapor escuro?

Hyl. Tenho de reconhecer, Philonous, que essas cores não estão realmente nas nuvens como elas parecem estar a essa distância. Elas são apenas cores aparentes.

Phil. Você as chama de *aparentes*? Como devemos distinguir essas cores aparentes das reais?

Hyl. Muito facilmente. Devemos considerar aparentes as cores que, aparecendo apenas a distância, desaparecem quando vistas mais de perto.

Phil. E as que são descobertas por uma inspeção mais próxima e exata, suponho que devam ser consideradas reais.

Hyl. Certo.

Phil. É inspeção mais próxima e exata a que é feita com a ajuda de um microscópio ou a que é feita a olho nu?

Hyl. Por meio de um microscópio, sem dúvida.

Phil. Mas um microscópio muitas vezes descobre cores em um objeto diferentes das percebidas a olho nu. E, caso tivéssemos microscópios que ampliassem até qualquer grau determinado, é certo que nenhum objeto visto por intermédio dele pareceria da mesma cor que ele apresenta a olho nu.

Hyl. E o que você concluirá de tudo isso? Você não pode argumentar que há, real e naturalmente, nenhuma cor nos objetos, porque, por manipulações |*managements*| artificiais, ela pode ser alterada ou dissipada.

Phil. Penso que podemos evidentemente concluir, a partir de suas concessões, que todas as cores que vemos a olho nu são tão aparentes quanto as das nuvens, visto que desaparecem sob uma inspeção mais próxima e acurada, o que nos é proporcionado por meio de um microscópio. E, quanto ao que você disse a título de prevenção, // pergunto se o estado real e natural de um objeto é mais bem descoberto por uma visão aguda e penetrante ou por meio de uma que é menos aguda.

Hyl. Por meio da primeira, sem dúvida.

Phil. Não é claro, segundo a *dióptrica*, que os microscópios tornam a visão mais penetrante e representam os objetos como eles nos apareceriam aos olhos caso estes fossem naturalmente dotados de uma acuidade mais extraordinária?

Hyl. É.

Phil. Consequentemente, a representação microscópica deve ser considerada a que melhor mostra a real natureza das coisas, ou como a coisa é em si. As cores, portanto, percebidas por intermédio do microscópio são mais genuínas e reais do que as percebidas de outro modo.

Hyl. Confesso que há algum sentido no que você diz.

Phil. Além disso, não é apenas possível mas evidente que existem de fato animais cujos olhos são por natureza constituídos para perceber coisas que, em virtude de sua pequenez, escapam ao nosso olhar. O que você pensa acerca dos animais inconcebivelmente pequenos percebidos por meio das lentes? Devemos supor que eles são todos completamente cegos? Ou, caso enxergem, pode-se imaginar que sua visão não tenha a mesma função de preservar seus corpos de ferimentos que a que aparece na visão de todos os outros animais? E, se têm essa função, não é evidente que devam ver partículas menores que seus corpos, o que lhes oferecerá uma visão muito diferente de cada objeto do que a que afeta os nossos sentidos?[3] Mesmo nossos olhos nem sempre nos representam os objetos da mesma maneira. Durante a *icterícia*, como todos sabem, todas as coisas parecem amarelas. Não é, portanto, altamente provável que esses animais, em cujos olhos discernimos uma textura muito diferente da dos nossos, e cujos corpos estão cheios de humores diversos, não vejam as mesmas cores em cada objeto que nós vemos? De tudo isso, não parece seguir-se que todas as cores são igualmente aparentes e que nenhuma daquelas que percebemos é de fato inerente a qualquer objeto externo?

Hyl. Parece.

Phil. Não haverá nenhuma dúvida sobre isso se considerarmos que, caso as cores fossem propriedades ou qualidades |*affections*| reais inerentes aos corpos externos, elas não admitiriam nenhuma alteração sem alguma mudança equivalente nos próprios corpos. Mas não é evidente, segundo o que foi dito, que por meio do uso de microscópios, mediante uma mudança acorrida no humor vítreo |*humours of the eye*|

---

[3] Ver *Um ensaio para uma nova teoria da visão*, seções 80-86.

ou uma variação da distância, sem nenhum tipo de alteração real // na própria coisa, as cores de um objeto mudam ou desaparecem totalmente? Mais ainda, permanecendo todas as demais circunstâncias idênticas, mude-se apenas a localização de alguns objetos e eles apresentarão diferentes cores aos olhos. A mesma coisa acontece ao ver um objeto sob diferentes graus de luz. E o que é mais conhecido do que os mesmos corpos parecerem ter cores diferentes à luz de vela e à luz do dia? Acrescente a isso o experimento de um prisma, o qual, separando os raios heterogêneos da luz, altera a cor de qualquer objeto e fará o branco parecer azul ou vermelho-escuro a olho nu. E agora me diga se você ainda mantém a opinião de que todo corpo tem sua cor real e verdadeira inerente nele. E, se você pensa que tem, gostaria que me dissesse qual a distância e a posição certas do objeto, qual a textura peculiar e a formação do olho, que grau ou tipo de luminosidade é necessário para determinar a verdadeira cor e distingui-la das cores aparentes.

Hyl. Considero-me inteiramente convencido de que elas são todas igualmente aparentes e de que não existe tal coisa como cores realmente inerentes aos corpos externos, mas que tudo depende da luminosidade. E o que confirma essa opinião é o fato de que, dependendo da luminosidade, as cores são ainda mais ou menos vivas, e que se não há luz, então, as cores não são percebidas. Além disso, admitindo que existam cores nos objetos externos, não obstante, como nos é possível percebê-las? Afinal, nenhum corpo externo afeta a mente a menos que atue antes sobre nossos órgãos dos sentidos. A única ação dos corpos é o movimento, e este não pode ser transmitido de outro modo senão por impulso. Um objeto distante, portanto, não pode agir sobre o olho nem consequentemente tornar a si ou as suas propriedades perceptíveis à alma. Por isso conclui-se claramente que deve haver imediatamente alguma substância contígua que, agindo sobre o olho, ocasiona a percepção das cores: e esta é a luz.

Phil. O quê? Então a luz é uma substância?

Hyl. Digo-lhe, Philonous, que a luz externa não é outra coisa senão uma fina substância fluida cujas partículas minúsculas, ao ser agitadas com um movimento rápido e de várias maneiras, refletem nos olhos as diferentes superfícies dos objetos externos, transmitindo diferentes movimentos aos nervos ópticos que, propagando-se para o cérebro, causam várias impressões, e estas estão ligadas a sensações de vermelho, azul, amarelo etc.

Phil. Então parece que a luz não faz nada mais do que vibrar o nervo óptico.

// *Hyl.* Nada mais.

Phil. E, em consequência, a cada movimento particular dos nervos a mente é afetada por uma sensação que é uma cor particular.

Hyl. Exatamente.

Phil. E essas sensações não existem fora da mente.

Hyl. Não.

Phil. Como então você afirma que as cores estão na luz se por *luz* você entende uma substância corpórea externa à mente?

Hyl. Luz e cores, conforme imediatamente percebidas por nós, admito que não podem existir fora da mente. Mas em si elas são apenas[4] os movimentos e as configurações de certas partículas insensíveis da matéria.

---

4 Edições de 1713 e 1725: "consistem inteiramente em".

Phil. As cores, então, no sentido comum, ou consideradas objetos imediatos da visão, não podem corresponder a nada a não ser a uma substância perceptiva.
Hyl. É isso o que eu digo.
Phil. Bom, então, já que você desiste da questão relativa às qualidades sensíveis, as quais são exclusivamente consideradas cores por toda a humanidade também, você pode defender o que quiser no tocante às cores invisíveis dos filósofos. Não é meu interesse discutir sobre elas. Eu somente o aconselharia a refletir⁵ se você acha prudente afirmar, considerando a investigação que estamos fazendo, que *o vermelho e o azul que vemos não são cores verdadeiras, mas que alguns movimentos e formas desconhecidos que nenhum homem jamais viu ou pode ver, na verdade, são*. Não são essas noções chocantes e não estão elas sujeitas a várias inferências ridículas, como as que você foi obrigado a renunciar anteriormente no caso dos sons?
Hyl. Sinceramente reconheço, Philonous, que é inútil resistir mais. Cores, sons, sabores, numa palavra, todas essas ditas *qualidades secundárias* certamente não existem fora da mente. Mas por esse reconhecimento não se deve supor que eu retiro |*derogate*| alguma coisa da realidade da matéria ou dos objetos externos, visto que isso não é mais do que o que vários filósofos mantêm, os quais, entretanto, estão o mais distante que se pode imaginar da negação da matéria. Para um entendimento mais claro disso, você deve saber que as qualidades sensíveis são divididas pelos filósofos em *primárias e secundárias*. As primeiras são extensão, figura, solidez, peso |*gravity*|, movimento e repouso. // E estas eles afirmam

---

5 Edições de 1713 e 1725: "pensar".

existir realmente nos corpos. As últimas são aquelas antes enumeradas, ou, resumidamente, todas as qualidades sensíveis que não as primárias, as quais eles afirmam ser somente tantas sensações ou ideias que não existem em nenhum outro lugar a não ser na mente. Mas sobre tudo isso, sem dúvida, você já foi informado. De minha parte, eu já estava há muito tempo ciente de que havia tal opinião em voga entre os filósofos, mas até agora não estava inteiramente convencido acerca de sua veracidade.

Phil. Então você ainda é da opinião de que extensão e formas são inerentes às substâncias externas não pensantes?

Hyl. Sou.

Phil. Mas o que você diria se os mesmos argumentos apresentados contra as qualidades secundárias fossem válidos também contra essas substâncias não pensantes?

Hyl. Então eu seria obrigado a pensar que elas também existem somente na mente.

Phil. Você acredita que a própria figura e a extensão que você percebe pelos sentidos existem nos objetos externos ou nas substâncias materiais?

Hyl. Sim.

Phil. Todos os demais animais têm motivos tão bons para pensar o mesmo acerca da figura e da extensão que eles veem e sentem?

Hyl. Sem dúvida, se é que eles têm algum pensamento.

Phil. Responda-me, Hylas. Você pensa que os sentidos foram concedidos a todos os animais para sua preservação e bem-estar na vida, ou que eles foram dados somente aos homens para esse fim?

Hyl. Não duvido que eles têm a mesma função em todos os animais.

Phil. Se é assim, não é necessário que eles devam ser capazes de perceber pelos sentidos os próprios membros e os corpos que são capazes de feri-los?

Hyl. Certamente.

Phil. Um ácaro, então, deve ser capaz de ver o próprio pé e coisas iguais ou menores que isso, da mesma forma que corpos de algum tamanho considerável, embora ao mesmo tempo os ácaros pareçam a você pouco discerníveis ou, no máximo, numerosos pontos visíveis?[6]

Hyl. Não posso negar isso.

Phil. E, para criaturas menores que os ácaros, eles parecerão ainda maiores?

Hyl. Sim.

Phil. De tal maneira que o que você mal pode discernir para outro animal extremamente pequeno parecerá uma enorme montanha?

// *Hyl.* Tudo isso eu admito.

Phil. Pode uma mesma coisa ser ao mesmo tempo e em si de diferentes tamanhos?

Hyl. Seria absurdo imaginar isso.

Phil. Mas, segundo o que você afirmou, conclui-se que tanto a extensão percebida por você quanto a percebida pelos ácaros, como também todas as extensões percebidas por animais menores, representam a verdadeira extensão dos pés dos ácaros. Isso significa dizer que pelos seus princípios você será levado a um absurdo.

Hyl. Parece-me haver alguma dificuldade nesse ponto.

---

6 Ver *Um ensaio para uma nova teoria da visão*, seção 80.

Phil. Mais uma vez, você não reconheceu que nenhuma propriedade real inerente a qualquer objeto pode ser alterada sem uma alteração na coisa mesma?

Hyl. Reconheci.

Phil. Mas, quando nos aproximamos ou nos afastamos de um objeto, a extensão visível varia, sendo, a determinada distância, dez ou cem vezes maior que outra. Não se segue, então, da mesma forma, que a extensão não é inerente ao objeto?

Hyl. Confesso que não sei o que pensar.

Phil. Você logo saberá o que pensar se conseguir pensar tão livremente acerca dessa qualidade como tem feito acerca[7] das demais. Não foi admitido como um bom argumento que nem o calor nem o frio estavam na água, já que esta parecia quente para uma das mãos e fria para a outra?

Hyl. Foi.

Phil. E não é exatamente o mesmo raciocínio concluir que não há nenhuma extensão ou forma em um objeto, já que para um dos olhos este parece pequeno, liso e redondo, enquanto para o outro parece, ao mesmo tempo, grande, áspero e angular?

Hyl. Exatamente o mesmo. Mas será que este último fato alguma vez acontece?

Phil. Você pode fazer a experiência a qualquer momento, olhando a olho nu com um dos olhos e com o outro por meio de um microscópio.

Hyl. Não sei como sustentar isso, e, no entanto, estou relutante em desistir da *extensão*, pois percebo que várias consequências extravagantes decorrem dessa concessão.

---

7 Edições de 1713 e 1725: "a respeito do".

Phil. Você diz *extravagantes*? Depois das concessões já feitas, espero que você não recue diante de nada por sua extravagância. [Mas, por outro lado, não pareceria muito extravagante se o raciocínio geral que // inclui todas as outras qualidades sensíveis não incluísse também a extensão? Se for admitido que nenhuma ideia, nem nada semelhante a uma ideia, pode existir em uma substância incapaz de percepção, então certamente se segue que nenhuma figura, ou modo da extensão, que podemos perceber ou imaginar, ou da qual podemos ter alguma ideia, pode realmente ser inerente à matéria. Isso para não mencionar a dificuldade peculiar que deve haver em conceber uma substância material anterior e diferente da extensão como sendo o *substratum* da extensão. Seja o que for a qualidade sensível – figura, som ou cor –, parece igualmente impossível que esta possa subsistir naquilo que não a percebe.][8]

Hyl. Desisto desse ponto por enquanto, reservando, todavia, o direito de retirar minha opinião caso venha a perceber depois algum passo em falso em meu percurso até ela.

Phil. Esse é um direito que não pode lhe ser negado. Tendo despachado a figura e a extensão, passemos agora ao *movimento*. Pode um movimento real em qualquer corpo externo ser, ao mesmo tempo, muito rápido e muito lento?

Hyl. Não pode.

Phil. E a rapidez do movimento de um corpo não está numa razão inversa ao tempo que ele leva para percorrer qualquer espaço determinado? Consequentemente, um corpo que percorre uma milha em uma hora move-se três vezes mais

---

8 Acréscimo da edição de 1734.

rápido do que se moveria caso percorresse somente uma milha em três horas.

Hyl. Concordo com você.

Phil. E não é o tempo medido pela sucessão de ideias em nossa mente?

Hyl. É.

Phil. E não é possível que ideias sucedam umas às outras duas vezes mais rapidamente em sua mente do que na minha, ou na mente de um espírito de outra espécie?

Hyl. Admito que sim.

Phil. Consequentemente, a uma outra pessoa um mesmo corpo pode parecer realizar seu movimento sobre determinado espaço em metade do tempo que parece a você. E o mesmo raciocínio será válido para qualquer outra proporção: ou seja, de acordo com os seus princípios (desde que os movimentos percebidos estejam ambos realmente no objeto), é possível que um mesmo corpo se mova realmente ao mesmo tempo de forma muito rápida e muito lenta. Como isso é compatível com o senso comum ou com o que você mesmo acabou de admitir?

Hyl. Não tenho nada a dizer sobre isso.

// *Phil.* Então em relação à *solidez*: ou você não se refere a nenhuma qualidade sensível com essa palavra, e então está fora de nossa investigação; ou, se você se refere, então deve ser a dureza ou a resistência. Mas tanto uma como outra são claramente relativas aos nossos sentidos: é evidente que o que parece duro para um animal pode parecer macio para outro que tiver mais força e firmeza em seus membros. Não é menos evidente que a resistência que sinto não está no corpo.

Hyl. Reconheço que a própria sensação de resistência, que é tudo o que se percebe imediatamente, não está no *corpo*, mas a causa dessa sensação está.

Phil. Mas as causas de nossas sensações não são coisas imediatamente percebidas e, portanto, não são sensíveis. Pensei que esse caso já tivesse sido decidido.

Hyl. Reconheço que foi, mas você me perdoará se eu parecer um pouco atrapalhado: não sei como me libertar de minhas antigas noções.

Phil. Para ajudá-lo, considere que, se reconhecermos que a extensão não existe fora da mente, o mesmo deve necessariamente ser reconhecido a respeito do movimento, da solidez e do peso, já que todos evidentemente supõem a extensão. É portanto desnecessário investigar particularmente acerca de cada um deles. Ao negar a extensão, você terá negado a existência real de todos eles.

Hyl. Pergunto-me, Philonous, se o que você diz é verdade. Por que os filósofos que negam que as qualidades secundárias têm alguma existência real atribuem-na, contudo, às primárias? Se não existe nenhuma diferença entre elas, como se pode explicar isso?

Phil. Não cabe a mim explicar cada opinião dos filósofos. Mas, dentre outras razões que se podem apontar para isso, parece provável que uma delas é o fato de prazer e dor estarem mais associados às qualidades secundárias que às primárias. Calor e frio, sabores e cheiros têm alguma coisa mais vividamente agradável ou desagradável do que as ideias de extensão, figura ou movimento que nos afetam. E, sendo evidentemente absurdo sustentar que dor e prazer podem existir numa substância incapaz de percepção, os homens estão mais facilmente desacostumados a acreditar na existência externa das qualidades secundárias do que na das primárias. Você vai reparar que existe algo nisso se tentar se lembrar da diferença que traçou entre um grau intenso e um grau mais moderado de calor, reconhecendo a um uma existência real, ao passo que a negou ao outro. Mas não existe, afinal, nenhuma base racional para tal distinção, porque com certeza uma sensação indiferente é tão // verdadeiramente uma *sensação* quanto uma mais agradável ou dolorosa e, consequentemente, não devemos supor que ela existe, mais do que as outras, num sujeito incapaz de pensamento |*unthinking*|.

Hyl. Acaba de me vir à cabeça, Philonous, o que ouvi em algum lugar sobre uma distinção entre extensão absoluta e sensível.[9] Ora, embora seja reconhecido que *grande* e *pequeno*, consistindo meramente na relação que outros seres extensos têm com as partes de nosso corpo, não são realmente inerentes às substâncias em si, ainda assim nada nos obriga a manter o mesmo raciocínio no tocante à *extensão absoluta*, que é algo abstraído de *grande* e *pequeno*, para essa ou aquela magnitude ou forma particulares. O mesmo é válido para o movimento, *rápido* e *lento*, sendo inteiramente relativo à sucessão de ideias em nossa mente. Mas não se segue, já que as tais modificações do movimento não existem fora da mente, que, portanto, o movimento absoluto abstraído deles tampouco exista.

Phil. Por favor, diga-me o que distingue um movimento, ou um pedaço de extensão, de outro? Não é algo sensível, como certo grau de rapidez ou lerdeza, alguma magnitude ou figura peculiares a cada um?

Hyl. Penso que sim.

---

[9] Ver *Um ensaio para uma nova teoria da visão*, seções 122-126; *Princípios*, parágrafo 123; *Siris*, parágrafo 270.

Phil. Essas qualidades, portanto, despojadas de todas as propriedades sensíveis, são destituídas de todas as diferenças específicas e numéricas, como os escolásticos as chamam.
Hyl. São.
Phil. Ou seja, elas são extensão em geral e movimento em geral.
Hyl. Digamos que sim.
Phil. Mas é uma máxima aceita universalmente que *tudo o que existe é particular*. Como então pode o movimento em geral, ou a extensão em geral, existir em uma substância corpórea?
// *Hyl.* Precisarei de tempo para resolver sua dificuldade.
Phil. Mas penso que a questão pode ser rapidamente decidida. Sem dúvida, você pode me dizer se é capaz de formar esta ou aquela ideia. No momento, contento-me em colocar nossa disputa sobre esse ponto. Se você puder formar em seu pensamento uma ideia abstrata de movimento ou extensão diferente, privada de todos os modos sensíveis, como rápido e lento, grande e pequeno, redondo e quadrado etc., que se reconhece que existe somente na mente, eu então concederei o ponto pelo qual você argumenta. Mas, se você não puder, será injusto de sua parte continuar a insistir naquilo do qual não consegue ter noção.[10]
Hyl. Para ser sincero, confesso que não posso.
Phil. Você pode igualmente separar as ideias de extensão e movimento das ideias de todas as[11] qualidades que os que fazem a distinção chamam de *secundárias*?

---

10 Em sua edição, Fraser pergunta se aqui "noção" não é sinônimo de "ideia", p.404.
11 Edições de 1713 e 1725: "... de luz e cores, dureza e maciez, quente e frio, do resto daquelas...".

Hyl. O quê? Não é fácil considerar extensão e movimento em si, abstraídos de todas as outras qualidades sensíveis. Diga-me, como os matemáticos lidam com elas?

Phil. Reconheço, Hylas, que não é difícil formar proposições e raciocínios gerais sobre essas qualidades sem mencionar nenhuma outra; e nesse sentido considerá-las ou tratá-las abstratamente. Mas como sucede que, em virtude de eu pronunciar a palavra *movimento* por si só, eu possa formar a ideia de movimento na minha mente, sem um corpo? Ou pela razão de que teoremas podem ser feitos a partir de extensão e figuras, sem nenhuma menção de *grande* e *pequeno*, ou qualquer outra qualidade ou modo sensível, que, portanto, é possível que tal ideia abstrata de extensão, sem nenhum tamanho ou figura particular, ou qualidade sensível,[12] seja formada diversamente e compreendida pela mente? Os matemáticos tratam da quantidade sem considerar que outras qualidades sensíveis estão ligadas a ela, como se fossem completamente indiferentes às suas demonstrações. Mas quando, deixando de lado as palavras, eles contemplam as simples ideias, acredito que, você concordará, elas não são as ideias puras e abstratas de extensão.

Hyl. Mas o que você me diz do *intelecto puro*? Não podem as ideias abstratas ser formadas por essa faculdade?

Phil. Como não posso formar ideias abstratas de forma nenhuma, é claro que não posso formá-las com a ajuda do *intelecto puro*, qualquer que seja // a faculdade que você subentenda por essas palavras. Além disso, sem inquirir a respeito da

---

12 Em vez de "tamanho ou figura, ou qualidade sensível", nas edições de 1713 e 1725 consta apenas "tamanho, cor etc."

natureza do intelecto puro e seus objetos espirituais, como *virtude*, *razão*, *Deus* etc., assim muitos parecem declarar que as coisas sensíveis são somente percebidas pelos sentidos, ou representadas pela imaginação. Figuras, portanto, e extensão, sendo originalmente percebidas pelos sentidos, não pertencem ao intelecto puro. Mas, para sua mais completa satisfação, experimente se você pode formar a ideia de qualquer figura abstraída de todas as particularidades de tamanho, ou mesmo das outras qualidades sensíveis.

Hyl. Deixe-me pensar um pouco... Acho que não posso.

Phil. E você acha possível que realmente exista na natureza algo que implique uma contradição em sua concepção?

Hyl. De modo algum.

Phil. Portanto, visto que é impossível inclusive para a mente separar as ideias de extensão e movimento de todas as outras qualidades sensíveis, não se segue que, onde uma existe, aí necessariamente a outra existe também?

Hyl. Parece que sim.

Phil. Consequentemente, os mesmos argumentos que você considerou conclusivos contra as qualidades secundárias são, sem muito esforço, conclusivos também contra as primárias. Além disso, se você confiar em seus sentidos, não é evidente que todas as qualidades sensíveis coexistam, ou que pareçam aos sentidos estar no mesmo lugar? Alguma vez eles representaram um movimento ou figura sendo destituídos |*divested*| de todas as outras qualidades visíveis e tangíveis?

Hyl. Você não precisa dizer mais nada sobre esse assunto. Estou disposto a reconhecer, se não houver nenhum erro oculto ou omissão em nossos procedimentos até aqui, que se deve, da mesma maneira, negar a existência fora da mente de todas as qualidades sensíveis. Meu receio, porém, é ter sido muito liberal em minhas concessões anteriores, ou ter deixado passar uma ou outra falácia. Em suma, não tive tempo para pensar.

Phil. Quanto a esse assunto, Hylas, você pode levar o tempo que quiser para rever o progresso de nossa discussão. Você tem liberdade para consertar quaisquer deslizes que tenha cometido, ou propor tudo o que tiver omitido de modo a refazer sua primeira opinião.

Hyl. Um grande descuido de minha parte foi este: não distinguir suficientemente o *objeto* da *sensação*. Ora, embora a sensação não possa existir fora da mente, não se segue, no entanto, que o objeto não o possa.

Phil. A que objeto você se refere? Ao objeto dos sentidos?

Hyl. Esse mesmo.

Phil. Ele é, então, imediatamente percebido?

// *Hyl.* É.

Phil. Faça-me entender a diferença entre o que é imediatamente percebido e uma sensação.

Hyl. Considero a sensação um ato da mente que percebe, além do qual existe alguma coisa percebida, e a esta eu chamo de *objeto*. Por exemplo, existem o vermelho e o amarelo em uma tulipa. Mas, nesse caso, o ato de perceber essas cores está em mim somente, não na tulipa.

Phil. De qual tulipa você fala? Da tulipa que você vê?

Hyl. Dessa mesma.

Phil. E o que você vê além de cor, figura e extensão?

Hyl. Nada.

Phil. O que você diria, então, é que o vermelho e o amarelo coexistem com a extensão, não é isso?

Hyl. Não só isso. Eu diria que eles têm uma existência real fora da mente, em uma substância não pensante.

Phil. Que as cores estão realmente na tulipa que eu vejo, isso é evidente. Tampouco se pode negar que essa tulipa pode existir independentemente da sua mente ou da minha. Mas que qualquer objeto imediato dos sentidos, ou seja, qualquer ideia ou combinação de ideias, deva existir em uma substância não pensante, ou exterior a todas as mentes, isso é em si uma evidente contradição. Nem posso imaginar como isso resulta do que você acabou de dizer, isto é, que o vermelho e o amarelo estão na tulipa que *você viu*, já que você não pretende *ver* essa substância não pensante.

Hyl. Você tem uma maneira ardilosa de desviar nossa discussão do assunto.

Phil. Vejo que você não está disposto a ser levado nessa direção. Voltando, então, à sua distinção entre *sensação* e *objeto*, se o compreendo bem, você distingue em cada percepção duas coisas: uma é uma ação da mente e a outra não.

Hyl. Exatamente.

Phil. E essa ação não pode existir em uma coisa não pensante nem pertencer a ela,[13] mas tudo que também está contido numa percepção pode.

// *Hyl.* É isso que eu quero dizer.

Phil. De tal forma que, se houvesse uma percepção sem nenhum ato da mente, seria possível que tal percepção existisse numa substância não pensante.

Hyl. Admito. Mas é impossível existir tal percepção.

Phil. Quando se diz que a mente é ativa?

---

13 Ver *Princípios*, parágrafos 25 e 26.

Hyl. Quando ela produz, põe um fim ou modifica alguma coisa.

Phil. Pode a mente produzir, interromper ou mudar alguma coisa a não ser por meio de um ato da vontade?

Hyl. Não pode.

Phil. A mente, portanto, deve ser considerada ativa em suas percepções, na medida em que a volição está incluída nelas?

Hyl. Deve.

Phil. Ao colher esta flor, eu sou ativo, porque faço isso por meio do movimento da minha mão, que é uma consequência da minha vontade, da mesma forma que ao levá-la ao meu nariz. Mas cheirar é uma dessas duas coisas?

Hyl. Não.

Phil. Eu também ajo ao aspirar o ar pelo meu nariz, porque meu ato de respirar assim, antes que de outra forma, é o efeito da minha vontade. Mas nenhum desses atos pode ser chamado de *cheirar*: pois, caso contrário, eu cheiraria toda vez que respirasse daquela maneira.

Hyl. É verdade.

Phil. Cheirar, então, é alguma coisa consequente a tudo isso?

Hyl. É.

Phil. Mas não percebo a minha vontade envolvida em algo além disso. Qualquer outra coisa a mais que exista, como que eu perceba um cheiro em particular ou qualquer cheiro, isso é independente de minha vontade, e então eu sou completamente passivo. Isso sucede de modo diferente com você, Hylas?

Hyl. Não, da mesma maneira.

Phil. Então, no que concerne a enxergar, não está em seu poder abrir ou fechar os olhos, voltá-los para esta ou aquela direção?

Hyl. Sem dúvida.

Phil. Mas, da mesma maneira, será que depende de sua vontade que, ao olhar para esta flor, você a perceba *branca* antes que de qualquer outra cor? Ou, ao voltar os olhos para o céu, que você consiga evitar ver o Sol? Ou serão a luz e a escuridão efeitos de sua vontade?

Hyl. Certamente que não.

Phil. Você é, então, a esse respeito, totalmente passivo?

// *Hyl.* Sou.

Phil. Diga-me agora se *ver* consiste em perceber luzes e cores ou em abrir e fechar os olhos?

Hyl. Sem dúvida, em perceber luzes e cores.

Phil. Uma vez, portanto, que na percepção de luzes e cores você é completamente passivo, o que acontece com aquela ação da qual você estava falando como sendo um ingrediente de toda sensação? E não se segue de suas concessões que a percepção de luzes e cores, não incluindo em si nenhuma ação, pode existir em uma substância incapaz de percepção? E isso não é uma clara contradição?

Hyl. Não sei o que pensar sobre isso.

Phil. Além disso, já que você distingue o *ativo* do *passivo* em cada percepção, você deve fazer o mesmo no caso da dor. Mas como é possível que a dor, por menos ativa que você a considere, deva existir em uma substância incapaz de percepção? Em suma, considere esse ponto, e depois confesse sinceramente se luzes, cores, sabores, sons, etc. são todos igualmente paixões ou sensações na alma. Você pode até chamá-los de *objetos externos* e atribuir-lhes em palavras a existência que desejar. Mas examine seus pensamentos e depois me diga se não é como eu digo.

Hyl. Reconheço, Philonous, que, a partir de uma observação clara do que se passa em minha mente, não posso descobrir nada a não ser que sou um ser pensante, afetado por uma variedade de sensações. Tampouco é possível conceber como uma sensação deve existir em uma substância incapaz de percepção. Mas, por outro lado, quando olho para as coisas sensíveis de um ponto de vista diferente, considerando-as um grande número de modos e qualidades, passo a achar necessário supor um *substratum material*, sem o qual não podemos conceber que elas existiriam.

Phil. *Substratum material*, você diz? Por favor, por meio de qual dos seus sentidos você tomou conhecimento desse ser?

Hyl. Não é uma coisa sensível em si. Somente seus modos e suas qualidades são percebidos pelos sentidos.

Phil. Presumo, então, que foi por meio da reflexão e da razão que você obteve uma ideia a seu respeito.

Hyl. Não pretendo ter nenhuma ideia positiva e adequada sobre ele. Concluo, no entanto, que ele existe, porque não se pode conceber que existam qualidades sem um suporte.

Phil. Parece-me, então, que você tem somente uma noção a respeito, ou que você não o concebe de modo diferente do que concebe a relação que ele tem com as qualidades sensíveis.[14]

// *Hyl.* Corretamente.

Phil. Permita-me, então, saber em que consiste essa relação.

Hyl. Ela não está suficientemente expressa no termo *substratum*, ou *substância*?

Phil. Se está, então a palavra *substratum* deveria significar que ele está situado sob as qualidades sensíveis ou acidentes?

---

14 Ver *Princípios*, parágrafo 68.

Hyl. Exatamente.

Phil. E, consequentemente, sob a extensão?

Hyl. Admito que sim.

Phil. E ele é, portanto, em sua natureza, algo inteiramente diferente da extensão?

Hyl. Digo-lhe que extensão é apenas um modo, e que a matéria é alguma coisa que suporta os modos. E não é evidente que a coisa suportada é diferente da coisa que suporta?

Phil. De maneira que alguma coisa diferente e sem |*exclusive of*| extensão é, supostamente, o *substratum* da extensão?

Hyl. Perfeitamente.

Phil. Responda-me, Hylas. Pode uma coisa estar situada sem extensão? Ou não está a ideia de extensão necessariamente incluída na de *estar situada*?

Hyl. Está.

Phil. Então, seja o que for que você supõe estar situado sob alguma coisa, deve ter em si uma extensão diversa da extensão daquela coisa sob a qual ele está situado?

Hyl. Deve.

Phil. Consequentemente, toda substância corpórea, sendo o *substratum* da extensão, deve ter em si uma outra extensão pela qual é considerada um *substrato*, e assim por diante, ao infinito. E eu pergunto se isso não é em si um absurdo e contrário a tudo o que admitimos agora há pouco, ou seja, que o *substratum* é alguma coisa diferente e sem extensão?

Hyl. Mas, Philonous, você me entendeu mal. Eu não quis dizer que a matéria está *situada*, num sentido literal grosseiro, sob a extensão. A palavra *substratum* é usada somente para expressar, geralmente, a mesma coisa que *substância*.

Phil. Bom, então examinemos a relação subentendida no termo *substância*. Não é ela que subjaz aos acidentes?[15]

Hyl. Exatamente, ela mesma.

Phil. Mas essa coisa que pode subjazer ou suportar outra não deve ser extensa?

// *Hyl.* Deve.

Phil. Essa hipótese, portanto, não está sujeita ao mesmo absurdo que a anterior?

Hyl. Você continua tomando as coisas num sentido estrito e literal. Isso não é justo, Philonous.

Phil. Não estou tentando impor nenhum sentido às suas palavras: você é livre para explicá-las como quiser. Apenas peço que me faça entender alguma coisa por meio delas. Você me diz que a matéria suporta ou está situada sob os acidentes. Como? Da mesma forma que as pernas suportam seu corpo?

Hyl. Não, esse é o sentido literal.

Phil. Por favor, permita-me então saber em que sentido, literal ou não, você a entende. Quanto tempo mais devo esperar por uma resposta, Hylas?

Hyl. Confesso que não sei o que dizer. Eu pensava que entendia perfeitamente bem qual o significado de dizer que a matéria suporta os acidentes. Mas, agora, quanto mais penso sobre isso, menos compreendo. Em suma, descobri que não sei nada a respeito.

Phil. Parece, então, que você não tem nenhuma ideia, nem relativa nem positiva, da matéria. Você não sabe o que ela é em si nem que relação tem com os acidentes?

---

15 Ver *Princípios*, parágrafos 116 e 117.

Hyl. Reconheço que sim.

Phil. E, no entanto, você afirmou que não podia conceber como as qualidades ou os acidentes poderiam realmente existir sem ao mesmo tempo conceber um suporte material para eles?

Hyl. Afirmei.

Phil. Isso quer dizer que, quando você concebe a real existência das qualidades você está, ao mesmo tempo, concebendo algo que não pode conceber?

Hyl. Está errado, reconheço. Mas ainda receio que haja uma ou mais falácias. Diga-me, o que você pensa sobre isso? Acaba de me ocorrer que a causa de todo nosso erro está no fato de tratar cada qualidade individualmente |*by itself*|. Agora, admito que cada qualidade não pode subsistir separadamente fora da mente. A cor não pode existir sem a extensão, tampouco a figura sem alguma outra qualidade sensível. Mas, como várias qualidades unidas ou misturadas formam coisas sensíveis inteiras, nada impede que se possa supor que essas coisas existam fora da mente.

Phil. Você está gracejando, Hylas, ou você tem uma péssima memória. Embora realmente tenhamos passado todas as qualidades pelo nome uma após outra, meus argumentos, contudo ou, antes, suas concessões, não tencionaram provar que as qualidades secundárias não subsistem cada uma individualmente, mas que elas não existem // *de maneira nenhuma* fora da mente. Na verdade, ao tratar da figura e do movimento, concluímos que eles não poderiam existir fora da mente porque foi impossível, mesmo em pensamento, separá-los de todas as qualidades secundárias de forma a concebê-los existindo independentemente |*by themselves*|.

No entanto, esse não foi o único argumento utilizado naquela ocasião. Todavia (deixando de lado tudo o que foi dito aqui e considerando-o sem importância, se você concordar), estou disposto a reduzir tudo a esta questão. Se você puder conceber que é possível que qualquer mistura ou combinação de qualidades, ou qualquer objeto sensível que seja, exista fora da mente, então admitirei que isso realmente é assim.

Hyl. Se a questão se reduz a isso, logo será decidida. O que é mais fácil do que conceber uma árvore ou uma casa existindo sozinhas, independentemente de qualquer mente que seja e impercebidas? Neste mesmo momento eu as concebo como existindo dessa maneira.

Phil. O que você diz, Hylas? Você pode ver uma coisa que é, ao mesmo tempo, invisível?

Hyl. Não, isso seria uma contradição.

Phil. Não é uma contradição semelhante falar sobre *conceber* uma coisa que é *inconcebível*?

Hyl. É.

Phil. A árvore ou a casa, então, sobre as quais você pensa, são concebidas por você?

Hyl. Como poderia ser diferente?

Phil. E o que é concebido está de fato na mente?

Hyl. Sem dúvida: aquilo que é concebido está na mente.

Phil. Por que, então, você disse que concebia uma casa ou uma árvore como existindo independentemente e fora de toda e qualquer mente?

Hyl. Isso foi um descuido, admito. Mas espere, deixe-me considerar o que me levou a isso. É um erro bastante divertido. Como eu estava pensando numa árvore em um lugar solitário, onde ninguém estivesse presente para vê-la, pareceu-me que estava concebendo uma árvore como se ela existisse impercebida e impensada, não considerando que eu mesmo a concebia o tempo todo. Mas agora vejo claramente que tudo o que posso fazer é formar ideias em minha mente. Posso de fato conceber em meus pensamentos a ideia de uma árvore, uma casa ou uma montanha, mas isso é tudo. E isso está longe de provar que posso concebê-las *existindo fora da mente de todos os espíritos*.

Phil. Você reconhece, então, que não pode conceber como uma coisa corpórea sensível poderia existir a não ser na mente?

// *Hyl.* Reconheço.

Phil. E, não obstante, você pretende sustentar seriamente a verdade daquilo que você não pode nem mesmo conceber?

Hyl. Confesso que não sei o que pensar, mas ainda tenho algumas dúvidas. Não é certo que eu vejo coisas a distância? Não percebemos as estrelas e a Lua, por exemplo, a grande distância daqui? Não é isso evidente aos sentidos?

Phil. Em um sonho você não poderia também perceber aquelas coisas ou objetos semelhantes?

Hyl. Poderia.

Phil. E não têm eles, nesse caso, a mesma aparência de estar distantes?

Hyl. Têm.

Phil. Mas você não conclui que as visões num sonho existem fora da mente.

Hyl. De modo algum.

Phil. Você não deve concluir, portanto, a partir de suas aparências ou pela maneira como são percebidos, que os objetos sensíveis existem fora da mente.

Hyl. Reconheço que sim. Mas será que meus sentidos não me enganam nesses casos?

Phil. De modo algum. Nem os sentidos nem a razão informam que a ideia ou coisa que você percebe imediatamente de fato existe fora da mente. Pelos sentidos, você só sabe que está sendo afetado por certas sensações de luzes e cores, entre outras. E você não dirá que estas existem fora da mente.

Hyl. É verdade. Mas, além de tudo isso, você não acha que a vista sugere alguma coisa como a *exterioridade* ou a *distância*?

Phil. Durante a aproximação de um objeto distante, o tamanho e a forma visíveis variam o tempo todo ou eles parecem os mesmos a quaisquer distâncias?

Hyl. Estão em contínua variação.

Phil. A visão, portanto, não sugere ou de alguma maneira lhe informa que o objeto visível que você imediatamente percebe existe a distância,* ou que será percebido quando você avançar mais na direção dele, havendo uma série contínua de objetos visíveis que se sucedem um ao outro durante o tempo todo de sua aproximação?

Hyl. Não sugere, mas ainda assim eu sei, após ver um objeto, qual devo perceber após ter transposto certa // distância, não importando se será exatamente o mesmo ou não. Ainda há alguma coisa sobre a distância sugerida nesse caso.

Phil. Meu caro Hylas, reflita um pouco sobre o assunto e depois diga-me se há algo mais nele do que o seguinte: das ideias que você realmente percebe pela visão, você aprendeu por experiência a inferir que outras ideias (de acordo com a

---

* Ver *Ensaio para uma nova teoria da visão e sua confirmação*.

ordem estabelecida na natureza) o afetarão depois de uma certa sucessão de tempo e movimento.

Hyl. Aparentemente, acho que não há nada mais.

Phil. Agora, não será evidente que, se supusermos um homem cego de nascença que subitamente voltasse a enxergar, ele não poderia, a princípio, ter experiência alguma do que pode ser sugerido pela visão?[16]

Hyl. É.

Phil. Ele não poderia ter, portanto, de acordo com você, nenhuma noção da distância incorporada às coisas que visse, mas as tomaria por uma nova série de sensações, existentes somente em sua mente?

Hyl. Isso é inegável.

Phil. Mas para tornar isso ainda mais claro: não é a *distância* uma linha invertida longitudinalmente em direção ao olho?

Hyl. Sim.

Phil. E pode uma linha assim situada ser percebida pelo olho?

Hyl. Não pode.

Phil. Não se segue, portanto, que a distância não é própria e imediatamente percebida pelo olho?

Hyl. Parece que sim.

Phil. Além disso, sua opinião é que as cores estão a distância?

Hyl. Deve-se reconhecer que elas existem somente na mente.

Phil. Mas as cores não parecem aos olhos como coexistindo num mesmo lugar com a extensão e as formas?

Hyl. Parecem.

Phil. Como você pode concluir, então, a partir da visão, que as formas têm uma existência exterior, quando você reconhece

---

16 Referência à famosa questão levantada por William Molyneux.

que as cores não a têm, sendo a aparência sensível a mesma em relação a ambas?

Hyl. Não sei o que responder.

Phil. Mas, admitindo que a distância seja verdadeira e imediatamente percebida pela mente, ainda assim não poderíamos concluir que ela existe fora da mente, pois tudo o que é imediatamente percebido é uma ideia, e pode alguma ideia existir fora da mente?

Hyl. Supor isso seria absurdo. Mas diga-me, Philonous, podemos perceber ou conhecer algo além de nossas ideias?

Phil. De acordo com a dedução racional das causas a partir dos efeitos, // isso está fora de nossa investigação. E pelos sentidos você poderá melhor dizer se percebe alguma coisa que não seja imediatamente percebida. E eu lhe pergunto se as coisas imediatamente percebidas são diferentes das suas sensações e ideias. Você, na verdade, declarou mais de uma vez, no decorrer de nossa discussão, sua opinião sobre esses pontos, mas parece-me, por esta sua última pergunta, que você se afastou do que então pensava.

Hyl. Para falar a verdade, Philonous, penso que há dois tipos de objetos, os quais são chamados igualmente de *ideias*: um que é imediatamente percebido, e outro que são as coisas reais ou objetos externos percebidos pela mediação das ideias, as quais são suas imagens e representações. Agora reconheço: as ideias não existem fora da mente, mas o último tipo de objeto existe. Sinto muito não ter pensado nesse tipo de distinção antes; provavelmente teria encurtado nossa discussão.

Phil. São os objetos externos percebidos pelos sentidos ou por alguma outra faculdade?

Hyl. Eles são percebidos pelos sentidos.

Phil. Como? Existe alguma coisa percebida pelos sentidos que não é imediatamente percebida?

Hyl. Sim, Philonous, de certa maneira existe. Por exemplo, quando eu olho para uma pintura ou estátua de Júlio César, posso dizer, de certa maneira, que o percebo (embora não imediatamente) pelos meus sentidos.

Phil. Parece-me, então, que você considera que as nossas ideias, as quais são exclusivamente percebidas de maneira imediata, são imagens |*figures*| de coisas externas, e que estas também são percebidas pelos sentidos, visto que têm uma conformidade ou semelhança com nossas ideias.

Hyl. É isso que quero dizer.

Phil. E, da mesma maneira que Júlio César, em si invisível, é, não obstante, percebido pela visão, coisas reais, em si imperceptíveis, são percebidas pelos sentidos.

Hyl. Da mesma maneira.

Phil. Diga-me, Hylas, quando você olha a pintura de Júlio César, você vê com seus olhos algo mais do que algumas cores e formas com uma certa simetria e composição do todo?

Hyl. Nada mais.

Phil. E, um homem que nunca tivesse sabido alguma coisa sobre Júlio César, não veria o mesmo?

// *Hyl.* Veria.

Phil. Consequentemente, o grau de perfeição da visão dele e o uso que faz dela são iguais aos seus?

Hyl. Concordo com você.

Phil. Como acontece, então, que os seus pensamentos são dirigidos ao imperador romano e os dele não? Isso não pode proceder das sensações ou ideias dos sentidos por você então percebidas, visto que você reconheceu não ter nenhuma vantagem sobre ele a esse respeito. Parece, então, proceder da razão e da memória, não parece?

Hyl. Parece.

Phil. Consequentemente, não se pode concluir, a partir desse exemplo, que haja alguma coisa percebida pelos sentidos que não seja imediatamente percebida. Admito, entretanto, que podemos dizer, num certo sentido, que percebemos coisas sensíveis mediatamente pelos sentidos: ou seja, quando, a partir de uma conexão frequentemente percebida, a percepção imediata de ideias por um dos sentidos sugere à mente outras ideias, talvez pertencentes a outro sentido, que estão habituadas a estar associadas |connected| entre si. Por exemplo, quando ouço uma carruagem passar na rua, imediatamente percebo apenas o som, mas, a partir da experiência que tenho de que tal som está associado a uma carruagem, sou levado a supor que ouço uma carruagem. É evidente, todavia, que, em verdade e estritamente, nada pode ser *ouvido* a não ser um *som*, e a carruagem não é então propriamente percebida pelos sentidos, mas sugerida a partir da experiência. Da mesma forma, quando se diz que vemos uma barra de ferro incandescente, a solidez e o calor do ferro não são os objetos da visão, mas sugeridos à imaginação pela cor e pela forma que são propriamente percebidas por aquele sentido. Em suma, essas coisas sozinhas são verdadeiras e [estritamente][17] percebidas por qualquer sentido, o que teria sido percebido no caso de esse mesmo sentido ter sido primeiramente concedido a nós. Quanto às outras coisas, é claro que elas são somente sugeridas à mente pela

---

17 Acréscimo da edição de 1734.

experiência baseada em percepções anteriores. Mas, para retomar nossa comparação da pintura de Júlio César, é claro que, se você a mantiver, você deve afirmar que as coisas reais, ou arquétipos de nossas ideias, não são percebidas pelos sentidos, mas por alguma faculdade interna da alma, tal como a razão ou a memória. Então, eu gostaria de saber que argumentos você pode formular a partir da razão para a existência do que você chama de *coisas reais* ou *objetos materiais*. Ou se você se lembra de tê-los visto anteriormente como eles são em si; ou se ouviu falar ou leu de alguém que o fez.

Hyl. Vejo, Philonous, que você está disposto à zombaria, mas isso nunca me convencerá.

Phil. O meu objetivo é somente aprender com você a maneira de chegar ao conhecimento das *coisas materiais*. O que quer que percebamos é percebido imediata ou mediatamente: por meio dos sentidos ou pela razão e reflexão. Mas, como você excluiu os sentidos, por favor, mostre-me que razão você tem para acreditar na sua existência; ou qual o *instrumento* |*medium*| que você talvez possa usar a fim de prová-la, quer para o meu, quer para o seu entendimento.

Hyl. Para ser sincero, Philonous, agora que reflito sobre o assunto, não acho que posso oferecer-lhe uma boa razão para isso. Mas parece-me bastante claro que é pelo menos possível que essas coisas realmente existam. E, já que não há nenhum absurdo em supô-las, estou decidido a acreditar no que eu acreditava até que você me apresente boas razões para pensar o contrário.

Phil. O quê? Será que chegamos a isto: que você apenas acredita na existência dos objetos materiais e que sua crença está fundamentada somente na possibilidade de ela ser verdadeira? E agora você quer que eu apresente razões contra ela. Entretanto, qualquer um pensaria que é razoável que a prova deveria caber àquele que sustenta a afirmativa. E, afinal, esse mesmo ponto que você está agora resolvido a manter sem razão alguma é, na verdade, o mesmo a que mais de uma vez, durante esta discussão, viu boas razões para renunciar. Mas deixemos isso de lado; se eu o entendi corretamente, você diz que nossas ideias não existem fora da mente, mas que elas são cópias, imagens ou representações de certos originais que existem.

Hyl. É isso mesmo o que digo.

Phil. Elas são então semelhantes às coisas externas?

Hyl. São.

Phil. Essas coisas têm uma natureza estável e permanente, independentemente de nossos sentidos, ou elas estão em mudança perpétua conforme produzimos movimentos em nossos corpos, ao suspendermos, empregarmos ou alterarmos nossas faculdades ou órgãos dos sentidos?

Hyl. As coisas reais, evidentemente, têm uma natureza fixa e real que permanece a mesma, não obstante qualquer alteração em nossos sentidos ou na disposição |*posture*| ou movimento de nossos corpos, o que de fato pode afetar as ideias em nossa mente, mas que seria absurdo pensar que elas tivessem o mesmo efeito nas coisas existentes fora da mente.

Phil. Como então é possível que coisas perpetuamente passageiras e variáveis como nossas ideias possam ser cópias ou imagens de alguma coisa fixa e constante? Ou, em outras palavras, visto que todas as qualidades sensíveis, // como tamanho, forma, cor etc., ou seja, as nossas ideias, estão continuamente mudando a cada alteração na distância, meio ou instrumento de sensação, como pode qualquer objeto material determinado ser propriamente representado ou retratado mediante várias coisas diversas, cada uma das quais tão diferente e distinta das demais? Ou, se você disser que o objeto se parece com apenas uma de nossas ideias, como poderemos distinguir a cópia verdadeira de todas as outras falsas?

Hyl. Confesso, Philonous, que estou perplexo. Não sei o que dizer disso.

Phil. Mas isso não é tudo. O que são os objetos materiais em si: perceptíveis ou imperceptíveis?

Hyl. Propriamente e imediatamente nada pode ser percebido a não ser as ideias. Todas as coisas materiais, portanto, são em si insensíveis e percebidas apenas por meio de nossas ideias.

Phil. As ideias, portanto, são sensíveis, e seus arquétipos ou originais, não sensíveis?

Hyl. Exatamente.

Phil. Mas como pode algo sensível ser semelhante a algo insensível? Pode uma coisa real, em si *invisível*, ser semelhante a uma *cor*; ou uma coisa real que não é *audível* ser semelhante a um *som*? Numa palavra, pode alguma coisa ser semelhante a uma sensação ou ideia a não ser outra sensação ou ideia?

Hyl. Devo reconhecer que não.

Phil. É possível que exista alguma dúvida quanto a esse ponto? Você não conhece perfeitamente suas ideias?

Hyl. Conheço-as perfeitamente, já que o que não percebo ou não conheço não pode fazer parte de minhas ideias.

Phil. Considere-as portanto, e as examine, e depois me diga se há alguma coisa nelas que possa existir fora da mente; ou se você pode conceber alguma coisa semelhante a elas existindo fora da mente.

Hyl. Averiguando o caso, acho impossível conceber ou entender como alguma coisa, a não ser uma ideia, pode ser semelhante a uma ideia. E é mais do que evidente que *nenhuma ideia pode existir fora da mente.*

Phil. Você está sendo, portanto, por seus princípios, forçado a negar a realidade das coisas sensíveis, já que afirmou que ela consiste numa existência independente |*absolute*| exterior à mente. Ou seja, você é um *cético* absoluto. Portanto, atingi o meu objetivo, que era mostrar que seus princípios levam ao ceticismo.

// *Hyl.* Por ora estou, se não absolutamente convencido, pelo menos silenciado.

Phil. Gostaria de saber do que mais você precisaria a fim de chegar a uma convicção completa. Você não teve liberdade para se explicar de todas as maneiras? Por acaso sustentamos ou nos ativemos a alguns erros durante a discussão? Ou não foi permitido a você se retratar ou reforçar qualquer coisa que tenha proposto, de forma a melhor servir ao seu propósito? Não foram ouvidas e examinadas, com a máxima imparcialidade imaginável, todas as coisas que você tinha para dizer? Numa palavra, você não se convenceu acerca de todos os pontos por conta própria? E, se agora você percebe alguma falha em alguma de suas concessões anteriores, ou pensa em algum subterfúgio restante, em alguma nova distinção, aspecto, ou em qualquer comentário que seja, por que você não o faz?

Hyl. Um pouco de paciência, Philonous. Estou ainda tão surpreso por ter caído nessa armadilha e, como fiquei preso nos labirintos para os quais você me atraiu, não se pode esperar que de repente eu ache a saída. Você deve me dar algum tempo para refletir e me recompor.

Phil. Ouça, isso não é o sino do colégio?

Hyl. Ele toca para anunciar a hora das orações.

Phil. Então vamos entrar, se você quiser, e nos encontraremos aqui novamente amanhã de manhã. Nesse meio-tempo, você poderá refletir sobre a discussão desta manhã e tentar descobrir algum erro nela ou encontrar outros meios de se explicar |*extricate yourself*|.

Hyl. Combinado.

Segundo diálogo

208 // *Hyl.* Perdoe-me, Philonous, por não ter comparecido antes. Durante toda esta manhã minha cabeça esteve tão ocupada com nossa última conversa que não percebi a hora nem, na verdade, qualquer outra coisa.
Phil. Fico contente que você tenha se concentrado nisso, na esperança de que, se houve algum erro em suas concessões ou falácias em meus argumentos a partir delas, você agora irá revelá-lo a mim.
Hyl. Asseguro-lhe que não fiz outra coisa desde a última vez que o vi a não ser procurar erros e falácias, e com essa intenção examinei minuciosamente todo o desenrolar de nossa discussão de ontem. Mas foi tudo em vão, pois as noções a que você me conduziu, mediante revisão, parecem ainda mais claras e evidentes, e, quanto mais eu as considero, mais irresistivelmente sou forçado a aceitá-las.
Phil. E isso não lhe parece um sinal de que elas são genuínas, de que elas provêm da natureza e de que estão de acordo com a própria razão? A verdade e a beleza são semelhantes a esse respeito, pois o mais rigoroso exame é vantajoso para ambas,

enquanto o falso brilho do erro e do disfarce não resiste a ser examinado ou inspecionado mais de perto.

Hyl. Confesso que há muita coisa considerável no que você diz. E ninguém pode estar mais sinceramente satisfeito do que eu com a verdade dessas estranhas consequências, na medida em que tenho em vista os raciocínios que me levaram a elas. Mas, quando deixo de pensar em tais raciocínios, parece-me, por outro lado, que a maneira moderna de explicar as coisas[18] é tão satisfatória, tão natural e inteligível, que, reconheço, não sei como rejeitá-la.

Phil. Não sei a que maneira você se refere.

Hyl. Refiro-me à maneira de explicar nossas sensações ou ideias.

Phil. Como assim?

Hyl. Supõe-se que a alma reside em alguma parte do cérebro, onde os nervos têm origem e a partir de onde se estendem então a todas as partes do corpo; e que os objetos externos, por meio das diferentes impressões que eles produzem sobre os órgãos dos sentidos, comunicam certos movimentos vibratórios aos nervos; e que, estando estes impregnados com espíritos, propagam esses movimentos para o cérebro, // ou lugar da alma, que, de acordo com as várias impressões ou sinais desse modo causados no cérebro, é afetado de forma variada pelas ideias.

Phil. E você chama isso de uma explicação da maneira pela qual somos afetados pelas ideias?

Hyl. Por que não, Philonous? Você tem alguma coisa a objetar contra isso?

---

18 Referência à explicação materialista da sensação como efeito de mudanças no cérebro.

Phil. Em primeiro lugar, gostaria de saber se entendo corretamente sua hipótese. Você considera que certos sinais no cérebro são as causas ou ocasiões de nossas ideias. Por favor, diga-me se por *cérebro* você se refere a algo que é sensível.

Hyl. Que mais você pensa que eu poderia querer dizer?

Phil. As coisas sensíveis são todas imediatamente perceptíveis; e as coisas que são imediatamente perceptíveis são ideias, e estas existem somente na mente. Até aqui, se não me engano, você já concordou faz tempo.

Hyl. Isso eu não nego.

Phil. O cérebro do qual você fala, portanto, sendo uma coisa sensível, existe somente na mente. Agora, gostaria realmente de saber se você acha razoável supor que uma ideia ou coisa existente na mente ocasiona todas as outras ideias. E, se acha que sim, por favor, diga-me: como você explica a origem daquela ideia primária ou do próprio cérebro?

Hyl. Não explico a origem de nossas ideias por meio desse cérebro que é perceptível pelos sentidos, este sendo ele mesmo somente uma combinação de ideias sensíveis, mas por meio de outro que eu imagino.

Phil. Mas as coisas imaginadas não estão na mente, exatamente como as coisas percebidas?[19]

Hyl. Devo confessar que estão.

Phil. Chegamos então ao mesmo ponto; e você esteve esse tempo todo explicando ideias por meio de certos movimentos ou impressões no cérebro, ou seja, por meio de certas alterações nas ideias, não importando se sensíveis ou imagináveis.

Hyl. Começo a duvidar de minha hipótese.

---

19 Ver *Princípios*, parágrafo 23.

Phil. Deixando de lado os espíritos, tudo o que conhecemos ou concebemos são nossas ideias. Quando, então, você diz que todas as ideias são ocasionadas por impressões no cérebro, você concebe esse cérebro ou não? Se você o concebe, então você fala de ideias gravadas |*imprinted*| em uma ideia causando essa mesma ideia, o que é um absurdo. Se você não o concebe, você fala de maneira ininteligível, em vez de formar uma hipótese razoável.

// *Hyl.* Agora vejo claramente que era apenas uma ilusão. Não há nada nela.

Phil. Você não precisa se preocupar muito com isso, pois, afinal, essa maneira de explicar as coisas, como você a chamou, nunca poderia ter satisfeito algum homem sensato. Que conexão existe entre um movimento nos nervos e as sensações de sons e cores na mente? Ou como é possível que as sensações sejam o efeito do movimento?

Hyl. Mas nunca pensei que minha hipótese tivesse tão pouco valor como agora me parece que ela tem.

Phil. Pois bem, você está finalmente convencido de que nenhuma coisa sensível tem uma existência real, e que você é na verdade um *cético* total.

Hyl. É demasiado evidente para ser negado.

Phil. Olhe, não são os campos cobertos por um verde encantador? Não existe alguma coisa nas florestas e bosques, nos rios e fontes claras que conforta, encanta e transporta a alma? Na contemplação de um vasto e profundo oceano, ou de uma enorme montanha cujo topo está perdido entre as nuvens, ou de uma conhecida floresta sombria, nossa mente não é tomada por um agradável espanto? Mesmo nos rochedos e desertos, não existe um estado agreste |*windness*| agradável? Que verdadeiro prazer existe em admirar as belezas naturais da terra! Para preservar e renovar nossa admiração por elas, o véu da noite não cobre alternadamente a face da Terra e ela não muda sua aparência com as estações? Como os elementos estão habilmente arranjados! Que variedades e usos existem [nos mais ínfimos produtos da natureza!][20] Que delicadeza, que beleza, que complexidade nos corpos animais e vegetais! Quão primorosamente ajustadas estão todas as coisas, bem como todos os seus fins particulares, de forma a constituir partes antagônicas de um todo! E, enquanto elas se ajudam e apoiam mutuamente, não se realçam e se esclarecem umas às outras? Eleve agora seus pensamentos desta bola de Terra para todas as magníficas |*glorious*| fontes de luz |*luminaries*| que adornam a grande abóbada celeste. O movimento e a posição dos planetas, não são eles admiráveis pelo seu conjunto |*use*| e ordem? Alguém alguma vez já soube se esses globos (erroneamente chamados de *erráticos*) se extraviaram em suas viagens repetidas pelo vazio intransitável? Eles não percorrem um raio ao redor do Sol proporcionalmente ao tempo? Tão fixas e imutáveis são as leis por meio das quais o Autor invisível da Natureza move |*actuate*| o universo. // Quão vívido e radiante é o brilho das estrelas fixas! Quão magnífica e rica é essa profusão negligente com a qual elas parecem estar espalhadas por toda a abóbada celeste! Contudo, se usar o telescópio, ele trará à sua vista uma nova multidão de estrelas que escapam ao olho nu. Aqui elas parecem contíguas e diminutas, mas olhando mais de perto parecem imensas esferas de luz a

---

20 Edições de 1713 e 1725: "nas pedras e minerais".

várias distâncias, imersas no abismo do espaço. Agora você precisa da ajuda da imaginação. A fraqueza e a limitação dos sentidos não conseguem descrever os inúmeros mundos que giram ao redor dos fogos centrais; e nesses mundos a energia de uma mente totalmente perfeita manifesta-se de infinitas formas. Mas nem os sentidos nem a imaginação são vastos o suficiente para compreender a ilimitada extensão com todas as resplandecentes coisas que a preenchem |*furniture*|. Embora a mente laboriosa exerça e leve cada poder a seu máximo limite, ainda resta um incomensurável excedente não utilizado. Não obstante, todos os vastos corpos que compõem essa poderosa estrutura, não importando quão distantes e remotos estejam, são, por um mecanismo secreto, por uma força e arte divinas, ligados entre si em uma dependência e relação mútuas, e até com esta Terra, que quase escapou de meus pensamentos e se perdeu na multidão de mundos. O sistema inteiro não é imenso, belo, glorioso além de qualquer expressão e pensamento? Que tratamento então merecem os filósofos que negam essas nobres e encantadoras cenas de toda realidade? Como esses princípios, que nos levam a achar que toda a visível beleza da criação é um falso brilho imaginário, devem ser levados em consideração? Para ser sincero, você espera que esse seu ceticismo não seja considerado extravagantemente absurdo por todos os homens de bom senso?

Hyl. Os outros podem pensar como quiserem, mas de sua parte você não pode me censurar. Meu consolo é saber que você é tão *cético* quanto eu.

Phil. Nesse particular, Hylas, peço licença para discordar de você.

Hyl. O quê? Você concordou o tempo todo com as premissas e agora nega a conclusão, deixando que eu mantenha sozinho os paradoxos aos quais me conduziu? Isso certamente não é justo.

Phil. Nego que tenha concordado com você sobre aquelas noções que levaram ao ceticismo. Você de fato disse que a realidade das coisas sensíveis consiste numa *existência absoluta* fora da mente dos espíritos, ou diferente de seu ser percebido. E de acordo com essa noção de realidade, você é obrigado a negar às coisas sensíveis qualquer // existência real; ou seja, segundo a sua definição, você se considera um *cético*. Mas eu não disse nem pensei que a realidade das coisas sensíveis deveria ser definida dessa maneira. Para mim é evidente, pelas razões que você reconhece, que as coisas sensíveis não podem existir senão em uma mente ou em um espírito. Por isso concluo não que elas não têm nenhuma existência real, mas que, vendo que elas dependem de meus pensamentos e que têm uma existência distinta de ser percebidas por mim,[21] *deve existir alguma outra mente onde elas existam.* Portanto, tão certo como que o mundo sensível realmente existe, é igualmente certo que existe um espírito infinito onipresente que o contém e mantém.

Hyl. O quê? Mas isso não é senão o que eu e todos os cristãos sustentamos. Mais ainda: todos os outros que também acreditam que existe um Deus, e que Ele sabe e compreende todas as coisas.

Phil. Ah! Mas aqui é que reside a diferença. Os homens comumente acreditam que todas as coisas são conhecidas ou

---

21 Ver *Princípios*, parágrafos 29-33 e 90.

percebidas por Deus porque eles acreditam na existência de um Deus; enquanto eu, por outro lado, concluo imediata e necessariamente a existência de um Deus porque todas as coisas sensíveis devem ser percebidas por Ele.

Hyl. Mas, se todos acreditamos na mesma coisa, que importa como chegamos a essa crença?

Phil. Mas tampouco concordamos com a mesma opinião. Para os filósofos, embora reconheçam que todos os seres corpóreos são percebidos por Deus, atribuem a eles, contudo, uma existência absoluta, distinta da de ser percebidos por qualquer mente que seja, o que eu não faço. Além disso, não existe nenhuma diferença entre dizer: *existe um Deus, consequentemente Ele percebe todas as coisas*; e dizer: *coisas sensíveis realmente existem e, se realmente existem, elas são necessariamente percebidas por uma mente infinita, consequentemente existe uma mente infinita ou Deus*? Isso lhe fornece uma demonstração direta e imediata, por meio de um princípio evidente, da *existência de um Deus*. Teólogos e filósofos provaram além de qualquer controvérsia, a partir da beleza e utilidade das várias partes da criação, que essa foi uma obra de Deus. Mas que, deixando de lado toda ajuda da astronomia e da filosofia natural, toda contemplação da complexidade, ordem e ajuste das coisas, uma mente infinita deve necessariamente ser inferida a partir da simples existência de um mundo sensível, é uma vantagem peculiar apenas para aqueles que fizeram a seguinte reflexão: que o mundo sensível é aquele que percebemos por intermédio de nossos vários sentidos; e que nada é percebido pelos sentidos além de ideias; e que nenhuma // ideia ou arquétipo de uma ideia pode existir senão em uma mente. Você pode, agora, sem nenhuma pesquisa laboriosa das ciências, sem nenhuma sutileza da razão, ou sem discussão extensa e cansativa, objetar contra e confundir o mais apaixonado defensor do ateísmo. Aqueles refúgios miseráveis, como uma eterna sucessão de causas e efeitos não pensantes ou como uma afluência fortuita de átomos; aquelas imaginações fantásticas de Vanini, Hobbes e Spinoza:[22] numa palavra, o sistema do ateísmo inteiro não é destruído por completo por essa simples reflexão sobre a contradição inerente à suposição de que o todo, ou qualquer parte, mesmo a mais rude e sem forma, do mundo visível, existe fora da mente? Deixe qualquer um daqueles instigadores |abettors| de impiedades refletir sobre os próprios pensamentos e então tentar conceber como uma rocha, um deserto, o caos ou uma mistura confusa de átomos; como pode qualquer coisa que seja, sensível ou imaginável, existir de forma independente de uma mente, e ele não precisará de mais nada para ser convencido de sua insensatez. Pode alguma coisa ser mais justa do que propor uma discussão sobre tal assunto e depois deixar a própria pessoa verificar se pode conceber, mesmo em pensamento, o que ela afirma ser de fato a verdade e, a partir de uma existência nocional, atribuir-lhe uma existência real?

---

22 Esses três pensadores são mencionados aqui ao mesmo tempo como materialistas e ateístas. Giulio Cesare Vanini (1585-1619), padre napolitano, sustentou a eternidade da matéria e foi condenado à fogueira em virtude das consequências ateístas de seu pensamento. Thomas Hobbes ofereceu uma explicação materialista da mente e, por essa razão, foi considerado um ateu inconfesso. Baruch Spinoza (1632-77) também foi considerado ateu, pois não distinguia entre Deus e natureza.

Hyl. Não se pode negar que há algo de muito útil para a religião no que você sustenta. Mas você não acha que é muito semelhante a uma opinião sustentada por alguns eminentes modernos, a de *ver todas as coisas em Deus?*[23]

Phil. Gostaria de conhecer essa opinião. Por favor, explique-a para mim.

Hyl. Eles pensam que a alma, sendo imaterial, não pode existir unida a coisas materiais de forma a percebê-las em si, mas que ela as percebe por meio de sua união com a substância de Deus, a qual, sendo espiritual, é consequentemente puramente inteligível, ou capaz de ser o objeto imediato do pensamento de um espírito. Além disso, a essência divina contém em si perfeições correspondentes a cada ser criado, e que são, por essa razão, apropriadas para exibi-lo ou representá-lo para a mente.

Phil. Não compreendo como as nossas ideias, que são coisas completamente passivas e inertes, podem ser a essência ou alguma parte (ou como uma parte) da essência ou substância de Deus, que é um // ser ativo, puro, impassível e indivisível. Existem muito mais dificuldades e objeções, as quais se sucedem à primeira vista contra essa hipótese, mas acrescentarei apenas que ela incorre em todos os absurdos das hipóteses comuns ao fazer um mundo criado existir de outra forma que não na mente de um espírito. Além do mais, tem a seguinte peculiaridade: a de fazer com que o mundo material não sirva a nenhum propósito. E, se for um bom argumento

---

[23] Contra os que fizeram uma aproximação indevida de sua posição com a de Malebranche, a seguir Berkeley procura apontar as diferenças entre a sua filosofia e a de Malebranche.

contra outras hipóteses nas ciências, que elas supõem que a natureza, ou a sabedoria divina, seja capaz de fazer algo em vão, ou que faça isso por meio de métodos tediosos e indiretos que poderiam ter sido realizados de maneira muito mais fácil e sucinta. O que devemos pensar acerca da hipótese que supõe que o mundo inteiro tenha sido criado em vão?

Hyl. Mas o que você me diz? Você também não é da opinião de que vemos todas as coisas em Deus? Se não estou errado, o que você defende chega perto disso.

Phil. [Poucos homens pensam, contudo todos têm opiniões. Por isso as opiniões dos homens são superficiais e confusas. Não é nada estranho, portanto, que princípios que em si são tão diferentes sejam não obstante confundidos uns com os outros por aqueles que não os examinam atentamente. Não me surpreenderia, portanto, se alguns homens imaginassem que alcancei o entusiasmo de Malebranche, embora, na verdade, eu esteja bem longe disso. Ele se baseia na mais abstrata das ideias gerais, a qual desaprovo inteiramente. Ele defende um mundo externo absoluto, o que eu nego. Ele sustenta que somos iludidos pelos nossos sentidos e que não conhecemos a real natureza ou as verdadeiras formas e figuras dos seres extensos; tudo o que defendo é precisamente o contrário. De forma que, no todo, não há princípios mais fundamentalmente opostos que os dele e os meus. Deve-se reconhecer que][24] concordo inteiramente com o que a Bíblia diz: *pois n'Ele vivemos, nos movemos e existimos.*[25] Mas que nós vemos as coisas em Sua essência, de acordo com a maneira anteriormente

---

24 Acréscimo da edição de 1734.
25 *Atos dos apóstolos*, 17:28.

descrita, estou longe de acreditar. Em poucas palavras, o que quero dizer é que é evidente que as coisas que percebo são as minhas ideias, e que nenhuma ideia pode existir a menos que seja em uma mente. Tampouco é menos claro que essas ideias ou coisas por mim percebidas, elas mesmas ou seus arquétipos, existem independentemente de minha mente, já que sei que não sou seu autor, estando fora de meu poder determinar, como me aprouver, com que ideias particulares devo ser afetado ao abrir meus olhos e ouvidos.[26] Elas devem, portanto, existir em uma outra mente, cuja // vontade é que elas devem ser exibidas a mim. As coisas imediatamente percebidas são ideias ou sensações, chame-as como quiser. Mas como pode uma ideia ou sensação existir em uma coisa que não seja uma mente ou espírito, ou ser produzida por ela? Isso realmente é inconcebível. E afirmar o que é inconcebível é dizer um absurdo |nonsense|, não é?

Hyl. Sem dúvida.

Phil. Mas, por outro lado, é perfeitamente concebível que elas existam em um espírito e sejam produzidas por ele, já que isso não é senão o que experimento diariamente, visto que percebo inúmeras ideias e, por meio de um ato de minha vontade, posso formar uma grande variedade delas e levá-las à minha imaginação, embora deva confessar que esses produtos da imaginação |creatures of the fancy| não sejam inteiramente tão nítidos, tão fortes, tão vívidos e permanentes quanto os percebidos pelos meus sentidos, os quais são chamados de *coisas reais*. De tudo isso concluo que *existe uma mente que me afeta a todo momento com todas as impressões sensíveis*

---

26 Ver *Princípios*, parágrafos 25-33.

que percebo. E, a julgar pela sua variedade, ordem e modos, concluo que o Autor dessas impressões é *sábio, poderoso e bom além da compreensão*. Repare bem: não digo que vejo coisas mediante o que as representa na substância inteligível de Deus. Isso eu não compreendo. Mas digo que as coisas por mim percebidas são conhecidas pelo entendimento e produzidas pela vontade de um espírito infinito. E não é tudo isso muito claro e evidente? Existe alguma coisa mais nisso do que aquilo que um pouco de observação de nossa própria mente, e aquilo que se passa nela não só nos permite conceber mas também nos obriga a reconhecer?

Hyl. Acho que o compreendo bastante claramente e admito que a prova que você fornece de uma Divindade não me parece menos evidente do que surpreendente. Mas, admitindo que Deus é a Causa Suprema e Universal de todas as coisas, ainda assim, não poderá existir uma terceira natureza além dos espíritos e ideias? Não podemos admitir uma causa subordinada e limitada para as nossas ideias? Numa palavra, não poderá existir apesar de tudo a *matéria*?

Phil. Quantas vezes devo repetir a mesma coisa? Você admite que as coisas imediatamente percebidas pelos sentidos não existem fora da mente, mas não há nada percebido pelos sentidos que não seja percebido imediatamente. Portanto, não há nada sensível que exista fora da mente. A matéria, por conseguinte, na qual você insiste, é algo inteligível, eu suponho; algo que pode ser descoberto pela razão, não pelos sentidos.

Hyl. Você tem razão.

// *Phil*. Por favor, permita-me saber em que raciocínio se baseia sua crença na matéria, e o que é essa matéria, de acordo com seu significado atual.

Hyl. Sinto-me afetado por várias ideias, das quais sei que não sou a causa; tampouco são elas as causas de si ou umas das outras, ou capazes de subsistir por si, uma vez que são entidades |*beings*| completamente inativas, passageiras e dependentes. Elas têm, então, alguma causa diferente de mim e delas, da qual não pretendo saber nada mais senão que ela é *a causa de minha ideias*. E essa coisa, qualquer que seja ela, eu a chamo de *matéria*.

Phil. Diga-me, Hylas, cada um de nós tem a liberdade de alterar o significado próprio e corrente incorporado a um nome comum de um idioma? Por exemplo, suponha que um viajante diga a você que em certo país os homens conseguem atravessar o fogo ilesos; e, após se explicar, você descubra que ele disse com a palavra *fogo* o que os outros chamam de *água*. Ou se ele afirmasse que existem árvores que caminham fazendo uso de duas pernas querendo dizer homens pela palavra *árvores*, você acharia isso razoável?

Hyl. Não, eu acharia muito absurdo. O uso comum é o padrão de propriedade de um idioma. E, se um homem finge falar de maneira inadequada, ele perverte o uso das palavras, o que não servirá a nenhum outro propósito senão prolongar e multiplicar as disputas em que não há diferença de opiniões.

Phil. E a *matéria*, na acepção corrente e comum da palavra, não significa uma substância extensiva, sólida, móvel, não pensante e inativa?

Hyl. Sim.

Phil. E não ficou evidente que uma substância como essa não pode existir? E, ainda que se admita que ela exista, não obstante, como pode aquilo que é *inativo*[27] ser uma *causa*? Ou

---

27 Ou seja, aquilo que não origina mudança, que é inerte.

aquilo que é *não pensante* ser a *causa do pensamento*? Você pode, na verdade, se quiser, incorporar à palavra *matéria* um significado contrário ao vulgarmente conhecido, e me dizer que entende por meio dela um ser inextenso, pensante e ativo, que é a causa de nossas ideias. Mas que outra coisa é isso senão brincar com as palavras e incorrer no mesmo erro que você acabou de condenar com muita razão? Não encontro falhas no seu raciocínio, em que você deduz uma causa a partir do *fenômeno*, mas nego que a causa que se pode deduzir pela razão possa ser apropriadamente chamada de *matéria*.

217 *Hyl.* Há de fato algum sentido no que você diz. Mas // receio que você não compreenda inteiramente o que quero dizer. Eu não pensaria em negar que Deus, ou um Espírito Infinito, é a causa suprema de todas as coisas. Tudo o que sustento é que subordinada ao Agente Supremo existe uma causa de uma natureza limitada e inferior, a qual contribui para a produção de nossas ideias, não por um ato da vontade ou eficiência espiritual, mas por meio daquele tipo de ação que pertence à matéria, ou seja, o *movimento*.

Phil. Acho que você está, a cada momento, recaindo no seu velho e já desacreditado conceito de uma substância móvel, e consequentemente extensa, existente fora da mente. Como! Você já se esqueceu do que estava convencido? Ou você quer que eu repita o que já foi dito a esse respeito? Na verdade, não é justo de sua parte ainda supor a existência daquilo que você várias vezes já reconheceu não existir. Mas, para não insistir mais no que já foi tão amplamente tratado, pergunto se todas as suas ideias não são perfeitamente passivas e inertes, não incluindo em si nenhuma ação.[28]

---

28 Ver *Princípios*, parágrafos 25 e 26.

Hyl. São.
Phil. E as qualidades sensíveis são outras coisas senão ideias?
Hyl. Quantas vezes já reconheci que elas não são?
Phil. Mas o movimento não é uma qualidade sensível?
Hyl. É.
Phil. Consequentemente, não é uma ação.
Hyl. Concordo com você. E, de fato, é muito claro que, quando mexo o meu dedo, ele permanece passivo, mas minha vontade que produziu o movimento é ativa.
Phil. Agora, gostaria de saber, em primeiro lugar, admitindo que o movimento não é uma ação, se você pode conceber alguma ação além da volição, e, em segundo lugar, se dizer alguma coisa e não conceber nada não é dizer um absurdo. E, por último, tendo considerado as premissas, se você não percebe que supor uma causa eficiente ou ativa que não seja o *espírito* é altamente absurdo e irracional.
Hyl. Abandono o ponto inteiramente. Mas, embora a matéria possa não ser a causa, o que a impede de ser um *instrumento* útil ao Agente Supremo na produção de nossas ideias?
Phil. Um instrumento, você diz. Diga-me quais devem ser a forma, as molas, as rodas e os movimentos desse instrumento?
Hyl. Não pretendo determinar nada a seu respeito. Tanto a substância como as suas qualidades me são inteiramente desconhecidas.
Phil. O quê? Você então é da opinião de que ele é constituído de // partes desconhecidas, que ele tem movimentos desconhecidos e uma forma desconhecida?
Hyl. Não acredito que tenha alguma forma ou movimento, estando já convencido de que as qualidades sensíveis não podem existir numa substância incapaz de percepção.

Phil. Mas que noção é possível formar de um instrumento destituído de todas as qualidades sensíveis, até mesmo da própria extensão?

Hyl. Não pretendo ter nenhuma noção a seu respeito.

Phil. E que razão você tem para achar que esse algo desconhecido, inconcebível, exista? Será que é porque você imagina que Deus não pode agir igualmente sem ele? Ou porque você descobre por experiência o uso de tal coisa quando forma ideias em sua mente?

Hyl. Você está sempre me pedindo as razões de minhas crenças. Diga-me que razão você tem para não acreditar nelas?

Phil. Para mim, uma razão suficiente para não acreditar na existência de alguma coisa é não encontrar nenhuma razão para acreditar nela. Mas, para não insistir nas razões para acreditar, você não me levou a conhecer o que você gostaria que eu acreditasse, uma vez que você disse não ter nenhuma noção a respeito. Permita-me agora que lhe peça para considerar se é próprio de um filósofo, ou mesmo de um homem do senso comum, pretender que se acredite em algo do qual você não sabe o quê, e do qual não sabe o porquê.

Hyl. Espere, Philonous! Quando digo que a matéria é um *instrumento*, não quero dizer completamente nada. É verdade que não sei que tipo particular de instrumento, mas, ainda assim, tenho alguma noção de *instrumento em geral* que lhe aplico.

Phil. Mas o que diria se se provasse que existe alguma coisa, mesmo na noção mais geral de *instrumento*, quando tomada num sentido diferente de *causa*, que torna seu uso incompatível com os atributos divinos?

Hyl. Mostre-me isso e eu desistirei do meu ponto.

Phil. O que você entende por natureza ou noção geral de *instrumento*?

Hyl. O que é comum a todos os instrumentos particulares compõe a noção geral.

Phil. Não é comum a todos os instrumentos que eles sejam aplicados para fazermos unicamente aquelas coisas que não podem ser efetuadas pelo simples ato de nossas vontades? Assim, por exemplo, eu nunca uso um instrumento para mover meu dedo, porque isso é feito por meio da vontade. Mas deveria usar um instrumento se quisesse remover parte de uma rocha ou arrancar uma árvore pelas raízes. Você não mantém a mesma opinião? // Ou você pode me dar um exemplo em que um instrumento é usado para produzir um efeito imediatamente dependente da vontade do agente?

Hyl. Confesso que não posso.

Phil. Como você pode, então, supor que um espírito perfeitíssimo, de cuja vontade todas as coisas têm uma absoluta e imediata dependência, deva precisar de um instrumento em suas operações ou, sem precisar de um, faça uso dele? Nesse caso, parece-me que você é obrigado a reconhecer que o uso de um instrumento inativo e inerte é incompatível com a infinita perfeição de Deus; isso é, segundo sua confissão, desistir do seu ponto.

Hyl. Não consigo pensar com facilidade o que lhe responder.

Phil. Mas parece-me que você deve estar pronto para reconhecer a verdade quando ela tiver sido convenientemente provada a você. Nós, realmente, sendo seres de poderes finitos, somos forçados a fazer uso de instrumentos. E o uso de um instrumento mostra que o agente é limitado pelas regras dos preceitos dos outros, e que ele não pode alcançar o seu objetivo a não ser de certa maneira e sob certas condições. Por isso, parece-me uma consequência clara que o agente supremo ilimitado não faz uso de nenhuma ferramenta ou instrumento. A vontade de um espírito onipotente tão logo se manifesta já é executada, sem a aplicação de meios, os quais, se empregados por agentes inferiores, não é devido à sua real eficácia nem à aptidão necessária para produzir algum efeito, mas simplesmente em conformidade com as leis da natureza, ou com aquelas condições prescritas para elas pela primeira causa, que está, ela mesma, acima de qualquer limitação ou qualquer preceito que seja.

Hyl. Não sustentarei mais que a matéria é um instrumento. Entretanto, não gostaria de ser entendido como tendo desistido de sua existência, já que, não obstante tudo o que foi dito, ela ainda pode ser uma *ocasião*.[29]

Phil. Quantas formas tomará a sua matéria? Ou quantas vezes deve ser provado que ela não existe antes que você esteja disposto a desistir dela? Mas, para não dizer mais nada sobre isso (embora por todas as regras do debate eu possa censurá-lo com razão por mudar tão frequentemente o significado do termo principal), eu gostaria de saber o que você quis dizer ao afirmar que a matéria é uma ocasião, tendo já negado que ela seja uma causa. E, quando você tiver mostrado em que sentido você entende *ocasião*, por favor, em seguida me mostre que razão o induziu a acreditar que existe tal ocasião de nossas ideias.

---

29 Ver *Princípios*, parágrafos 68-79.

220 *Hyl.* Quanto ao primeiro ponto: por *ocasião* quero dizer um // ser não pensante e inativo, na presença do qual Deus suscita |*excite*| ideias em nossa mente.

Phil. E qual pode ser a natureza desse ser não pensante e inativo?

Hyl. Não sei nada a respeito de sua natureza.

Phil. Passe então para o segundo ponto e aponte uma razão pela qual devemos conceder uma existência a essa coisa inativa, não pensante e desconhecida.

Hyl. Quando vemos ideias produzidas em nossa mente, segundo uma maneira ordenada e constante, é natural pensar que elas têm algumas ocasiões fixas e regulares, na presença das quais são suscitadas.

Phil. Você reconhece, então, que Deus é a causa de nossas ideias e que Ele as causa na presença dessas ocasiões.

Hyl. Essa é a minha opinião.

Phil. Aquelas coisas que você diz estar presentes para Deus, Ele sem dúvida as percebe.

Hyl. Certamente, do contrário elas não seriam para Ele uma ocasião de ação.

Phil. Sem querer insistir agora sobre qual o sentido que você atribuiu a essa hipótese, ou responder a todas as questões intrincadas e difíceis inerentes à questão, apenas pergunto se a ordem e a regularidade observadas na série de nossas ideias, ou no curso da natureza, não são suficientemente explicadas pela sabedoria e poder de Deus; e se não seria depreciar os Seus atributos supor que Ele seja influenciado, dirigido ou advertido |*put in mind*| sobre quando e como deve agir, por uma substância não pensante. E, por fim, caso eu admitisse tudo que você defende, faria alguma coisa para o seu propósito, não sendo fácil conceber como a existência externa ou absoluta de uma substância não pensante, distinta do seu ser percebido, pode ser inferida a partir de meu reconhecimento de que existem certas coisas percebidas pela mente de Deus as quais são para Ele a ocasião para produzir ideias em nós?

Hyl. Estou completamente sem saber o que pensar. Essa noção de *ocasião* parece-me agora totalmente tão sem fundamento quanto o resto.

Phil. Você não percebe, finalmente, que em todos esses diferentes sentidos de *matéria* você esteve simplesmente supondo um não sei o quê, sem nenhuma razão e sem nenhuma utilidade?

Hyl. Reconheço, com toda franqueza, que gosto cada vez menos de minhas noções desde que foram tão minuciosamente examinadas. Mas, ainda assim, penso ter alguma percepção confusa de que existe tal coisa como a *matéria*.

Phil. Você percebe a existência de matéria imediatamente ou mediatamente? Se imediatamente, por favor, informe-me por meio de qual dos sentidos você a percebe. Se mediatamente, diga-me por meio de que raciocínio ela é inferida a partir das coisas que você percebe imediatamente. Isso quanto à percepção. E, quanto à matéria em si, pergunto: ela é objeto, *substrato*, causa, instrumento ou ocasião? Você já falou a favor de cada uma dessas noções, alterando-as e fazendo a matéria aparecer ora de uma forma, ora de outra. E o que você apresentou foi desaprovado e rejeitado por você mesmo. Assim, se tiver algo de novo a dizer, terei prazer em ouvi-lo.

Hyl. Acho que já apresentei tudo o que tinha a dizer sobre esse assunto. Não sei mais o que argumentar.

Phil. E, não obstante, você está relutante em desistir de seu velho preconceito. Mas, para que você o abandone mais facilmente, desejo, além do que foi sugerido aqui, que você considere melhor, partindo da hipótese de que a matéria existe, se consegue conceber como você seria afetado por ela. Ou, supondo que ela não exista, se não é evidente que você poderia ser afetado pelas mesmas ideias que você tem agora e, consequentemente, ter as mesmas razões que tem agora para acreditar na sua existência.[30]

Hyl. Reconheço que é possível que pudéssemos perceber todas as coisas exatamente como as percebemos agora, ainda que não houvesse matéria no mundo. Tampouco posso conceber, caso houvesse matéria, como ela deveria produzir alguma ideia em nossa mente. E ainda admito que você me convenceu inteiramente que é impossível que haja tal coisa como a matéria em qualquer um dos sentidos anteriores. Mas ainda não consigo deixar de supor que exista *matéria* num sentido ou outro. O que ela é, entretanto, não pretendo determinar.

Phil. Não presumo que você defina exatamente a natureza de tal ser desconhecido. Por favor, diga-me apenas se é uma substância; e, se for, se você pode supor uma substância sem acidentes; ou, caso você suponha que ela tem acidentes e qualidades, gostaria que me dissesse que qualidades são essas, ou, pelo menos, o que se quer dizer quando se diz que a matéria as suporta.

Hyl. Já discutimos sobre esses pontos. Não tenho mais nada a dizer sobre eles. Mas, para evitar quaisquer outros questio-

---

30 Ver *Princípios*, parágrafo 20.

namentos, deixe-me dizer que, no momento, por *matéria* não entendo nem substância nem acidente, nem um ser pensante nem extenso, nem causa ou instrumento nem ocasião, mas algo inteiramente desconhecido, diferente de tudo isso.[31]

// *Phil.* Parece-me, então, que você não inclui nada na sua presente noção de matéria a não ser a ideia geral abstrata de *entidade*.

Hyl. Nada mais, salvo apenas que adicionei a essa ideia geral a negação de todas aquelas coisas particulares, qualidades, ou ideias que percebo, ou imagino, ou de qualquer forma apreendo.

Phil. Diga-me onde você supõe que essa matéria desconhecida exista?

Hyl. Oh, Philonous! Agora você acha que me envolveu em dificuldades, pois, se eu disser que ela existe num lugar, então você inferirá que ela existe na mente, já que concordamos que lugar e extensão existem apenas na mente. Mas não me envergonho de confessar minha ignorância. Não sei onde ela existe, somente tenho certeza de que ela não existe em um lugar. Existe uma resposta negativa para você. E você não deve esperar nenhuma outra para todas as perguntas futuras que você fizer sobre a matéria.

Phil. Já que você não me diz onde ela existe, gostaria que me dissesse de que maneira supõe que ela exista, ou o que você quer dizer por sua *existência*?

Hyl. Ela não pensa nem age, não percebe nem é percebida.

Phil. Mas o que existe de positivo na sua noção abstrata de sua existência?

---

31 Ver *Princípios*, parágrafos 80 e 81.

Hyl. Após uma minuciosa observação, não acho que tenho alguma noção ou sentido positivo. E lhe digo mais uma vez que não estou envergonhado de confessar minha ignorância. Não sei o que é significado por sua *existência* ou como ela existe.

Phil. Continue, caro Hylas, a representar o mesmo papel ingênuo e diga-me sinceramente se você pode formar uma ideia diferente de entidade em geral, prescindida e independente de |*exclusive of*| todos os seres pensantes e corpóreos, todas as coisas particulares em geral.

Hyl. Espere, deixe-me pensar um pouco – confesso, Philonous, achar que não posso. À primeira vista, pensei que tinha uma noção diluída e tênue da entidade pura em abstrato, mas prestando mais atenção, ela desapareceu de vista. Quanto mais penso nisso, mais confirmo a minha prudente resolução de não oferecer senão respostas negativas e de não pretender ter, nem em menor grau, nenhum conhecimento ou concepção positiva acerca da matéria, sobre seu *onde*, seu *como*, sua *entidade*, ou qualquer coisa pertencente a ela.

Phil. Quando, então, você fala da existência da matéria, você não tem nenhuma noção em sua mente.

Hyl. Nenhuma.

Phil. Por favor, diga-me se o caso não pode ser colocado assim: inicialmente, a partir de uma crença na substância material, você manteve que os // objetos imediatos existiam fora da mente; depois seus arquétipos; depois causas; e depois instrumentos; e em seguida ocasiões; por fim *alguma coisa em geral*, a qual sendo interpretada revela-se *nada*. Dessa maneira, a matéria vem a ser nada. O que você acha, Hylas? Esse não é um resumo claro de todo o seu procedimento?

Hyl. Seja como for, não obstante, eu ainda insisto que o fato de não sermos capazes de conceber alguma coisa não é um argumento contra sua existência.

Phil. Admito que, a partir de uma causa, efeito, operação, sinal ou outra circunstância, se pode razoavelmente inferir a existência de uma coisa que não é imediatamente percebida; e que seria absurdo a qualquer pessoa argumentar contra a existência de tal coisa a partir do fato de não se ter nenhuma noção direta ou positiva acerca dela. Mas, onde não há nada disso; onde nem a razão nem a revelação nos induzem a acreditar na existência de alguma coisa; onde não temos sequer uma noção relativa dela; onde uma abstração é feita entre perceber e ser percebido, entre espírito e ideia; e, por fim, onde somente existe a mais inadequada e vaga ideia, eu realmente não vou concluir contra a realidade de qualquer noção ou existência de qualquer coisa, mas minha inferência será que você não quer dizer nada, que você emprega as palavras sem absolutamente nenhum propósito, sem nenhum desígnio ou significado que seja. E deixo para você considerar como um mero jargão deve ser tratado.

Hyl. Para ser sincero com você, Philonous, seus argumentos parecem em si irrefutáveis, mas eles não têm um efeito tão grande em mim de forma a produzir aquela convicção completa, aquela aquiescência de coração que acompanha a demonstração.[32] Vejo-me recaindo naquela obscura suposição de um não sei o quê, a *matéria*.

---

32 Hume aparentemente tinha em mente essa passagem quando escreveu acerca de Berkeley: "a maior parte dos escritos desse autor extraordinariamente habilidoso compõe as melhores lições de ceticismo que se podem encontrar entre os filósofos antigos ou modernos,

Phil. Mas você não percebe, Hylas, que duas coisas devem contribuir para eliminar todas as dúvidas e produzir uma plena aquiescência na mente? Suponha que um objeto visível seja colocado sob uma luz clara e, caso haja alguma imperfeição na visão ou se o olho não estiver direcionado para ele, não será visto diversamente. E, embora uma demonstração nunca seja tão bem fundamentada nem razoavelmente proposta, se houver um defeito na visão |*withal a stain of prejudice*| ou uma tendência errada no entendimento, pode-se esperar de repente perceber claramente e aderir com firmeza à verdade? Não, é preciso tempo e esforço: deve-se despertar e manter a atenção por meio de uma constante repetição da mesma coisa colocada ora sob a mesma perspectiva, ora sob perspectivas diferentes. Já disse antes e acho que devo repetir e inculcar que se trata de uma licença irresponsável que // você toma quando pretende manter que sabe não sei o quê, por não sei qual razão, para não sei qual propósito. Pode isso ser comparado com qualquer arte ou ciência, qualquer seita ou religião |*profession*| humana? Ou existirá algo tão descaradamente sem fundamento e sem motivo |*unreasonable*| com o qual devemos nos deparar mesmo na mais baixa das conversas comuns? Mas talvez você ainda diga que a ma-

---

incluindo Bayle. [...] Mas todos os seus argumentos, embora visem a outro objetivo, são, na realidade, meramente céticos, o que fica claro ao observar *que não admitem nenhuma resposta e não produzem nenhuma convicção*. Seu único efeito é causar aquela perplexidade, indecisão e embaraço momentâneos que são resultado do ceticismo". HUME, D. *Investigação sobre o entendimento humano e os princípios da moral*. Trad. José Oscar de Almeida Marques. São Paulo: Ed. UNESP, 2004, p.210, nota 1.

téria deve existir, embora ao mesmo tempo não saiba o que é significado por *matéria* ou por sua *existência*. Isso é de fato surpreendente, ainda mais porque é totalmente voluntário,[33] não sendo você levado a isso por qualquer razão que seja, pois desafio você a me mostrar que coisa na natureza precisa da matéria para ser explicada ou compreendida.

Hyl. A realidade das coisas não pode ser sustentada sem supormos a existência da matéria. E não é essa, em sua opinião, uma boa razão pela qual eu deveria ser determinado na sua defesa?

Phil. A realidade das coisas! Que coisas? Sensíveis ou inteligíveis?

Hyl. Coisas sensíveis.

Phil. Minha luva, por exemplo?

Hyl. Isso, ou qualquer outra coisa percebida pelos sentidos.

Phil. Mas, para nos fixarmos em uma coisa em particular, não é para mim uma evidência suficiente da existência desta *luva* que eu a vejo, a sinto e a uso? Ou, se isso não é suficiente, como eu poderia ter certeza da realidade dessa coisa, a qual realmente vejo neste lugar, mediante a suposição de que alguma coisa desconhecida que nunca vi nem posso ver existe segundo uma maneira desconhecida, num lugar desconhecido, ou em nenhum lugar que seja? Como pode a suposta realidade daquilo que é intangível ser uma prova de que alguma coisa tangível realmente existe? Ou o que é invisível ser prova da existência de alguma coisa visível ou, em geral, uma coisa imperceptível ser prova da existência de uma coisa perceptível? Se você me explicar isso, pensarei que nada é muito difícil para você.

---

33 Edições de 1713 e 1725: "e devido a sua iniciativa".

Hyl. No geral, contento-me em admitir que a existência da matéria é altamente improvável, mas a sua direta e absoluta impossibilidade não é evidente para mim.

Phil. Mas, admitindo que a matéria é possível, com base nessa razão apenas, no entanto, não se pode alegar que ela tenha mais existência do que uma montanha de ouro ou um centauro.

Hyl. Reconheço isso, todavia, você não nega que seja possível, e que aquilo que é possível, como você sabe, pode realmente existir.

Phil. Nego que ela seja possível, e, se não me engano, // provei de maneira evidente, a partir de suas concessões, que ela não é possível. No sentido comum da palavra *matéria*, existe alguma coisa a mais implicada do que uma substância extensa, sólida, figurada e móvel existente fora da mente? E você já não reconheceu repetidas vezes que tinha encontrado razões evidentes para negar a possibilidade de tal substância?

Hyl. Realmente, mas esse é apenas um dos sentidos da palavra *matéria*.

Phil. Mas esse não é o único sentido apropriado e genuíno reconhecido? E, se se provar que a matéria, nesse sentido, é impossível, não se pode considerá-la, com boas razões, absolutamente impossível? De que outra forma algo pode ser provado impossível? Ou, na verdade, como pode haver qualquer prova que seja, de uma forma ou de outra, para um homem que toma a liberdade de alterar e mudar o significado comum das palavras?

Hyl. Pensei que se poderia admitir que os filósofos falassem mais precisamente que os homens comuns e que não estivessem sempre limitados à acepção comum de um termo.

Phil. Mas esse agora mencionado é o sentido comum reconhecido entre os próprios filósofos. Mas, não querendo insistir sobre isso, não lhe foi permitido tomar a matéria no sentido que quisesse? E você não usou esse privilégio ao máximo, às vezes alterando inteiramente, outras deixando de fora ou colocando como definição aquilo que, por ora, melhor servisse a seus desígnios, contrariando todas as regras conhecidas da razão e da lógica? E esse seu método injusto e inconstante não prolongou nossa discussão a uma duração desnecessária, a matéria tendo sido particularmente examinada e, de acordo com sua confissão, refutada em cada um daqueles sentidos? E pode-se exigir algo a mais para provar a absoluta impossibilidade de uma coisa do que provar que ela é impossível em cada sentido particular que você ou qualquer outro lhe atribuir?

Hyl. Mas não estou completamente convencido de que você provou a impossibilidade da matéria naquele último sentido mais obscuro, abstrato e indefinido.

Phil. Quando se demonstra que uma coisa é impossível?

Hyl. Quando se demonstra uma contradição entre as ideias compreendidas em sua definição.

Phil. Mas, onde não há ideias, nenhuma contradição pode ser demonstrada entre as ideias.

Hyl. Concordo com você.

Phil. Agora, naquilo que você chama de sentido obscuro e indefinido da palavra *matéria* está claro, de acordo com você mesmo, // que não foi incluída nenhuma ideia absolutamente, nenhum sentido exceto um sentido desconhecido, o que é a mesma coisa que nenhum. Você não pode esperar, portanto, que eu demonstre uma contradição de ideias onde não há ideias; ou a impossibilidade da matéria tomada num sentido *desconhecido*, ou seja, em nenhum sentido absolutamente. Meu trabalho foi apenas o de mostrar que você não queria dizer *nada*, e isso você foi obrigado a reconhecer. De forma que, em todos os vários sentidos, foi demonstrado que você não queria dizer absolutamente nada ou, se queria dizer alguma coisa, era um absurdo. E, se isso não for suficiente para provar a impossibilidade de uma coisa, desejo que você me permita saber o que é.

Hyl. Reconheço que você provou que a matéria é impossível. Não vejo o que mais se pode dizer em sua defesa. Mas, ao mesmo tempo que a abandono, suspeito de todas as minhas outras noções, porque certamente nenhuma poderia ser mais aparentemente evidente do que essa, e, no entanto, agora parece tão falsa e absurda como pareceu verdadeira no passado. Mas acho que já discutimos suficientemente esse ponto por ora. Gostaria de passar o resto do dia revendo em meus pensamentos os vários tópicos da conversa desta manhã, e amanhã gostaria de encontrá-lo aqui novamente por volta do mesmo horário.

Phil. Não deixarei de comparecer.

Terceiro diálogo

227 // *Phil.* Diga-me, Hylas,[34] quais são os frutos da meditação de ontem? Ela confirmou o parecer que você tinha no início ou você descobriu motivos para mudar sua opinião?

Hyl. Sinceramente, minha opinião é de que todas as nossas opiniões são igualmente vãs e incertas. O que aprovamos hoje, condenamos amanhã. Nós giramos em torno do conhecimento e passamos nossas vidas em busca dele, enquanto não sabemos nada o tempo todo, nem penso que seja possível para nós algum dia sabermos algo nesta vida. Nossas faculdades são muito estreitas e muito poucas. A natureza certamente nunca nos dispôs para a especulação.

Phil. O quê? Você diz que não podemos saber nada, Hylas?

Hyl. Não há uma única coisa no mundo da qual possamos conhecer a real natureza, ou o que ela é em si.

Phil. Você está querendo me dizer que não sei realmente o que o fogo ou a água são?

---

34 Edições de 1713 e 1725: "Desse modo, Hylas".

Hyl. Você pode, na verdade, saber que o fogo parece ser quente e a água, fluida, mas isso nada mais é do que saber quais sensações são produzidas em sua mente mediante aplicação do fogo ou da água aos seus órgãos dos sentidos. Sua constituição interna, sua verdadeira e real natureza, em relação a *isso* você está completamente no escuro.
Phil. Será que não sei que esta pedra sobre a qual estou é real, e que o que vejo diante de meus olhos é uma árvore real?
Hyl. Saber? Não, é impossível você ou qualquer pessoa viva saber isso. Tudo o que você sabe é que você tem uma certa ideia ou aparência em sua mente. Mas o que é a aparência em relação à árvore ou à pedra real? Digo-lhe que cor, forma e dureza, as quais você percebe, não são a real natureza dessas coisas, nem se parecem com elas. O mesmo pode ser dito de todas as outras coisas reais ou substâncias corporais que compõem o mundo. Nenhuma delas tem algo em si, como aquelas qualidades sensíveis percebidas por nós. Não devemos, portanto, pretender afirmar ou saber algo sobre elas, como elas são em sua natureza.
Phil. Mas certamente, Hylas, posso distinguir o ouro, por exemplo, // do ferro. E como poderia fazer isso se não soubesse o que cada um é na realidade?
Hyl. Acredite-me, Philonous, você só pode distinguir entre suas ideias. O tom amarelado, o peso e outras qualidades sensíveis, você acha que elas estão realmente no ouro? Elas só são relativas aos sentidos e não têm nenhuma existência independente |*absolute*| na natureza. E, ao pretender distinguir as espécies de coisas reais, mediante as aparências em sua mente, você pode talvez agir tão sabiamente quanto aquele que conclui que dois homens são de espécies diferentes porque suas roupas não são da mesma cor.

Phil. Parece-me, então, que somos completamente enganados pelas aparências das coisas e por aquelas falsas também. A própria carne que como e a roupa que visto não têm nada em si semelhante ao que vejo e sinto.

Hyl. Concordo.

Phil. Mas não é estranho que todo mundo seja assim iludido e tão néscio a ponto de acreditar em seus sentidos? E não obstante eu não saber como isso acontece, as pessoas comem, bebem, dormem e realizam todas as tarefas da vida, confortável e convenientemente, como se de fato conhecessem as coisas com as quais estão familiarizadas.

Hyl. Elas fazem isso, mas você sabe que a prática comum não exige exatidão do conhecimento especulativo. Por essa razão, o vulgo conserva seus erros, e, não obstante isso, consegue virar-se bem nos assuntos cotidianos. Mas os filósofos conhecem melhor as coisas.

Phil. Você quer dizer que eles sabem que *não sabem nada*.

Hyl. Esse é o verdadeiro ápice e a perfeição do conhecimento humano.

Phil. Mas você está durante todo este tempo falando a sério, Hylas. E você está seriamente persuadido de que não conhece nada de real no mundo? Suponha que você irá escrever: você pedirá caneta, tinta e papel, como qualquer pessoa, e você não conhece o que estará pedindo?

Hyl. Quantas vezes preciso dizer que não conheço a real natureza de coisa alguma no universo? Posso de fato, ocasionalmente, fazer uso de caneta, tinta e papel, mas o que cada um deles é em sua natureza verdadeira e própria, declaro positivamente que não sei. O mesmo vale para todas as demais coisas corpóreas E, mais ainda, não somos só ignorantes no que concerne à verdadeira e real natureza das coisas, mas também no tocante à sua existência. Não se pode negar que percebemos certas aparências ou ideias, mas não se pode concluir daí que realmente existam corpos. // Mais ainda: agora que penso nisso, cumpre-me de acordo com minhas concessões anteriores também declarar que é impossível que qualquer coisa corpórea real exista na natureza.

Phil. Você me surpreende. Pode existir algo mais fantástico e extravagante do que as noções que você agora sustenta? E não é evidente que você está sendo levado a essas extravagâncias pela sua crença numa *substância material*. Isso faz com que você veja naturezas desconhecidas em tudo. É isso que leva você a distinguir entre a realidade e a aparência sensível das coisas. É a isso que você está obrigado por ignorar o que todo mundo conhece perfeitamente bem. E isso ainda não é tudo: você não só ignora a verdadeira natureza de todas as coisas, mas não sabe se algo realmente existe, ou se existem algumas naturezas verdadeiras quaisquer que sejam, uma vez que atribui aos seus seres materiais uma existência independente |*absolute*| e externa, na qual você supõe que sua realidade consista. E como você é forçado, no final, a reconhecer que tal existência significa uma clara inconsistência, ou absolutamente nada, segue-se que você é obrigado a derrubar a sua hipótese da substância material, e positivamente negar a real existência de qualquer parte do universo. Desta forma, você está mergulhado no mais profundo e deplorável *ceticismo*, e de tal modo como jamais alguém esteve. Diga-me, Hylas, se não é como eu digo.

Hyl. Concordo com você. *Substância material* não era mais que uma hipótese e, aliás, falsa e sem fundamento. Não vou mais gastar meu fôlego em sua defesa. Mas qualquer hipótese que apresente, ou qualquer esquema de coisas que introduza em seu lugar, não duvido de que parecerá completamente falso. Permita-me, todavia, que o questione a respeito. Isto é, permita-me que o trate segundo seu método, e eu garanto que será conduzido por várias perplexidades e contradições ao mesmo estado de ceticismo em que me encontro neste momento.

Phil. Asseguro-lhe, Hylas, que não pretendo formular nenhuma hipótese. Pertenço à classe das pessoas comuns ⎪*of a vulgar cast*⎪, simples o suficiente para acreditar em meus sentidos e deixar as coisas como as encontro. Para ser claro, minha opinião é de que as coisas reais são aquelas mesmas coisas que vejo, sinto e percebo por meio de meus sentidos. Estas eu conheço e, constatando que respondem a todas as necessidades e propósitos da vida, não tenho razão para estar apreensivo a respeito de quaisquer outros seres desconhecidos. Um pedaço de pão sensível, por exemplo, satisfaria meu estômago dez mil vezes mais do que aquele pão não sensível ⎪*insensible*⎪, ininteligível e real do qual você fala. É também minha opinião que as cores e outras qualidades sensíveis estão nos // objetos. Não posso deixar de pensar que a neve é branca e o fogo, quente. Você, certamente, que por *neve* e *fogo* quer dizer alguma substância externa, impercebida e incapaz de perceber, está no direito de negar que a brancura e o calor são qualidades ⎪*affections*⎪ inerentes a eles. Mas eu, que entendo por essas palavras as coisas que vejo e sinto, sou obrigado a pensar como as outras pessoas. E, como não sou cético no tocante à natureza das coisas, tampouco o sou no que concerne à sua existência. Que uma coisa deva ser realmente percebida pelos meus sentidos e, ao mesmo tempo, realmente não existir, é para mim uma evidente contradição, já que não posso prescindir ou abstrair, mesmo em pensamento, a existência de uma coisa sensível do seu ser percebido. Madeira, pedras, fogo, água, carne, ferro e coisas parecidas, as quais nomeio e sobre as quais converso, são as coisas que conheço.[35] E não as teria conhecido se não as tivesse percebido por meio de meus sentidos; e as coisas percebidas pelos sentidos são imediatamente percebidas; e as coisas imediatamente percebidas são ideias; e ideias não podem existir fora da mente; sua existência, portanto, consiste em ser percebidas. Quando, então, elas são realmente percebidas, não pode haver dúvida quanto à sua existência. Fora, então, com todo esse ceticismo, com todas essas ridículas dúvidas filosóficas. Que zombaria é essa da parte de um filósofo questionar a existência das coisas sensíveis, até que ele a tenha provado para si a partir da veracidade de Deus;[36] ou pretender que nosso conhecimento nesse ponto não corresponde à intuição ou demonstração![37] Eu poderia

---

35 Edições de 1713 e 1725: "... caso contrário eu nunca as teria pensado ou nomeado".

36 Provável referência a Descartes, que, nas *Meditações*, argumenta a favor da confiabilidade de nossas faculdades e da existência de um mundo material a partir da veracidade de Deus. Ver DESCARTES, R. *Meditações*. Trad. J. Guinsburg e Bento Prado Júnior. São Paulo: Abril Cultural, 1973.

37 Como pretende Locke quando afirma: "*A notícia que temos através de nossos sentidos da existência das coisas externas*, embora não seja totalmente tão certa como nosso conhecimento intuitivo, ou as deduções de nossa razão empregada acerca das ideias claras abstratas de nossas mentes apesar disso, constitui uma certeza tal que *merece o nome de conhecimento*". Ensaio, 4.11.3.

tanto duvidar da minha existência como da existência daquelas coisas que realmente vejo e sinto.

Hyl. Não tão rápido, Philonous: você diz que não pode conceber como coisas sensíveis podem existir fora da mente. Você não pode?

Phil. Posso.

Hyl. Supondo que fosse aniquilado, você não pode conceber ser possível que as coisas perceptíveis pelos sentidos podem ainda existir?[38]

Phil. Posso. Mas então elas devem estar em outra mente. Quando nego às coisas sensíveis uma existência fora da mente, não quero dizer minha mente em particular, mas todas as mentes. Agora, é claro que elas têm uma existência exterior à minha mente, pois descubro pela experiência que elas são independentes dela. Existe, portanto, uma outra mente na qual elas existem durante os intervalos de tempo // em que as percebo: assim como existiam antes do meu nascimento e continuarão a existir depois de minha suposta aniquilação. E como o mesmo é válido relativamente a todos os outros espíritos criados e finitos, necessariamente concluímos que existe uma *Mente onipresente e eterna* que conhece e compreende todas as coisas e as exibe para nossa vista de certa maneira e de acordo com suas regras, pois Ela mesma as estabeleceu, e que são por nós chamadas de *Leis da Natureza*.

Hyl. Responda-me, Philonous. Todas as nossas ideias são seres perfeitamente inertes? Ou será que elas têm alguma atividade incluída?

---

38 Ver *Princípios*, parágrafos 45-48.

Phil. Elas são completamente passivas e inertes.[39]

Hyl. E Deus não é um agente, um ser puramente ativo?

Phil. Reconheço que sim.

Hyl. Nenhuma ideia, portanto, pode ser igual ou representar a natureza de Deus.

Phil. Não pode.

Hyl. Portanto, uma vez que você não tem nenhuma ideia da mente de Deus, como pode conceber que seja possível que as coisas existam em Sua mente? Ou, se você pode conceber a mente de Deus sem ter nenhuma ideia dela, por que não se pode admitir que eu conceba a existência da matéria, não obstante não ter nenhuma ideia acerca dela?

Phil. Quanto à sua primeira pergunta, admito não ter propriamente uma ideia de Deus ou de qualquer outro espírito, pois, sendo ativos, não podem ser representados por coisas perfeitamente inertes, como são nossas ideias. Não obstante, sei que eu, que sou um espírito ou substância pensante, existo tão certamente quanto sei que minhas ideias existem.[40] Além disso, sei o que quero dizer pelos termos *eu* e *eu mesmo*; e sei isso imediatamente, ou intuitivamente, embora não o perceba como percebo um triângulo, uma cor ou um som. A mente, o espírito ou a alma é aquela coisa indivisível, inextensa, que pensa, age e percebe. Digo *indivisível* porque é inextensa; e *inextensa* porque as coisas extensas, figuradas e móveis são ideias; e aquilo que percebe ideias, que pensa e deseja, não é em si, claramente, uma ideia, nem semelhante a uma ideia. Ideias são coisas inativas e percebidas; e espí-

---

39 Ver *Princípios*, parágrafos 25 e 26.
40 Ver *Princípios*, parágrafos 2, 27, 135-142.

ritos, uma espécie de seres completamente diferentes delas. Não digo, por conseguinte, que minha alma é uma ideia ou semelhante a uma ideia. No entanto, tomando a palavra *ideia* num sentido amplo, pode-se dizer que minha alma me fornece uma ideia que é uma imagem ou semelhança de Deus, embora, na verdade, extremamente inadequada, pois toda a noção que tenho de Deus é obtida ao refletir sobre minha alma, elevando seus poderes e removendo suas // imperfeições. Por conseguinte, embora não tenha em mim uma ideia inativa, tenho, contudo, uma espécie de imagem pensante e ativa de Deus. E, embora não O perceba por meio dos sentidos, tenho uma noção Dele, ou O conheço, por meio da reflexão e do raciocínio. Tenho um conhecimento imediato de minha mente e de minhas ideias e, com a ajuda delas, apreendo indiretamente a possibilidade da existência de outros espíritos e ideias. Além disso, a julgar pela minha existência e pela dependência que encontro em mim e em minhas ideias, por um ato da razão infiro necessariamente a existência de um Deus e de todas as coisas criadas na mente de Deus. Isso quanto à sua primeira questão. Quanto à segunda, suponho que a essa altura você já possa respondê-la, pois você não percebe a matéria objetivamente, como faz com um ser inativo ou ideia; nem a conhece, como faz consigo por um ato de reflexão; nem a apreende indiretamente por similaridade de uma com a outra;[41] nem a deduz pelo raciocínio daquilo que você conhece imediatamente.[42] Tudo isso faz o caso da *matéria* amplamente diferente do de *Deus*.

---

41 Ver *Princípios*, parágrafo 8.
42 Ver *Princípios*, parágrafo 20.

[*Hyl.* Você diz que sua alma lhe fornece algum tipo de ideia ou imagem de Deus. Mas, ao mesmo tempo, você reconhece que não tem, propriamente falando, nenhuma ideia de sua alma. Você inclusive afirma que espíritos são uma espécie de seres completamente diferentes das ideias. Consequentemente, que nenhuma ideia pode ser semelhante a um espírito. Não temos, portanto, nenhuma ideia acerca de qualquer espírito. Você admite, não obstante, que existe uma substância espiritual, embora não tenha nenhuma ideia dela, ao passo que nega a existência de tal coisa como a substância material, porque não tem nenhuma noção ou ideia a respeito. É correta essa maneira de comportar-se? Para agir coerentemente você deve ou admitir a matéria ou rejeitar o espírito. O que diz sobre isso?

Phil. Digo, em primeiro lugar, que não nego a existência da substância material simplesmente porque não tenho nenhuma noção acerca dela, e porque a noção dela é inconsistente; ou, em outras palavras, porque é contraditório que haja uma noção dela. Muitas coisas, pelo que sei, podem existir sem que eu ou qualquer outra pessoa tenha ou possa ter alguma ideia ou noção que seja. Mas então essas coisas devem ser possíveis, ou seja, nada // inconsistente deve ser incluído em sua definição. Em segundo lugar, digo que embora acreditemos que existam coisas que não percebemos, ainda assim não podemos acreditar que qualquer coisa particular exista sem alguma razão para tal crença: mas não tenho nenhuma razão para acreditar na existência da matéria. Não tenho nenhuma intuição imediata acerca dela, nem posso inferir imediatamente a partir de minhas sensações, ideias, noções, ações ou paixões uma substância não pensante, incapaz de perceber e inativa, seja por dedução provável, seja por consequência necessária. Ao passo que a existência do meu eu, ou seja, da minha alma, mente ou princípio pensante, eu evidentemente conheço por reflexão. Desculpe-me se repito as mesmas coisas em resposta às mesmas objeções. Na própria noção ou definição de substância material está incluída uma manifesta contradição e inconsistência. Mas isso não pode ser dito a respeito da noção de espírito. Que ideias devam existir naquilo que não se percebe, ou sejam produzidas pelo que não age, é contraditório. Mas não é contraditório dizer que uma coisa perceptiva seja o sujeito das ideias, ou que uma coisa ativa seja a causa delas. Admite-se que não temos nem uma evidência imediata nem um conhecimento demonstrativo da existência de outros espíritos finitos, mas não se pode concluir que esses espíritos estejam no mesmo nível que as substâncias materiais, pois supor um é inconsistente e supor outro não é inconsistente: se um pode ser inferido sem nenhum argumento, existe uma probabilidade a favor do outro; se vemos signos e efeitos indicando agentes finitos diversos semelhantes a nós, não vemos nenhum sinal ou sintoma qualquer que leve a uma crença racional na matéria. Por fim, digo que tenho uma noção do espírito, embora não tenha, estritamente falando, uma ideia acerca dele.[43] Não o percebo como uma ideia ou por meio de uma ideia, mas o conheço por meio da reflexão.

Hyl. Apesar de tudo o que disse, parece-me que, de acordo com seu modo de pensar, e em consequência de seus princípios, dever-se-ia concluir que você é somente um sistema de

---

43 Ver *Princípios*, parágrafo 142.

ideias flutuantes, sem nenhuma substância para suportá-las.[44] As palavras não devem ser usadas sem um sentido. E como não há mais sentido em substância espiritual do que em substância material, uma deve ser desacreditada tanto quanto a outra.

Phil. Quantas vezes devo repetir que conheço ou sou consciente de minha existência? E que não sou minhas ideias, mas algo diferente,[45] um princípio ativo e pensante que percebe, conhece, deseja e opera sobre as ideias? Sei que eu, uma // e a mesma pessoa, percebo tanto cores como sons; que uma cor não pode perceber um som, nem um som uma cor; que sou, portanto, um princípio individual, diverso de cor e som; e, pela mesma razão, diferente de todas as demais coisas sensíveis e ideias inertes. Mas não estou, da mesma forma, ciente da existência ou essência da matéria. Ao contrário, sei que nada inconsistente pode existir e que a existência da matéria implica uma inconsistência. Além disso, sei o que quero dizer quando afirmo que existe uma substância espiritual ou suporte das ideias, ou seja, que um espírito conhece e percebe ideias. Mas não sei o que querem dizer quando afirmam que uma substância incapaz de perceber e suporta ideias ou arquétipos de ideias inerentes a ela. Não existe, portanto, no todo, nenhuma analogia |*parity*| entre os casos do espírito e da matéria.][46]

---

44 Essa concepção de uma mente como "sistema de ideias flutuantes, sem nenhuma substância para suportá-las" foi desenvolvida depois por Hume em *Tratado* 1.4.6.

45 Ver *Princípios*, parágrafo 2.

46 Os quatro parágrafos acima, desde "Você diz que..." até "do espírito e da matéria", foram acrescentados na edição de 1734.

Hyl. Considero-me satisfeito quanto a esse ponto. Mas você seriamente pensa que a existência real das coisas sensíveis consiste em elas serem realmente percebidas? Se é assim, como toda a humanidade distingue entre elas? Pergunte à primeira pessoa que encontrar e ela lhe dirá que *ser percebido* é uma coisa e *existir* é outra.

Phil. Contento-me, Hylas, em apelar para o senso comum dos homens a favor da verdade de minha noção. Pergunte ao jardineiro por que ele pensa que aquelas cerejeiras existem no jardim, e ele lhe dirá que é porque ele as vê e as sente; numa palavra, porque ele as percebe por meio dos seus sentidos. Pergunte a ele por que ele pensa que uma laranjeira não está lá, e ele lhe dirá que é porque não a percebe. O que ele percebe por meio dos sentidos é o que chama um ser real, existente, e diz que tal coisa *é* ou *existe*; mas aquilo que não é perceptível, igualmente, ele diz que não existe.

Hyl. Sim, Philonous, concordo que a existência de uma coisa sensível consiste em ser perceptível, mas não em ser efetivamente percebida.

Phil. E o que é perceptível senão uma ideia? E pode uma ideia existir sem ser efetivamente percebida? Esses são pontos há muito tempo acordados entre nós.

Hyl. Mas sendo que sua opinião nunca foi tão verdadeira, certamente você não pode negar que ela seja chocante e contrária ao senso comum dos homens.[47] // Pergunte a uma pessoa se aquela árvore tem uma existência fora de sua mente. Que resposta você acha que ela lhe dará?

---

47 Ver *Princípios*, parágrafos 54-57.

Phil. A mesma que eu daria: que ela existe sim fora de sua mente. Mas então, para um cristão, certamente não deve ser chocante dizer que a árvore real, existindo fora da sua mente, é realmente conhecida e compreendida pela (ou seja, *existe na*) mente infinita de Deus. Provavelmente ele pode, mas não à primeira vista, estar ciente da prova direta e imediata que existe acerca disso, visto que a própria existência de uma árvore, ou de qualquer outra coisa sensível, implica uma mente na qual ela está. Mas ele não pode negar o ponto em si. A questão entre os materialistas e eu não é se as coisas têm uma existência real fora da mente desta ou daquela pessoa, mas se elas têm uma existência absoluta, diversa de serem percebidas por Deus, e exterior a todas as mentes. Isso realmente foi afirmado por alguns pagãos e filósofos, mas quem sustenta noções sobre a Divindade adequadas às Sagradas Escrituras será de outra opinião.

Hyl. Mas, de acordo com suas noções, que diferença há entre coisas reais e quimeras formadas pela imaginação ou as visões de um sonho, já que estão todas igualmente na mente?[48]

Phil. As ideias formadas pela imaginação são fracas e indistintas; e têm, além disso, uma completa dependência da vontade.[49] Mas as ideias percebidas pelos sentidos, ou seja, as coisas reais, são mais vívidas e claras e, sendo impressas na mente por um espírito diferente de nós, não têm a mesma dependência da nossa vontade. Não há, portanto, perigo de confundirmos estas com as anteriores; e há menos perigo ainda de confundi-las com as visões de um sonho, que são vagas, irregulares e confusas. E, embora elas nunca aparen-

---

48 Ver *Princípios*, parágrafos 29-41.
49 Ver *Princípios*, parágrafos 30, 33 e 34.

tem ser tão vivazes |*lively*| e naturais, contudo, por não estarem conectadas nem serem coerentes com realizações precedentes e subsequentes de nossas vidas, elas podem ser facilmente distinguidas da realidade. Em suma, seja qual for o método usado para distinguir *coisas* de *quimeras* no seu esquema, o mesmo, é evidente, será válido para o meu. Porque deve ser, presumo, por alguma diferença percebida, e não irei privá-lo de nenhuma das coisas que você percebe.

Hyl. Mas ainda assim, Philonous, você sustenta que não há nada no mundo senão espíritos e ideias. E isso, você tem de reconhecer, soa muito estranho.

Phil. Reconheço que a palavra *ideia*, não sendo comumente usada para *coisa*, soa um tanto fora de moda. Minha razão para usá-la foi porque uma relação necessária à mente é considerada // implícita nesse termo e é agora comumente usada pelos filósofos para denotar os objetos imediatos do entendimento. Mas, por mais estranho que a proposição possa soar em palavras, ela nada inclui de tão estranho ou chocante em seu sentido, o qual na verdade consiste em nada mais do que isto: que há somente coisas perceptivas e coisas percebidas; ou que todo ser não pensante é necessariamente, e por causa da própria natureza de sua existência, percebido por alguma mente, se não por uma mente finita criada, certamente pela mente infinita de Deus, em quem *vivemos, nos movemos e existimos*. Será isso tão estranho quanto dizer que as qualidades sensíveis não estão nos objetos, ou que não podemos ter certeza da existência das coisas ou conhecer qualquer coisa da sua real natureza, embora nós dois as vejamos, sintamos e percebamos por intermédio de todos os nossos sentidos?

Hyl. E, em consequência disso, não devemos pensar que não há tais coisas como causas físicas ou corpóreas, mas que um espírito é a causa imediata de todos os fenômenos da natureza? Pode haver algo mais extravagante do que isso?

Phil. Sim, é infinitamente mais extravagante dizer que uma coisa que é inerte opera na mente, e que uma coisa incapaz de perceber é a causa de nossas percepções.[50] Além disso, aquilo que você diz, e não sei por que parece tão extravagante, não é nada mais do que as Sagradas Escrituras afirmam em diversos lugares. Nelas, Deus é representado como o único e imediato Autor de todos os efeitos que alguns pagãos e filósofos estão acostumados a atribuir à natureza, à matéria, ao destino ou a princípios não pensantes similares. Essa é tão constantemente a linguagem das Escrituras que é desnecessário confirmá-la por meio de citações.

Hyl. Você não está ciente, Philonous, de que ao fazer de Deus o Autor imediato de todos os movimentos da natureza você o torna o autor de assassinatos, sacrilégios, adultérios e de pecados hediondos similares.

Phil. Em resposta a isso, observo primeiro que a imputação de culpa é a mesma, quer uma pessoa cometa uma ação com ou sem um instrumento. Portanto, caso você suponha que Deus age pela mediação de um instrumento, ou ocasião, chamada de *matéria*, você certamente O torna autor de um pecado, assim como eu, que O considero o agente imediato em todas essas operações comumente atribuídas à natureza. Ainda

---

50 Nas edições de 1713 e 1725 a frase continuava assim: "... sem levar em conta se é coerente, nem o velho e conhecido axioma: *nenhuma coisa pode dar a outra o que ela mesma não tem*".

237 observo que um pecado ou baixeza // moral não consiste no movimento ou ação física externa, mas no desvio interno da vontade que se afasta das leis da razão e da religião. É claro que matar um inimigo em uma batalha ou condenar legalmente um criminoso à morte não é considerado pecado, embora a ação externa seja a mesma que aquela em caso de assassinato. Portanto, visto que o pecado não consiste em ação física, tornar Deus a causa imediata de todas essas ações não o torna o autor do pecado. Por fim, não disse em momento algum que Deus é o único agente que produz todos os movimentos nos corpos. É verdade que neguei que há outros agentes além de espíritos, mas isso é absolutamente consistente com conceder aos seres racionais pensantes, na produção de movimentos, o uso de poderes limitados, em última instância realmente derivados de Deus, mas imediatamente sob a direção de suas vontades, o que é suficiente para atribuir-lhes inteira responsabilidade por suas ações.

Hyl. Mas a negação da matéria, Philonous, ou da substância material, este é o ponto. Você nunca conseguirá me persuadir de que isso não é contrário ao sentimento universal dos homens. Se nossa disputa fosse determinada pela quantidade de opiniões a favor, tenho certeza de que você abandonaria sua posição sem ter conseguido votos suficientes.

Phil. Gostaria que nossas opiniões fossem expostas e submetidas imparcialmente ao juízo de homens que mantivessem um simples senso comum sem os preconceitos de uma educação letrada. Deixe-me ser apresentado como aquele que confia em seus sentidos, que pensa conhecer as coisas que vê e sente, e que nutre dúvidas sobre sua existência, e você demonstre razoavelmente todas as suas dúvidas, seus paradoxos e seu ceticismo sobre você, e estarei disposto a concordar com o que alguém imparcial determinar. Que não há nenhuma substância na qual as ideias possam existir além do espírito é para mim evidente. E, que os objetos imediatamente percebidos são ideias, todos concordamos. E, que as qualidades sensíveis são objetos imediatamente percebidos, ninguém pode negar. Portanto, é evidente que não pode haver nenhum *substratum* de tais qualidades senão o espírito, no qual elas existem, não como modo ou propriedade, mas como uma coisa percebida naquilo que a percebe.[51] Nego, portanto, que haja qualquer *substratum* não pensante dos objetos dos sentidos e, nessa acepção, que exista qualquer substância material. Mas se por *substância material* significar somente corpo sensível, aquele que é visto e sentido (e me atrevo a dizer que todos os homens não filósofos não entendem outra coisa), então estou mais seguro da existência da matéria do que você ou qualquer outro filósofo pretende estar. Se há alguma coisa que faz a maioria dos homens ser // avessa às noções que sustento, é o equívoco de dizer que nego a realidade das coisas sensíveis. Mas como é você, e não eu, o culpado por isso, segue-se que na verdade sua aversão é contra as suas noções, não contra as minhas. Afirmo, por conseguinte, que estou tão certo de que existem corpos ou substâncias materiais (querendo dizer as coisas que percebo por meio de meus sentidos) quanto de minha existência, e que, admitindo isso, a maioria dos homens |*the bulk of mankind*| não pensará sobre nem se preocupará com o destino dessas naturezas desconhecidas, nem dessas

---

51 Ver *Princípios*, parágrafo 49.

essências |*quiddities*| filosóficas das quais algumas pessoas tanto gostam.

Hyl. O que me diz disso? Uma vez que, de acordo com você, os homens julgam a realidade das coisas por meio de seus sentidos, como pode um homem se enganar pensando que a Lua tem uma superfície plana luminosa, de aproximadamente um pé de diâmetro? Ou uma torre quadrada ser, quando vista a distância, redonda? Ou um remo com uma ponta na água, torto?

Phil. Ele não está enganado quanto às ideias que realmente percebe, senão nas inferências que faz a partir de suas percepções atuais. Assim, no caso do remo, o que ele imediatamente percebe pela visão é certamente torto, e até aí ele está certo. Mas se ele então concluir que ao tirar o remo da água ele o perceberá igualmente torto, ou que o remo afetará seu tato da mesma forma que as coisas tortas o fazem, então nisso ele está errado. Analogamente, se, baseando-se no que percebe numa posição, ele concluir que, caso avance em direção à Lua ou à torre, ainda assim será afetado pelas mesmas ideias, ele está errado. Mas seu erro não reside no que percebe de maneira imediata e presentemente (sendo uma manifesta contradição supor que ele erraria quanto a isso), mas no juízo errôneo que faz no tocante às ideias que apreende estar conectadas com aquelas imediatamente percebidas; ou, relativamente às ideias que, a partir do que percebe presentemente, ele imagina que seriam percebidas em outras circunstâncias. O caso é o mesmo no tocante ao sistema copernicano.[52] Nós aqui não percebemos nenhum

---

52 Ver *Princípios*, parágrafo 58.

movimento da Terra, mas seria errôneo concluir que caso fôssemos colocados a uma grande distância dela quanto a que estamos agora dos demais planetas não perceberíamos seu movimento.[53]

Hyl. Entendo e preciso reconhecer que você diz coisas bastante plausíveis. Mas permita-me recordar-lhe // algo. Diga-me, Philonous, não estava você antes tão convicto de que a matéria existia como agora você está de que ela não existe?

Phil. Estava. Mas aqui está a diferença: antes, minha convicção |*positiveness*| fundamentava-se, sem exame, em meu preconceito; mas agora, depois de uma investigação, baseia-se na evidência.

Hyl. Afinal de contas, parece que nossa disputa é mais sobre palavras do que sobre coisas. Estamos de acordo quanto à coisa, mas discordamos quanto ao nome. É evidente que somos afetados por ideias provenientes de fora; e não é menos evidente que devem existir (não direi arquétipos) poderes fora da mente correspondentes a essas ideias. E como esses poderes não podem subsistir por si, temos necessariamente de admitir a existência de algum sujeito, o qual chamo de *matéria*, e você, de *espírito*. Esta é toda a diferença.

Phil. Diga-me, Hylas, esse ser poderoso, ou sujeito dos poderes, é extensivo?

Hyl. Ele não tem extensão, mas tem o poder de suscitar em você a ideia de extensão.

Phil. Portanto, ele próprio é inextenso?

Hyl. Admito.

Phil. Não é também ativo?

---

53 Ver *Princípios*, parágrafo 58.

Hyl. Sem dúvida, de outro modo, como poderíamos atribuir poderes a ele?

Phil. Agora, deixe-me fazer duas perguntas: *primeira*, se está de acordo com o uso dos filósofos ou dos demais homens dar o nome de *matéria* a um ser ativo inextenso? E, a *segunda*: se não é ridiculamente absurdo aplicar mal os nomes e ir contra o uso comum da linguagem?

Hyl. Bom, então não o chamemos de matéria, já que você quer assim, mas de uma *terceira natureza*, diferente de matéria e de espírito, pois, que razão haveria para você chamá-lo de espírito? A noção de espírito não implica que é pensante, bem como ativo e inextenso?

Phil. Minha razão é a seguinte: porque tenho uma mente para ter alguma noção ou significado do que digo, mas não tenho noção alguma de qualquer ação diversa da volição, e nem posso conceber que volição esteja em algum lugar senão em um espírito; consequentemente, quando falo de um ser ativo, sou obrigado a querer dizer um espírito. Além do mais, o que pode ser mais evidente do que o fato de que uma coisa que em si não tem ideias não pode comunicá-las a mim? E que, se tem ideias, certamente deve ser um espírito? Para fazê-lo entender o ponto ainda mais // claramente, afirmo, assim como você o faz, que, visto que somos afetados de fora, devemos admitir que os poderes estão fora, em um ser diferente de nós. Até aqui estamos de acordo. Mas então diferimos quanto à espécie desse ser poderoso. Eu sustento que é espírito; você, matéria, ou uma não sei qual (posso acrescentar também uma que você não sabe qual) terceira natureza. Assim, provo que é espírito. A partir dos efeitos que vejo produzidos, concluo que há ações; e por causa das ações, volições, e, porque há volições, deve existir uma vontade. Novamente, as coisas que percebo devem ter uma existência, elas ou seus arquétipos, fora da minha mente, mas sendo ideias, nem elas nem seus arquétipos podem existir de outra forma senão em um entendimento; existe, portanto, um entendimento. Mas vontade e entendimento constituem, no sentido mais estrito, uma mente ou espírito. Assim, a causa poderosa das minhas ideias é, no sentido estrito e próprio da palavra, um *espírito*.

Hyl. E agora garanto que você pensa ter esclarecido perfeitamente o ponto em questão, sem suspeitar que o que propõe conduz diretamente a uma contradição. Não é um absurdo imaginar qualquer imperfeição em Deus?

Phil. Sem dúvida.

Hyl. Experimentar dor é uma imperfeição?

Phil. É.

Hyl. E não somos às vezes afetados por dores e mal-estares causados por algum outro ser?

Phil. Somos.

Hyl. E você não disse que esse ser é um espírito? E que esse espírito não é Deus?

Phil. De acordo.

Hyl. Mas você afirmou que quaisquer ideias que percebemos de fora estão na mente que nos afeta. Portanto, as ideias de dor e mal-estar estão em Deus; ou, em outras palavras, Deus experimenta dor. Isso quer dizer que existe uma imperfeição na natureza divina, o que, você reconheceu, era um absurdo. Então você foi surpreendido numa evidente contradição.

Phil. Não ponho em dúvida que Deus conhece ou compreende todas as coisas, e que Ele sabe, entre outras coisas, o que é a dor, mesmo toda sorte de sensações dolorosas, e o que significa para Suas criaturas sentir dor. Mas nego terminantemente que Deus, embora conheça e por vezes cause sensações dolorosas em nós, possa experimentar dor. Nós, que somos espíritos limitados e dependentes, estamos sujeitos às impressões dos sentidos, aos efeitos de um // agente externo, os quais, sendo produzidos contra nossa vontade, são, por vezes, dolorosos e desconfortáveis. Mas Deus, a quem nenhum ser externo pode afetar, que não percebe nada por meio dos sentidos como nós, cuja vontade é absoluta e independente, que é a causa de todas as coisas e que não está sujeito a ser contrariado ou resistido por nada, é evidente que um Ser como esse não pode sofrer nada nem ser afetado por nenhuma sensação dolorosa, ou, na verdade, por nenhuma sensação absolutamente. Estamos acorrentados a um corpo: isso quer dizer que nossas percepções estão conectadas a movimentos corpóreos. Pela lei de nossa natureza, somos afetados por cada alteração nas partes nervosas de nosso corpo sensível; e esse corpo sensível, se considerado corretamente, nada mais é do que um complexo de tais qualidades ou ideias que não têm nenhuma existência distinta senão a de ser percebidas por uma mente. De forma que essa conexão de sensações com movimentos corpóreos significa somente uma correspondência na ordem da natureza entre as duas séries de ideias ou coisas imediatamente perceptíveis. Mas Deus é um espírito puro, livre de tais simpatias ou vínculos naturais. Nenhum movimento corpóreo é ligado às sensações de dor ou prazer em Sua mente. Conhecer tudo o que é cognoscível é certamente uma perfeição, mas sofrer, experimentar ou sentir qualquer coisa por meio dos sentidos é uma imperfeição. A perfeição está de acordo com Deus; a imperfeição, não. Deus conhece ou tem ideias, mas Suas ideias não são comunicadas a Ele pelos sentidos, como o são as nossas. Ao não fazer essa distinção onde há uma diferença tão manifesta, você imagina ver um absurdo onde não há nenhum.

Hyl. Mas durante todo esse tempo você não considerou que a quantidade de matéria tem sido demonstrada como sendo proporcional à gravidade dos corpos.[54] E o que se pode alegar contra essa demonstração?

Phil. Vejamos como você demonstra esse ponto.

Hyl. Estabeleço como princípio que os impulsos |*moments*| ou quantidade de movimento nos corpos estão numa razão direta composta das velocidades e quantidades de matéria contidas neles. Portanto, onde as velocidades são iguais, segue-se que os impulsos são diretamente proporcionais à quantidade de matéria em cada um. Mas sabe-se por experiência que todos os corpos (excetuando as pequenas desigualdades originadas por causa da resistência do ar) caem com igual velocidade; portanto, o movimento de descida dos corpos e, consequentemente, sua gravidade, que é a causa ou princípio desse movimento, é proporcional à quantidade de matéria, que era o que se queria demonstrar.

Phil. Você estabelece como um princípio autoevidente que a quantidade de movimento em qualquer corpo é proporcional à velocidade // e à *matéria* tomadas juntas, e faz uso disso para provar uma proposição de onde infere a existência da *matéria*. Diga-me se isso não é argumentar em círculo?

---

54 Ver *Princípios*, parágrafo 50.

Hyl. Na premissa eu somente quero dizer que o movimento é proporcional à velocidade, juntamente com a extensão e a solidez.

Phil. Mas admitindo que isso seja verdade, ainda assim não se seguirá que a gravidade é proporcional à *matéria* no sentido filosófico da palavra, exceto se você tomar como certo que o *substratum* desconhecido, ou o que quer que o chame, é proporcional àquelas qualidades sensíveis, e supor isso é uma petição de princípio. Que haja magnitude, solidez ou resistência percebidas pelos sentidos, admito prontamente. Da mesma forma, não disputarei que a gravidade pode ser proporcional a essas qualidades. Mas que essas qualidades conforme percebidas por nós, ou os poderes que as produzem, existem em um *substratum material*, isso é o que nego, e você na verdade afirma, mas, não obstante sua demonstração, sem tê-lo provado.

Hyl. Não insistirei mais nesse ponto. Você pensa, no entanto, que me persuadirá de que os filósofos naturais estiveram sonhando esse tempo todo? Diga-me o que acontece com todas as suas hipóteses e explicações sobre os fenômenos que supõem a existência da matéria?[55]

Phil. O que você entende, Hylas, por fenômenos?

Hyl. Entendo as aparências que percebo por meio dos meus sentidos.

Phil. E as aparências percebidas pelos sentidos não são ideias?

Hyl. Já lhe disse isso cem vezes.

Phil. Portanto, explicar os fenômenos é mostrar como chegamos a ser afetados pelas ideias segundo a maneira e a

---

[55] Ver *Princípios*, parágrafo 58.

ordem[56] em que elas são impressas em nossos sentidos. Não é isso?

Hyl. É.

Phil. Agora, se você puder provar que algum filósofo explicou a produção de uma ideia em nossas mentes com a ajuda da *matéria*, aquiescerei para sempre e considerarei tudo o que foi dito contra ela como sendo nada. Mas se você não puder, será inútil alegar a explicação dos fenômenos. Compreende-se facilmente que um ser dotado de conhecimento e vontade deva produzir ou exibir ideias. Mas que um ser absolutamente destituído dessas faculdades possa produzir ideias ou de algum modo afetar uma inteligência, isso não posso entender. Digo que, ainda que tivéssemos uma concepção positiva da matéria, ainda que // conhecêssemos suas qualidades e pudéssemos compreender sua existência, ainda assim estaríamos longe de explicar as coisas, pois ela é, em si, a coisa mais inexplicável do mundo. E, no entanto, apesar de tudo isso, não se segue que os filósofos não fizeram nada, pois, ao observar e raciocinar acerca da conexão das ideias, descobrem as leis e métodos da natureza, que é uma parte do conhecimento ao mesmo tempo útil e interessante.

Hyl. Afinal de contas, pode-se supor que Deus enganaria todos os homens? Você imagina que Ele teria induzido o mundo todo a acreditar na existência da matéria caso não existisse tal coisa?

Phil. Acredito que você não afirmaria que toda opinião epidêmica, procedente do preconceito, da paixão, ou da falta de reflexão, possa ser imputada a Deus como o seu Autor.

---

56 Edições de 1713 e 1725: "séries".

Qualquer que seja a opinião que tivermos a Seu respeito, deve ser porque Ele a descobriu para nós mediante uma revelação sobrenatural ou porque ela é tão evidente para as nossas faculdades naturais, que Deus formou e nos deu, que é impossível recusar nosso consentimento. Mas onde está a revelação? Ou onde está a evidência que força |exort| a crença na matéria? Mais ainda: como se afigura que a matéria, tomada como algo diferente do que percebemos pelos nossos sentidos, é considerada existente por todos os homens? Ou, na verdade, por todos, com exceção de uns poucos filósofos que não sabem a que ater-se? Sua pergunta supõe que esses pontos estejam esclarecidos; e quando você os tiver esclarecido, eu me considerarei obrigado a lhe dar outra resposta. Enquanto isso, é suficiente que lhe diga que não suponho que Deus tenha enganado, de maneira alguma, o gênero humano.

Hyl. Mas a novidade, Philonous, a novidade! Aí está o perigo. Novas noções deveriam ser sempre desencorajadas. Elas perturbam a mente dos homens e ninguém sabe aonde poderão levar.

Phil. Não posso imaginar por que a rejeição de uma noção que não tem fundamento nem nos sentidos, nem na razão ou na autoridade Divina, haveria de abalar a crença em tais opiniões, que se fundam em todos e em alguns desses fundamentos. Admito de bom grado que as inovações nos governos e nas religiões são perigosas e devem ser desencorajadas. Mas há uma razão análoga pela qual elas sejam desencorajadas na filosofia? Dar a conhecer uma coisa que antes era desconhecida é uma inovação no conhecimento; e se todas essas inovações tivessem sido proibidas, // o homem teria feito um progresso notável nas artes e nas ciências.⁵⁷ Mas não compete a mim defender novidades e paradoxos. Que as qualidades que percebemos não estão nos objetos; que não devemos acreditar em nossos sentidos; que não sabemos nada acerca da real natureza das coisas, e nunca poderemos ter certeza de sua existência; que cores e sons reais não são nada senão certas figuras e movimentos desconhecidos; que os movimentos não são em si nem rápidos nem lentos; que há nos corpos extensões absolutas, sem qualquer magnitude ou forma particular; que uma coisa estúpida, sem pensamento e inativa, atua sobre um espírito; que a menor partícula de um corpo contém inumeráveis partes extensas; essas são as novidades, essas são as noções estranhas que chocam o genuíno juízo não corrompido de todos os homens; e uma vez admitidas, envolvem |*embarras*| a mente em dúvidas e dificuldades sem fim. E é contra essas e semelhantes inovações que tento defender o senso comum. É verdade que ao fazer isso posso, talvez, ser obrigado a usar algumas *ambages*⁵⁸ e formas de expressão nada comuns. Mas se minhas ideias |*notions*| forem algum dia completamente entendidas, aquilo que é mais singular nelas poderá, com efeito, ser reduzido a não mais do que isto: que é absolutamente impossível, e uma manifesta contradição, supor que um ser não pensante deva existir sem ser percebido por uma

---

57 Um "não" depois de "homem" parece ter sido inadvertidamente omitido em todas as três edições publicadas durante a vida de Berkeley, ou então, como afirma J. Dancy, nota 34, p.176, trata-se de uma ironia.

58 "Ambages" no original, ou seja, rodeios, voltas, evasivas.

mente. E, se essa opinião for singular, é uma vergonha que seja assim na época atual e em um país cristão.

Hyl. Quanto às dificuldades a que estão sujeitas as outras opiniões, essas estão fora de questão. Compete a você defender a sua. Pode haver algo mais evidente do que o fato de que você transforma todas as coisas em ideias? Você, que não tem vergonha de acusar-me de *ceticismo*. Isso é tão evidente que não há como negá-lo.

Phil. Você se engana. Não sou a favor de transformar as coisas em ideias, mas, antes, as ideias em coisas, pois esses objetos imediatos da percepção, os quais de acordo com você são só aparências das coisas, eu as tomo como sendo as coisas reais em si.[59]

Hyl. Coisas! Você pode pretender o que quiser, mas é certo que você não nos deixa nada senão as formas vazias das coisas, apenas o exterior |outside| que afeta os sentidos.

Phil. O que você chama de formas vazias e exterior das coisas parecem-me as coisas em si. Não estão vazias nem incompletas, contrariamente à sua suposição de que a matéria // é uma parte essencial de todas as coisas corpóreas. Nós dois, portanto, concordamos nisso, que percebemos somente formas sensíveis, mas aqui diferimos: você as considera aparências vazias, e eu, seres reais. Em suma, você não confia nos seus sentidos; eu confio.

Hyl. Você diz que acredita em seus sentidos, e parece elogiar-se por estar relativamente a isso de acordo com o vulgo. De acordo com você, portanto, a verdadeira natureza de uma coisa é descoberta pelos sentidos. Se é assim, de onde proce-

---

59 Ver *Princípios*, parágrafo 38.

de esse desacordo? Por que não se percebem a mesma figura, e outras qualidades sensíveis, observadas desde qualquer ponto de vista? E por que deveríamos usar um microscópio para melhor descobrir a verdadeira natureza de um corpo, se fosse passível de ser descoberta a olho nu?

Phil. Estritamente falando, Hylas, nós não vemos o mesmo objeto que sentimos;[60] tampouco é o mesmo objeto percebido pelo microscópio aquele que foi percebido a olho nu.[61] Mas caso cada variação fosse considerada suficiente para constituir uma nova espécie ou indivíduo, o número infindável ou a confusão de nomes tornaria a linguagem impraticável. Portanto, para evitar isso, bem como outras inconveniências que são óbvias mediante um pouco de reflexão, os homens combinam diversas ideias apreendidas pelos diversos sentidos, ou pelo mesmo sentido em diferentes momentos ou em diferentes circunstâncias, mas nas quais se observa, no entanto, que têm alguma conexão na natureza, seja com respeito à coexistência ou sucessão, todas as quais eles as referem a um nome e consideram uma coisa. Em consequência, segue-se que, quando examino por meus outros sentidos uma coisa que já tinha visto, não é a fim de perceber |*understand*| melhor o mesmo objeto que havia percebido pela visão, o objeto de um sentido não sendo percebido pelos outros sentidos. E, quando olho através de um microscópio, não é que posso perceber de forma mais clara o que havia percebido a olho nu, o objeto percebido

---

[60] Sobre a tese da heterogeneidade dos sentidos, ver as obras *Um ensaio para uma nova teoria da visão*, seção 49, e *Nova teoria da visão confirmada e explicada*, parágrafos 9, 10 e 15.

[61] Ver *Um ensaio para uma nova teoria da visão*, parágrafos 84-86.

pelas lentes sendo bem diferente daquele primeiro. Mas, em ambos os casos, meu objetivo é somente saber quais ideias estão conectadas juntas; e quanto mais um homem sabe sobre a conexão de ideias, mais se diz que ele conhece a natureza das coisas. Que importa, então, se nossas ideias são variáveis? Que importa se nossos sentidos não são, em todas as circunstâncias, afetados pelas mesmas aparências? Não se deve, então, concluir que eles não são confiáveis, ou que são inconsistentes com eles mesmos ou com qualquer outra coisa a não ser com sua noção preconcebida de (não sei que) natureza real, única, imutável e imperceptível, designada por cada um dos nomes? Esse preconceito parece ter surgido da má // interpretação da linguagem ordinária dos homens, que falam de várias ideias diferentes como sendo unidas em uma só coisa pela mente. E, de fato, há motivo para suspeitar que vários conceitos errôneos dos filósofos se devem à mesma origem, pois eles começam a construir suas teorias |*schemes*| não tanto sobre noções como sobre palavras que foram formadas pelo vulgo simplesmente para conveniência e comunicação |*dispatch*| nas ações comuns da vida, sem consideração à especulação.[62]

Hyl. Parece-me que compreendo o que você quer dizer.

Phil. Sua opinião é que as ideias que percebemos pelos nossos sentidos não são coisas reais, mas imagens ou cópias delas. Nosso conhecimento, portanto, não é mais real do que as nossas ideias são representações verdadeiras daqueles originais. Mas, como esses supostos originais são em si desconhecidos, é impossível saber até que ponto as nossas ideias

---

[62] Ver *Princípios*, Introdução, parágrafos 23-25.

se assemelham a eles, ou se elas têm qualquer semelhança.[63] Portanto, não podemos ter certeza de que temos qualquer conhecimento real. Além do mais, como nossas ideias estão em perpétua variação, sem que haja qualquer mudança nas supostas coisas reais em si, necessariamente deduz-se que as ideias não podem ser todas cópias fiéis das coisas; ou, se umas são e outras não, é impossível distinguir as primeiras das últimas. E isso nos faz mergulhar ainda mais fundo na incerteza. Além disso, quando consideramos esse ponto, não podemos conceber como uma ideia, ou uma coisa semelhante a uma ideia, deva ter uma existência absoluta fora da mente; nem, consequentemente, de acordo com você, como haveria qualquer coisa real na natureza.[64] O resultado de tudo isso é que somos lançados no mais desesperado e desamparado *ceticismo*. Agora, permita-me perguntar-lhe: *primeiro*, se suas ideias referentes a certas substâncias impercebidas absolutamente existentes, assim como seus originais, não constituem a fonte de todo esse *ceticismo*;[65] *segundo* se você está informado, ou por meio dos sentidos ou da razão,[66] da existência de tais originais desconhecidos? E, caso não esteja, se não é absurdo supor sua existência? Em *terceiro* lugar, se, caso investigue, você acha que há alguma coisa distintamente concebida ou significada por *existência absoluta ou externa de substâncias não perceptivas*?[67] *Finalmente*, se, considerando-se as premissas, o procedimento mais sábio não seria seguir a natureza, con-

---

63 Ver *Princípios*, parágrafos 8-10, 86 e 87.
64 Ver *Princípios*, parágrafo 6.
65 Ver *Princípios*, parágrafos 87-90.
66 Ver *Princípios*, parágrafo 18.
67 Ver *Princípios*, parágrafo 24.

fiar em seus sentidos e, deixando de lado todo pensamento preocupado |*anxious*| a respeito de substâncias ou naturezas desconhecidas, admitir com o vulgo que as coisas reais são as que são percebidas pelos sentidos?

Hyl. Por ora não estou inclinado a responder. Preferiria ver o que você pode opor ao seguinte. Diga-me, os objetos percebidos pelos *sentidos* de uma pessoa // não são igualmente perceptíveis a outros[68] que estejam presentes? Se houvesse mais cem pessoas aqui, todas veriam o jardim, as árvores e as flores como eu as vejo. Mas elas não são afetadas da mesma maneira pelas ideias que formo em minha imaginação. Não constitui isso uma diferença entre a primeira classe de objetos e a segunda?

Phil. Reconheço que sim. Não neguei que haja uma diferença entre os objetos dos sentidos e os da imaginação.[69] Mas o que você inferiria disso? Você não pode dizer que objetos sensíveis existem impercebidos porque eles são percebidos por muitos.

Hyl. Reconheço que não posso fazer nada com essa objeção, mas ela me conduz a outra. Não é sua opinião que por intermédio dos nossos sentidos percebemos somente as ideias existentes em nossas mentes?

Phil. É.

Hyl. Mas a mesma ideia que está em minha mente não pode estar na sua ou em qualquer outra mente. Não se segue, portanto, dos seus princípios, que duas pessoas não podem ver a mesma coisa? E isso não é altamente absurdo?

---

68 Edições de 1713 e 1725: "a todos os outros".
69 Ver *Princípios*, parágrafos 28-33.

Phil. Se o termo *mesma* for tomado no sentido comum, é certo (e de modo algum contrário aos princípios que mantenho) que pessoas diferentes podem perceber a mesma coisa, ou que a mesma coisa ou ideia existe em mentes diferentes. As palavras impõem-se arbitrariamente |*words are of arbitrary imposition*|; e dado que as pessoas costumam aplicar a palavra *mesma* onde nenhuma distinção ou variedade é percebida, e não pretendo alterar suas percepções, segue-se que, como as pessoas já disseram antes, *vários viram a mesma coisa*; então elas podem, em situações idênticas, continuar a usar a mesma frase sem nenhum desvio, seja da propriedade da linguagem, seja da verdade das coisas. Mas se o termo *mesma* for usado na acepção dos filósofos, que querem dizer uma noção abstrata de identidade, então, de acordo com suas várias definições dessa noção (pois ainda não se chegou a um acordo sobre em que essa identidade filosófica consiste), pode ser possível ou não que diversas pessoas percebam a mesma coisa. Porém, se os filósofos acham adequado chamar uma coisa de *mesma* ou não, é algo, imagino, de menor importância. Suponhamos várias pessoas juntas, todas dotadas das mesmas faculdades e, consequentemente, afetadas do mesmo modo pelos seus sentidos, e que nunca tenham conhecido o uso da linguagem: elas iriam, sem dúvida, concordar com suas percepções. Embora, talvez, quando viessem a usar a fala, alguns, considerando a uniformidade do que foi percebido, poderiam chamá-la de a *mesma* coisa; outros, especialmente // considerando a diversidade das pessoas que perceberam, poderiam escolher a denominação de coisas diferentes. Mas quem não vê que toda a disputa é sobre uma palavra? A saber, se o que é percebido por diferentes pessoas pode, não obstante, ter o termo *mesmo* aplicado a ele? Ou, imagine uma casa cujas paredes ou estrutura exterior permaneçam inalteradas, mas cujos quartos são derrubados e outros novos são construídos no lugar: você chamaria essa casa de a *mesma* e eu diria que não é a *mesma* casa. Não estaríamos, apesar de tudo isso, concordando perfeitamente em nossos pensamentos sobre a casa em si? E toda a diferença não consistiria em um som? Se você disser que diferimos em nossas noções porque adicionou à sua ideia da casa uma simples ideia abstrata de identidade ao passo que eu não, eu lhe diria que não sei o que você quer dizer com essa *ideia abstrata de identidade*, e desejaria que você examinasse seus pensamentos e se assegurasse de que você mesmo se entende. Por que se cala, Hylas? Não está satisfeito que as pessoas possam disputar sobre identidade e diversidade sem qualquer diferença real em seus pensamentos e opiniões, abstraídos de nomes? Reflita também sobre isto: admita-se ou não que a matéria existe, o caso é exatamente o mesmo no tocante ao ponto em questão, pois os próprios materialistas reconhecem o que percebemos imediatamente por meio de nossos sentidos como sendo nossas ideias. Sua objeção, portanto, de que não há duas pessoas que veem a mesma coisa, vale igualmente contra os materialistas e contra mim.

Hyl. Mas[70] eles supõem um arquétipo externo ao qual referem suas diversas ideias, e pode-se dizer, na verdade, que eles percebem a mesma coisa.

Phil. E então (sem falar que você descartou tais arquétipos) você pode supor um arquétipo externo segundo meus prin-

---

70 Edições de 1713 e 1725: "Ah! Philonous, mas...".

cípios: *externo*, quero dizer, à sua própria mente, embora, de fato, deva-se supor que exista naquela mente que compreende todas as coisas. Mas então isso serve a todos os fins da identidade, da mesma forma como se existisse fora de uma mente. E estou seguro de que você mesmo não dirá que isso é menos inteligível.

Hyl. Você realmente me esclareceu de maneira satisfatória de que, ou não há nenhuma objeção no fundo dessa questão ou, se houver, que ela se dirige igualmente contra ambas as opiniões.

Phil. Mas aquilo que é igualmente válido contra duas opiniões contraditórias não pode constituir uma prova contra nenhuma delas.

Hyl. Reconheço que sim. Mas afinal, Philonous, quando considero // a essência |*substance*| do que você apresenta contra o *ceticismo*, vejo que não consiste em mais do que isto: temos certeza de que realmente vemos, ouvimos e sentimos, em suma, de que somos afetados por impressões sensíveis.

Phil. E o que mais nos interessa? Eu vejo essa *cereja*, eu a sinto, eu a provo, e estou certo de que o *nada* não pode ser visto, sentido ou provado; ela é, portanto, *real*. Suprima as sensações de maciez, umidade, vermelhidão e acidez e você suprimirá a cereja. Uma vez que ela não é um ser diferente das sensações,[71] uma *cereja*, afirmo, não é nada senão um agregado |*congerie*| de impressões sensíveis ou de ideias percebidas por vários sentidos; ideias que estão unidas em uma só coisa (ou que receberam um só nome) pela mente,

---

71 Edições de 1713 e 1725: "dessas sensações".

porque se observa que elas estão ligadas umas às outras |*to attend each other*|. Assim, quando o paladar é afetado por tal gosto em particular, a visão é afetada por uma cor vermelha, o tato, pela redondeza, maciez etc. Portanto, quando vejo, sinto e provo de várias maneiras particulares, estou certo de que a *cereja* existe ou é real; sua realidade, em minha opinião, não é nada independentemente |*abstracted*| dessas sensações. Mas se pela palavra *cereja* você quiser dizer uma natureza desconhecida, diferente de todas aquelas qualidades sensíveis, e por sua existência algo diferente do seu ser percebido, então naturalmente reconheço que nem eu nem você, nem ninguém mais, pode ter certeza de que ela existe.

Hyl. Mas o que você diria, Philonous, se eu apresentasse contra a existência de coisas sensíveis em uma mente as mesmas razões que você apresentou contra a sua existência em um *substratum* material?

Phil. Quando eu descobrir as suas razões, você ouvirá o que tenho a dizer sobre elas.

Hyl. É a mente extensa ou inextensa?

Phil. Inextensa, sem dúvida.

Hyl. Você diz[72] que as coisas que percebe estão na sua mente?

Phil. Estão.

Hyl. Outrossim, não ouvi você falar em impressões sensíveis?

Phil. Creio que sim.

Hyl. Explique-me então, caro Philonous, como pode haver espaço para que todas aquelas árvores e casas existam em sua mente? Podem coisas extensas estar contidas no que é inextenso? Ou devemos imaginar impressões produzidas em

---

72 Edições de 1713 e 1725: "Você não diz".

uma coisa destituída de qualquer solidez? Você não pode dizer que os objetos estão na sua mente, como os livros em uma biblioteca; ou que as coisas estão impressas nela, como a figura de um selo sobre a cera. Em que sentido, portanto, // devemos entender essas expressões? Explique-me isso se puder e eu serei então capaz de responder a todas as perguntas que você me fez anteriormente sobre meu *substratum*.

Phil. Escute Hylas, quando falo de objetos que existem na mente ou impressos nos sentidos, não desejo ser entendido no sentido literal e grosseiro, como quando se diz que os corpos existem em um lugar, ou um selo deixa uma impressão sobre a cera. Quero dizer somente que a mente os compreende e os percebe, e que ela é afetada por algo exterior ou por algum ser diferente dela. Essa é a minha explicação para responder à sua objeção | *This is my explication of your difficulty* |; e como ela pode servir para tornar inteligível sua doutrina de um *substratum* material incapaz de percepção, isso eu gostaria de saber.

Hyl. Não, se isso é tudo, confesso que não vejo que uso posso fazer dela. Mas você não é culpável de certo abuso da linguagem nisso?

Phil. De maneira alguma. Não é mais que aquilo que o uso ordinário – que, como você sabe, constitui a regra da linguagem – autorizou, pois nada é mais usual para os filósofos do que falar dos objetos imediatos de seu entendimento como coisas existentes na mente. Tampouco há algo nisso que não esteja de acordo com a analogia geral da linguagem; a maior parte das operações mentais é significada por palavras emprestadas de coisas sensíveis, como é evidente nos termos *compreender*, *refletir*, *discursar* etc., os quais, sendo aplicados à mente, não devem ser tomados em seu sentido original e grosseiro.

Hyl. Reconheço que você me satisfez quanto a esse ponto. Mas ainda resta uma grande dificuldade, que não sei como você a resolverá. E de fato ela é de tal importância que se você conseguir resolver todas as outras sem ser capaz de encontrar uma solução para essa, nunca espere que eu me torne um adepto dos seus princípios.

Phil. Deixe-me conhecer essa dificuldade poderosa.

Hyl. A narrativa da Criação das Escrituras é o que me parece totalmente irreconciliável com suas noções.[73] Moisés fala-nos de uma Criação: uma Criação de quê? De ideias? Não, certamente, mas de coisas, de coisas reais, substâncias corpóreas sólidas. Leve seus princípios a concordar com isso e eu talvez concorde com você.

Phil. Moisés menciona o Sol, a Lua, as estrelas, a terra, o mar, as plantas e os animais. Não duvido que essas coisas realmente existam e foram no início criadas por Deus. // Se por *ideias* você quer dizer ficções e fantasias da mente, então não são ideias. Se por *ideias* você quer dizer objetos imediatos do entendimento ou coisas sensíveis que não podem existir imperceobidas ou fora de uma mente, então essas coisas são ideias. Mas se você as chama ou não de *ideias*, isso pouco importa. A diferença reside apenas num nome. E se esse nome for mantido ou rejeitado, o sentido, a verdade e a realidade das coisas continuam as mesmas. Na linguagem ordinária, os objetos de nossos sentidos não são chamados de *ideias*, mas de *coisas*. Chame-os ainda assim, contanto que

---

73 Ver *Princípios*, parágrafos 82-84.

não lhes atribua uma existência externa absoluta, e eu nunca discutirei com você por causa de uma palavra. Portanto, admito que a Criação tenha sido uma criação de coisas, de coisas *reais*. E isso não é, de modo algum, incompatível com os meus princípios, como é evidente pelo que eu disse agora, e teria ficado evidente a você sem isso se você não tivesse se esquecido do que tantas vezes anteriormente falamos. Mas, quanto às substâncias corpóreas sólidas, desejaria que você me mostrasse onde Moisés faz qualquer menção a elas; e se forem mencionadas por ele ou por qualquer outro escritor inspirado, ainda assim caberia a você mostrar se essas palavras não foram tomadas, na acepção comum da palavra, por coisas que são objetos |*falling under*| de nossos sentidos, senão na acepção filosófica,[74] por matéria, ou por essência |*quiddity*| desconhecida com uma existência absoluta. Quando tiver provado esses pontos, então (e somente então) você pode trazer a autoridade de Moisés para nossa discussão.

Hyl. É em vão disputar sobre um ponto tão claro. Contento-me em submetê-lo à sua consciência. Você não está convencido de que haja certa contradição peculiar entre a narrativa mosaica da criação e as suas noções?

Phil. Se todas as interpretações |*sense*| possíveis que podem ser dadas do primeiro capítulo do *Gênesis* podem ser concebidas como tão compatíveis com meu princípio como com qualquer outro, então não há nenhuma contradição peculiar com elas. Mas não há sentido algum que você não possa também conceber se acreditar como eu acredito. Uma vez que, além

---

[74] Berkeley emprega aqui o termo "philosophic", querendo dizer pseudofilosófica, pois se trata do sentido contra a qual ele argumenta.

de espíritos, tudo o que você concebe são ideias, e a existência delas eu não nego, nem pretendo que existam fora da mente.

Hyl. Por favor, permita-me saber em que sentido você entende isso.

Phil. Pois bem, imagino que se estivesse presente na Criação, teria visto coisas sendo produzidas em seres, ou seja, tornando-se perceptíveis na ordem descrita pelo historiador sagrado. Sempre acreditei na narrativa mosaica da Criação e não encontro agora alteração alguma em minha maneira de acreditar nela. Quando se diz que as coisas começam ou terminam sua existência, // não queremos dizer isso no que concerne a Deus, senão no tocante às Suas criaturas; todos os objetos são eternamente conhecidos por Deus ou, o que quer dizer a mesma coisa, têm uma existência eterna em Sua mente. Mas quando coisas antes imperceptíveis às criaturas se tornam perceptíveis por uma lei de Deus, então dizemos que elas iniciaram uma existência relativa com respeito às mentes criadas. Portanto, ao ler a narrativa mosaica da Criação, compreendo que as diversas partes do mundo se tornaram gradativamente perceptíveis aos espíritos finitos, dotados de faculdades apropriadas, de forma que quem quer que então estivesse presente as percebesse de verdade. Esse é o sentido literal óbvio sugerido a mim pelas palavras das Sagradas Escrituras, nas quais não está incluída nenhuma menção ou pensamento sobre *substratum*, instrumento, ocasião, ou sobre existência absoluta. E, após investigação, não duvido que se descubra que a maioria dos homens simples e honestos, que acreditam na Criação, não pensam nessas coisas mais do que eu. Em que sentido metafísico pode compreendê-lo, só você pode dizer.

Hyl. Mas, Philonous, você não parece dar-se conta de que concede às coisas criadas, no começo, somente uma vida relativa e, consequentemente, hipotética; ou seja, na suposição de que havia homens para percebê-las, sem os quais elas não teriam nenhuma realidade absolutamente existente |*actuality of absolute existence*|, na qual a Criação poderia terminar. Portanto, não é manifestamente impossível, de acordo com você, que a Criação de qualquer criatura inanimada devesse preceder à criação do homem? E isso não é diretamente contrário à narrativa mosaica?

Phil. Em resposta a isso digo, *primeiramente*, que os seres criados podem começar a existir na mente de outras criaturas inteligentes que não o homem. Você não será capaz, portanto, de provar qualquer contradição entre Moisés e minhas noções, a menos que mostre que não havia nenhuma outra ordem de espíritos finitos criados existentes antes do homem. Digo ainda que, caso concebamos a Criação como deveríamos nesse momento, como uma quantidade de plantas e vegetais de todos os tipos produzidos por um poder invisível num deserto onde ninguém estava presente, que essa maneira de explicá-la ou concebê-la é compatível com meus princípios, visto que eles não o privam de nada, quer sensível ou imaginável; que ela condiz exatamente com as noções comuns, naturais e puras dos homens; que ela manifesta a dependência de todas as coisas de Deus e, consequentemente, tem todo efeito positivo ou influência que pode ter esse importante artigo de nossa fé, ao tornar os homens humildes, agradecidos e resignados ao seu Criador.[75] Além disso,

---

75 Na primeira e segunda edições constava "grande Criador".

afirmo que nessa ingênua // concepção das coisas, despojada de palavras, não encontrará nenhuma noção do que você chama de realidade absolutamente existente |*actuality of absolute existence*|. Você pode, na verdade, levantar uma polvorosa com esses termos e, dessa forma, alongar nossa disputa sem nenhum motivo. Mas peço-lhe que reflita calmamente sobre seus pensamentos e então me diga se eles não são um jargão inútil e ininteligível.

Hyl. Reconheço que não tenho uma ideia |*notion*| muito clara sobre eles. Mas o que me diz disso? Você não faz a existência das coisas sensíveis consistir em que elas estejam na mente de alguém? E não estavam todas as coisas eternamente na mente de Deus? Portanto, elas não existiam desde sempre, de acordo com você? E como poderia ser criado no tempo aquilo que era eterno? Pode haver algo mais claro ou mais coerente do que isso?

Phil. E você também não é da opinião de que Deus conhecia todas as coisas desde sempre?

Hyl. Sou.

Phil. Consequentemente, elas sempre tiveram uma existência no Intelecto Divino.

Hyl. Isso eu reconheço.

Phil. Portanto, conforme você mesmo confessa, nada é novo, ou começa a ser, com relação à mente de Deus. Assim, estamos de acordo sobre esse ponto.

Hyl. O que poderemos dizer então da Criação?

Phil. Não devemos entender que ela se deu inteiramente em relação aos espíritos finitos, de forma que as coisas no tocante a nós possam ser consideradas como tendo começado sua existência, ou como tendo sido criadas, quando

Deus declarou que elas deveriam se tornar perceptíveis às criaturas inteligentes, naquela ordem e da maneira que Ele então estabeleceu, e que nós agora chamamos de leis da natureza? Você pode chamar isso de uma *existência relativa* ou *hipotética*, se quiser. Mas enquanto ela nos fornecer o sentido mais natural, óbvio e literal da história mosaica da Criação, ou enquanto atender a todos os fins religiosos daquele importante artigo, numa palavra, enquanto você não puder atribuir nenhum outro sentido ou significado em seu lugar, por que devemos rejeitar esse? Para sujeitarmo-nos a um ridículo capricho cético de tornar tudo sem sentido e ininteligível? Tenho certeza de que você não pode dizer que é para a glória de Deus, pois, admitindo que seja uma coisa possível e concebível que o mundo corpóreo deva ter uma subsistência absoluta extrínseca à mente de Deus, bem como às mentes de todos os espíritos criados, ainda assim, como isso poderia demonstrar a imensidão ou a onisciência da Divindade, ou a dependência necessária e imediata de todas as // coisas Dele? Mais ainda: não lhe parece antes que seria uma depreciação desses atributos?

Hyl. Bem, mas e quanto a essa lei de Deus que tornou as coisas perceptíveis, o que diz você, Philonous? Não é evidente que Deus, ou executou essa lei desde toda a eternidade, ou em um certo momento começou a desejar o que Ele não havia realmente desejado antes, senão só planejado desejar? No primeiro caso, não poderia ter havido nenhuma Criação ou começo da existência das coisas finitas. No segundo, teremos então de reconhecer que algo novo acontece à Divindade, o que implicaria um tipo de mudança, e toda mudança implica imperfeição.

Phil. Por favor, considere o que você está dizendo. Não é evidente que essa objeção vai igualmente contra uma criação? Mais ainda: contra qualquer outro ato da Divindade que se possa descobrir por meio da luz da natureza ⎢*by the light of Nature*⎥? Não podemos conceber nenhum desses atos de outra forma senão como tendo sido realizados no tempo e tendo um começo. Deus é um ser de perfeições ilimitadas e transcendentes. Sua natureza, portanto, é incompreensível aos espíritos finitos. Não se deve, por conseguinte, esperar que um homem, seja ele *materialista* ou *imaterialista*, tenha noções exatas e justas sobre a Divindade, seus atributos e maneiras de operar. Portanto, se você quiser inferir algo contra mim, sua objeção não deve proceder da inadequação da minha concepção sobre a Natureza Divina, que é inevitável em todo sistema ⎢*scheme*⎥, mas da negação da matéria, sobre a qual não há uma só palavra, direta ou indiretamente, no que você acabou de objetar.

Hyl. Devo reconhecer que as dificuldades que você se preocupou em esclarecer são somente as que surgem da não existência da matéria e peculiares àquela noção. Até aqui você tem razão. Mas não posso, de modo algum, pensar que não há uma contradição peculiar entre a Criação e a sua opinião, embora, na verdade, não saiba exatamente onde ela se encontra.

Phil. E o que você pensa? Acaso não reconheço um duplo estado das coisas, um ectípico ou natural, o outro arquetípico ou eterno? O primeiro foi criado no tempo, o segundo existia desde sempre na mente de Deus. Isso não está em conformidade com as opiniões correntes dos teólogos? Ou será que é necessário mais do que isso a fim de conceber a Criação?

Mas você suspeita de alguma contradição peculiar embora não saiba onde ela se encontra. Para eliminar qualquer escrúpulo possível nesse caso, considere o seguinte: ou você não consegue conceber // a Criação ou uma hipótese que seja e, sendo assim, não há fundamento para que não goste da opinião particular ou alegue algo contra ela por esse motivo; ou você consegue concebê-la e, nesse caso, por que não com base em meus princípios, uma vez que, desse modo, nada concebível é eliminado? Foi permitido a você, o tempo todo, valer-se do alcance dos sentidos, da imaginação e da razão. Portanto, o que quer que tenha apreendido anteriormente – seja imediata ou mediatamente, por intermédio dos seus sentidos ou pelo raciocínio a partir dos seus sentidos –, o que tiver conseguido perceber, imaginar ou entender, permanece com você. Se a opinião, pois, que você tem da Criação segundo outros princípios for inteligível, ela o é também segundo os meus; mas se não for inteligível, penso que ela não é uma noção em absoluto e, portanto, não se perde nada. E, de fato, parece-me muito claro que a suposição da matéria, ou seja, de uma coisa perfeitamente desconhecida e inconcebível, não pode servir para nos fazer conceber qualquer coisa. E espero que não seja necessário provar-lhe que se a existência da matéria não torna a Criação concebível, a existência da Criação sem ela é inconcebível, e a sua não existência não pode constituir uma objeção.

Hyl. Confesso, Philonous, que quase me convenceu sobre esse ponto da Criação.

Phil. Gostaria de saber por que você não está completamente convencido. Você me diz que há uma contradição entre a história mosaica e o imaterialismo, mas não sabe onde ela se encontra. Isso é razoável, Hylas? Você espera que eu resolva uma dificuldade sem saber que dificuldade é essa? Mas, deixando de lado tudo isso, não se poderia pensar que você tem certeza de que não há oposição entre as noções recebidas dos materialistas e os escritos inspirados?

Hyl. E tenho, de fato.

Phil. Deveria a parte histórica das Escrituras ser entendida em um sentido claro e óbvio, ou em um sentido que é metafísico e pouco comum?

Hyl. No sentido claro, sem dúvida.

Phil. Quando Moisés fala de ervas, terra, água etc. como tendo sido criados por Deus, você não acha que as coisas sensíveis comumente significadas por essas palavras são sugeridas a todo leitor não filosófico?

Hyl. Não posso deixar de pensar que sim.

Phil. E não se nega a todas as ideias, ou coisas percebidas pelos sentidos, uma real existência de acordo com a doutrina dos materialistas?

Hyl. Isso eu já reconheci.

Phil. A criação, então, de acordo com eles, não foi // a criação das coisas sensíveis, que têm somente uma existência relativa, mas a criação de certas naturezas desconhecidas, que têm uma existência absoluta, na qual a Criação poderia terminar?

Hyl. É verdade.

Phil. Não é então evidente que os defensores da matéria destroem o sentido claro e óbvio de Moisés, com o qual suas noções são totalmente inconsistentes; e, em vez disso, impõem a nós não sei o quê, algo igualmente ininteligível tanto para eles quanto para mim?

Hyl. Não posso contradizê-lo.

Phil. Moisés nos fala de uma Criação. Uma Criação de quê? De essências |*quiddities*| desconhecidas, de ocasiões, ou de *substratos*? Não, certamente, mas de coisas óbvias aos sentidos. Você precisa primeiro pôr isso de acordo com suas noções, se espera que eu me ponha de acordo com elas.

Hyl. Vejo que você pode me atacar com minhas armas.

Phil. E, no que se refere à *existência absoluta*, conheceu-se algum dia noção mais vazia |*jejune*| do que essa? Trata-se de alguma coisa tão abstrata e ininteligível que você mesmo reconheceu francamente não poder concebê-la, muito menos explicar algo por meio dela. Mas, admitindo que a matéria existe, e que a noção de existência absoluta seja tão clara como a luz, acaso até hoje já se soube que isso tornou a Criação mais crível? Isso não forneceu aos *ateus* e *infiéis* de todos os tempos os mais plausíveis argumentos contra a Criação? Que uma substância corpórea, que tem uma existência absoluta fora da mente dos espíritos, seja produzida do nada pela mera vontade de um Espírito, tem sido visto como algo tão contrário a qualquer razão, tão impossível e absurdo, que não só o mais celebrado dentre os autores da Antiguidade, senão inclusive os filósofos modernos e Cristãos, pensaram que a matéria é coeterna à Divindade. Considere todas essas coisas em conjunto e então julgue se o materialismo predispõe as pessoas a crer na criação das coisas.

Hyl. Reconheço, Philonous, que acho que não. Esta é a última objeção que consigo imaginar a respeito da Criação, e devo necessariamente reconhecer que ela já foi tão bem contestada quanto as demais. Não resta mais nada a superar exceto uma espécie de relutância inexplicável que encontro em mim em relação às suas noções.

Phil. Quando um homem inclina-se para um lado da questão sem saber por que, você acha que isso pode ser outra coisa senão o efeito do preconceito, que nunca deixa de acompanhar as noções velhas e arraigadas? // E, de fato, a esse respeito não posso negar que, dentre os homens de educação culta, a crença na matéria tem grande vantagem sobre a opinião contrária.

Hyl. Confesso que parece ser como você diz.

Phil. Para equilibrar o peso do preconceito, portanto, coloquemos nos pratos da balança a grande vantagem[76] que surge da crença no imaterialismo, tanto no tocante à religião como no que se refere ao aprendizado humano. A existência de um Deus e a incorruptibilidade da alma, esses importantes artigos da religião, não são provados com a mais clara e imediata evidência? Quando falo da existência de um *Deus*, não quero dizer uma causa obscura e geral das coisas, da qual não temos concepção alguma, mas de *Deus* no sentido estrito e próprio da palavra. Um ser cuja espiritualidade, onipresença, providência, onisciência, poder infinito e bondade são tão evidentes |*conspicuous*| quanto a existência das coisas sensíveis, das quais (apesar das falaciosas alegações |*pretences*| e dos fingidos escrúpulos dos *céticos*) não há mais *razão* para duvidar do que para duvidar da nossa existência. E no que concerne às ciências humanas, em filosofia natural, a que dificuldades, a que obscuridades e a que contradições a crença na matéria levou os homens! Para não falar das inúmeras disputas sobre sua extensão, continuidade, homogeneidade, gravidade, divisibilidade etc., eles não pretendem

---

76 Ver *Princípios*, parágrafos 85-156.

explicar todas as coisas por meio de corpos operando sobre corpos, de acordo com as leis do movimento? E, no entanto, eles são capazes de compreender como um corpo deve mover o outro? Mais ainda, admitindo que não havia dificuldade na reconciliação da noção de um ser inerte com uma causa, ou para conceber como um acidente pode passar de um corpo a outro; ainda assim, por todos os seus pensamentos forçados e suposições extravagantes, eles lograram alcançar a produção mecânica de algum corpo animal ou vegetal? Eles podem explicar, pelas leis do movimento, os sons, os sabores, os cheiros, as cores ou o curso natural das coisas? Eles já explicaram, mediante princípios físicos, a aptidão e a complexidade, mesmo das partes mais insignificantes do universo? Mas, deixando de lado a matéria e as causas materiais, e admitindo somente a eficiência de uma mente totalmente perfeita, não são fáceis e inteligíveis todos os efeitos da natureza? Se os fenômenos não são nada mais que *ideias*, Deus é um *espírito*, mas a matéria é um ser não inteligente e não perceptivo. Se eles demonstrarem um poder ilimitado em sua causa, Deus é ativo e onipotente, mas a matéria é uma massa inerte. Se sua ordem, regularidade e utilidade // nunca puderem ser suficientemente admiradas, Deus é infinitamente sábio e previdente, mas a matéria é destituída de qualquer plano e desígnio. Essas certamente são as grandes vantagens na *Física*. Isso sem mencionar que a opinião |apprehension| de uma Divindade distante naturalmente predispõe os homens a uma negligência em suas atitudes *morais*, sobre as quais eles seriam mais cuidadosos caso pensassem Nela como imediatamente presente e atuando sobre suas mentes sem a intervenção da matéria ou de causas secundárias não pensantes. E em *metafísica*, quantas dificuldades sobre entidade em abstrato, formas substanciais, princípios hilárquicos |*hylarchic*|,[77] naturezas plásticas, substância e acidente, princípio da individuação, possibilidade do pensamento da matéria, origem das ideias, a maneira como duas substâncias independentes, tão completamente diferentes como *espírito* e *matéria*, poderiam operar mutuamente uma sobre a outra; de quantas dificuldades, repito, e intermináveis investigações sobre esses e inúmeros outros pontos similares escapamos ao admitir somente espíritos e ideias? Inclusive a própria *Matemática*, se eliminarmos a existência absoluta das coisas extensas, torna-se mais clara e fácil; os paradoxos mais chocantes e as especulações mais intrincadas nessa ciência procedem da infinita divisibilidade da extensão finita, a qual depende dessa suposição. Mas que necessidade há de insistir nas ciências particulares? Não tem o mesmo fundamento essa oposição a toda ciência, esse frenesi dos *céticos* antigos e modernos? Ou você pode apresentar pelo menos um argumento contra a realidade das coisas corpóreas, ou em nome dessa confessada ignorância completa de suas naturezas, que não supõe que sua realidade consista em uma existência externa absoluta? Mediante essa suposição, realmente deve-se admitir que as objeções quanto à mudança das cores do pescoço de um pombo, ou quanto à aparência de um remo torto na água, têm peso. Mas essas e outras objeções semelhantes desaparecem se não sustentarmos a

---

77 Termo derivado do grego ὑλάρχικ-ός = ὑλάρχιος, formado por ὕλη matéria + ἄρχειν governar (*OED*). Ou seja, princípios que governam a matéria.

existência de originais externos absolutos, mas colocarmos a realidade das coisas nas ideias, sem dúvida passageiras e variáveis, mas que não mudam, contudo, ao acaso, senão de acordo com a ordem fixa da natureza. Porque nisso consiste a constância e a verdade das coisas que asseguram todos os interesses vitais e distingue as que são *reais* das visões irregulares da imaginação [*fancy*].[78]

259 // *Hyl.* Concordo com tudo o que você acabou de dizer e devo reconhecer que nada pode me inclinar mais a abraçar sua opinião do que as vantagens que vejo que estão ligadas a ela. Sou preguiçoso por natureza, e isso seria uma grande abreviação no conhecimento. Quantas dúvidas, quantas hipóteses, quantos labirintos de divertimento, quantos campos de disputa, que oceanos de falsa ciência poderiam ser evitados com essa simples noção do *imaterialismo!*

Phil. Afinal, resta algo mais a ser feito? Você se lembra de ter prometido abraçar a opinião que após exame parecesse mais compatível com o senso comum e distante do ceticismo. Isso, você mesmo confessou, é o que nega a matéria, ou a existência absoluta de coisas corpóreas. Mas isso não é tudo; a mesma noção foi provada de várias maneiras, vista sob diferentes aspectos, perseguida em suas consequências, e todas as objeções contra ela foram esclarecidas. Pode haver maior evidência de sua verdade? Ou será possível que tenha todas as características de uma opinião verdadeira e, contudo, seja falsa?

Hyl. Declaro-me inteiramente satisfeito por ora quanto a todos os aspectos. Mas que garantia posso ter de que continuarei com a mesma aceitação plena de sua opinião e de que

---

78 Ver *Princípios*, parágrafo 42.

não apresente no futuro nenhuma objeção ou dificuldade impensada?

Phil. Diga-me, Hylas, nos outros casos, quando um ponto está evidentemente provado, você suspende o seu consentimento por conta das objeções ou das dificuldades as quais ele pode estar sujeito? As dificuldades inerentes à doutrina das quantidades incomensuráveis, do ângulo de contato, das assíntotas das curvas etc. são suficientes para que você se oponha à demonstração matemática? Ou você vai desacreditar da providência de Deus porque pode haver algumas coisas particulares que você não sabe como se reconciliar com elas? Se há dificuldades relativas ao imaterialismo, há ao mesmo tempo provas diretas e evidentes a favor dele. Mas a favor da existência da matéria não há nenhuma prova, e contra ela existe um número muito maior e insuperável de objeções. Mas onde estão essas consideráveis dificuldades sobre as quais você insiste? Ah! Você não sabe o que são nem onde estão; algo que talvez possa ocorrer no futuro. Se esse é um pretexto suficiente para suspender seu assentimento pleno, você nunca o daria a nenhuma proposição, por mais livre que esteja de objeções, por mais clara e solidamente demonstrada que seja.

Hyl. Você me convenceu, Philonous.

Phil. Mas, para prevenir-se contra todas as futuras objeções, considere que o que é igualmente válido contra duas opiniões contraditórias // não pode constituir uma prova contra nenhuma delas. Portanto, quando qualquer dificuldade ocorrer, tente encontrar uma solução para ela conforme a hipótese dos *materialistas*. Não se deixe enganar pelas palavras, mas sonde seus pensamentos. E caso não possa imaginar ser mais fácil com a ajuda do *materialismo*, é claro que isso não pode constituir nenhuma objeção contra o imaterialismo. Se tivesse procedido desde o princípio segundo essa regra, você provavelmente teria se poupado de muito trabalho ao objetar, visto que, dentre todas as suas dificuldades, eu o desafio a mostrar uma que seja explicável pela matéria. Mais ainda: que não seja mais ininteligível com essa suposição do que sem ela e, consequentemente, antes *contra* do que *a favor* dela. Você deveria considerar, em cada caso, se essa dificuldade surge da *não existência da matéria*. Se não surge, então você pode argumentar tanto a partir da infinita divisibilidade da extensão contra a divina presciência como a partir de tal dificuldade contra o *imaterialismo*. E mais: se se recordar, acredito que você verificará que esse foi, senão sempre, quase sempre o caso. Você deve também tomar cuidado para não argumentar em forma de uma *petitio principii*. Alguém pode dizer que as substâncias desconhecidas deveriam ser consideradas coisas reais em vez de ideias em nossas mentes. E quem poderá dizer, no entanto, que a substância externa não pensante pode concorrer, como causa ou instrumento, na produção de nossas ideias? Mas esse procedimento não se baseia na suposição de que há tais substâncias externas? E supor isso não é considerar como provado o que está em questão? Mas, acima de tudo, você deve tomar cuidado para não se deixar enganar por esse sofisma comum que se chama *ignoratio elenchi*. Você falava frequentemente como se pensasse que eu sustentava a não existência das coisas sensíveis, ao passo que, na verdade, ninguém pode estar mais completamente convencido de sua existência do que eu, e é você quem duvida dela, ou melhor, que definitivamente a nega. Tudo o que é visto, sentido, ouvido, ou de algum modo percebido pelos sentidos é, de acordo com os princípios que adoto mas não de acordo com os seus, um ser real. Recorde que a matéria que você defende é algo desconhecido (se é que se pode chamá-la de *algo*), completamente privado de todas as qualidades sensíveis e não pode ser percebido pelos sentidos nem apreendido pela mente. Recorde, repito, que ela não é qualquer objeto duro ou mole, quente ou frio, azul ou branco, redondo ou quadrado etc., pois todas essas coisas eu afirmo que existem. Embora eu realmente negue que tenham uma existência distinta de ser percebidas ou que existam fora de quaisquer mentes. Pense nesses pontos; deixe que sejam atentamente considerados e mantenha-os sempre em vista. Caso contrário, você não compreenderá o sentido |*state*| da questão. Sem isso, suas objeções // sempre errarão o alvo e, em vez de ser dirigidas contra as minhas opiniões, poderão sê-lo (como mais de uma vez ocorreu) contra as suas.

Hyl. Devo reconhecer, Philonous, que nada parece ter me impedido mais de concordar com você do que essa mesma *falta de compreensão da questão*. Ao negar a matéria, à primeira vista fui tentado a imaginar que você nega as coisas que vemos e sentimos; mas após refletir, noto que não há base para isso. O que você acha, então, de conservarmos o nome *matéria* e aplicá-lo às coisas sensíveis? Podemos fazer isso sem nenhuma mudança em nossos pontos de vista |*sentiments*| e, acredite-me, seria uma forma de reconciliá-los com os de algumas pessoas que podem estar mais chocadas com uma inovação nas palavras que nas opiniões.

Phil. De todo coração. Conserve a palavra *matéria* e aplique-a aos objetos dos sentidos, se quiser, desde que não atribua a eles uma subsistência diferente do seu ser percebido. Nunca discutirei com você por causa de uma expressão. *Matéria* ou *substância material* são termos introduzidos pelos filósofos e, conforme usados por eles, implicam uma espécie de independência, ou uma subsistência distinta de ser percebida por uma mente, mas nunca são usados por pessoas comuns, ou, se forem usados, é para significar os objetos imediatos dos sentidos. Alguém poderia pensar, por conseguinte, que, enquanto os nomes de todas as coisas particulares, como os termos *sensível*, *substância*, *corpo*, *material* |*stuff*| e outros semelhantes, são conservados, a palavra *matéria* nunca deveria ser omitida na linguagem comum. E nas discussões filosóficas, parece-me que o melhor é deixá-la de fora, visto que não há, talvez, nenhuma outra coisa que tenha favorecido e reforçado mais a má |*depraved*| tendência da mente para o *ateísmo* do que o uso desse termo genérico confuso.

Hyl. Bem, Philonous, já que concordo em desistir da noção de uma substância não pensante exterior à mente, penso que você não deve negar-me o privilégio de usar a palavra *matéria* como eu quiser, e aplicá-la a uma coleção de qualidades sensíveis subsistentes apenas na mente. Reconheço, francamente, que não há, num sentido estrito, nenhuma outra substância a não ser o *espírito*. Mas estive durante tanto tempo acostumado com o termo *matéria* que não sei como desfazer-me dele. Dizer que não há *matéria* no mundo parece-me ainda muito chocante. Ao passo que não me parece chocante dizer que não há *matéria* se por esse termo se entender uma substância não pensante existindo fora da mente. Mas se por *matéria* se entende alguma coisa sensível, cuja existência consiste em ser percebida, então a *matéria* existe, pois essa distinção modifica completamente o entendimento da questão, e os homens terão // pouca dificuldade para admitir as suas opiniões quando estas lhes forem apresentadas dessa maneira, pois, afinal, a controvérsia sobre a *matéria*, na sua acepção estrita, dá-se exclusivamente entre você e os filósofos, cujos princípios, reconheço, não são tão naturais nem tão conformes com o senso comum dos homens, ou das Escrituras Sagradas, quanto os seus. Não há nada que desejemos ou evitemos que não faça parte, ou que não se considere que faça parte, de nossa felicidade ou miséria. Mas o que tem a ver a felicidade ou a tristeza, a alegria ou a mágoa, o prazer ou a dor, com a existência absoluta, ou com entidades desconhecidas, abstraídas de qualquer relação conosco? É evidente que as coisas nos dizem respeito somente à medida que são agradáveis ou desagradáveis. E elas podem agradar ou desagradar somente enquanto são percebidas. Além disso, portanto, não nos dizem respeito; e até aqui você deixa as coisas como as encontrou. Contudo, há algo novo nessa doutrina. É evidente que agora não penso como os filósofos nem, contudo, inteiramente como o vulgo. Gostaria de saber qual é a situação a esse respeito. Mais precisamente, o que você acrescentou às minhas opiniões anteriores ou que alterações fez?

Phil. Não pretendo ser um proponente de *opiniões novas*. Meus esforços visam somente unir e colocar sob uma perspectiva mais clara essa verdade que anteriormente foi partilhada entre o vulgo e os filósofos: o primeiro sendo da opinião de que *as coisas que ele imediatamente percebe são as coisas reais*, e os últimos, que *as coisas imediatamente percebidas são ideias que existem apenas na mente*. Essas opiniões reunidas constituem, com efeito, a substância daquilo que sustento.

Hyl. Desconfiei durante muito tempo dos meus sentidos. Parecia-me que via as coisas sob uma luz pálida e por intermédio de lentes embaçadas. Agora as lentes foram removidas e uma nova luz inunda meu entendimento. Estou completamente convencido de que vejo as coisas em suas formas naturais e já não me preocupo com suas naturezas desconhecidas ou sua existência absoluta. Esse é o estado em que me encontro agora, ainda que, na verdade, não compreenda inteiramente o caminho que me conduziu a ele. Você partiu dos mesmos princípios que os acadêmicos, cartesianos e outras seitas comumente partem, e durante muito tempo pareceu que estava sustentando o mesmo *ceticismo* filosófico deles. Mas, no final, suas conclusões são diretamente opostas às deles.

Phil. Você vê, Hylas, como a água daquele chafariz é forçada para cima, em uma coluna redonda, até certa altura, // ao chegar à qual ela quebra e cai de volta na fonte de onde aflora? Sua subida, bem como sua descida, procedem da mesma lei ou princípio uniforme da *gravitação*. Da mesma forma, os mesmos princípios que, à primeira vista, levam ao *ceticismo*, se seguidos até certo ponto, levam os homens de volta ao senso comum.

Sobre o movimento

Ou sobre o princípio, a natureza
e a causa da transmissão dos movimentos

31 // 1   Na busca da verdade, devemos tomar cuidado para não sermos induzidos ao erro por palavras que não entendemos corretamente. Esse é o ponto mais importante. Quase todos os filósofos recomendam a prudência, mas poucos a observam. Contudo, não é tão difícil observá-la, especialmente na Física, onde prevalecem o sentido |*sensus*|, a experiência e o raciocínio geométrico. Deixemos de lado, então, na medida do possível, todos os preconceitos, os enraizados na prática linguística ou na autoridade filosófica, e fixemos a atenção na própria natureza das coisas. Pois nenhuma autoridade deve ser estimada tanto a ponto de se atribuir um valor à suas palavras e termos, ainda que nada claro e determinado exista por detrás deles.

2   A contemplação |*contemplatio*| do movimento perturbou muito a mente dos filósofos antigos, dando nascimento a várias opiniões excessivamente difíceis, para não dizer absurdas, que quase saíram inteiramente de moda, e por não serem merecedoras de uma discussão detalhada não precisamos nos deter por muito tempo nelas. Contudo, nas obras sobre o movimento dos mais recentes e sensatos pensadores de nossa época

há muitos termos cujo significado é abstrato e extremamente obscuro, entre os quais "atração da gravidade" |*solicitatio gravitatis*|, "impulso" |*conatus*|, "forças mortas" |*vires mortuæ*| etc., termos que obscurecem os escritos, em outros aspectos muito versados, e engendram opiniões distanciadas da verdade e do senso comum dos homens. Esses termos devem ser examinados com grande cuidado, não a partir de um desejo de provar que outras pessoas estão erradas, mas no interesse da verdade.

3   "Atração" |*solicitation*| e "força exercida" |*nisus*| ou "impulso" |*conatus*| pertencem, no sentido próprio, apenas aos seres animados. Quando estes termos são atribuídos a outras coisas, devem ser tomados num sentido metafórico; mas um filósofo deveria abster-se do uso de metáforas. Além disso, qualquer um que examinar seriamente o assunto concordará que esses termos não têm um significado claro e evidente independentemente de toda afecção |*affection*| da mente e do movimento do corpo.

// 4   Sempre que erguemos corpos pesados sentimos em nós mesmos esforço |*nisum*|, fadiga e desconforto. Percebemos também na queda dos corpos pesados um movimento acelerado em direção ao centro da Terra; e isso é tudo o que os sentidos nos mostram. Pela razão, entretanto, inferimos que existe alguma causa ou princípio desses fenômenos, o qual é popularmente chamado de *gravidade*. Mas visto que a causa da queda dos corpos pesados é invisível e desconhecida, a gravidade não pode, nesse sentido, ser propriamente designada de qualidade sensível. É, portanto, uma qualidade oculta. Mas o que é uma qualidade oculta, ou como uma qualidade pode agir ou fazer alguma coisa, dificilmente podemos conceber – na verdade não podemos conceber. E desse modo os homens fariam melhor se abandonassem as qualidades ocultas e prestassem atenção apenas nos efeitos sensíveis. Os termos abstratos (por mais úteis que possam ser nos raciocínios) deveriam ser suprimidos da reflexão, e a mente deveria fixar-se naquilo que é particular e concreto, ou seja, nas próprias coisas.

5   A palavra "força" é também atribuída aos corpos; e ela é usada como se significasse uma qualidade conhecida, e algo diferente do movimento, da figura e de todas as demais coisas sensíveis e também de toda afecção |*affection*| dos seres vivos. Mas se examinarmos o assunto de forma mais cuidadosa concordaremos que esta força não é outra coisa senão uma qualidade oculta. O esforço animal e o movimento corpóreo são comumente considerados sintomas e medidas dessa qualidade oculta.

6   Decerto, então, seria inútil afirmar que a gravidade ou a força é o princípio do movimento; pois como esse princípio poderia ser conhecido de forma mais clara se é chamado de qualidade oculta? Que ele mesmo seja oculto nada explica. E nem preciso dizer que uma causa ativa desconhecida poderia ser mais corretamente chamada de substância em vez de qualidade. Além disso, "força", "gravidade" e termos deste gênero são muito frequentemente empregados no sentido concreto (e dessa maneira corretamente), assim como para designar o movimento dos corpos, a capacidade de resistência etc. Mas quando são empregados pelos filósofos para significar certas naturezas separadas e abstraídas de todas essas coisas – naturezas que não são objetos dos sentidos, nem podem ser compreendidas por nenhuma força do intelecto nem representadas pela imaginação –, então, na verdade, eles são fonte de erro e de confusão.

7   Muitos homens cometem erros sobre os termos gerais e abstratos; eles percebem sua importância nos raciocínios, mas não percebem sua finalidade. Em parte esses termos foram inventados pelo costume popular de abreviar a fala e, em parte, concebidos pelos filósofos para transmitir seus pensamentos. Não porque eles seriam apropriados às naturezas das coisas, que são, na realidade, singulares e concretas, mas porque permitem transmitir conhecimentos e tornam as noções – ou, antes, as proposições – universais.

// 8   Acreditamos geralmente que a força corpórea é uma coisa fácil de conceber. Entretanto, os que estudaram a questão de uma forma mais cuidadosa têm uma opinião diferente, como é evidente a julgar pela notável obscuridade do vocabulário que empregam quando tentam explicá-la. Torricelli[1] disse que a força e a energia |*impetum*| são coisas abstratas e sutis, e quintessências que estão contidas na substância corpórea como no vaso mágico de Circe.[2] Leibniz também disse, ao explicar a natureza da força, que "a força primitiva ativa que é ἐντελέχεια ἡ πρώτη corresponde à alma ou substância formal" (Ver *Acta Erudit. Lips.*). Portanto, mesmo os homens mais eminentes quando cedem às abstrações são obrigados a adotar termos que não têm nenhum significado certo e são meras sombras de noções escolásticas. Poder-se-ia citar muitas outras passagens dos escritos dos mais recentes autores que dariam provas suficientes de que as abstrações metafísicas não têm, em todos os setores, dado lugar à ciência mecânica e aos experimentos, mas ainda representam inúteis dificuldades para os filósofos.

---

1 Evangelista Torricelli (1608-1647), físico e matemático italiano, autor de *De motu*, incluído na sua *Opera geometrica*, de 1644.
2 Alusão à deusa mítica grega.

9   Dessa fonte derivam vários absurdos, tais como esta opinião: "A força da percussão, por menor que seja, é infinitamente grande" – o que de fato supõe que a gravidade é certa qualidade real diferente de todas as outras, e que a gravitação é, de certo modo, um ato dessa qualidade, realmente diferente do movimento. Mas uma percussão muito fraca produz um efeito tão grande quanto a maior gravitação sem o movimento. A primeira emite, de fato, um movimento, a segunda, nenhum. De onde se segue que a força da percussão excede a força da gravitação numa razão infinita, ou seja, é infinitamente grande. Vejam-se os experimentos de Galileu e os escritos de Torricelli, Borelli e outros, sobre a força definida da percussão.

10   Entretanto, devemos admitir que nenhuma força é imediatamente sentida por si mesma, nem conhecida ou medida de outro modo senão por seu efeito; mas de uma força morta |*vis mortua*| ou da simples gravitação em um corpo em repouso não acontece nenhuma mudança, não ocorre nenhum efeito; da percussão há um efeito. Visto que, então, as forças são proporcionais aos efeitos, podemos concluir que não existe nenhuma força morta |*vim mortuam*|, mas não devemos com base nessa explicação inferir que a força da percussão é infinita; pois não podemos considerar infinita uma quantidade positiva em virtude de ela exceder numa razão infinita uma quantidade zero ou nula.

// 11   A força da gravitação não deve ser separada do momento |*momentum*|; mas não existe nenhum momento sem velocidade, visto que ela é a massa multiplicada pela velocidade; repito, não se pode entender a velocidade sem o movimento, e o mesmo é válido, consequentemente, acerca da força da gravitação. Por conseguinte, nenhuma força se torna conhecida a não ser por meio da ação, e por meio da ação ela é medida; mas não somos capazes de separar a ação de um corpo de seu movimento; por essa razão um corpo pesado muda a forma de um pedaço de chumbo colocado sob ele, ou de uma corda, assim que é movido, mas quando está em repouso nada faz, ou (o que é a mesma coisa) é impedido de agir. Em suma, mesmo se por abstração metafísica supusermos que os termos "força morta" |*vis mortua*| e "gravitação" significam alguma coisa diversa de movente, movido, movimento e repouso, na realidade, contudo, a suposta diferença de significado não corresponde a nada.

12 Se alguém afirmasse que um peso suspenso ou colocado numa corda age sobre ela, visto que o peso a impede de voltar ao estado inicial pela força elástica, replico que, por analogia, qualquer corpo mais pesado age sobre o corpo mais leve que se apoia nele, visto que o impede de descer. Mas o fato de um corpo impedir outro de existir naquele espaço que *ele* ocupa não pode chamar-se de ação daquele corpo.

13 Sentimos às vezes a pressão de um corpo que gravita. Mas essa sensação desagradável surge do movimento do corpo pesado transmitido para as fibras e nervos de nosso corpo e que muda sua posição e, portanto, devemos nos referir a ele como percussão. Nessas questões somos perturbados por diversos e sérios preconceitos, que deveriam ser reduzidos ou, antes, inteiramente exorcizados por meio de uma reflexão aguda e contínua.

14 A fim de provar que toda quantidade é infinita, temos de mostrar que uma parte homogênea, finita, está contida nela um número infinito de vezes. Mas a força morta |*vis mortua*| está para a força de percussão, não como a parte para o todo, mas como o ponto para a linha, de acordo com os próprios escritores

que mantêm a força infinita da percussão. Poderia acrescentar muito sobre esse assunto, mas receio ser demasiado prolixo.

15 De acordo com os princípios precedentes, as famosas controvérsias que têm atormentado muito a mente dos cientistas podem ser resolvidas. Por exemplo, a controvérsia sobre a proporção das forças. Por um lado, admitindo que momento |*momenta*|, movimento e energia |*impetus*|, dada a massa, são simplesmente velocidades, afirma-se que as forças são como os quadrados das velocidades. Todo mundo vê que essa opinião supõe que a força do corpo é diferente do momento |*momentum*|, do movimento e da energia |*impetus*|, e sem esta suposição ela cai por terra.

// 16 Para tornar ainda mais claro que uma verdadeira confusão foi introduzida pelas abstrações metafísicas na teoria do movimento, vejamos a que ponto os célebres sábios divergem em suas noções de força e energia |*impetu*|. Leibniz confunde a energia |*impetum*| com o movimento. De acordo com Newton, a energia é, na realidade, o mesmo que a força da inércia. Borelli afirma que a energia é apenas a intensidade da velocidade. Para uns a energia e o impulso |*conatum*| diferem entre si, para outros, são idênticos. A maioria considera a força motriz proporcional ao movimento; mas muitos preferem supor alguma outra força além da motriz, e medida de modo diverso, por exemplo, pelo quadrado da velocidade [multiplicado] pela massa. Mas seria uma tarefa interminável seguir esta linha de raciocínio.

17 *Força, gravidade, atração* e outros termos desse gênero são úteis para raciocínios e cálculos relativos ao movimento e aos corpos em movimento, mas não para compreender a simples natureza do próprio movimento ou para designar outras qualidades diversas. Relativamente à atração, é manifesto que

Newton a introduziu não como uma qualidade verdadeira e física, mas somente como uma hipótese matemática. Na verdade, quando Leibniz distingue esforço ou atração |*solicitationem*| elementar da energia, admite que essas entidades não são realmente encontradas na natureza, mas que devem ser formadas por abstração.

18 Deve-se dar uma explicação similar sobre a composição e decomposição das forças diretas em forças oblíquas por meio da diagonal e lados do paralelogramo. Elas servem para a Mecânica e para o Cálculo. Mas servir para o Cálculo e para as demonstrações matemáticas é uma coisa, revelar a natureza das coisas é outra.

19 Entre os modernos, muitos mantêm a opinião de que o movimento não é nem destruído nem gerado de novo, mas que a quantidade de movimento permanece sempre a mesma. Aristóteles, na verdade, apresentou esse problema há muito tempo: o movimento nasce e morre ou é eterno? (*Física*, Livro 8.) Que o movimento sensível perece é claro para os sentidos, mas aparentemente eles devem admitir que a mesma energia e esforço |*nisum*|, ou a mesma soma de forças, permanecem. Borelli afirma que a força na percussão não é diminuída, mas expandida, que mesmo energias contrárias são recebidas e retidas no mesmo corpo. Do mesmo modo, Leibniz afirma que o esforço existe em toda parte e sempre na matéria, e que ele é entendido pela razão quando não é evidente para os sentidos. Contudo, deve-se admitir que essas entidades são excessivamente abstratas e obscuras, e praticamente do mesmo tipo que as substâncias formais e entelequias.

20 Todos aqueles que, a fim de explicar a causa e a origem do movimento, // fazem uso de um princípio hilárquico |*hylar-*

chico |, ou de uma necessidade |*indigentia*| ou desejo |*appetitu*| da natureza, ou, na realidade, de um instinto natural, devem ser considerados como tendo dito alguma coisa mais propriamente que pensado alguma coisa. E não está longe disso aquele[3] que supôs "que as partes da Terra são automoventes, ou mesmo que os espíritos estão implantados nelas como uma forma" a fim de determinar a causa da aceleração da queda dos corpos pesados. O mesmo também deve ser dito daquele[4] que afirmou "que nos corpos, além da extensão sólida, deve haver algo colocado para servir como ponto de partida para a consideração das forças". Todos eles, na realidade, não dizem nada de particular e determinado – ou, se há algum sentido no que dizem, este será tão difícil de ser explicado quanto a própria coisa que se pretendia explicar.

21   Para compreender a natureza é inútil aduzir coisas que não são evidentes para os sentidos, nem inteligíveis para a razão. Permitam-me então considerar o que os sentidos e a experiência nos dizem, e a explicação |*ratio*| que se baseia neles. Há duas classes supremas de coisas: corpo e alma. Com a ajuda dos sentidos conhecemos as coisas extensas, sólidas, móveis, figuradas e dotadas de outras qualidades que atingem os sentidos, mas o ser sensitivo, perceptivo, pensante, nós conhecemos por meio de certa consciência interna. Além disso, vemos que aquelas coisas são claramente diferentes umas das outras e completamente heterogêneas. Falo das coisas que conhecemos, pois do desconhecido é inútil falar.

---

3 Alusão à opinião do físico, médico e matemático napolitano Giovanni Alfonso Borelli (1608-1679).
4 Alusão à opinião de G. W. Leibniz (1646-1716).

22   Tudo o que sabemos em relação ao que temos dado o nome de *corpo* não contém nada em si mesmo que pudesse ser o princípio do movimento ou sua causa eficiente; pois impenetrabilidade, extensão e figura nem compreendem nem implicam qualquer poder de produzir movimento. Mais ainda, pelo contrário, se examinarmos individualmente aquelas qualidades dos corpos, e quaisquer outras qualidades que eles possam ter, veremos, na realidade, que são todas passivas e que não existe nada de ativo nelas que possa de alguma maneira ser entendido como a fonte e o princípio do movimento. Quanto à gravidade, já mostramos acima que por este termo não se significa nada que conhecemos, a não ser o efeito sensível, cuja causa procuramos. E, na verdade, quando chamamos um corpo de pesado não entendemos nada de diferente, a não ser que ele exerceu uma pressão para baixo, e não estamos pensando de modo algum sobre a causa desse efeito sensível.

23   E, portanto, sobre o corpo podemos corajosamente declarar como fato estabelecido que ele não é o princípio do movimento. Mas se alguém mantém que a palavra *corpo* compreende em seu significado qualidades ocultas, virtude, forma e essência, além da extensão sólida e de seus modos, // devemos simplesmente deixá-lo com sua inútil disputa, apesar de não haver nenhuma ideia por trás dela, e com seu uso excessivo de nomes que nada expressam claramente. Mas o mais sólido método filosófico, ao que parece, deveria abster-se o máximo possível de noções abstratas e gerais (se é que *noções* é a palavra certa para coisas que não podem ser entendidas).

24   Conhecemos o conteúdo da ideia de corpo, mas admite-se que o que conhecemos do corpo não é o princípio do movimento. Aqueles que também mantém algo desconhecido

no corpo, do qual eles não têm nenhuma ideia e que chamam de princípio do movimento, estão, na realidade, simplesmente afirmando que o princípio do movimento é desconhecido. Mas seria tedioso estender-se muito sobre sutilezas desse tipo.

25   Além das coisas corpóreas, existe outra classe, isto é, a das coisas pensantes; e que existe nelas o poder de mover corpos nós apreendemos por experiência pessoal, pois nossa mente pode suscitar e suspender à vontade os movimentos de nossos membros, qualquer que seja a explicação última do fato. É certo que os corpos são movidos segundo a determinação da mente, e, portanto, a mente pode ser chamada, muito corretamente, de um princípio do movimento; na realidade, de um princípio particular e subordinado, e um princípio que, enquanto tal, depende do princípio primeiro e universal.

26   Os corpos pesados exercem pressão para baixo, embora não sejam afetados por nenhum impulso aparente; mas não devemos pensar, conforme essa explicação, que o princípio do movimento está contido neles. Aristóteles ofereceu essa explicação da questão: "As coisas pesadas e leves não se movem por si mesmas, pois essa é uma característica da vida; se se movessem, seriam capazes de parar a si mesmas". Todas as coisas pesadas, segundo uma e mesma lei estabelecida e constante, procuram o centro da Terra, e nós não observamos nelas um princípio ou uma faculdade de fazer parar aquele movimento, de diminuí-lo ou aumentá-lo, exceto numa proporção fixa, ou, finalmente, de alterá-lo de alguma forma. Elas comportam-se de forma completamente passiva. Além disso, para falar de forma rigorosa e precisa, o mesmo deve ser dito dos corpos percussivos. Esses corpos, na medida em que são movidos, assim como no próprio momento da percussão, comportam-se

passivamente, da mesma maneira como quando permanecem em repouso. Para falar a verdade, os corpos inertes comportam-se da mesma forma que os corpos movidos. Newton reconhece esse fato quando diz que a força da inércia é a mesma da energia. Mas um corpo inerte e em repouso não faz nada; portanto, um corpo movido não faz nada.

27   Na realidade, um corpo permanece |*perseverat*| igualmente em seu estado, seja de movimento ou de repouso. Sua existência não pode ser chamada de sua ação; nem // sua permanência |*perseverantia*| deveria ser chamada de sua ação. A permanência é apenas continuação na mesma maneira de existir, a qual não pode ser propriamente chamada de ação. Enganados pelas aparências, nós falsamente imaginamos que a resistência experimentada ao parar um corpo em movimento é sua ação. Pois essa resistência sentida é, na verdade, afeto |*passion*| em nós mesmos, e não prova que o corpo age, mas que somos afetados; é completamente certo que seríamos afetados da mesma maneira, quer o corpo fosse movido por si mesmo ou impelido por outro princípio.

28   Considera-se que a ação e a reação estão nos corpos, e essa maneira de falar é conveniente para os objetivos das demonstrações mecânicas. Mas não devemos, a partir desta explicação, supor que exista alguma virtude real neles que seja a causa ou o princípio do movimento. Pois essas palavras devem ser entendidas no mesmo sentido que a palavra *atração*; e, exatamente como a atração é apenas uma hipótese matemática, e não uma qualidade física, o mesmo deve-se entender também sobre a ação e a reação, e pela mesma razão. Pois na Filosofia Mecânica a verdade e a aplicação de teoremas sobre a atração recíproca dos corpos permanecem inalteráveis, visto que eles

são estabelecidos unicamente sobre o movimento dos corpos, quer a causa suposta desse movimento seja a ação de corpos em atração recíproca ou a ação de algum agente diferente do corpo, impelindo-o e controlando-o. Por uma razão semelhante, todos os conhecimentos transmitidos a propósito das regras e das leis dos movimentos, assim como os teoremas que são deduzidos deles, permanecem intactos, contanto que os efeitos sensíveis e os raciocínios que se apoiam sobre eles sejam admitidos, quer suponhamos que a própria ação ou a força que causa esses efeitos esteja nos corpos, quer ela esteja num agente incorpóreo.

29 Retire da ideia de corpo a extensão, a solidez e a figura, e nada restará. Mas essas qualidades são indiferentes ao movimento, e nem contêm alguma coisa que poderia ser chamada de princípio do movimento. Isso é claro segundo nossas próprias ideias. Portanto, se pela palavra *corpo* se significa aquilo que concebemos, obviamente o princípio do movimento não pode ser procurado nele, ou seja, nenhuma parte ou atributo seu é a verdadeira causa eficiente da produção do movimento. Mas empregar uma palavra e nada conceber por meio dela é completamente indigno de um filósofo.

30 Admite-se que experimentamos uma coisa ativa e pensante como o princípio do movimento em nós mesmos. Chamamos esse princípio de *alma*, *mente* e *espírito*. Admite-se igualmente que uma coisa extensa é inerte, impenetrável, móvel, totalmente diferente da primeira, e que constitui um novo gênero. Anaxágoras, o mais sábio dos homens, foi o primeiro a compreender a grande // diferença entre coisas pensantes e coisas extensas, e afirmou que a mente não tem nada em comum com os corpos, como é estabelecido no primeiro livro do *De*

anima de Aristóteles. Entre os modernos, Descartes expressou a mesma posição de forma mais impressionante. O que outros tinham apresentado de forma confusa e difícil devido a suas palavras obscuras, Descartes colocou em termos claros.

31 Segundo o que foi dito, é claro que aqueles que afirmam que a força ativa, a ação e o princípio do movimento estão realmente nos corpos estão adotando uma opinião que não se baseia na experiência; eles a estão sustentando com palavras obscuras e gerais, e não entendem bem seu próprio significado. Pelo contrário, aqueles que sustentam que a mente é o princípio do movimento, expressam |*sententiam*| uma opinião fortalecida pela experiência pessoal, e aprovada pelo consentimento do homem mais sábio de todos os tempos.

32 Anaxágoras foi o primeiro a introduzir o *nous* |τὸν νῶν| para imprimir movimento sobre a matéria inerte. Aristóteles também aprova essa opinião e a confirma de várias maneiras, afirmando abertamente que o primeiro motor é imóvel, indivisível, e não tem nenhuma magnitude. E ele corretamente nota que dizer que todo motor deve ser móvel é o mesmo que dizer que todo construtor deve ser capaz de se construir. (*Física*, Livro 8.) Platão, entretanto, no *Timeu*, registra que essa máquina corpórea, ou mundo visível, é movida e animada pela mente que escapa a todos os sentidos. Hoje, na verdade, os filósofos cartesianos reconhecem Deus como o princípio dos movimentos naturais. E Newton em toda parte sugere abertamente que não somente o movimento origina-se de Deus, mas que ainda o sistema mundano é movido pela mesma ação. Isso está de acordo com a Bíblia e é aprovado pela opinião dos Escolásticos, pois embora os Peripatéticos nos digam que a natureza é o princípio do movimento e do repouso, contudo eles

interpretam a *natura naturans* como sendo Deus. Eles entendem evidentemente que todos os corpos desse sistema universal são movidos pela Mente Todo-poderosa de acordo com um plano determinado e imutável.

33   Mas aqueles que atribuem um princípio vital aos corpos estão imaginando uma noção obscura e mal adequada aos fatos. Pois o que se quer dizer com ser dotado com o princípio vital, senão viver? E viver, o que é isso senão mover-se a si próprio, parar e mudar o estado de algo? Mas os filósofos mais sábios desta época estabeleceram como um princípio indubitável que todo corpo permanece em seu próprio estado, seja de repouso ou de movimento retilíneo uniforme, exceto no caso de ser compelido de fora a alterar aquele estado. O contrário é o caso com a mente; nós a sentimos como uma faculdade de alterar tanto nosso próprio estado como o das outras // coisas, e isso é propriamente chamado de vital, e assinala uma ampla distinção entre almas e corpos.

34   Os pensadores modernos consideram o movimento e o repouso nos corpos dois estados da existência, em cada um dos quais todos os corpos, sem pressão da força externa, naturalmente permaneceriam passivos; por isso alguém poderia inferir que a causa da existência dos corpos é também a causa de seu movimento e repouso. Pois nenhuma outra causa da existência sucessiva do corpo em diferentes partes do espaço deveria ser procurada, ao que parece, senão a causa de onde é derivada a sucessiva existência do mesmo corpo em diferentes partes do tempo. Mas pensar sobre o bom e poderoso Deus, criador e conservador de todas as coisas, e mostrar como todas as coisas dependem do supremo e verdadeiro ser, apesar de ser a mais excelente parte do conhecimento humano, é, contudo,

mais propriamente esfera da Filosofia Primeira ou Metafísica e da Teologia do que da Filosofia Natural que atualmente é quase inteiramente restrita aos experimentos e à mecânica. E assim a Filosofia Natural pressupõe o conhecimento de Deus ou toma--o de alguma ciência superior. Contudo, é mais verdadeiro que a investigação da natureza em toda parte provê as mais altas ciências de notáveis argumentos para ilustrar e demonstrar a sabedoria, a bondade e o poder de Deus.

35   O entendimento imperfeito desta situação tem levado alguns a cometer o erro de rejeitar os princípios matemáticos da Física na base de que eles não designam as causas eficientes das coisas. Na realidade, entretanto, não é ocupação dos físicos ou dos mecânicos estabelecer as causas eficientes, mas somente as regras dos impulsos ou atrações e, numa palavra, as leis dos movimentos, e segundo as leis estabelecidas apontar a solução, não a causa eficiente, dos fenômenos particulares.

36   Será de grande importância considerar o que é propriamente um princípio, e como essa palavra deve ser entendida pelos filósofos. A verdadeira causa eficiente e conservadora de todas as coisas por supremo direito é chamada de sua fonte e princípio. Contudo, é adequado descrever como "princípios" da filosofia experimental os fundamentos sobre os quais se baseiam, ou as fontes de onde deriva (se não a existência) nosso conhecimento das coisas corpóreas, ou seja, os sentidos e a experiência. De maneira similar, na Filosofia Mecânica as leis primárias dos movimentos que têm sido provadas mediante experimentos, elaboradas pela razão e tornadas universais – e nas quais a disciplina por inteiro é fundamentada e sustentada – devem ser chamadas de princípios. Essas leis do movimento são convenientemente chamadas // de princípios, visto que

delas são derivados tanto teoremas mecânicos gerais como explicações particulares dos fenômenos.

37   Pode-se então dizer que uma coisa é realmente explicada mecanicamente quando ela é reduzida aos princípios mais simples e universais, e quando se mostra mediante raciocínios corretos que ela está de acordo e em conexão com eles. Pois uma vez descobertas as leis da natureza, então a tarefa particular do filósofo é mostrar que cada fenômeno está em constante conformidade com essas leis; ou seja, que necessariamente se seguem daqueles princípios. Nisso consiste a explicação e a solução dos fenômenos e a determinação de suas causas, isto é, a razão pela qual elas acontecem.

38   A mente humana se deleita em estender e aumentar seu conhecimento. É preciso, para isso, formar noções e proposições gerais nas quais estejam contidas de alguma maneira as proposições e os conhecimentos particulares, que então, e somente então, acredita-se sejam compreendidos. Os geômetras conhecem bem isso. Na Mecânica também são estabelecidas noções como premissas, isto é, definições e enunciados primeiros e gerais sobre o movimento a partir dos quais posteriormente se deduzem pelo método matemático as conclusões mais remotas e menos gerais. E da mesma maneira como se mede o tamanho dos corpos particulares aplicando teoremas da Geometria, também aplicando teoremas universais da mecânica conhecem-se e determinam-se o movimento de não importa que parte do sistema universal e os fenômenos que dele dependem. E este é o único fim |*scopum*| que o físico deve ter em vista.

39   E exatamente como os geômetras, por causa de sua disciplina imaginam muitas coisas que eles mesmos não podem descrever nem encontrar na natureza das coisas; exatamente pela

mesma razão, o mecânico faz uso de certas palavras abstratas e gerais, imaginando nos corpos força, ação, atração, impulsão |*solicitationem*| etc., que são de fundamental utilidade para as teorias e formulações, assim como para os cálculos a respeito do movimento, mesmo se na verdade das coisas e nos corpos efetivamente existentes ele os procurasse em vão, exatamente como as ficções dos geômetras forjadas por abstração matemática.

40 Nós realmente não percebemos nada pelos sentidos a não ser os efeitos ou qualidades sensíveis e coisas corpóreas inteiramente passivas, seja em movimento ou em repouso; e a razão e a experiência nos advertem que não existe nada de ativo a não ser a mente ou alma. Tudo o mais que é imaginado deve ser considerado como sendo de uma espécie de outras hipóteses e abstrações matemáticas. Isso deve ser tomado seriamente em consideração; do contrário corremos o perigo de incidir nas obscuras sutilezas dos escolásticos, // que durante muito tempo, como uma terrível praga, vêm corrompendo a filosofia.

41 Os princípios mecânicos e as leis universais do movimento ou da natureza, felizmente descobertos no século passado, tratados e aplicados com o auxílio da Geometria, têm lançado uma extraordinária luz sobre a Filosofia. Mas os princípios metafísicos e as verdadeiras causas eficientes do movimento e da existência dos corpos ou dos atributos corporais não dizem respeito à mecânica ou aos experimentos, nem podem esclarecê-los, senão na medida em que, a título de conhecimentos prévios, servem para fixar os limites da Física e dessa maneira afastar dificuldades e questões estranhas.

42 Aqueles que derivam o princípio do movimento dos espíritos significam por *espírito* uma coisa corpórea ou uma coisa incorpórea. Se significarem uma coisa corpórea, por mais tênue

que seja, a dificuldade, entretanto, permanece; se significarem uma coisa incorpórea, por mais verdadeira que possa ser, ainda não pertence propriamente à Física. Mas se alguém quisesse ampliar a Filosofia Natural para além dos limites dos experimentos e da mecânica, de modo a abranger um conhecimento das coisas incorpóreas e inextensas, essa interpretação mais ampla da palavra permite uma discussão da alma, da mente ou do princípio vital. Mas será mais conveniente seguir o uso que é razoavelmente bem-aceito, e assim distinguir entre as ciências, bem como restringir cada qual a seus próprios limites. Assim, o filósofo natural deveria preocupar-se inteiramente com os experimentos, com as leis do movimento, com os princípios mecânicos e com os raciocínios daí deduzidos; mas se defender opiniões sobre outros assuntos, que ele as submeta à aceitação de uma ciência superior. Pois das leis da natureza conhecidas resultarão muitas teorias diferentes e aparelhos mecânicos de utilidade prática; mas do conhecimento do próprio Autor da natureza resultam, sem dúvida, as mais excelentes considerações, embora elas sejam metafísicas, teológicas e morais.

43 Até aqui falamos sobre os princípios; agora devemos falar sobre a natureza do movimento. Embora ele seja claramente percebido pelos sentidos, tem sido apresentado de forma obscura mais devido aos comentários eruditos dos filósofos do que em virtude de sua própria natureza. O movimento nunca se apresenta aos nossos sentidos independentemente da massa corpórea, do espaço e do tempo. Na verdade, há aqueles que desejam contemplá-lo como certa ideia abstrata e simples, e separada de todas as outras coisas. Mas essa ideia verdadeiramente tênue e sutil escapa à perspicácia do intelecto, como qualquer um pode descobrir por si mesmo pela meditação. Por essa razão

surgem grandes dificuldade sobre a natureza do movimento, e definições muito mais obscuras do que aquilo que elas pretendem esclarecer. Assim são as definições de Aristóteles e dos Escolásticos, que afirmam que // o movimento é o ato "do móvel na medida em que ele é móvel, ou o ato de um ser em potencialidade na medida em que ele está em potencialidade". Igual é a afirmação de um célebre homem da época moderna que declara que "não existe nada de real no movimento a não ser a coisa momentânea que deve ser constituída quando uma força está esforçando-se para uma mudança". Mais uma vez, concorda-se que os autores dessas e de outras definições semelhantes têm em mente explicar a natureza abstrata do movimento, independentemente de qualquer consideração de tempo e espaço; mas eu não vejo como essa quintessência abstrata do movimento, por assim dizer, pode ser entendida.

44 Não contentes com isso, tais autores vão além e dividem e separam, umas das outras, as partes do próprio movimento, das quais eles tentam lograr diferentes ideias, como se fossem de entidades realmente diferentes. Pois há aqueles que distinguem moção |*motionem*| de movimento |*motu*|, considerando a moção um elemento instantâneo do movimento. Além disso, eles manteriam que a velocidade, o impulso |*conatum*|, a força e a energia seriam coisas muito diferentes em essência, cada uma das quais é apresentada ao intelecto por sua própria ideia abstrata independentemente de todo resto. Mas não precisamos gastar mais tempo discutindo essas coisas se os princípios expostos acima forem considerados verdadeiros.

45 Muitos também definem o movimento |*motum*| como "passagem" |*transitum*|, esquecendo na realidade que a própria passagem não pode ser entendida sem o movimento, e

pelo movimento deve ser definida. Desse modo, é verdade que essas definições lançam luz sobre algumas coisas, no entanto, obscurecem outras. E é certo que dificilmente alguém poderia, ao defini-las, tornar mais claras, ou mais conhecidas, as coisas que percebemos pelos sentidos. Seduzidos pela vã esperança de fazer isso, os filósofos têm tornado muito difíceis coisas fáceis, e envolvido suas próprias mentes em dificuldades que na maior parte eles mesmos produziram. Por causa deste entusiasmo pela definição, combinado com a abstração, muitas questões verdadeiramente sutis têm torturado as mentes dos homens inutilmente; de tal modo que Aristóteles confessa que o movimento é "certo ato difícil de conhecer", e alguns dentre os antigos se tornaram de tal maneira mestres na arte sofística |nugis| a ponto de negar completamente a existência do movimento.

46 Mas é cansativo estender-se sobre minúcias desse tipo; basta indicar as fontes das soluções; devo acrescentar, porém, que isso também é cansativo. As doutrinas matemáticas tradicionais da infinita divisão do tempo e do espaço têm, conforme a própria natureza do caso, introduzido teorias paradoxais e problemáticas (como são todas as que envolvem o infinito) nas especulações sobre o movimento. // O movimento tem em comum com o espaço e o tempo todas essas dificuldades, ou, antes, suas dificuldades decorrem da aceitação dessas fontes.

47 Além disso, muita abstração, por um lado, ou a divisão de coisas na verdade inseparáveis, e a composição, ou, antes, a confusão de coisas muito diferentes, por outro lado, têm tornado obscura a natureza do movimento. Pois tem se tornado comum confundir o movimento com a causa eficiente do movimento. Por isso se dá que o movimento aparece, como acontece, em duas formas, apresentando um aspecto para os

sentidos e mantendo o outro aspecto oculto. Por essa razão, a obscuridade, a confusão e vários paradoxos sobre o movimento surgem, na medida em que o que na verdade pertence apenas à causa é falsamente atribuído ao efeito.

48 Essa é a origem da opinião de que a mesma quantidade de movimento é sempre conservada; qualquer um se convencerá facilmente sobre sua falsidade, a menos que ela seja entendida da força e poder da causa, seja a causa chamada de natureza ou *nous*, ou qualquer que seja o agente último. Aristóteles, de fato (*Física*, Livro 8), quando pergunta se o movimento é gerado ou destruído, ou está verdadeiramente presente em todas as coisas desde a eternidade como princípio imortal |*vita immortalis*|, parece ter entendido o princípio vital antes que o efeito externo ou a mudança de lugar.

49 Por isso é que muitos suspeitam de que o movimento não seja mera passividade nos corpos. Mas se entendermos por ele o que no movimento do corpo é um objeto para os sentidos, ninguém pode duvidar que seja inteiramente passivo. Pois o que há na sucessiva existência do corpo em diferentes lugares que poderia estar relacionado com a ação, ou ser outra coisa a não ser apenas efeito inerte?

50 Os peripatéticos, que dizem que o movimento é um ato tanto do motor como do movido, não separam suficientemente a causa do efeito. Da mesma maneira, aqueles que imaginam uma força exercida |*nisum*| ou impulso |*conatum*| no movimento, ou pensam que o mesmo corpo ao mesmo tempo é impelido em direções opostas, parecem valer-se da mesma confusão de ideias, e da mesma ambiguidade das palavras.

51 A cuidadosa atenção na compreensão dos conceitos dos outros e na formulação dos próprios é de grande vantagem

na ciência do movimento como em todas as outras coisas; e, a menos que tenha existido uma falha a esse respeito, não penso que o assunto em discussão possa ter se originado da questão de se um corpo é indiferente ao movimento e ao repouso, ou não. Pois, visto que a experiência demonstra que é uma lei primária da natureza que um corpo permaneça exatamente num "estado de movimento e repouso contanto que nada aconteça externamente para mudar aquele estado", e porque é inferido que a força da inércia é // sob diferentes aspectos ou resistência ou ímpeto, nesse sentido seguramente um corpo pode ser chamado de indiferente, em sua própria natureza, em relação ao movimento ou repouso. Evidentemente é tão difícil produzir repouso num corpo em movimento quanto movimento num corpo em repouso; mas, uma vez que o corpo conserva igualmente ambos os estados, por que não se deveria dizer que ele é indiferente a ambos?

52   Os peripatéticos costumavam distinguir vários tipos de movimento correspondendo às diversas mudanças que uma coisa poderia sofrer. Hoje, aqueles que discutem o movimento entendem pela palavra somente o movimento local. Mas o movimento local não pode ser entendido sem o entendimento do significado de *locus* ou lugar. Ora, *locus* é definido pelos modernos como "a parte do espaço que um corpo ocupa", por isso ele é dividido em relativo e absoluto seguindo uma divisão do espaço. Pois eles distinguem entre espaço absoluto ou verdadeiro e espaço relativo ou aparente. Ou seja, eles postulam o espaço em todos os lados, incomensurável, imóvel, insensível, permeando e contendo todos os corpos, que eles chamam de espaço absoluto. Mas o espaço compreendido ou definido pelos corpos, e, portanto, um objeto dos sentidos, é chamado de espaço relativo, aparente, vulgar.

53 E, assim, suponhamos que todos os corpos fossem destruídos e reduzidos a nada. O que resta eles chamam de espaço absoluto, toda relação originada da situação e distâncias dos corpos seria removida junto com os corpos. Além disso, que o espaço é infinito, imóvel, indivisível, insensível, sem relação e sem distinção. Ou seja, todos os seus atributos são restritivos ou negativos. Parece, portanto, ser simplesmente nada. A única pequena dificuldade que surge é que ele é extenso, e a extensão é uma qualidade positiva. Mas que tipo de extensão, eu pergunto, é essa que não pode ser dividida ou medida, cujas partes não podem ser percebidas pelos sentidos ou representadas pela imaginação? Pois nada acerca da natureza das coisas introduz-se na imaginação que não possa ser percebido pelos sentidos, pois, na verdade, a imaginação não é outra coisa senão a faculdade que representa as coisas sensíveis efetivamente existentes ou pelo menos possíveis. O intelecto puro, igualmente, nada conhece do espaço absoluto. Esta faculdade está interessada apenas nas coisas espirituais e inextensas, tais como nossas mentes, seus estados, paixões, virtudes, entre outras. De acordo com o espaço absoluto então separemos agora as palavras dos nomes, e nada permanecerá no sentido, na imaginação ou no intelecto. Nada diferente então é denotado por tais palavras a não ser pura privação ou negação, isto é, simplesmente nada.

54 Deve-se admitir que nesse assunto estamos presos aos mais profundos preconceitos, e para nos libertarmos devemos empregar toda a força // de nossa mente. Muitos, longe de considerarem o espaço absoluto como nada, consideram-no a única coisa (excetuando Deus) que não pode ser aniquilada; e declaram que ele necessariamente existe por sua própria natureza, que é eterno e incriado, e que participa efetivamente dos

atributos divinos. Mas, na verdade, como é indiscutível que todas as coisas que designamos pelos nomes são conhecidas por qualidades ou relações, ao menos em parte (pois seria estúpido usar palavras em relação às quais nada sabemos, em que nenhum movimento, ideia ou conceito foram anexados), permitam-me investigar atentamente se é possível formar uma ideia desse espaço puro, real e absoluto, que continuaria a existir após a destruição de todos os corpos. Ora, tal ideia, quando a examino um pouco mais atentamente, descubro que é a mais pura ideia do nada, se é que de fato ela pode ser chamada de uma ideia. Descobri isso prestando atenção no assunto; e penso que outros o descobrirão fazendo o mesmo.

55 Somos às vezes enganados pelo fato de que quando imaginamos a remoção de todos os outros corpos, não obstante continuamos supondo que nosso próprio corpo permanece. Com base nessa suposição, imaginamos o movimento de nossos membros totalmente livres de todos os lados; mas o movimento sem o espaço não pode ser concebido. Entretanto, se considerarmos o assunto atentamente, descobriremos que o que é concebido é, em primeiro lugar, relativo ao espaço definido pelas partes de nosso corpo; em segundo lugar, um poder completamente livre de mover nossos membros sem nenhum obstáculo; e nada além dessas duas coisas. É falso acreditar que uma terceira coisa realmente existe, isto é, o imenso espaço que confere a nós o livre poder de mover nosso corpo; para esse propósito a ausência de outros corpos é suficiente. E devemos admitir que essa ausência ou privação dos corpos não é nada positiva.*

---

* Ver os argumentos contra o espaço absoluto em meu livro *Princípios do conhecimento humano*, em língua inglesa, publicado há dez anos.

56   Mas a menos que um homem tenha examinado esses pontos com uma mente livre e penetrante, as palavras e os termos ajudarão pouco. Para alguém que medite, entretanto, e reflita, será manifesto, eu penso, que afirmações sobre o espaço puro e absoluto não passam todas de afirmações vazias. Por meio desse argumento a mente humana é facilmente libertada de grandes dificuldades, e ao mesmo tempo do absurdo de atribuir existência necessária a qualquer ser, exceto apenas ao bondoso e poderoso Deus.

57   Será fácil confirmar nossa opinião mediante argumentos deduzidos *a posteriori*, como eles dizem, propondo questões sobre o espaço absoluto, por exemplo, se é substância ou acidente? Se é criado ou incriado?, // e mostrando os absurdos que se seguem de uma ou outra resposta. Mas serei breve. Não devo esquecer, entretanto, de mencionar que Demócrito há muito tempo sustentou essa opinião com sua aprovação. Aristóteles é nossa autoridade para a afirmação (*Física*, Livro I), onde ele diz o seguinte: "Demócrito sustentou como princípios o sólido e o vazio, dos quais o primeiro, ele diz, é conforme o que é, o segundo é o que não é". O fato de esta distinção entre o espaço absoluto e relativo ter sido usada por filósofos de grande renome, e de tal modo que sobre ela, como se fosse um fundamento, muitos teoremas admiráveis foram construídos, pode fazer-nos ter escrúpulos em aceitar o argumento, mas estes são escrúpulos inúteis, como se tornará evidente segundo o que segue.

58   Conforme o que acaba de ser mencionado, é claro que não devemos definir o verdadeiro lugar do corpo como a parte do espaço absoluto que o corpo ocupa, e o movimento verdadeiro ou absoluto como a mudança do lugar verdadeiro

ou absoluto; pois todo lugar é relativo exatamente como todo movimento é relativo. Mas para tornar isso mais claro devemos chamar a atenção para o fato de que nenhum movimento pode ser entendido sem uma determinação ou direção, que, por sua vez, não pode ser entendida a menos que se subentenda que, além do corpo em movimento, também nosso próprio corpo, ou algum outro corpo, existe ao mesmo tempo. Pois, *para cima, para baixo, para a esquerda e para a direita*, todos os lugares e regiões são fundados numa relação, e necessariamente designam e supõem um corpo diferente do corpo movido. De modo que, se supusermos que os outros corpos são aniquilados e, por exemplo, um globo existisse sozinho, nenhum movimento poderia ser concebido nele; assim, é necessário admitir que outro corpo deveria ser dado, mediante cuja situação o movimento deveria ser entendido como determinado. Perceberemos mais claramente a verdade dessa opinião se concebermos corretamente a aniquilação de todos os corpos, incluindo o nosso, com exceção unicamente do planeta.

59   Suponhamos, pois, que se conceba a existência de dois planetas e que não haja nada de corpóreo além deles. Admitamos que as forças sejam então concebidas como sendo aplicadas de alguma maneira; o que quer que seja que possamos entender por aplicação das forças, um movimento circular de dois planetas circundando um centro comum não pode ser concebido pela imaginação. Suponhamos então que o céu de estrelas fixas seja criado; imediatamente, segundo a concepção da semelhança dos planetas com as diferentes partes daquele céu, o movimento será concebido. Isso quer dizer que uma vez que o movimento é relativo em sua própria natureza, ele não pode ser concebido antes de os corpos correlacionados serem

dados. De maneira similar, nenhuma outra relação pode ser concebida sem estar em correlação.

60   Relativamente ao movimento circular muitos podem pensar que, quando o movimento verdadeiramente circular aumenta, o corpo necessariamente tende sempre mais e // mais a sair de sua linha imaginária. Essa crença surge do fato de que o movimento circular pode ser visto como originando-se, ao que parece, no próprio momento das duas direções, uma paralela ao raio e a outra paralela à tangente, de modo que se a energia |*impetus*| for aumentada nessa última direção somente, então o corpo em movimento afastar-se-á do centro, e sua órbita deixará de ser circular. Mas se as forças forem aumentadas igualmente em ambas as direções, o movimento permanecerá circular, embora acelerado pelo *impulso* |*conatus*| – que não revelará um aumento nas forças de afastamento do eixo, não mais que nas forças de sua aproximação. Portanto, devemos dizer que a água sob a força giratória num balde sobe para os lados do balde porque quando novas forças são aplicadas na direção da tangente para qualquer partícula de água, no mesmo instante novas forças igualmente centrífugas não são aplicadas. De modo algum se segue deste experimento que o movimento circular absoluto é necessariamente reconhecido pelas forças de afastamento do eixo do movimento. Novamente, a forma como os termos "forças corpóreas" |*viris corporum*| e "impulso" devem ser entendidos é mais que suficientemente mostrada na discussão precedente.

61   Pode-se considerar que uma curva é composta de um número infinito de linhas retas, embora, na realidade, ela não se componha delas. Essa hipótese é útil na Geometria; e, exatamente como o movimento circular, pode-se considerar que

ela surge de um número infinito de direções retilíneas – suposição esta que é útil na Mecânica. Contudo, isso não significa que é impossível que o centro de gravidade de qualquer corpo deva existir sucessivamente em pontos singulares da periferia circular, nenhuma explicação sendo tomada de uma direção retilínea na tangente ou raio.

62 Não devemos deixar de chamar a atenção para o conceito de que o movimento de uma pedra num arremesso ou da água em um balde giratório não pode ser chamado verdadeiramente de movimento circular; não da forma como este termo é concebido por aqueles que definem os verdadeiros lugares dos corpos pelas partes do espaço absoluto, visto que é estranhamente composto de movimentos, não somente do balde ou do arremesso, mas também do movimento diário da Terra em redor de seu próprio eixo, de seu movimento mensal ao redor do centro comum da gravidade da Terra e da Lua, e de seu movimento anual ao redor do Sol. E segundo esta explicação, cada partícula da pedra ou da água descreve uma linha muito distanciada da linha circular. Nem na realidade este suposto impulso axial existe, visto que ele não diz respeito a algum eixo em relação ao espaço absoluto, supondo que semelhante espaço exista; de acordo com isso, não posso ver como ele pode ser chamado de um único impulso ao qual um movimento verdadeiramente circular corresponde como em relação a seu efeito próprio e adequado.

// 63 Nenhum movimento pode ser identificado ou medido, a menos que seja pelas coisas sensíveis. Visto então que o espaço absoluto de maneira alguma afeta os sentidos, deve necessariamente ser completamente inútil para a distinção dos movimentos. Além disso, a determinação ou direção é essencial para o movimento; mas este consiste na relação. Portanto, é impossível que o movimento absoluto possa ser concebido.

64   Além disso, visto que o movimento do mesmo corpo pode variar com a diversidade do lugar relativo – na realidade pode-se considerar que sob certo aspecto uma coisa está em movimento e que sob outro aspecto está em repouso –, a fim de determinar o verdadeiro movimento e o verdadeiro repouso, para a remoção da ambiguidade e para os filósofos que exigem uma ampla visão do sistema das coisas, bastaria introduzir, em vez do espaço absoluto, o espaço relativo limitado aos céus das estrelas fixas, considerado em repouso. E, na realidade, o movimento e o repouso representados por semelhante espaço relativo podem de forma conveniente ser substituídos no lugar dos absolutos, que não podem ser distinguidos deles por nenhum sinal. Pois, por mais que as forças possam ser impressas, por mais que os impulsos existam, admitamos que o movimento é distinguido pelas ações exercidas sobre os corpos; nunca, entretanto, se seguirá disso que o espaço absoluto existe, e o lugar absoluto muda segundo o verdadeiro movimento.

65   As leis dos movimentos e dos efeitos, e os teoremas contidos nas proposições e cálculos dos mesmos em razão das diferentes configurações da trajetória, também em razão das diferentes acelerações e direções, e em razão dos meios que resistem em maior ou menor grau, tudo isso é mantido sem trazer à explicação o movimento absoluto. É claro, em consequência disso, que, de acordo com os princípios dos que introduziram o movimento absoluto não podemos saber por nenhuma indicação se toda a estrutura das coisas está em repouso ou move-se uniformemente numa direção, evidentemente não podemos conhecer o movimento absoluto de nenhum corpo.

66   Segundo o que dissemos, é claro que as seguintes regras serão de grande utilidade para determinar a verdadeira natureza do movimento: (1) distinguir as hipóteses matemáticas da natureza das coisas; (2) abster-se das abstrações; (3) considerar o movimento como algo sensível, ou pelo menos imaginável; e limitar-se às medidas relativas. Se fizermos isso, todos os famosos teoremas da Filosofia Mecânica pelos quais os segredos da natureza são revelados e o sistema universal é reduzido ao cálculo humano, permanecerão intocados, e o estudo do movimento será libertado de mil pormenores, sutilezas e // ideias abstratas. E sobre a natureza do movimento bastam estas palavras.

67   Resta discutir a causa da transmissão dos movimentos. Muitas pessoas pensam que a força impressa sobre o corpo móvel é a causa do seu movimento. Entretanto, é evidente, conforme o argumento anterior, que eles não atribuem uma causa conhecida do movimento, diferente do corpo e do movimento. É claro, além disso, que *força* não é uma coisa estabelecida e determinada a partir do fato de que grandes homens defendem opiniões muito diferentes, até mesmo contrárias, sobre ela, e, contudo, em seus resultados alcançam a verdade. Pois Newton diz que a força impressa consiste apenas na ação, e que é a ação exercida sobre o corpo que muda seu estado, e que ela não permanece após a ação. Torricelli sustenta que os corpos móveis recebem um acúmulo ou um agregado de forças, impressas pelo choque, que permanece nos corpos e constitui a energia. Borelli e outros dizem a mesma coisa. Mas, embora Newton e Torricelli pareçam se opor um ao outro, cada qual defende opiniões coerentes, e o assunto é muito bem explicado por ambos. Pois todas as forças atribuídas aos corpos são

hipóteses matemáticas exatamente como as forças da atração dos planetas e do Sol. Mas as entidades matemáticas não têm essência estável na natureza das coisas; e elas dependem da noção que tem quem as define. Por isso uma mesma coisa pode ser explicada de diferentes maneiras.

68 Admitamos que o novo movimento no corpo que sofreu uma colisão seja conservado, seja pela força inerente, pela qual um corpo qualquer persevera em seu estado de repouso ou de movimento retilíneo uniforme, seja pela força impressa recebida, durante a colisão, no corpo que a sofreu e que permanece neste; acontecerá o mesmo em relação à coisa, já que a diferença não existe senão nas palavras. Da mesma forma, quando o corpo móvel que colide perde o movimento e o corpo que sofre a colisão o adquire, importa pouco discutir se o movimento adquirido e o movimento perdido são um só e mesmo movimento, o que conduz na realidade a minúcias metafísicas e puramente verbais a respeito da identidade. E assim dá no mesmo, quer digamos que o movimento passa do corpo que produz a colisão para aquele que a sofre, quer digamos que o movimento é gerado *de novo* no corpo que sofre a colisão e é destruído no corpo que a produz. Em ambos os casos, entendemos que um corpo perde movimento e que o outro o adquire, e nada mais.

69 Não negarei que a mente que move e contém essa massa corpórea, universal, e é a verdadeira causa eficiente do movimento, é a mesma causa, correta e estritamente falando, da sua transmissão. Na Filosofia, assim como na Física, entretanto, // devemos procurar as causas e as soluções dos fenômenos entre os princípios mecânicos. Fisicamente, portanto, uma coisa é explicada, não apontando suas causas verdadeiramente ativas

e incorpóreas, mas mostrando sua conexão com os princípios mecânicos, tais como: *ação e reação são sempre opostas e iguais*. Dessas leis, bem como das fontes e princípios primários, são deduzidas as regras da transmissão dos movimentos, as quais já foram descobertas e demonstradas pelos modernos para grande benefício das ciências.

70 De minha parte contentar-me-ei em sugerir que este princípio poderia ter sido demonstrado de outra maneira. Pois se a verdadeira natureza das coisas for considerada, de preferência às matemáticas abstratas, parecerá mais correto dizer que na atração ou percussão, a atração |*passionem*| dos corpos, antes que sua ação, é igual em ambos os lados. Por exemplo, uma pedra arremessada contra um cavalo está em movimento em direção ao cavalo exatamente como o cavalo em direção à pedra; pois o corpo em movimento ao colidir com um corpo imóvel sofre a mesma mudança que o corpo imóvel. E no que concerne ao efeito real, o corpo que produz a colisão está exatamente como o que sofre a colisão, e o que sofre a colisão como o que produz a colisão. E isso muda em ambos os lados, tanto no corpo do cavalo ou na pedra, bem como no corpo que se move ou no corpo em repouso, é mera passividade. Não é estabelecido que existe força, virtude ou ação corpórea verdadeira e propriamente causando tais efeitos. O corpo em movimento colide sobre o corpo parado. Nós falamos, entretanto, em termos de ação e dizemos que o primeiro impele o segundo; e é correto fazer isso na Mecânica, onde são consideradas as ideias matemáticas em vez da verdadeira natureza das coisas.

71 Na Física, os sentidos e a experiência, os quais alcançam apenas os efeitos aparentes, predominam; na Mecânica, as noções abstratas dos matemáticos são admitidas. Na Filosofia

Primeira ou Metafísica, estamos preocupados com as coisas incorpóreas, com as causas, com a verdade e com a existência das coisas. O físico estuda as séries ou sucessões de coisas sensíveis, observando mediante que leis são conectadas, e em que ordem, o que precede como causa, e o que se segue como efeito. E por este método dizemos que o corpo em movimento é a causa do movimento do outro, e imprime movimento nele, e, também, o atrai ou impele. As causas corpóreas devem ser entendidas neste segundo sentido. Não se requer nenhuma explicação da verdadeira base das forças, dos poderes ativos ou da verdadeira causa de sua existência. Ademais, além do corpo, da figura e do movimento, mesmo os axiomas primários da ciência mecânica podem ser chamados de causas ou princípios mecânicos, sendo considerados como as causas das consequências.

52 // 72 É somente por meio da meditação e do raciocínio que podemos libertar as causas verdadeiramente ativas das trevas que as envolvem e conhecê-las em certa medida. Cabe à Filosofia Primeira ou Metafísica ocupar-se delas. Concedamos a cada ciência seu próprio campo; determinemos seus limites; distingamos corretamente os princípios e objetos que cabem a cada uma. Assim será possível tratá-los com grande facilidade e clareza.

Correspondência com Johnson

1. Carta de Samuel Johnson a George Berkeley[1]

Stratford, 10 de setembro de 1729.

// Reverendo Senhor

A amável solicitação que me fizestes para submeter a vossa consideração quaisquer dificuldades ocorridas ao ler os excelentes livros que fizestes a gentileza de fazer chegar às minhas mãos é toda a desculpa que posso oferecer para o aborrecimento que, suponho, agora vos causo. Mas nada poderia encorajar-me a expor-vos minha pobre e humilde maneira de pensar e de escrever, senão minha esperança e meu interesse de receber essa sinceridade e ternura que são tão distintas, tanto em vossos escritos como em vossa conversação.

Esses livros (pelos quais humildemente vos agradeço) contêm as especulações mais surpreendentemente engenhosas com

---

[1] Samuel Johnson (1696-1772), considerado o pai da filosofia americana, tornou-se o primeiro Reitor do King's College, de Nova York (atualmente Columbia University). A correspondência entre Berkeley e Johnson se deu nos anos de 1729 a 1730 (na época em que Berkeley estava em Rhode Island) e foi publicada pela primeira vez em 1929.

as quais jamais me deparei; e devo confessar que sua leitura quase me convenceu de que a matéria, tal como ela tem sido comumente definida, como uma Quididade desconhecida, não é senão uma mera não entidade. Que uma forte conjectura contra a sua existência é que nunca pôde ser concebido nenhum tipo de conexão entre ela e nossas ideias. Que o *esse* das coisas é somente seu *percipi*, e que nos libertar dos absurdos das ideias abstratas e da noção vulgar de matéria, os quais tanto têm prevalecido, merece a aceitação do mundo culto, na medida em que elimina muitas dificuldades e perplexidades nas ciências.

E sou da opinião de que essa maneira de pensar não pode deixar de prevalecer no mundo, porque é muito provável que prevaleça entre nós nessas regiões, pois várias pessoas engenhosas se entregaram inteiramente a ela. Mas, por outro lado, há muitas outras que não se satisfazem com ela; ainda que, dentre essas, há algumas que têm uma opinião muito boa a seu respeito e claramente veem consequências muito felizes acompanhá-la, pelo que estão bastante inclinadas a abraçá-la, mas julgam encontrar algumas dificuldades em seu caminho, que não podem superar, e algumas objeções, que não estão respondidas com inteira satisfação. E, visto que vós me haveis permitido fazê-lo, atrevo-me a submeter à vossa consideração várias coisas ainda obscuras, tanto para mim como para outros, e que não posso explicar para minha própria satisfação ou, ao menos, para a deles.

272 // I O grande preconceito que alguns têm contra ela é que ela contradiz e subverte a filosofia de *Sir* Isaac Newton em vários pontos; aos quais eles têm estado tão apegados que não podem permitir-se, de modo algum, pô-la em dúvida em nenhum caso; mas, na verdade, esta não me parece tão inconsistente, como me pareceu à primeira vista, pois as Leis

da Natureza, que ele explica de uma maneira tão feliz, são as mesmas, quer se suponha ou não a matéria. Contudo, ouçamos *Sir* Isaac Newton, ou qualquer outra pessoa, somente na medida em que sua opinião for apoiada pela razão – mas, apesar de tudo, confesso ter tão grande respeito pela filosofia desse grande homem, que me alegraria ver que ela se mantém o mais que se pode neste esquema de ideias.

2   A objeção de que ela elimina todas as causas naturais subordinadas[2] e explica todas as aparências simplesmente mediante a vontade imediata do espírito supremo não parece, de acordo com muitos, que tenha sido respondida com satisfação. Facilmente admitimos que nossas ideias são inertes, que não podem ser causa de outras, e que, na verdade, são só signos umas das outras. Por exemplo, minha ideia do fogo não é a causa da minha ideia de queimadura e de cinzas. Mas visto que essas ideias estão conectadas de tal maneira que elas parecem necessariamente indicar-nos as relações de causa e efeito, não podemos deixar de pensar que nossas ideias são imagens |*pictures*| de coisas fora de nossa mente, ainda quando não fora da Grande Mente, e que são seus arquétipos, entre as quais se dão essas relações. Acendo um fogo e o deixo; nenhuma mente criada o vê; retorno novamente e encontro uma grande alteração no combustível; não se produziu, durante minha ausência, por todo esse tempo, essa gradual alteração no arquétipo de minha ideia de lenha, da qual eu não teria tido a ideia se tivesse estado presente? E não há algum arquétipo de minha ideia de fogo que, sob a ação da Vontade Divina, gradualmente causou esta alteração? E assim, em todos os demais casos, nossas ideias estão conectadas

---

2 Por "causas naturais subordinadas" entenda-se "causas secundárias".

de tal modo que elas parecem necessariamente remeter nossa mente a alguns originais, os quais são propriamente (ainda que de maneira subordinada) causas e efeitos uns dos outros; de tal modo que, a menos que isso seja assim, não podemos deixar de pensar que estamos sujeitos a uma ilusão perpétua.

3   Que todos os fenômenos da Natureza, em última instância, devem referir-se à vontade do Espírito Infinito, é o que se deve admitir. Mas supor sua energia imediata na produção de cada efeito não parece imprimir sobre nossas mentes um sentido tão vívido e forte de seu poder e sabedoria, como supor uma subordinação de causas e efeitos entre os arquétipos de nossas ideias, como aquele que fizesse um relógio ou cronômetro de uma aparência tão bela e que medisse // o tempo com grande exatidão, mas que, contudo, estivesse obrigado a manter-se próximo dele e influenciar e dirigir todos os seus movimentos, pareceria muito deficiente ao mesmo tempo em sua habilidade e prática, comparado com o que fosse capaz de fabricar um que mantivesse regularmente seus movimentos e medisse o tempo por um lapso de tempo considerável, embora sem a intervenção sobre ele de qualquer força imediata de seu autor ou de qualquer outro.

4   E assim como essa doutrina parece rebaixar nosso sentido da sabedoria e do poder de Deus, assim há alguns que não podem persuadir-se de que seja suficientemente claro que não atente também contra sua santidade. Aqueles que supõem as inclinações corruptas de nossas almas, e as más ações que resultam delas, serem ocasionadas por certos movimentos mecânicos irregulares de nossos corpos, e que esses movimentos chegam a ter uma inclinação e uma tendência habituais e irregulares devido à nossa própria indulgência em relação a elas, os quais poderíamos ter governado com um melhor propósito, com esta

maneira de pensar, trazem claramente a culpa desses maus hábitos e das más ações sobre nós mesmos. Mas, se num pecador habitual, todo objeto e movimento não é senão uma ideia e todo mau apetite, o efeito de tal série de ideias, e essas ideias, o efeito imediato do Todo-poderoso sobre sua mente, parece seguir que a causa imediata de tais ideias deve ser a causa desses apetites e ações imorais, porque, aparentemente, ele é levado a elas apesar de si mesmo. A princípio, certamente eram só ocasiões a que ele poderia ter resistido e, assim, meios próprios de provação, mas agora se converteram em causas de suas imoralidades. Portanto, quando uma pessoa está sob o poder de um hábito vicioso e não pode senão prever que a sugestão de tais ou quais ideias produzirá inevitavelmente essas imoralidades, como pode ser consistente com a santidade de Deus sugeri-las?

5   Depois de tudo o que se disse a esse respeito, para muitos ainda é chocante pensar que não possa haver nada mais que uma mera representação em toda arte e complexidade que aparecem na estrutura (por exemplo) de um corpo humano, particularmente dos órgãos dos sentidos. Que mais pode ser a curiosa estrutura do olho a não ser meramente uma boa representação, se não há nenhuma conexão além daquela que você admite entre este e a visão? Por seu feitio parece que está desenhado como um instrumento ou um meio para comunicar as imagens das coisas externas à faculdade perceptiva interna; e se isto não é assim, se realmente não serve para comunicar os objetos visíveis à nossa mente, se nossas ideias visíveis são criadas imediatamente neles pela vontade do Todo-poderoso, por que haveria de ser feito que parecesse um instrumento ou meio tanto como se na realidade o fosse? // É evidente, pela comunicação de imagens num quarto escuro através de uma

lente, que o olho é uma lente e que as imagens das coisas são pintadas em seu fundo. Mas, para que serve tudo isso, se não há nenhuma conexão entre esse fino mecanismo |*apparatus*| e o ato da visão. Pode considerar-se um argumento suficiente de que não há conexão entre eles o fato de que não podemos descobri-la ou concebê-la como ela deveria ser?

6   Há quem diga que se nossas sensações não dependem de nenhum órgão físico, não veem como se pode supor que a morte introduza qualquer alteração na maneira de nossa percepção ou, na realidade, como possa haver (propriamente falando) algum estado separado da alma. Pois se nossos corpos não são senão ideias, se termos ideias neste estado presente não depende do que se pensa que são os órgãos dos sentidos e, finalmente, se se supõe (como sem dúvida devemos fazer) que temos ideias neste estado, pareceria que imediatamente após sairmos de nossa situação presente ainda deveríamos receber as mesmas ideias dos corpos que agora recebemos e, consequentemente, estar ligados aos mesmos corpos ou, pelo menos, a corpos, ainda que diferentes; e, se isso é assim, que lugar sobra para a ressurreição propriamente dita? De modo que, na medida em que esta crença nos livra das dificuldades que acompanham a doutrina de uma ressurreição material, parece que não dá lugar para nenhuma ressurreição em absoluto, pelo menos no sentido que a palavra parece ter em São João 5:28, 29.

7   Alguns de nós não conseguimos entender o que quereis dizer quando falais de arquétipos. Dizeis que o ser das coisas consiste em serem percebidas; e que as coisas não são nada senão ideias; que nossas ideias não têm arquétipos imperceptidos; mas, todavia, concedeis arquétipos a nossas ideias quando as coisas não são percebidas por nossas mentes; elas existem em, ou seja,

são percebidas por, alguma outra mente. Ora, entendo que há uma dupla existência das coisas ou ideias, uma na mente divina e outra nas mentes criadas; uma arquetípica, e a outra ectípica; que, portanto, a existência real, original e permanente das coisas é arquetípica, ao serem ideias na *Mente Divina*; que nossas ideias são cópias delas, e são coisas reais à medida que correspondem a seus arquétipos e são exibidas a nós, ou criadas em nós pela vontade do Todo-poderoso, na medida e graus, conforme as tais leis e regras enunciadas que Ele se satisfaça em observar; portanto, não há substância impercebida que intervém entre as ideias divinas e as nossas como um meio, ocasião ou instrumento mediante o qual Ele produz nossas ideias em nós, mas aquilo considerado como a existência material das coisas é, // na verdade, somente ideal na mente divina. Eu vos entendo corretamente? Portanto, não quereis dizer que a existência de nossas ideias (isto é, as coisas ectípicas) depende de as percebermos; contudo, externos a qualquer mente criada, no Espírito onisciente, há arquétipos reais e permanentes (tão estáveis e permanentes como jamais se considerou que o fosse a matéria), aos quais correspondem essas ideias nossas e, assim, que (ainda quando nossas ideias visíveis e tangíveis sejam coisas *toto coelo* diferentes[3] e distintas, contudo) se pode dizer que fora da mente, na Mente Divina, há um arquétipo (por exemplo, da vela que está diante de mim) em que os originais, tanto de minhas ideias visíveis como tangíveis, luz, calor, palidez, maciez etc., unem-se, sob uma determinada figura cilíndrica particular, de tal maneira que se pode dizer com propriedade que é a mesma coisa tanto a que eu vejo como a que eu sinto?

---

3 Por "*toto coelo* diferentes" entenda-se "diametralmente diferentes".

8   Se se pudesse entender que este ou algo parecido é vosso pensamento, pareceria menos chocante dizer que não vemos e sentimos a mesma coisa, porque não podemos desalojar de nossas mentes a noção de um mundo externo, e seria permitido conceber que, ainda quando não houvesse nenhuma criatura inteligente antes de Adão que fosse espectadora, o mundo, contudo, esteve realmente seis dias em *arquétipo*, passando gradualmente de um estado caótico informal até esse belo espetáculo no qual pela primeira vez apareceu ante sua mente; que o cometa que apareceu em 1680[4] (por exemplo) tem agora, ainda quando nenhuma mente criada o observe, uma existência real no espírito onisciente, e está realizando sua prodigiosa viagem através dos vastos campos de éter e, finalmente, que toda a vasta *congérie* do céu e da terra, os poderosos sistemas de mundos com seu conteúdo |*furniture*|, têm uma existência real na mente eterna, que antecede a e é independente da percepção do espírito criado, e que, quando vemos, sentimos etc., essa mente poderosa, mediante seu *fiat* imediato, produz em nossas mentes (*pro nostro modulo*[5]) ideias que correspondem a elas e que podemos imaginar que se lhes assemelham em algum grau.

9   Mas se há arquétipos para nossas ideias, não se seguiria que há espaço, extensão, figura e movimento externos como sendo arquétipos de nossas ideias, às quais damos esses nomes? E, certamente, de minha parte, não posso impedir minha mente de se persuadir de que há espaço externo. Sempre que tentei

---

4 Referência ao cometa Halley, cujo nome homenageia o matemático e astrônomo britânico Edmund Halley (1656-1742), que chegou à conclusão de que o cometa é periódico.

5 Pode-se traduzir a expressão "*pro nostro modulo*" por, aproximadamente, "de acordo com a natureza de nossos sentidos".

conceber o espaço como não sendo mais que uma ideia em minha mente, retornou à minha volta apesar de meus muitos esforços; certamente deve haver, não pode não haver, espaço externo. O comprimento, a largura e a densidade de qualquer ideia na verdade não são senão ideias; a distância entre duas árvores em minha mente não é senão uma ideia, // mas se há arquétipos das ideias de árvores, deve haver um arquétipo da ideia de distância entre elas. Nem posso ver como se segue que não há altura, grandeza ou distância absoluta externas das coisas, porque nos parecem maiores ou menores conforme estejamos mais próximos ou mais distantes delas, ou as vejamos a olho nu ou através de óculos; assim como tampouco se segue que, por exemplo, um homem não tenha absolutamente uma altura de seis pés, medido com uma régua de dois pés, que se aplique a seu corpo, porque diversas imagens dele podem ser tiradas algumas de seis pés, algumas de quatro, algumas de dois pés, de acordo com a mesma medida. Ninguém imaginou jamais que a ideia de distância estivesse fora da mente, mas se segue, então, que não há distância externa à qual corresponda a ideia, por exemplo, entre Rhode Island e Stratford? Sinceramente, desejaria que não fosse tão grande e assim poderia ter a felicidade de ter um acesso mais fácil a vós e desfrutar com maior proximidade as vantagens de vossos ensinamentos.

10 Vós reconheceis que os espíritos têm uma existência real externa uns dos outros. Parece-me, se isso for assim, que deve haver uma distância entre eles, e um espaço no qual existam, ou bem todos devem existir em um mesmo lugar ou ponto e, por assim dizer, coincidir uns com os outros. Não posso ver como o espaço e a duração sejam ideias mais abstratas que os espíritos. Ao passo que (falando com propriedade) não temos

nenhuma ideia dos espíritos, assim, tampouco, com efeito, as temos do espaço externo e da duração. Mas parece-me que a existência desses deve seguir-se inevitavelmente da existência daqueles, na medida em que não me é possível conceber seu não ser, assim como tampouco posso conceber a não existência da mente infinita e eterna. Parecem tão necessariamente existentes, com independência de qualquer mente criada, como do próprio Deus. Ou devemos dizer que não há nada no argumento *a priori* do Dr. Clarke, em sua demonstração do ser e dos atributos de Deus, ou naquilo que *Sir* Isaac Newton disse sobre a infinitude e eternidade de Deus em seu *Scholium Generale* de seus *Principia*?[6] Gostaria de saber como entendeis o que esses dois autores dizem sobre esse assunto.

11 Vós desculpareis a confusão de meus pensamentos e não vos maravilhareis que em ocasiões escreva como um homem desnorteado, pois, por assim dizer, penetrei em um novo mundo e me surpreende tudo o que me rodeia. Que são essas ideias vossas? É a substância da mente o *substratum* de suas ideias? É correto denominá-las modificações de nossas mentes ou impressões sobre elas? Ou o quê? Na verdade, não posso determinar o que fazer com elas, da mesma forma que com a própria matéria. Qual é o *esse* dos espíritos? Vós pareceis crer que é impossível separar sua existência de seu pensar. *Princ.* p.143, sec. 98.[7] // Então, o *esse* das mentes não é senão *percipere* como o *esse* das ideias é *percipi*? Certamente, parece-me que deve haver algo desconhecido que pensa e atua, tão difícil de conce-

---

[6] Samuel Clarke (1675-1729) argumentou em sua obra *Discourse Concerning the Being and Attributes of God* (1705-6) que o espaço infinito era um atributo de Deus. Newton diz que Deus constitui o espaço.

[7] A referência remete à página da primeira edição dos *Princípios*.

ber como a matéria e sua criação tão fora de nossa compreensão como a criação da matéria. Podem as ações ser o *esse* de algo? Podem existir ou exercer-se sem algum ser que seja agente; e não pode facilmente imaginar-se que esse ser exista sem atuar, por exemplo, sem pensar? Consequentemente (pois nesse caso falais de duração), não se pode dizer do *durare, etsi non cogitet*,[8] que persista no ser ainda quando o pensar fosse interrompido por um tempo? E, não é isso, às vezes, um fato? A duração da mente eterna decerto deve implicar alguma coisa além de uma eterna sucessão de ideias. Não posso, então, conceber que, ainda quando não obtenha minha ideia de duração ao observar a sucessão de ideias em minha mente, não obstante há uma *perseverare in existendo*,[9] uma duração de meu ser e do ser de outros espíritos diferentes desta sucessão de ideias e independentes dela?

Mas, senhor, receio não ter feito mais que cansar vossa paciência com tantas perguntas (as quais temo que considerareis impertinentes); pois ainda quando representam dificuldades para mim ou ao menos para alguns ao meu redor, em nome de quem, em parte, escrevo, contudo não imagino que possam parecer a vós que tão perfeitamente haveis digerido vossos pensamentos sobre esse tema, e talvez possam desvanecer-se após uma consideração mais madura. Não obstante, agradeceria muito vossa ajuda, se não fosse uma lástima que perdêsseis vosso tempo (que poderia ser empregado em propósitos muito melhores) em escrever a uma pessoa tão obscura e tão pouco merecedora de um favor assim, tal como é meu caso. Mas

---

8 "Subsistir, ainda que não pensar".
9 "uma existência contínua".

viverei com alguma impaciência enquanto não vir realizada a segunda parte de seu projeto, quando espero ver resolvidas estas objeções (se assim se pode chamá-las) ou quaisquer outras que porventura lhe tenham ocorrido desde que escrevestes a primeira parte; e em que se mostre com maior detalhe a utilidade dessa doutrina aplicada às ciências e às artes. Não poderíamos esperar ver que a lógica, as matemáticas e a filosofia natural, a pneumatologia,[10] a teologia e a moralidade aparecessem todas em sua ordem com um novo brilho sob as vantagens que possam receber daquela? Vós, ao menos, nos haveis dado a esperança de uma geometria livre de muitas perplexidades que tornam problemático esse tipo de estudo, com o que ficarei muito contente, pois achei essa ciência mais irritante que qualquer outra, ainda que, na verdade, eu não seja muito versado em nenhuma delas. Mas não abusarei mais de vossa paciência. // Minhas respeitosas saudações aos senhores James e Dalton.[11] Sou, com a maior veneração,

Reverendo Senhor,
vosso mais agradecido,
mais obediente e
humilde servidor

Samuel Johnson

---

10 Tratado dos espíritos, dos seres intermediários que formam a ligação entre Deus e o homem.
11 Referência a John James e a Richard Dalton, que haviam acompanhado Berkeley na viagem da Inglaterra para a América.

2. Carta de George Berkeley a Samuel Johnson

25 de novembro de 1729.

// Reverendo Senhor

A engenhosa carta que me destinastes encontrou-me muito indisposto, com um abscesso ou quisto em minha cabeça, o que me deteve na cama várias semanas; mas agora, graças a Deus, já estou curado. As objeções de um pensador honesto a quem escrevi sempre serão bem-vindas e eu não deixarei de dar toda a satisfação de que sou capaz, não sem esperança de convencer-vos ou ser convencido. Uma falta comum entre os homens é odiar a oposição e apegar-se muito à suas próprias opiniões. Percebo isso nos outros de modo que não me perdoaria a mim mesmo se eu considerasse as minhas como mais verdadeiras do que me parecer ser; e estarei em melhores condições de julgá-las quando tiverem passado pelo escrutínio de pessoas tão bem qualificadas para examiná-las como me pareceis que são vós e vossos amigos, para quem minha enfermidade deve ser uma desculpa por não vos enviar esta resposta antes.

I   O verdadeiro uso e finalidade da Filosofia Natural é explicar os fenômenos da natureza, o que se faz descobrindo as leis da natureza e reduzindo a elas as aparências particulares. Este é o método de *Sir* Isaac Newton; e tal método ou projeto não é de maneira alguma inconsistente com os princípios que eu proponho. Essa filosofia mecânica não atribui nem supõe nenhuma causa eficiente natural, no sentido estrito e próprio; nem está, em relação a seu uso, relacionada com a matéria; nem está a matéria conectada com isso; nem dela deve inferir-se a existência da matéria. Deve-se conceder, com efeito, que os filósofos mecânicos supõem (embora desnecessariamente) a existência da matéria. Eles inclusive pretendem demonstrar que a matéria é proporcional à gravidade, o que, se pudessem fazê-lo, lhes proporcionaria, certamente, uma objeção irrespondível. Mas examinemos sua demonstração. Em primeiro lugar se estabelece que o momento |*momentum*| de qualquer corpo é o produto de sua massa por sua velocidade, *moles in celeritatem ducta*.[12] Se, portanto, a velocidade está dada, o momento |*momentum*| será proporcional à sua massa. Mas se observa que os corpos de todo tipo caem com a mesma velocidade no vácuo; portanto, o momento |*momentum*| dos corpos que caem é proporcional à quantidade ou massa |*moles*|, ou seja, a gravidade é proporcional à matéria. Mas este argumento nada conclui e é um mero círculo. // Pois, pergunto, quando se estabelece como premissa que o momento |*momento*| é igual à *moles in celeritatem ducta*, como se estima a massa ou quantidade de matéria? Se dizeis que por extensão, a proposição não é verdadeira, se por peso, então supondes que a quantidade da matéria é proporcional à matéria, isto é, supõe-se a conclusão em uma das premissas. Com respeito ao espaço e ao movimento

---

12 "massa vezes a velocidade".

absolutos, que também se supõem sem nenhuma necessidade ou uso, remeto-vos ao que já publiquei, particularmente em um folheto em Latim, *De motu*, que terei o cuidado de enviar-vos.

2   A causa se toma em diferentes sentidos. Não posso conceber nenhuma causa eficiente ativa própria a não ser o Espírito; nem, falando estritamente, qualquer ação senão onde há Vontade. Mas isso não deve impedir que se admitam causas ocasionais (as que, na verdade, não são senão signos); e não se requer mais na melhor física, isto é, na filosofia mecânica. Nem isso deve impedir que se admitam outras causas além de Deus, tais como espíritos de diferentes ordens, que podem ser denominados de causas ativas, na medida em que certamente atuam, ainda quando mediante poderes limitados e derivados. Mas, quanto a um agente não pensante, nenhuma questão de Física é explicada por meio dele, e ele nem é concebível.

3   Todos os que sempre sustentaram um mundo material reconheceram, não obstante, que a *natura naturans* (para usar a linguagem dos Escolásticos)[13] é Deus, e que a conservação divina das coisas é equipolente a, e de fato, é o mesmo que, uma criação contínua repetida; numa palavra, que a conservação e a criação diferem só em *terminus a quo*.[14] Estas são as opiniões comuns aos Escolásticos e Durandus,[15] que sustentou que o

---

13 "*natura naturans*", ou seja, a natureza concebida como causa, como algo ativo.

14 "em *terminus a quo*", isto é, no ponto a partir do qual elas começam. A criação começa no próprio princípio das coisas, a conservação começa depois disso.

15 Durandus de Saint Pourçain, (c. 1270-1334), filósofo escolástico e teólogo dominicano francês, conhecido sobretudo pela sua rejeição do tomismo.

mundo era uma máquina similar a um relógio, feita e posta em movimento por Deus, mas que posteriormente continuou a mover-se por si mesma, e neste particular foi diferente e teve poucos seguidores. Os próprios poetas ensinam uma doutrina que não difere da das escolas – *Mens agitat molem* (Virg. *Eneida*, VI).[16] Os estóicos e os platônicos estão, por todos os lados, repletos da mesma noção. Assim, pois, não difiro nesse assunto senão na forma de prová-lo. Mais ainda, parece-me que o poder e a sabedoria de Deus se apresentam de uma maneira tão válida tanto se se supõe que Ele atua imediatamente como um Espírito onipresente, infinitamente ativo, como intermedeia as causas subordinadas para preservar e governar o mundo natural. // Um relógio pode de fato girar independentemente de seu criador ou artífice, na medida em que a gravitação de seu pêndulo procede de outra causa e que o artífice não é a causa adequada do relógio, de tal maneira que a analogia de supor que o relógio é com respeito a seu artista como o mundo é com respeito a Deus, não seria justa. Até onde posso ver, não é depreciar as perfeições de Deus dizer que todas as coisas dependem necessariamente Dele como seu Conservador, assim como seu Criador, e que toda a natureza se reduziria a nada se não a sustentasse e preservasse no ser a mesma força que pela primeira vez a criou. Isso, estou seguro, está de acordo com a Sagrada Escritura como com os escritos dos mais estimados filósofos; e se se considera que os homens fazem uso de ferramentas e máquinas para suprir falhas de poder em si mesmos, temos de pensar que não honra a Divindade atribuir-Lhe tais coisas.

---

16 "*mens agitat molem*": é a mente que faz a matéria mover-se.

4   Com respeito à culpa, tanto faz que eu mate um homem com minhas mãos ou com um instrumento, quer o faça eu mesmo ou empregue um rufião. Portanto, é igual a imputação sobre a santidade de Deus, quer suponhamos que as nossas sensações sejam produzidas imediatamente por Deus ou por meio de instrumentos e causas subordinadas, que são todas suas criaturas e se movem por suas leis. Portanto, esta consideração teológica pode ser deixada de lado como não sendo pertinente; para tanto, sustento que todas as propostas tenham igual peso em ambos os lados da questão. As dificuldades acerca do princípio das ações morais cessarão se considerarmos que toda a culpa está na vontade e que nossas ideias, seja qual for a causa que as produza, são igualmente inertes.

5   Com respeito à arte e à complexidade nas partes dos animais, considerei esse assunto nos *Princípios do conhecimento humano*[17] e, se não me engano, mostrei suficientemente a sabedoria e o uso desta, considerados signos e meios de informação. Certamente não me surpreende que ao ler pela primeira vez o que escrevi as pessoas não fiquem plenamente convencidas. Pelo contrário, muito me surpreenderia se os preconceitos, que tiveram muitos anos para se enraizar, se extirpassem em poucas horas de leitura. Eu não tinha nenhuma inclinação para problematizar o mundo com grossos volumes. O que fiz foi, antes, com o objetivo de dar dicas aos homens pensantes, os quais têm o ócio e a curiosidade de ir ao fundo das coisas e persegui-las em suas próprias mentes. Duas ou três leituras desses pequenos tratados e fazendo daquilo que se lê a razão do pensamento, creio que faria que a totalidade lhe fosse fa-

---

17 Ver *Princípios*, parágrafos 60-66.

282 miliar e fácil à mente e se eliminaria essa // aparência chocante que se observou que com frequência acompanha as verdades especulativas.

6   Não vejo dificuldade alguma em conceber uma mudança de estado como essa que vulgarmente se denomina Morte, seja com substância material ou sem ela. É suficiente, para esse propósito, que concebamos corpos sensíveis, ou seja, tais como os que são imediatamente percebidos pela vista e o tato; cuja existência estou longe de pôr em dúvida (como os filósofos costumam fazer), senão que creio que a estabeleço sobre princípios evidentes. Ora, parece-me muito fácil conceber que a alma existe em um estado separado (isto é, livre desses limites e dessas leis do movimento e da percepção que a tolhem aqui), e que se aplique a |*exercise herself on*| novas ideias sem a intervenção dessas coisas tangíveis a que chamamos corpos. É inclusive possível apreender como a alma pode ter ideias de cor sem um olho ou de sons sem um ouvido.

E agora, Senhor, remeto estas dicas (que com pressa reuni, tão logo minha enfermidade o permitiu) a vossos pensamentos mais maduros, os que, depois de tudo, encontrareis como os melhores instrutores. O que haveis visto de mim foi publicado quando eu era muito jovem e, sem dúvida, tem muitos defeitos. Pois, mesmo que as noções sejam verdadeiras (como realmente penso que são), é, contudo, difícil expressá-las de maneira clara e consistente, pois a linguagem está forjada para o uso comum e para os preconceitos aceitos. Portanto, não pretendo que meus livros possam ensinar a verdade. Tudo o que espero é que eles possam ser uma oportunidade para que os homens investigativos descubram a verdade, consultando suas próprias mentes e buscando entre seus próprios pensamentos. Com respeito à segunda parte de meu tratado acerca dos *Princípios do conhecimento humano*, o fato é que já havia avançado bastante nela, mas o manuscrito se perdeu há cerca de quatorze anos, durante minha viagem à Itália, e nunca tive tranquilidade para fazer uma coisa tão desagradável como escrever duas vezes sobre o mesmo assunto.

As objeções que passam por suas mãos têm toda a sua força e clareza, e assim elas me agradam mais. Esta correspondência com uma pessoa de dotes e gênio filosóficos é muito agradável. Sinceramente, desejaria que fôssemos vizinhos próximos. Entrementes, quando vós ou vossos amigos quiserdes me dar a conhecer vossos pensamentos, podeis estar seguros de ter uma resposta pontual de minha parte. Antes de concluir me atreverei a fazer estas recomendações: (1) Considerar bem as respostas que já dei em meus livros a várias objeções. (2) Considerar se qualquer nova objeção que possa vos ocorrer não supõe a doutrina das ideias gerais abstratas. // (3) Se as dificuldades propostas como objeção a meu projeto podem ser solucionadas pelo contrário, pois, se não podem, é claro que não podem ser objeções contra o meu.

Não sei se haveis adquirido meu tratado sobre os *Princípios do conhecimento humano*. Pretendo enviá-lo a vós com meu panfleto *De motu*. Minha humilde saudação a vossos amigos, a quem considero que estou em dívida por alguma parte de vossa carta.

Sou vosso fiel e humilde servidor,

George Berkeley.

3. Carta de Samuel Johnson a George Berkeley

// Reverendo Senhor

Vossa carta de 25 de novembro não a recebi senão no dia 17 de janeiro, e agora aproveito esta primeira oportunidade para agradecer-vos da maneira mais humilde.

Lamentei muito saber que haveis padecido a enfermidade que mencionais, mas estou muito contente e agradecido por vossa recuperação. Rogo a Deus que vos preserve vossa vida e saúde de tal maneira que tenhais a oportunidade de aperfeiçoar esses bons e grandes projetos para o avanço do conhecimento e da religião, para os quais vossa mente trabalha.

Estou muito agradecido pela opinião favorável que expressastes, pela qual me animei a escrever-vos e ao que vós tão amavelmente concedestes uma resposta tão ampla e detalhada. Mas vós me concedestes uma grande honra ao atribuir algum valor ao meu juízo; pois é impossível que meus pensamentos sobre esse assunto tenham alguma importância, visto que fui educado sob as maiores desvantagens e tive tão pouca habilidade e oportunidade de ser instruído em coisas desta natureza.

E, portanto, seria muito inútil de minha parte pretender algo mais que ser um discípulo; é tão só tendo isso em vista que lhe inflijo este aborrecimento.

Tenho consciência de que a maior parte do que eu escrevi se deveu a não prestar suficientemente atenção nessas três importantes considerações que vós sugeris no final de vossa carta – e espero que um pouco mais de tempo e uma atenção e aplicação mais cuidadosa esclareçam as dificuldades que ainda jazem no caminho para alcançar completamente vossos pensamentos. Na verdade, não havia tido a oportunidade de assimilar suficientemente vossos livros, pois mal havia acabado de lê-los, avidamente me foram solicitados por meus amigos, que vivem espalhados por aqui e ali e esperavam que eu os convidasse à minha casa, porque lhes havia dito antes que se os livros pudessem ser obtidos em Boston, eu pretendia comprá-los e enviá-los; e, na verdade, eles ainda não terminaram completamente sua viagem. A *Teoria da visão* ainda está em Nova York e os *Diálogos* acabaram de ir para Long Island. Mas estou muito contente por sentir a falta deles, porque sei que estão fazendo o bem.

285 // De minha parte, estou contente por abandonar a causa da matéria, contente por desfazer-me dos absurdos que dela dependem; ao menos estou seguro de que, se ela fosse defensável, não estaria em meu poder defendê-la. E sendo destituída daquele fundamento instável, agora só espero ser completamente instruído como e onde colocar meu pé de novo e levar a cabo um plano |*scheme*| claro e consistente sem ela. E de todos os assuntos com os quais vos importunei antes, restam só estes sobre os quais tive alguma dificuldade, a saber, arquétipos, espaço e duração, e o *esse* dos espíritos. Com efeito, essas

foram minhas maiores dificuldades antes. A maior parte das outras foram objeções que encontrei conversando com meus conhecidos, a quem não lhes pareceu que elas foram suficientemente respondidas. Mas acredito que após uma consideração mais madura do assunto, e em especial dessa amável réplica, encontrarão razão para sentir-se mais satisfeitos. Os que a viram (especialmente meu amigo, o Sr. Wetmore[18]) se unem a mim num agradecido reconhecimento de vossa amabilidade e vos enviam suas mui humildes saudações.

I   Com respeito às dificuldades que ainda me restam, creio que todas as minhas incertezas acerca da primeira delas (e muito provavelmente das demais) se devem à minha incapacidade e falta de atenção ao não entender corretamente vosso significado. Creio que me expressei de maneira estranha sobre arquétipos em meus artigos 7 e 8; mas ao voltar a ler vossos *Diálogos* e ao comparar novamente três ou quatro passagens, não posso pensar que eu quisesse dizer algo diferente do que vós pretendíeis.

Vós concedeis, *Diálogos*, p.74, "Que as coisas têm uma existência diferente de ser percebidas por nós" (isto é, de quaisquer espíritos criados) "e que elas existem em, isto é, são percebidas pela mente infinita e onipresente que contém e sustenta este mundo sensível enquanto ele o percebe". E na página 109, "Que as coisas têm uma existência externa às nossas mentes, e que durante os intervalos em que não as percebemos elas existem em outra mente (isto é, a infinita)", donde inferis, de

---

18 James Wetmore (1695-1760), clérigo americano, natural de Connecticut. Serviu como missionário em Rye, Nova York, onde colaborou juntamente com Johnson na fundação, ocorrida em 1754, do King's College, que se converteu mais tarde na Columbia University.

maneira justa e excelente, a certeza de sua existência, "a qual sabe e compreende todas as coisas e as exibe à nossa visão de tal maneira e conforme às regras que ela mesma ordenou". E na página 113, "Que, por exemplo, uma árvore, quando não a percebemos, existe fora de nossas mentes na mente infinita de Deus". E esta existência exterior das coisas (se bem vos entendo) é o que vós denominais estado arquetípico das coisas, p.150.

Dessas expressões, e de outras similares, obtive o que disse acerca dos arquétipos de nossas ideias e disso inferi que fora de nós, na Mente Divina, há um sistema de natureza universal do qual as ideias que temos são semelhanças // em um grau tal como apraz ao Todo-poderoso comunicá-las a nós. E ainda não posso ver que minha inferência não fosse justa, pois, conforme vós, as ideias que vemos não estão na Mente Divina, senão na nossa. Portanto, quando dizeis que as coisas sensíveis existem, enquanto percebidas por nós, na mente infinita, humildemente concebo que é preciso que entendais que os originais ou arquétipos de nossas coisas ou ideias sensíveis existem independentemente de nós na mente infinita, ou que as coisas sensíveis existem *in archetypo* na Mente Divina. Portanto, suponho que a ideia divina de uma árvore (ou uma árvore na Mente Divina) deve ser o original ou o arquétipo da nossa e a nossa, uma cópia ou imagem da Sua (nossas ideias são imagens das Suas no mesmo sentido em que nossas almas são imagens Dele), da qual podem haver várias, em várias mentes criadas, como muitos retratos diferentes do mesmo original, ao qual todos eles se referem.

Portanto, quando se diz que várias pessoas veem a mesma árvore, estrela etc., seja à mesma ou a mui diversas distâncias dela, é (se vos compreendo) *unum et idem in archetypo*, ainda quando *multiplex et diversum in ectypo*,[19] pois é tão evidente que vossa ideia não é a minha nem a minha é a vossa quando dizemos que ambos vemos a mesma árvore, como que vós não sois eu nem eu sou vós. Mas ao ter cada um nossa própria ideia, dependemos da e nos impressiona a mesma mente todo-poderosa, donde vós dizeis esta árvore existe, enquanto fechamos nossos olhos (e, sem dúvida, vós também quereis dizer o mesmo, quando estão abertos), nossas diversas árvores creio que devem ser outros tantos retratos |*pictures*| (se me é permitido chamá-las assim) do original, a árvore na mente infinita, e desta forma de todas as demais coisas. Assim eu vos entendo; não certamente que nossas ideias são, em alguma medida, semelhanças adequadas do sistema na mente divina, mas, entretanto, que elas são semelhanças ou cópias exatas e verdadeiras dele, até onde a Ele lhe apraz comunicar-nos Sua mente.

2   Com respeito ao espaço e à duração, não pretendo ter outra noção de sua existência exterior que a que necessariamente implica a noção que temos de Deus; não suponho que sejam alguma coisa diferente da ou externa à mente infinita e eterna, pois concluo com vós que não há nada externo à minha mente senão Deus e outros espíritos com os atributos ou as propriedades que lhes pertencem e as ideias que estão contidas neles.

Portanto, considero que o espaço externo e a duração são essas propriedades ou atributos em Deus, aos quais corres-

---

19 "*unum et idem ... ectypo*": um e o mesmo arquétipo, senão muitos e diversos em ectipos. O arquétipo é o modelo ou original divino, o ectípico é a cópia que supostamente ocorre em nossa mente.

pondem nossas ideias, as que significamos com esses nomes e das que são débeis sombras. Penso que este é o significado de *Sir* Isaac Newton quando diz, *Schol. General. Deus — durat semper et adest ubique et existendo semper et ubique, // durationem et spacium, aternitatem et infinitatem constituit*.[20] E em sua Óptica denomina o espaço, *por assim dizer, o sensório*[21] ilimitado *de Deus*, nem posso pensar que tenhais uma noção diferente desses atributos da que tem esse grande filósofo, ainda quando podeis diferir em vossas formas de vos expressar ou explicar. Seja isso como for, quando vós denominais a Deidade de infinita e eterna, e nessa descrição mui bela e encantadora, *Diálogos*, p.71 etc., quando falais do *abismo do espaço e ilimitada extensão* fora do alcance do pensamento e da imaginação, não sei como entender-vos de outra maneira senão como entendi a *Sir* Isaac quando emprega expressões similares. A verdade é que não temos nenhuma ideia própria de Deus ou de Seus atributos e os concebemos só por analogia com o que encontramos em nós mesmos e, assim, creio que concebemos que Sua imensidade e eternidade correspondem Nele a nosso espaço e duração.

Com respeito ao *punctum stans* das Escolas e ao τὸ νῦν[22] dos platônicos, estas são noções demasiado sutis para meu enten-

---

20 "Deus — dura para sempre e está presente em todos os lugares; e por existir sempre e em todos os lugares, ele constitui a duração e o espaço, a eternidade e a infinidade". Newton, p.257.

21 Considerava-se que o sensório era o lugar no cérebro onde ocorria a sensação. O aparato sensório como um todo incluía o sistema nervoso. Newton sugeriu que o espaço é o aspecto sensório da Mente Divina.

22 *Punctum stans* significa o ponto de duração, ou seja, o menor ponto da extensão, e τὸ νῦν significa "agora", ou seja, o menor instante da duração.

dimento limitado; não sei o que fazer com essas palavras, não parece que comuniquem à minha mente nenhuma noção ou ideia, e qualquer que seja o assunto, quanto mais penso nelas mais me escapam e parecem desvanecer-se em nada. Na verdade, elas me parecem muito similares a ideias abstratas, mas suspeito que a razão é porque nunca as entendi corretamente.

Não vejo por que o termo *punctum stans* não possa também se aplicar, ao menos, à imensidade como à eternidade de Deus, pois a palavra *punctum* é mais comumente empregada em relação à extensão ou ao espaço do que à duração; e dizer que um ser é imenso e que, contudo, não é senão um ponto, e que sua duração é perpétua, sem princípio ou fim e que, no entanto, não é senão um τὸ νῦν, parece-me que é uma contradição.

Portanto, não posso entender o termo τὸ νῦν a menos que ele seja destinado a prefigurar |*adumbrate*| a onisciência divina ou a perfeição do conhecimento divino, mediante a noção mais perfeita que temos das coisas presentes que das coisas passadas e, nesse sentido, implicaria que todas as coisas passadas, presentes e por vir, são sempre e em todo ponto de duração, conhecidas perfeitamente pela mente de Deus ou estão presentes ante ela (ainda que de uma maneira infinitamente mais perfeita), como as coisas que nos são conhecidas estão presentes em nossa mente em qualquer ponto de duração que denominamos *agora*. De modo que com respeito a Seu conhecimento igualmente perfeito das coisas passadas, presentes e por vir, com efeito, para Ele é sempre agora. A este propósito me parece bem aplicada e muito inteligente, mas Sua duração considero que é uma coisa muito distinta desta, como esse ponto de nossa duração que denominamos *agora* // é uma coisa distinta de nosso conhecimento real das coisas, diferentemente de nossa recordação delas. E pode-se dizer muito bem que a imensidade de Deus consiste em Seu conhecer ao mesmo tempo o que é e ocorre em todo lugar (por exemplo, na China, Júpiter, Saturno, em todo o sistema das estrelas fixas etc.), onde quer que esteja, por mais remoto que se encontre de nós (ainda que de maneira infinitamente mais perfeita), como nós conhecemos o que é e ocorre |*transacted*| em nós e ao nosso redor próximo de nós. Como que Sua eternidade consiste neste τὸ νῦν tal como acima se explicou, isto é, em Seu saber as coisas presentes, passadas e por vir, por mais remotas que estejam, todas ao mesmo tempo ou igualmente de maneira perfeita, como nós conhecemos as coisas que nos estão presentes *agora*.

Em suma, nossas ideias expressas pelos termos imensidade e eternidade são só o espaço e a duração considerados como ilimitados ou com a negação de quaisquer limites, e não posso deixar de pensar que há algo análogo a eles fora de nós, que está na e pertence a, ou é um atributo dessa mente gloriosa, a qual por essa razão denominamos imensa e eterna, na qual nós e quaisquer outros espíritos *vivemos, nos movemos e existimos*, não todos em um ponto, senão em tantos outros pontos, lugares ou *alicubis* diferentes e diversamente situados uns relativamente aos outros ou então, como o disse antes, parece-me como se todos tivéssemos de concordar uns com os outros.

Concluo que se estou errado em minha noção de espaço e de duração externos, deve-se aos preconceitos arraigados das ideias abstratas; mas, realmente, quando pensar nisso uma e outra vez em minha medíocre maneira de pensar, não posso ver nenhuma conexão entre elas (tal como as entendo) e essa doutrina. Não me parece que sejam ideias mais abstratas que os espíritos, pois, como disse, considero serem atributos do espírito que existe necessariamente e, consequentemente, as mesmas razões que me convencem de sua existência, trazem consigo a existência desses atributos. De modo que dos meios de chegar ao conhecimento das coisas que vós mencionais, é, mediante inferência ou dedução que me parece que conheço que há um espaço e uma duração externos e infinitos porque fora de mim há uma mente infinita e eterna.

3   Relativamente ao *esse* dos espíritos, sei que Descartes sustentou que a alma sempre pensa, mas eu pensei que Locke havia refutado suficientemente essa noção, que ele parece ter mantido unicamente para que lhe servisse de hipótese. Os Escolásticos, é verdade, chamam a alma de *actus* e Deus, de *Actus purus*;[23] mas confesso que nunca pude entender muito bem o que querem dizer, talvez porque nunca tive oportunidade de ser bastante versado em seus escritos. Eu teria pensado que os Escolásticos, entre todos os escritores, eram os que com menos probabilidade teriam que apelar para a compreensão de vossas opiniões, pois, // entre todos os outros, são os que mais lidam com as ideias abstratas, ainda quando situar o ser mesmo dos espíritos no mero ato de pensar me parece que é muito similar a fazer ideias abstratas deles.

Há certamente algo passivo em nossas almas; somos puramente passivos na recepção de nossas ideias, e o raciocinar e o induzir |willing| são ações de algo que raciocina e induz |will| e, portanto, devem ser só modalidades desse algo. Nem me parece que quando digo (algo) me refiro a uma ideia abstrata. É verdade que não tenho ideia alguma disso, mas o sinto; sinto

---

23 Pode-se traduzir *actus* por atividade ou ação, e *actus purus* por atividade ou ação pura.

que é, porque sinto que sou consciente de seus esforços. Mas seus esforços não são a coisa, senão suas modalidades, que dela se distinguem como as ações de um agente, que me parecem distinguíveis sem recorrer às ideias abstratas.

E, portanto, quando suponho a existência de um espírito quando ele de fato pensa, não me parece que o faço por supor uma ideia abstrata de existência e outra de tempo absoluto. A existência de John dormindo ao meu lado, sem sequer ter um sonho, não é uma ideia abstrata, nem o é o tempo que então passa; são só considerações parciais dele. *Perseverare in existendo* em geral, sem refletir sobre qualquer coisa particular existente, é o que considero que se denomina uma ideia abstrata de tempo ou de duração. Mas o *perseverare in existendo* de John é, se não me engano, uma consideração parcial dele; e creio que é fácil conceber que continua existindo sem pensar como sem ver.

Não tem alma uma criança senão até que de fato perceba? E não há algo assim como dormir sem sonhar ou estar em um *deliquium*[24] sem um só pensamento? Se há essas coisas e ao mesmo tempo, contudo, o *esse* de um espírito não é senão seu pensamento real, a alma deve estar morta durante esses intervalos e se ao deixar de pensar ou se o pensamento intermitente é deixar de existir, ou é a morte da alma, ela é muitas vezes e com muita facilidade submetida à morte. De acordo com essa doutrina, parece-me que a alma pode dormir até a ressurreição ou, antes, pode despertar no estado de ressurreição, no momento seguinte depois de sua morte. Mais ainda, não vejo sobre o que podemos construir um argumento natural a favor da imortalidade da alma. Creio que certa vez ouvi que vós aceitáveis um princípio

---

24 Isto é, num "desmaio".

de percepção e de movimento espontâneo nos animais. Ora, se seu *esse*, assim como o nosso, consiste em perceber, em que se funda a imortalidade natural de nossas almas que não conclua igualmente a favor deles? // Menciono esta última consideração porque não consigo entender como é que formulais o argumento a favor da imortalidade natural da alma, pois parece que em vossa maneira de pensar não é o argumento do pensamento ao imaterial, deste ao indissolúvel |*indiscerptible*| e daqui ao imortal.

Se o *esse* fosse só *percipere*, em que se funda nossa consciência? Eu percebi ontem e percebo agora, à noite, entre minhas percepções de ontem e de hoje, houve um intervalo durante o qual nada percebi. Parece-me que deve haver algum princípio[25] comum a essas percepções, cujo *esse* não dependa delas, mas em que elas estão, por assim dizer, conectadas, e do qual dependem, mediante o que estou e continuo consciente delas.

Por fim, o argumento de Locke (L. 2, cap. 19, sec. 4) da intensidade |*intention*| e da diminuição |*remission*| do pensamento, parece-me muito importante; de acordo com o qual, sob esta suposição, a alma deve existir mais ou ter um grau maior de ser em um tempo do que em outro, à medida que ela pensa mais intensamente ou de maneira menos intensa.

Reconheço que me expressei muito mal quando disse que não sabia o que fazer com as ideias ou com a matéria. O que queria dizer era, na verdade, o mesmo que expressei depois sobre a substância do ser da alma como um algo tão desconhecido como a matéria. E o que eu pretendia com essas questões era perguntar se nossas ideias não são a substância da própria alma, sob tantas outras modificações, conforme o dito (se o

---

25 Leia-se: uma causa, origem ou base.

compreendo bem) *Intellectus intelligendo fit omnia?*[26] É verdade que essas expressões (modificações, impressões etc.) são metafóricas, e me parece que não é a mesma coisa dizer que as ideias existem na mente; e tenho minhas dúvidas acerca de se esta última forma de expressão não nos afasta mais da coisa do que dizer que as ideias são a mente modificada de diversas maneiras. Mas, como você faz observar, mal é possível falar da mente sem uma metáfora.

Assim, pois, Senhor, vossa bondade induziu-me uma vez mais a tomar a liberdade de incomodar-vos de novo; e submeto tudo à sua opinião, mas não posso concluir sem dizer que estou persuadido de que vossos livros ensinam a verdade, decerto as verdades mais excelentes e isso da maneira mais excelente, que não posso senão expressar-me outra vez de maneira muito solícita, desejoso de que esse nobre projeto que vós haveis começado possa ainda ser continuado na segunda parte. E todo o mundo que viu a primeira se une plenamente a mim nessa solicitação. Na esperança disso, não desejaria que perdêsseis vosso tempo em escrever-me (ainda quando, por outra parte, o estimaria como um enorme favor), ao menos até que eu tenha tentado novamente obter uma // satisfação mediante uma nova leitura cuidadosa dos livros que tenho, junto com as outras obras que amavelmente me haveis oferecido, as quais aceito agradecidamente, pois eu mesmo não possuía os *Princípios*, senão que era um exemplar emprestado o que eu usava.

O portador desta, o Capitão Gorham, é um marinheiro de cabotagem que se dirige agora a Boston, rota que usa constantemente (exceto que ela foi agora longamente interrompida

---

26 "O intelecto no entendimento faz tudo".

devido ao inverno). Mas ele sempre atraca em Newport e se hospedará com o Reverendo Sr. Honyman, tanto na ida como na volta, e por seu meio tereis a oportunidade de enviar-me esses livros.

Sou, Reverendo Senhor,
com a maior gratidão,
vosso mais devoto e humilde servidor,
S. Johnson

Stratford, 05 de fevereiro de 1729/30.

4. Carta de George Berkeley a Johnson

// Reverendo Senhor,

Vossa carta do dia 5 de fevereiro não chegou às minhas mãos senão ontem; e esta tarde, ao ser informado de que um barco está pronto para retornar à sua cidade, não quis perder a oportunidade de enviar-vos uma resposta, embora escrita às pressas.

1   Não tenho objeção alguma em chamar de arquétipos das nossas as ideias na mente de Deus. Mas objeto contra os arquétipos que os filósofos supõem que são coisas reais e que têm uma existência racional absoluta diferente do fato de serem percebidos por qualquer mente que seja; pois é opinião de todos os materialistas que uma existência ideal na Mente Divina é uma coisa e a existência real das coisas materiais é outra.

2   Relativamente ao espaço. Não tenho noção alguma de outro espaço senão do relativo. Sei que alguns filósofos recentes, e em particular os matemáticos, atribuíram extensão a Deus. Um destes,[27] num tratado, *De spatio reali*, pretende

---

[27] Joseph Raphson (1648-1715), matemático inglês, membro da Royal Society, autor de *History of Fluxions* (1715), conhecido por ter desenvolvido, junto com Newton, um método para a aproximação das raízes das equações numéricas.

encontrar quinze dos atributos incomunicáveis de Deus no Espaço. Mas parece-me que, por serem todos eles negativos, ele poderia muito bem tê-los encontrado no Nada; e que poderia exatamente ter inferido do fato de o Espaço ser inanimado, incriado, indivisível etc., que era Nada, assim como era Deus.

Sir Isaac Newton supôs um espaço absoluto, diferente do relativo, e do qual este era resultado; um movimento absoluto diferente do movimento relativo; e como todos os demais matemáticos, supôs a infinita divisibilidade das partes finitas deste espaço absoluto; ele também supôs que os corpos materiais se deslocavam aí. Ora, embora eu reconheça que *Sir* Isaac foi um homem extraordinário e um profundo matemático, não posso, contudo, estar de acordo com ele a este respeito. Não tenho escrúpulo em usar a palavra espaço, assim como todas as outras palavras, no sentido |*use*| comum; mas com ela não me refiro a um ser absoluto distinto. Para o que quero dizer remeto-o ao que já publiquei.

293 // Por τὸ νῦν suponho que se implica que todas as coisas, passadas e por vir, estão realmente presentes à mente de Deus, e que Nele não há nenhuma mudança, variação ou sucessão. Considero que uma sucessão de ideias *constitui* o tempo, e não que seja apenas medida sensível deste, como o Sr. Locke e outros pensam. Mas sobre essas questões cada um deve pensar por conta própria, e falar segundo o que achar. Uma das minhas primeiras investigações foi sobre o tempo, o que me conduziu a vários paradoxos que não considerei adequado ou necessário publicar; particularmente a noção de que a ressurreição acontece no momento imediatamente posterior à morte. Estamos confundidos e perplexos a respeito do tempo. (1) Supor uma sucessão em Deus. (2) Conceber que temos uma *ideia abstrata* do tempo. (3) Supor que o tempo em uma mente deve ser

medido pela sucessão de ideias em outra. (4) Não considerar o uso e finalidade verdadeiros das palavras, que com igual frequência terminam na vontade como no entendimento, sendo empregadas antes para suscitar |*excite*|, influenciar e dirigir a ação do que para produzir ideias claras e distintas.

3   Não tenho dúvida alguma de que a alma do homem é tanto passiva como ativa. As ideias gerais abstratas foram uma noção que o Sr. Locke sustentou em comum com os escolásticos, e acho que com todos os demais filósofos; essa noção se encontra ao longo de todo o livro do entendimento humano. Ele mantém uma ideia abstrata de existência; independentemente de |*exclusive of*| perceber e ser percebido. Não posso encontrar que eu tenha uma ideia semelhante, e esta é minha razão contra ela. Descartes procede conforme outros princípios. Uma polegada quadrada de neve é tão branca como mil jardas dela; uma só percepção é tão verdadeiramente uma percepção como uma centena delas. Ora, ao ser suficiente para a existência qualquer grau de percepção, não se segue que devemos dizer que uma *existiu mais* que outra em algum tempo, assim como tampouco devemos dizer que mil jardas de neve são mais brancas que uma jarda. Mas, afinal de contas, isso se converte numa disputa verbal. Creio que se poderia evitar muita obscuridade e disputas ao examinar bem o que eu disse acerca da abstração e do sentido e significado verdadeiros das palavras, em várias partes dessas coisas que publiquei, embora reste muito para se dizer sobre o assunto.

Vós dizeis que estais de acordo comigo em que não há nada dentro[28] de vossa mente senão Deus e outros espíritos, com os atributos ou as propriedades que lhes pertencem, e as ideias que eles contêm.

---
28   Leia-se "fora de vossa mente" em vez de "dentro". Trata-se de um erro de Berkeley. A referência é ao parágrafo 2 da segunda carta de Johnson.

Este é um princípio ou ponto principal a partir do qual, e de acordo com o que eu estabeleci acerca das ideias abstratas, se pode deduzir muita coisa. Mas caso não estejamos de acordo em todas as inferências, na medida em que os pontos principais estejam bem estabelecidos e sejam bem entendidos, // deverei ser menos exigente acerca de conjecturas particulares. Gostaria que todas as coisas que publiquei sobre estes assuntos filosóficos fossem lidas na ordem em que as publiquei, uma vez para assimilar o plano e as conexões entre elas, e uma segunda vez com um olhar crítico, acrescentando vossos próprios pensamentos e observações em cada parte, à medida que vos ocorrerem.

Envio junto os livros encadernados e um não encadernado. Tomareis para vós aqueles que ainda não tenhais. Vós dareis os *Princípios*, a *Teoria* e os *Diálogos*, um exemplar de cada um deles, junto com minhas saudações, ao cavalheiro que é membro do Newhaven College,[29] cujos cumprimentos vós me fizestes chegar. Os demais podeis dá-los a quem quiserdes.

Se em alguma ocasião vossos negócios vos trouxerem para essas partes, sereis muito bem-vindo a passar quantos dias puderdes em minha casa. Quatro ou cinco dias de conversa colocariam várias coisas sob uma luz mais ampla e clara do que muitos meses dedicados à escrita poderiam fazê-lo. Entrementes, me alegrará ter notícias de vós ou de vossos amigos, sempre que quiserdes.

Reverendo Senhor,
seu muito humilde criado,
George Berkeley

---

29 Ou seja, James Wetmore.

Peço-vos que me informeis se eles aceitarão os escritos de Hooker[30] e Chillingworth[31] na biblioteca do Newhaven College.[32]

Rhode Island, 24 de março de 1730

---

30 Richard Hooker (1554-1600), pastor anglicano e influente teólogo.
31 William Chillingworth (1602-1644), teólogo anglicano, nascido em Oxford.
32 O Newhaven College tornou-se a Yale University. Berkeley alude aqui à questão de se um colégio estabelecido por puritanos aceitaria as obras de teólogos anglicanos.

Comentários filosóficos

Cadernos de anotações de Berkeley
impressos pela primeira vez em 1871

Os *Comentários filosóficos*, assim denominados por A. A. Luce em sua edição de 1944, são dois cadernos de anotações (Caderno B e Caderno A) que Alexandre Campbell Fraser descobriu entre os escritos de Berkeley e publicou pela primeira vez em 1871, na ordem A-B, tal como eles se encontravam encadernados, na sua edição das Obras de Berkeley. (Ver *Seleção bibliográfica*). Posteriormente se propôs e se adotou a reordenação dos cadernos, o que explica o fato de agora o Caderno B aparecer antes do Caderno A.

A numeração aqui reproduzida na margem direita é a da edição Luce e Jessop. Ela não constava nos manuscritos de Berkeley. Os números seguidos da letra "a" indicam anotações que apareciam no verso das páginas, representando acréscimos ou comentários às anotações originais. Na margem esquerda aparecem símbolos, sinais e letras que constavam nos manuscritos ao lado das anotações. No início do Caderno A, antes da anotação 400, Berkeley parece ter elaborado uma espécie de legenda para algumas dessas letras.

I – Introdução
M – Matéria
P – Qualidades primárias e secundárias
E – Existência
T – Tempo

S – Alma, espírito [*Soul, Spirit*]
G – Deus [*God*]
Mo – Filosofia moral [*Moral Philosophy*]
N – Filosofia natural [*Natural Philosophy*]

Não há consenso entre os especialistas acerca do significado da maioria dos demais sinais, como, por exemplo, acerca do sinal "+", que aparecem no início das anotações. Estas estão repletas de palavras abreviadas e a pontuação, ou sua ausência, torna muitas vezes o texto ambíguo e obscuro. Para facilitar a compreensão das ideias de Berkeley por parte do leitor, julgamos necessário completar a maior parte das abreviações. Mantivemos algumas, como: "Qu:" para "*Query*", "*Question*", "*Quaere*", "*Quaestio*", ou seja, "pergunta", "questão"; "Mem." para "*Memorandum*", ou seja, "lembrar-se de"; "N.B.", para "*Nota bene*", ou seja, "observa bem". Que ao ler essa tradução dos *Comentários filosóficos* o leitor tenha presente que as anotações manuscritas dos dois Cadernos não têm a forma um tanto polida que ora recebe nessa tradução. Os Cadernos originais encontram-se no Museu Britânico, British Library Add. MS 39305.

Caderno B

+	Uma eternidade maior que outra do mesmo tipo.	1
+	Em que sentido a eternidade pode ser limitada?	2
G.T.	Há sucessão de ideias no intelecto divino?	3
T	O tempo é uma série de ideias que se sucedem umas às outras.	4
+	A duração não se distingue da existência.	5
+	A sucessão é explicada mediante antes, entre, depois e enumeração.	6
+	Por que o tempo passa mais devagar quando se está em sofrimento do que quando se sente prazer?	7
+	A duração é infinitamente divisível, o tempo não.	8
T	O mesmo τὸ νῦν não é comum a todas as inteligências.	9
+	O tempo é considerado infinitamente divisível devido à sua medida.	10
[12]×	A extensão, em um sentido, não é infinitamente divisível.	11

401

+	As revoluções medem imediatamente a sucessão de ideias e mediatamente a duração.	12
T	O tempo é uma sensação; portanto, [existe] só na mente.	13
+	A eternidade é só uma sucessão de inumeráveis ideias. Portanto, a imortalidade da alma se concebe com facilidade; ou, antes, a imortalidade da pessoa, [pois] a da alma não é necessária, pelo que podemos ver.	14
+	A rapidez das ideias comparada com a do movimento mostra a sabedoria de Deus.	15
+	E se a sucessão de ideias fosse mais rápida, e se fosse mais lenta?	16
M	A queda de Adão, o surgimento da idolatria, o surgimento do epicurismo e do hobbismo, a disputa acerca da divisibilidade da matéria etc. se explicam pelas substâncias materiais.	17
	A extensão [é] uma sensação; portanto, não [existe] fora da mente.	18
	Na hipótese material o muro é branco, o fogo é quente etc.	19
	Prova-se que as ideias primárias não existem na matéria, da mesma maneira como se prova que não existem nela as secundárias.	20
×	Demonstrações da infinita divisibilidade da extensão supõem comprimento sem largura Λ, o que é absurdo.	21
	Ou comprimento invisível	21a
¹M	O mundo fora do pensamento é *nec quid nec quantum nec quale etc.*	22
M	É espantoso contemplar o mundo vazio de inteligências.	23

+	Nada existe propriamente senão as pessoas, isto é, coisas conscientes; todas as outras coisas não são tanto existências como modos da existência das pessoas.	24
+	Qu: acerca da alma ou, antes, da pessoa, se ela não seria completamente conhecida.	25
×	A infinita divisibilidade da extensão supõe a existência externa da extensão, mas esta última é falsa, *ergo* também o é a primeira.	26
13×	Qu: o cego que recuperasse a visão conheceria o movimento à primeira vista?	27
13×	O movimento, a figura e a extensão perceptíveis pela vista são diferentes das ideias percebidas pelo tato que levam o mesmo nome.	28
+	A diagonal é incomensurável com o lado. *Quaere* como pode ser isso em minha doutrina?	29
N	Qu: como reconciliar os dois tipos de movimento de Newton com minha doutrina.	30
×	As terminações das superfícies e as linhas não são *per se* imagináveis.	31
13×	O cego de Molyneux não saberia à primeira vista que a esfera ou o cubo são corpos ou que têm extensão.	32
+	A extensão, longe de ser incompatível com o pensamento, é impossível que exista fora |*without*| dele.	33
M.S.	A extensão mesma, ou qualquer coisa extensa, não pode pensar, [pois] estas são meras ideias ou sensações cuja essência nós conhecemos de maneira completa.	34
13×	Não é a extensão senão a superfície [que é] perceptível pela vista.	35

¹M.	Quando, por exemplo, imaginamos duas bolas movendo-se no vazio, é só se concebemos uma pessoa afetada com essas sensações.	36
Ob.M.	Que exista a extensão em uma coisa não pensante δ é uma contradição.	37
¹M	Ou melhor, em uma coisa destituída de percepção. O pensamento parece implicar ação.	37a
+	Qu: se o movimento visível é proporcional ao movimento tangível?	38
T	Em alguns sonhos a sucessão de ideias é mais rápida que em outras ocasiões.	39
¹M	Se um pedaço de matéria tem extensão, esta deve estar determinada a um tamanho e uma figura particulares, mas etc.	40
+	Nada corresponde a nossas ideias primárias externas senão poderes; portanto, uma demonstração direta e breve de um ser ativo e poderoso distinto de nós mesmos do qual dependemos etc.	41
+	O nome das cores foi realmente dado às qualidades tangíveis em virtude de uma alusão à história do conde alemão.	42
¹³×	Qu: por que as qualidades visíveis e as tangíveis recebem o mesmo nome em todas as linguagens?	43
+	Qu: não será o ser a substância da alma [?] Ou (de outra maneira) se ao se acrescentarem as faculdades completa a verdadeira essência e a definição adequada da alma?	44
N	Qu: se na suposição de corpos externos não é possível saber que qualquer corpo se encontra absolutamente em repouso, uma vez que se supomos as ideias muito mais lentas que agora, os corpos agora aparentemente em movimento estariam então aparentemente em repouso?	45

M	Qu: que pode ser semelhante a uma sensação senão uma sensação?	46
	Qu: algum homem viu alguma vez outras coisas além de suas próprias ideias, algo com o que pudesse compará-las e considerá-las semelhantes?	47
T	A idade de uma mosca, em vista de tudo o que sabemos, pode ser tão longa como a de um homem.	48
³¹×	Demonstra-se de três maneiras diferentes que a distância visível e a distância tangível são heterogêneas.	
³¹×	1ª se uma polegada tangível é igual ou se encontra em outra razão com uma polegada visível, então se seguirá que desiguais são iguais, o que é absurdo. Pois a que distância dever-se-ia situar uma polegada visível para considerá-la igual à polegada tangível?	
³¹×	2ª Alguém que não tivesse ainda visto seus próprios membros ou alguma coisa que ele tocou, e que passasse a ver, ao ver um comprimento de um pé saberia que é o comprimento de um pé se o pé tangível e o pé visível fossem a mesma ideia, *sed falsum id ergo & hoc*.	
³¹×	3ª do problema de Molyneux que, de outro lado, é falsamente solucionado por Locke e ele.	49
¹M	Nada, exceto as ideias, é perceptível.	50
	Um homem não pode comparar duas coisas uma com a outra se não percebe cada uma delas; logo, não pode dizer de uma coisa que não é uma ideia que é semelhante ou dessemelhante a uma ideia.	51
+	Os corpos etc. existem ainda quando não são percebidos, já que são poderes no ser ativo.	52
+	A sucessão é uma ideia simples Λ Locke, cap. 7.	52

+	A sucessão é uma ideia abstrata, isto é, uma ideia inconcebível.	53a
³¹×	A extensão visível é proporcional também à extensão tangível: aumenta e diminui por partes e é por isso que são tomadas como sendo a mesma.	54
×	Se a extensão estivesse fora da mente nos corpos qu: se é tangível, ou visível, ou passível de ser abstraída, ou tudo isso.	55
¹×	As proposições matemáticas acerca da extensão e do movimento [são] verdadeiras em um duplo sentido.	56
	Considera-se que a extensão é peculiarmente inerte porque não é acompanhada de prazer e dor; portanto, considera-se que existe na matéria, uma vez também que ela é concebida como comum a dois sentidos.	57
	Assim como também a percepção constante deles.	57a
¹¹×	O cego não poderia, à primeira vista, determinar quão próximo dele está o que viu nem sequer se está fora dele ou em seus olhos. Qu: ele não pensaria isso depois.	58
³×¹	O cego não poderia saber, à primeira vista, que o que viu tem extensão até não ter visto e tocado uma e a mesma coisa. Não sabe como seria visto um *minimum tangibile*.	59
M.	Mem. aduzir as partículas homogêneas como resposta à objeção de que Deus criou o Sol, as plantas etc. antes que os animais.	60
×	Em todo corpo, duas séries infinitas de extensão: uma da tangível e outra da visível.	61
+	Para um cego, a princípio todas as coisas são vistas num ponto.	62

+	O desconhecimento [do uso] das lentes faz com que os homens pensem que a extensão está nos corpos.	63
M	É útil contemplar as partículas homogêneas da matéria.	64
+	Se a extensão está na matéria, muda sua relação com o *minimum visibile* que parece ser fixo.	65
+	Qu: se o *minimum visibile* é fixo.	66
¹M	Cada partícula de matéria, se extensa, deve ser infinitamente extensa ou ter uma série infinita de extensão.	67
¹M	Se se admite que o mundo compõe-se de matéria, é a mente que lhe confere beleza e proporção.	68
³×¹	O que disse só prova que não há proporção em todos os tempos e em todos os homens entre, por exemplo, uma polegada visível e uma tangível.	69
³×¹	As extensões visível e tangível [são] heterogêneas, porque elas não têm medida comum: também porque suas partes ou elementos constitutivos mais simples são especificamente distintos, a saber, *punctum visibile & tangibile*. N.B. A primeira parece não ser uma boa razão.	70
M:N.	Pela imaterialidade, é solucionada a coesão dos corpos, ou, antes, a disputa cessa.	71
×	Nossa ideia [que] chamamos extensão, de modo algum é suscetível de infinitude, isto é, [não é] nem infinitamente pequena nem grande.	72
+	A maior extensão possível vista sob um ângulo que deve ser menor que 180°; ângulo cujos lados procedem dos limites da extensão.	73

M	Admitindo-se que há substâncias extensas sólidas etc. fora da mente, é impossível que a mente as conheça ou as perceba. A mente, inclusive de acordo com os materialistas, só percebe as impressões produzidas sobre seu cérebro ou, antes, as ideias que acompanham essas impressões.	74
×	A unidade em abstrato não é de maneira alguma divisível, pois, por assim dizer, é um ponto, ou, conforme Barrow, nada absolutamente em concreto não é divisível ao infinito já que não há nenhuma ideia redutível ao infinito.	75
M I	Qualquer sujeito pode ter qualidades primárias de cada tipo, mas só uma particular de cada vez. Locke, Livro 4, cap. 3, seção 15.	76
+	Qu: se temos ideias claras dos próprios números grandes ou só de suas relações.	77
¹M	Sobre a solidez, ver Locke, Livro 2, cap. 4, seções 1, 5 e 6. Se alguém pergunta o que é a solidez, ponha-lhe entre as mãos uma pedra e ele o saberá. A extensão do corpo é a continuidade do sólido etc. A extensão do espaço é a continuidade do não sólido etc.	78
³×¹	Por que não posso dizer que a extensão visível é uma continuidade de pontos visíveis, [que] a extensão tangível é uma continuidade de pontos tangíveis.	78a
M	Mem. que eu reconheço que não estou de acordo com os céticos Fardella[1] etc., na medida em que eu penso que os corpos existem indubitavelmente, ao passo que eles duvidam disso.	79

---

1 Michel-Angello Fardella (1650-1718), matemático e filósofo italiano, autor de *Universae Philosophiae Systema* (1691), *Animae Humanae Natura* (1678), entre outros.

M	Tenho mais certeza que o Sr. Locke da existência e realidade dos corpos, uma vez que ele só alega ter o que chama de conhecimento sensível, ao passo que eu creio ter conhecimento demonstrativo de sua existência, entendendo-os como combinações de poderes em um substrato desconhecido.	80
¹M	Chamamos nossas ideias de figura e extensão, e não de imagens da figura e da extensão da matéria; estas (se existem) são infinitamente divisíveis, aquelas não.	81
+	É impossível que um cubo material exista, porque os cantos de um cubo parecerão largos a um sentido agudo.	82
+	Os homens morrem ou se acham em estado de aniquilação muitas vezes num dia.	83
S	Sobre os poderes, pergunto se mais de um ou somente um.	84
+	Os comprimentos abstraídos das larguras são o produto da mente, aquelas se intersectam em um ponto em todos os ângulos, da mesma maneira a cor é abstraída da extensão. Toda posição altera a linha.	85
×	Pergunto se as ideias de extensão são formadas de outras ideias, por exemplo, a ideia de um pé formada de várias ideias de uma polegada etc.	86
+	A ideia de uma polegada de comprimento não é uma ideia determinada. Portanto, investigar a razão pela qual erramos ao julgar a extensão pela vista, para tal propósito é conveniente também considerar as mudanças frequentes e súbitas da extensão de acordo com a posição.	87

[2]×[1]	As ideias de comprimento não [são] determinadas sem um *minimum*.	88
M	A substância material [é] ridicularizada por Locke, Livro 2, cap. 13, seção 19.	89
M	Em minha doutrina, deixam de existir todos os absurdos do espaço infinito etc.	90
[33]×[1]	Qu: se (*grosso modo*) todas as coisas que vemos fossem em todo tempo demasiado pequenas para serem sentidas, teríamos confundido a extensão e a figura tangíveis e visíveis?	91
T	Qu: se há sucessão de ideias na mente eterna, um dia não pareceria a Deus 1000 anos em vez de 1000 anos um dia?	92
+	Mas uma só cor e seus graus.	93
+	Investigar acerca de um grande erro dos escritores de Dióptrica ao assinalar a causa da ampliação dos objetos pelos microscópios.	94
+	Qu: se um cego recuperasse a visão daria, a princípio, o nome de distância a qualquer ideia introduzida pela vista, uma vez que ele tomaria a distância que percebeu pelo tato como algo que existe fora de sua mente, mas ele certamente pensaria que nenhuma das coisas vistas está fora de sua mente.	95
S +	O espaço, sem qualquer corpo existindo na *rerum natura*, não seria extenso, ao não ter partes, na medida em que as partes lhe são atribuídas com respeito ao corpo, donde também é aprendida a noção de distância, agora sem partes, distância ou mente, como pode haver espaço ou qualquer outra coisa além de uma uniforme não coisa?	96

+	Duas demonstrações de que o cego que recupera a vista não tomaria todas as coisas que viu como se estivessem fora de sua mente ou não em um ponto: uma delas, a partir de olhos microscópicos; a outra, por não perceber a distância, ou seja, o raio da esfera visual.	97
M	As árvores estão no parque, isto é, quer eu queira ou não, quer eu imagine algo acerca delas ou não, permitam-me ir até lá e abrir meus olhos durante o dia e não poderei evitar vê-las.	98
+	Ainda quando a rapidez ou a lentidão do movimento depende de nossas ideias não se segue, por esse motivo, que a mesma força possa impelir um corpo por um espaço maior ou menor em proporção à lentidão ou rapidez de nossas ideias.	99
$^3\times^1$	Com extensão um cego queria referir-se ou à percepção causada em seu tato por alguma coisa que ele chama extensa, ou ao poder de suscitar essa percepção, poder que se encontra no exterior, na coisa denominada extensa. Ora, ele não poderia saber que qualquer um desses está nas coisas visíveis até que ele os tivesse experimentado.	100
×	A geometria parece ter como seu objeto a extensão, figuras e movimentos tangíveis, e não os visíveis.	101
a $^3\times^1$	Explica-se a razão pela qual vemos as coisas eretas mesmo quando suas imagens estão invertidas no olho.	102
$^{32}\times^1$	Um homem dirá que um corpo parecerá tão grande como antes, ainda quando a ideia visível que produz seja menor do que ele era, portanto o tamanho ou a extensão tangível do corpo é diferente da extensão visível.	103

×	O número não se encontra em nenhuma coisa fora da mente, porque é a mente, ao considerar as coisas como idênticas, que forma ideias complexas delas; é a mente que as combina em uma e que, ao considerar suas ideias de uma maneira diferente, pode compor um grande número a partir do que era apenas uma até há pouco.	104
×	A extensão ou o espaço não é uma ideia simples, pois o comprimento, a largura e a solidez são três ideias distintas.	105
³×¹	A profundidade ou a solidez não são percebidas pela vista.	106
+	Estranha impotência dos homens. O homem sem Deus. Mais infeliz que uma pedra ou uma árvore, pois tem só o poder de ser miserável devido a suas volições não realizadas, pois estas não têm poder algum.	107
	O comprimento é perceptível pelo ouvido; o comprimento e a largura pela vista; o comprimento, a largura e a profundidade, pelo tato.	108
G	O que nos afeta deve ser uma coisa pensante, pois o que não pensa não pode subsistir.	109
+	O número não está nos corpos, pois é um produto da mente e depende inteiramente da consideração desta e de ser mais ou menos como a mente quer.	110
+¹	Mem: Pergunto se a extensão é igualmente uma sensação como a cor.	111
×	O povo não usa a palavra extensão. Trata-se de um termo abstrato das escolas.	111a
P	A figura redonda [é] uma percepção ou uma sensação na mente, mas no corpo é um poder. Locke, Livro 2, cap. 8, seção 8.	112

	Mem: marcar bem a última parte da última seção citada.	113
³×¹	Os sólidos ou quaisquer outras coisas tangíveis não são vistos de outra maneira senão como as cores percebidas pelo conde alemão.	114
M	De e coisa, causas de erro.	115
²×¹	O ponto visível de quem tivesse olhos microscópicos não seria maior ou menor que o meu.	116
×	Qu: se as proposições e inclusive os axiomas da Geometria, vários deles, não supõem a existência de linhas etc. fora da mente.	117
T	Se o movimento é a medida da duração. Ver Locke, Livro 2, cap.14, seção19.	118
×	As linhas e os pontos concebidos como terminações [são] ideias diferentes daquelas concebidas de maneira absoluta.	119
×	Cada posição altera uma linha.	120
× S	O cego, a princípio, não tomaria as cores como se estivessem fora de sua mente, mas as cores pareceriam estar no mesmo lugar que a extensão colorida; portanto, a extensão não pareceria existir fora da mente.	121
²×¹	Todos os círculos concêntricos visíveis, dos quais o olho é o centro, são absolutamente iguais.	122
+	Por que o número infinito é absurdo? Locke não o resolve corretamente.	123
³×¹	Qu: como é possível que nós vejamos planos ou linhas retas?	124
²×¹	Qu: por que a Lua parece maior no horizonte?	125

a $^3x^1$	Qu: por que vemos as coisas na posição vertical quando [estão] pintadas invertidas?	126
T	Questão proposta pelo Sr. Deering² acerca do ladrão e o paraíso.	127
M¹	Ainda que se admita que a matéria exista, esta pode não ser maior que a cabeça de um alfinete.	128
+	O movimento é proporcional ao espaço descrito em um tempo dado.	129
+	A velocidade não é proporcional ao espaço descrito em um tempo dado.	130
M¹	[Não há] nenhum poder ativo a não ser a vontade, portanto, se a matéria existe não nos afeta.	131
+	A magnitude, quando tomada apenas como a *ratio partium extra partes* ou, antes, como coexistência e sucessão sem considerar as partes como se coexistissem e se sucedessem, é infinitamente ou, antes, indefinidamente, ou talvez de maneira alguma, divisível; porque ela mesma é infinita ou indefinida, mas magnitudes definidas, determinadas, ou seja, linhas ou superfícies compostas de pontos, por meio dos quais (junto com a distância e posição) se determinam, são resolvíveis nesses pontos.	132
+	Porém, a magnitude, tomada como coexistência e sucessão, não é, de modo algum, divisível, mas é uma ideia simples.	133

---

2 A. A. Luce assinala que o Sr. Deering referido por Berkeley nesta anotação e na anotação 201 foi provavelmente Daniel Dering (ou Deering) (- 1730), primo de *Sir* John Percival (1683-1748), primeiro Conde de Egmont, de quem Berkeley foi amigo e com quem manteve extensa correspondência.

+	As ideias simples não incluem partes nem relações, são difíceis de separar e de considerar em si mesmas, ainda não são distinguidas corretamente por nenhum autor. Por exemplo, poder, vermelho, extensão etc.	134
M	O espaço não é imaginável por meio de alguma ideia recebida pela vista; não é imaginável sem um corpo em movimento, nem mesmo, portanto, necessariamente existente (falo do espaço infinito), pois o que o corpo sofreu pode ser concebido como aniquilado.	135
¹M	Qu: que podemos ver além de cores; que podemos sentir além de duro, suave, frio, quente, prazer, dor?	136
³×¹	Qu: por que não provar e cheirar a extensão?	137
³×¹	Qu: por que não se considera que as extensões tangível e visível são extensões heterogêneas, assim como se considera que as percepções gustativa e olfativa são percepções heterogêneas, ou, pelo menos, por que não tão heterogêneas como azul e vermelho?	138
+	Discurso preliminar acerca de separar e abstrair as ideias simples.	139
²×¹	Quando a Lua está horizontal, não parece maior em relação à extensão visível que em outras ocasiões; em consequência, cessam as dificuldades e disputas acerca de coisas vistas sob ângulos iguais etc.	140
+	Todas as *potentiae* são igualmente indiferentes.	141
+	A.B. o que ele quer significar por meio de sua *potentia* é a vontade, o desejo, a pessoa ou todos ou nenhum, ou ocasionalmente um, ocasionalmente outro.	142

+	Nenhum agente pode ser concebido indiferente à dor ou ao prazer.	143
+	Falando propriamente num sentido filosófico estrito, nós não fazemos os objetos mais ou menos prazerosos, mas as Leis da Natureza fazem isso.	144
Mo.S	Uma inteligência finita poderia ter previsto, há quatro mil anos, o lugar e as circunstâncias, mesmo as mais insignificantes e triviais, de minha existência presente.	145
S.Mo.	Isso é verdadeiro na suposição de que a inquietação determina a vontade.	145a
S.Mo.	As doutrinas da liberdade, da presciência etc. são explicadas por meio de bolas de bilhar.	146
+	Que pensaríamos de um objeto, tal como colocado na objeção, se o víssemos com clareza?	147
$^a_3\times^1$	Que juízos faria sobre superior e inferior quem sempre tivesse visto através de óculos inversores?	148
S.Mo.	De acordo com Locke, não temos liberdade quanto à virtude e ao vício, a liberdade que ele admite consiste numa indiferença das faculdades operativas, a qual é consecutiva à vontade, mas virtude e vício consistem na vontade *ergo* etc.	149
$^3\times^1$	Todas as linhas que formam o mesmo ângulo óptico são congruentes (como é evidente mediante um experimento simples), portanto elas são iguais.	150
+	Não temos ideias puras, simples, de azul, vermelho ou de qualquer outra cor (com exceção, talvez, de preto), porque todos os corpos refletem luz heterogênea.	151
+	Qu: se isso é verdade dos sons (e de outras sensações), pois há, talvez, raios de ar que somente exibem um som particular, como raios de luz uma cor particular.	152

+   As cores não são definíveis, não porque elas são   153
pensamentos puros, sem mistura, senão porque
não podemos distinguir e separar facilmente os
pensamentos que elas incluem, ou porque nos
faltam nomes para suas ideias componentes.

+   Por alma se quer dizer só uma ideia complexa   154
composta de existência, vontade e percepção
num sentido amplo. Portanto ela é conhecida e
pode ser definida.

S   Não é possível que concebamos nenhum poder   155
ativo a não ser a vontade.

+   Em assuntos morais, os homens pensam (é   156
verdade) que são livres, mas esta liberdade é
somente a liberdade de fazer o que lhes apraz,
liberdade que é consecutiva à vontade, só com
respeito às faculdades operativas.

+   Os homens imputam a si mesmos suas ações,   157
porque assim as desejam, e isso não por ignorância, senão porque consideram que conhecem
suas consequências, sejam boas ou más.

+   Isso não prova que os homens sejam indiferentes com respeito aos desejos.   158

+   Se alguma coisa é significada por *potentia* de   159
A.B., isso deve ser desejo. Mas peço a qualquer
homem que me diga se seu desejo é indiferente
ou (para falar mais propriamente) se ele mesmo
é indiferente a respeito do que deseja, até depois
que ele tem desejado, pois com respeito ao próprio desejo ou à faculdade de desejar, essa é indiferente como o são todas as outras faculdades.

+   As ações que conduzem ao céu estão em meu   160
poder se eu as desejo, portanto eu as desejarei.

+   Qu: acerca do progresso ao infinito das von-   161
tades.

+   Nisso as Matemáticas têm a vantagem sobre   162
a Metafísica e a Moralidade. Suas definições
sendo de palavras ainda não conhecidas pelo
aprendiz não são disputadas, mas as palavras na
Metafísica e na Moralidade, quase todas sendo
conhecidas por todos, pode suceder que suas
definições sejam controvertidas.

M   O caminho breve e direto da Matemática não   163
serve em Metafísica e em Ética, pois, acerca
das proposições Matemáticas, os homens não
têm preconceitos, não precisam combater opiniões prévias, pois ainda não pensaram nesses
temas. Isso não é assim nas outras duas ciências
mencionadas, em que o homem deve não só
demonstrar a verdade, deve também defendê-la
contra os escrúpulos e as opiniões estabelecidas que a contradizem. Em suma, o caminho
árido, seco e rígido não bastará. Ele deve ser
mais abundante e copioso; de outra maneira,
sua demonstração, por exata que seja, não será
aceita pela maioria.

+   A extensão parece consistir em uma variedade   164
de pensamentos homogêneos que coexistem
sem mistura.

+   Ou, antes, a extensão visível parece ser a coexis-   165
tência de cores na mente.

S.Mo	Perguntar e julgar são ações que dependem das faculdades operativas, as quais dependem da vontade, a qual está determinada por alguma inquietação *ergo* etc. Supunha-se um agente finito perfeitamente indiferente, dotado de um desejo não determinado por nenhuma perspectiva ou consideração sobre o bem. Penso que este agente não pode fazer uma ação moralmente boa. Portanto, é evidente que as suposições de A:B: são insignificantes.	166
×	A extensão, o movimento, o tempo e o número não são ideias simples, senão que incluem nelas a sucessão, a qual parece ser uma ideia simples.	167
×	Mem. Perguntar pelo ângulo de contato e pelas fluxões etc.	168
$^2\times^1$	A esfera da visão é igual, quer eu olhe somente minha mão ou o firmamento aberto, pois: 1º em ambos os casos a retina está cheia; 2º os raios de ambas as esferas são iguais ou antes nada em absoluto para a vista; 3º igual número de pontos num e noutro.	169
$^1\times^1$	No caso de Barrow o míope julgaria corretamente.	170
$+\times^1$	Por que a Lua horizontal [parece] maior?	171
$+\times^1$	Por que os objetos são percebidos na posição vertical?	172
N	Com que propósito se conectam certas figuras e textura com outras percepções?	173
$^2\times^1$	Os homens calculam as magnitudes tanto pelos ângulos como pela distância. O cego, a princípio, não poderia conhecer a distância, ou meramente pela vista, abstraindo a experiência da conexão das ideias da visão e do tato, não podemos perceber a distância. Portanto, meramente pela vista não podemos perceber ou julgar a extensão.	174

²×¹	Qu: seria possível aumentar nossa visão ou fazer-nos ver imediatamente mais ou mais pontos que os que vemos se se diminuísse o *punctum visibile* a menos de 30?	175
I.S.	O discurso é metafórico mais por imaginarmos as coisas insensíveis e suas circunstâncias, modos etc. sendo expressos em sua maior parte com palavras emprestadas de coisas sensíveis. A razão é clara. Por isso os múltiplos erros.	176
S	O grande erro é que pensamos ter ideias das operações de nossas mentes. Certamente este indumento metafórico é um argumento que não temos.	176a
G	Qu: como pode nossa ideia de Deus ser complexa ou composta, quando sua essência é simples e sem composição? Ver Locke, Livro 2, seção 35.	177
G	*Ommes reales rerum proprietates continentur in Deo.* Que querem dizer Le Clerc³ e outros com isso?	177a
+	A impossibilidade de definir ou de discorrer claramente acerca da maioria das coisas provém dos defeitos e da insuficiência da linguagem, tanto quanto, talvez, da obscuridade e confusão do pensamento. Portanto, eu poderia clara e plenamente entender minha própria alma, a extensão etc. sem ser capaz de defini-las.	178
M	A substância madeira é uma coleção de ideias simples. Ver Locke, Livro 2, cap. 26, seção 1.	179
+	Mem. acerca das linhas retas vistas, vê-las através de uma retícula orbicular.	180

---

3 Jean Le Clerc, ou Johannes Clericus (1657-1736), teólogo suíço.

²ₓ¹	Qu: se é possível que as ideias visíveis que agora estão conectadas com extensões maiores tivessem estado conectadas com extensões menores, pois parece não haver conexão necessária entre esses pensamentos.	181
+ₓ	Os espelhos parecem diminuir ou ampliar os objetos não por alterar o ângulo ótico, mas por alterar a distância aparente.	182
+	Portanto Qu: se o cego pensaria que as coisas diminuem com os [espelhos] convexos ou aumentam com os côncavos.	183
P.N.	O movimento não é uma ideia, ele não pode ser percebido imediatamente.	184
M.P.	Mem. conceder existência às cores na escuridão, as pessoas que não estão pensando etc., mas não uma existência efetiva absoluta. É prudente corrigir os erros dos homens sem alterar sua linguagem. Isso faz com que a verdade deslize em suas almas de maneira insensível.	185
M.P.	As cores no escuro existem realmente, isto é, se houvesse luz ou tão logo haja luz, nós as veremos, contanto que abramos nossos olhos. E isso quer queiramos ou não.	185a
+	Como a retina é preenchida por um espelho?	186
+	Os espelhos convexos têm o mesmo efeito que as lentes côncavas.	187
+	Qu: se os espelhos côncavos têm o mesmo efeito que as lentes convexas.	188
²ₓ¹	A razão pela qual os espelhos convexos reduzem e os côncavos ampliam ainda não foi assinalada completamente por nenhum escritor que eu conheça.	189

+	Qu: Por que os objetos não são vistos confusos quando eles parecem invertidos através de uma lente convexa?	190
+	Qu: como fazer uma lente ou espelho que amplie ou diminua ao alterar a distância sem alterar o ângulo?	191
+	Nenhuma outra identidade senão a semelhança perfeita em quaisquer indivíduos exceto as pessoas.	192
N.	Fazer igualmente que os gostos, os odores, o temor, a vergonha, o talento, a virtude, o vício e todos os pensamentos se movam com o movimento local como o espírito imaterial.	193
+	Conforme minha doutrina, a identidade das substâncias finitas deve consistir em algo diferente da existência contínua, ou da relação com um tempo e um lugar determinados do começo da existência. Pois a existência de nossos pensamentos (que sendo combinados compõem todas as substâncias) é frequentemente interrompida, e eles têm começos e terminações diversos.	194
S	Qu: se a identidade da pessoa não consiste na vontade.	194a
$^2\times^1$	Não há conexão necessária entre ângulos óticos grandes ou pequenos e uma extensão grande ou pequena.	195
$^2\times^1$	A distância não é percebida, os ângulos óticos não são percebidos. Como então é a extensão percebida pela vista?	196
$^2\times^1$	A magnitude aparente de uma linha não é simplesmente como o ângulo ótico, senão direta-	197

mente como o ângulo ótico e reciprocamente como a confusão etc. (isto é, as outras sensações ou falta de sensações que acompanham a visão de perto), daí os grandes erros de atribuir o poder ampliador das lentes. Ver Molyneux, p.182.

$^2\times^1$ As lentes ou os espelhos podem talvez ampliar ou diminuir sem alterar o ângulo ótico, mas sem propósito algum. 198

$^2\times^1$ Qu: se o míope pensaria que os objetos são diminuídos por um espelho convexo tanto como por outro? 199

+ Qu: em que consiste a identidade da pessoa? Não na consciência presente, pois nesse caso não sou a mesma pessoa que eu era neste dia um ano atrás, a não ser enquanto penso no que fiz então. Não potencialmente, pois nesse caso, pelo que sabemos, todas as pessoas poderiam ser a mesma. 200

+ Mem. o relato da tia do Sr. Deering. 201

+ Dois tipos de consciências potenciais: a natural e a sobrenatural. No penúltimo parágrafo me refiro à última. 202

$^2\times^1$ Se por magnitude se quer dizer a proporção que qualquer coisa mantém com uma extensão tangível determinada como uma polegada, um pé etc., é claro que isso não pode ser propriamente percebido *per se* pela vista, e a respeito das polegadas, pés etc. visíveis determinados não pode haver uma coisa assim obtida pelo simples ato de ver abstraído da experiência etc. 203

$^2\times^1$ A grandeza *per se* perceptível pela vista, é só a proporção que qualquer aparência visível mantém com as outras vistas ao mesmo tempo; ou 204 (o que é a mesma coisa) a proporção de qualquer parte particular da órbita visual com o todo. Mas advirta-se que não a percebemos como uma órbita, tampouco como um plano, senão por raciocínio. Esta é toda a grandeza que as imagens têm *per se*.

²×¹ Por este meio, apenas o homem não pode em absoluto julgar a extensão de nenhum objeto, pois de nada vale saber que parte de uma superfície esférica ocupa o objeto, a não ser que também conheçamos a grandeza da superfície esférica. Pois um ponto pode subtender o mesmo ângulo com uma milha e assim criar na retina uma imagem igualmente grande, isto é, ocupar o mesmo tanto na órbita.

²×¹ Os homens julgam a magnitude pela debilidade e pela vivacidade, pela distinção e pela confusão, com algumas outras circunstâncias por ângulos grandes e pequenos. Portanto, é claro que as ideias da vista que se encontram agora conectadas com a grandeza poderiam ter estado conectadas com a pequenez e vice-versa. Pois não há nenhuma razão necessária pela qual um ângulo grande debilidade e distinção sem esforço tenham de representar uma grande extensão, assim como tampouco um ângulo grande, vivacidade e confusão.

+ Meu objetivo não é apresentar completamente a Metafísica de uma maneira geral escolástica senão acomodá-la em alguma medida às ciências, e mostrar como pode ser útil na Ótica, Geometria etc.

$^2\times^1$	Qu: se a proporção das magnitudes visíveis é perceptível *per se* pela vista, isto se deve à distinção e à confusão, o ato de percepção parece ser tão grande ao ver distintamente qualquer ponto da órbita visual como ao ver confusamente o todo.	208
+	Mem. corrigir minha linguagem e fazê-la filosoficamente tão exata quanto seja possível para evitar que se preste a manipulações.	209
$^2\times^1$	Se os homens pudessem alterar a convexidade de seus cristalinos sem esforço, eles poderiam aumentar ou diminuir o diâmetro aparente dos objetos permanecendo igual o ângulo ótico.	210
$^2\times^1$	Em um sentido, a grandeza das imagens no fundo não está determinada, pois quanto mais de perto um homem as vê, suas imagens (assim como as de outros objetos) ocuparão um maior espaço no fundo de seu olho.	211
+	Mem. que a Introdução contenha o plano total da natureza e maneira da demonstração etc.	212
$^2\times^1$	Distinguir com exatidão dois tipos de grandezas que são perfeitamente e *toto coelo* diferentes. Uma é a proporção que qualquer aparência tem com a soma das aparências percebidas ao mesmo tempo que aquela, que é proporcional aos ângulos, ou se é uma superfície aos ângulos de superfícies esféricas, a outra é a grandeza tangível.	213
$^2\times^1$	Qu: o que aconteceria se a esfera da retina se ampliasse ou diminuísse?	214
$\times^+$	Julgamos que percebemos a distância com relação a nós mesmos pelo mero ato da visão; no entanto, isso não é assim; também que percebemos sólidos, contudo isso não é assim; também a desigualdade das coisas vistas sob o mesmo	215

ângulo, no entanto isso não é assim. Por que não posso acrescentar, julgamos que só com a vista vemos a extensão, no entanto isso não é assim?

$\times^+$ Parece que percebemos a extensão pelo olho como os pensamentos pelo ouvido. 216

$\times$ Parece que não temos ideias claras e distintas de números grandes, por exemplo, 1000, a não ser considerando-as como formadas pela multiplicação de números pequenos. 217

$^2\times^1$ Enquanto o mesmo ângulo determina o *minimum visibile* para duas pessoas, nenhuma conformação distinta do olho pode produzir uma aparência diferente de magnitude na mesma coisa. Mas já que é possível submeter à prova o ângulo, podemos certamente saber se a mesma coisa aparece de diferente tamanho para duas pessoas devido a seus olhos. 218

$^2\times^1$ Se um homem pudesse ver " os objetos lhe pareceriam maiores que a um outro: portanto, há outro tipo de magnitude puramente visível além da proporção que qualquer aparência tem com a esfera visual, a saber, sua proporção com o *minimum visibile*. 219

$^2\times^3$ Se houvesse apenas uma e a mesma linguagem no mundo, e as crianças a falassem naturalmente ao nascer, e não estivesse no poder dos homens ocultar seus pensamentos ou enganar aos outros senão que houvesse uma conexão inseparável entre palavras e pensamentos, de tal modo que *positio uno ponitur alterum* pelas Leis da Natureza. Qu: não acreditariam os homens que escutam pensamentos assim como que veem a [extensão] distância? 220

+	Todas as nossas ideias são adequadas, nosso conhecimento das Leis da Natureza não é perfeito e adequado.	221
M.P.	Os homens estão certos ao julgar que suas ideias simples estão nas coisas mesmas; certamente o calor e a cor estão fora da mente tanto quanto a figura, o movimento, o tempo etc.	222
	Sabemos muitas coisas que não podemos expressar por falta de palavras. Conforme este princípio, se podem descobrir grandes coisas. Por não tê-lo considerado, diversos homens caíram em vários erros ao tentar formular seu conhecimento mediante sons, e ao fracassar nisso, julgaram que este era um defeito de seu conhecimento, quando na verdade ele residia em sua linguagem.	223
$3 \times^a 1$	Indagar se as sensações da vista que surgem da cabeça de um homem se assemelham mais às sensações do tato que provém dali ou de suas pernas.	224
$3 \times^a 1$	Ou é somente a constante e longa associação de ideias inteiramente diferentes que me faz julgá-las como as mesmas?	225
$1 \times^a 3$	O que vejo é só variedade de cores e luz. O que eu sinto é duro ou suave, quente ou frio, áspero ou liso etc. Que semelhança têm estes pensamentos com aqueles?	226
$13 \times^a$	Um quadro com grande variedade de cores afeta o tato de uma maneira uniforme. Não posso, portanto, concluir que porque vejo 2 sentirei 2, porque vejo ângulos ou desigualdades sentirei ângulos ou desigualdades. Como posso então,	227

	antes que a experiência me ensine, saber que as pernas visíveis (porque são duas) estão conecta-das com as tangíveis, ou a cabeça visível (porque é uma) conectada com a cabeça tangível?	
$^1\times^1$	Todas as coisas concebíveis por nós são: 1º pensamentos; 2º poderes para receber pensamentos; 3º poderes para causar pensamentos, nenhum dos quais é possível que exista em uma coisa inerte, inanimada.	228
$^1\times^2$	Um objeto sem uma lente pode ser visto sob um ângulo tão grande como com uma lente. Portanto, uma lente não amplia a aparência devido ao ângulo.	229
S	É absurdo que os homens conheçam a alma por ideia, sendo as ideias inertes, sem pensamento. Portanto, Malebranche[4] é refutado.	230
$^1\times^1$ 23	Vi a alegria em seu olhar, vi a vergonha em seu rosto, assim vejo a figura, ou a distância.	231
$^2\times^1$	Qu: por que as coisas que se veem confusamente através de uma lente convexa não se ampliam?	232
$^1\times^2$	Embora devêssemos julgar que a Lua horizontal está mais distante, por que então deveríamos julgar que ela é maior que a conexão entre o mesmo ângulo, maior distância e magnitude?	233
N	Minha doutrina afeta as *essências* dos corpuscularistas.	234

---

4 Nicolas Malebranche (1630-1715), filósofo francês, considerado um dos grandes cartesianos, ao lado de Spinoza e Leibniz. Autor de *De la recherche de la vérité* (1674-5). Ver *A busca da verdade*. Textos escolhidos. Trad. Plínio Junqueira Smith. São Paulo: Paulus/Discurso editorial, 2004.

×	Os círculos perfeitos etc. não existem fora da mente, pois nenhum assim pode existir, seja perfeito ou não, senão na mente.	235
×	Acredita-se que as linhas são divisíveis *ad infinitum*, porque se supõe que existam fora [da mente]. Também porque se considera que elas são as mesmas quando vistas a olho nu e quando vistas através de lentes de aumento.	236
×	Aqueles que não conheciam as lentes não tinham uma desculpa tão boa para a divisibilidade *ad infinitum*.	237
×	Nenhuma ideia do círculo etc. em abstrato.	238
+	A Metafísica é tão suscetível de certeza como a Ética, mas não é tão suscetível de ser demonstrada de maneira geométrica porque os homens veem com maior clareza e não têm tantos preconceitos na Ética.	239
$^3×^1$	As ideias visíveis entram na mente de maneira muito distinta, tal como as ideias tangíveis. Portanto a extensão vista e sentida, os sons, os gostos etc. estão mais misturados.	240
$^3×^1$	Qu: por que a extensão não se introduz pelo gosto em conjunção com o olfato ao ver que gostos e odores são ideias muito distintas?	241
×	Não se percebe a extensão de partículas azuis e amarelas misturadas enquanto elas apresentam um verde uniforme, mas tão logo elas apresentam sensações distintas de azul e amarelo, então sua extensão é percebida.	242
$^3×^1$	A percepção distinta de ideias visíveis não é tão perfeita como a das tangíveis, pois as ideias tangíveis são muitas ao mesmo tempo igualmente vívidas. Portanto, a extensão é heterogênea.	243

$^2\times^1$ Objeção: por que a névoa não aumenta a mag-   244
nitude aparente de um objeto em proporção à
falta de claridade?

\+   Mem: inquirir acerca da quadratura do círculo etc.   245

$^3\times^1_a$ O que parece liso e redondo para o tato pode   246
parecer completamente distinto para a vista.
Portanto, não há conexão necessária entre as
ideias visíveis e as tangíveis.

×   Em Geometria não se prova que uma polegada   247
é divisível *ad infinitum*.

×   A Geometria não se ocupa de nossas ideias com-   248
pletamente determinadas de figuras, pois estas
não são divisíveis *ad infinitum*.

×   Os círculos particulares podem quadrar-se, pois,   249
sendo dada a circunferência, pode-se encontrar
um diâmetro entre o qual e o verdadeiro não há
diferença perceptível. Portanto, não há nenhuma
diferença. Pois a extensão é uma percepção, e uma
percepção não percebida é uma contradição, um
absurdo, nada. Em vão se alegará que a diferença
pode ser vista com lentes de aumento. Pois neste
caso (é verdade) há uma diferença percebida, mas
não entre as mesmas ideias, senão entre outras
muito maiores inteiramente diferentes daquelas.

×   Qualquer círculo visível possivelmente percep-   250
tível por qualquer homem pode quadrar-se, da
maneira comum, mais precisamente, ou inclusive perceptível por qualquer outro que nunca
o veja de maneira tão aguda, isto é, nunca é um
arco de círculo tão pequeno, pois é isso o que
estabelece a distinção entre uma vista aguda e
uma obtusa e não o *minimum visibile* como talvez
estão dispostos a crer os homens.

×	O mesmo é verdade de qualquer círculo tangível; portanto, é perfeitamente inútil e um desperdício de tempo investigar mais sobre a precisão na quadratura ou outras curvas.	251
×	Mem: formular o último de maneira mais simples e pensá-lo novamente.	252
×	Uma linha ou a distância em si |*meer*| não é feita de pontos, não existe, não se pode imaginá-la ou formar uma ideia dela, não mais do que da cor em si |*meer*| sem a extensão.	253
×	Mem: [há] uma grande diferença entre considerar o comprimento sem a largura e ter uma ideia a seu respeito ou imaginá-lo sem largura.	254
+	Malebranche está errado sobre os cristalinos que diminuem. Livro I, cap. 6.	255
¹×²	É possível (e talvez não é muito improvável que o seja às vezes) que cheguemos a ter as maiores imagens dos objetos menores. Portanto não há uma conexão necessária entre as ideias visíveis e as tangíveis. Estas ideias, ou seja, a magnitude em relação à *sphaera visualis* ou ao *minimum visibile* (que é tudo o que eu teria significado com "ter uma imagem maior") e a falta de clareza, poderiam talvez ter representado ou significado extensões tangíveis pequenas. Certamente a relação maior com a *sphaera visualis* e *minimum visibile* se deve frequentemente a que os homens veem objetos pequenos próximos do olho.	256
¹²×	Malebranche está errado ao asseverar que não é possível que saibamos se há dois homens no mundo que veem uma coisa do mesmo tamanho. Ver Livro I, cap. 6.	257

×   A diagonal de um quadrado particular é comensurável com seus lados, ambos contendo certo número de *minimum visibile*.   258

×   Não penso que as superfícies consistam de linhas, *isto é*, simples distâncias. Portanto, talvez possa ser resolvido esse sofisma que provaria [que] a linha oblíqua [é] igual à perpendicular entre duas paralelas.   259

×   Suponhamos que uma polegada represente uma milha. A milésima parte de uma polegada não é nada, mas a milésima parte da milha representada é algo. Portanto, a milésima parte de uma polegada, ainda quando não é nada, não é desprezível, já que representa algo, *isto é*, a milésima parte de uma milha.   260

×   Linhas particulares determinadas não são divisíveis *ad infinitum*, mas as linhas como usadas pelos geômetras o são, já que não são determinadas para nenhum particular número finito de pontos. Contudo, um geômetra (sem saber por quê) de bom grado dirá que pode demonstrar que uma linha de uma polegada é divisível *ad infinitum*.   261

1×3 Só pela vista e sem experiência não se percebe um corpo que se move no eixo óptico. Há (é verdade) uma mudança sucessiva de ideias, ele parece cada vez menor, mas, salvo isso, não há mudança visível de lugar.   262

×   Mem: inquirir mais atentamente sobre a incomensurabilidade da diagonal e do lado, se ela não se funda na suposição de que a unidade é divisível *ad infinitum*, isto é, na coisa extensa considerada como sendo divisível *ad infinitum* (pois também a unidade nada é. Ver Barrow, *Lectiones*   263

Geometricae), e assim a infinita divisibilidade deduzida daí é uma *petitio principii*.

×	A diagonal é comensurável com o lado.	264
M P	De acordo com Malebranche, Locke e meus primeiros argumentos, não se pode provar que a extensão não está na matéria; de acordo com os argumentos de Locke, não se pode provar que as cores não estão nos corpos.	265
	Mem: que aos 8 anos de idade eu era desconfiado e, por conseguinte, disposto por natureza a estas novas doutrinas.	266
×	Qu: como pode uma linha composta de um número desigual de pontos ser divisível [ad infinitum] em duas iguais?	267
$^1\times_2$	Mem: discutir amplamente como e por que não vemos as imagens [retinianas].	268
M. P.	Contrariamente a Malebranche, admitindo que as extensões existam na matéria, não podemos nem sequer conhecer suas proporções.	269
¹M	Admira-me como é que os homens não podem ver uma verdade tão óbvia, como que a extensão não pode existir sem uma substância pensante.	270
M	As espécies de todas as coisas sensíveis [são] feitas pela mente. Isso é provado dirigindo os olhos dos homens às lentes de aumento |*magnifyers*| ou de diminuição |*diminishers*|.	271
$^1\times^2$	Seu *minimum visibile* é por hipótese menor que o meu. Concedamos que uma terceira pessoa tenha ideias perfeitas, tanto do seu *minimum visibile* como do meu. A ideia dele do meu *minimum visibile* contém sua ideia deles e algo mais, portanto está composto de partes, portanto a	272

ideia dele do meu *minimum visibile* não é perfeita ou justa, o que muda a hipótese.

²×¹ Qu: se um *minimum visibile* ou *tangibile* é extenso. 273

¹×² Mem: os estranhos erros em que caem os homens acerca das imagens [retinianas]. 274

₁×² Nós as julgamos pequenas, porque, se nós supomos um homem que as vê, suas imagens ocupariam só um pequeno espaço no fundo de seu olho. 275

× Parece que todas as linhas não podem ser divididas em duas partes iguais. Mem: examinar como os geômetras provam o contrário. 276

¹×² É impossível que possa haver um *minimum visibile* menor que o meu. Se há, o meu pode tornar-se igual a ele (porque são homogêneos) tirando-lhe alguma parte ou partes, mas ele não se compõe de partes, *ergo* etc. 277

¹×³ᵃ Suponhamos perspectivas invertidas determinadas para os olhos de uma criança, e que continuem até a idade adulta. Quando ele levanta os olhos ou a cabeça, ele verá o que nós chamamos embaixo. Qu: o que ele pensará sobre acima e abaixo? 278

M Não me admira minha sagacidade ao descobrir a verdade óbvia, ainda que admirável; admira-me antes minha obtusidade por não tê-la descoberto antes. Não é bruxaria ver que † [*não conhecemos senão nossos pensamentos, ou o que eles pensam*]. 279

¹M Nossas ideias simples são outros tantos pensamentos ou percepções simples, e que uma percepção não pode existir sem uma coisa que a perceba ou por mais tempo que enquanto é percebida; que um pensamento não pode estar 280

em uma coisa não pensante; que um pensamento simples uniforme não pode ser semelhante a nada a não ser a outro pensamento simples uniforme. Os pensamentos ou ideias complexas são só uma coleção de ideias simples e não podem ser a imagem de nada ou ser semelhantes a nada a não ser de outra coleção de ideias simples etc.

M   A opinião cartesiana sobre a luz e as cores etc. é 281 suficientemente ortodoxa ainda aos olhos dos que pensam que as palavras da Escritura podem favorecer a opinião comum. Por que não também a minha? Mas não há nada na Escritura que possa possivelmente voltar-se contra a minha, mas, talvez, muitas coisas a meu favor.

+   Os corpos etc. existem, quer pensemos ou não 282 neles, pois eles são considerados num duplo sentido. Coleções de pensamentos e coleções de poderes para causar esses pensamentos. Estas últimas existem, ainda quando talvez *a parte rei* podem ser um poder simples perfeito.

$^{11}\times^2$ Qu: se a extensão de um plano visto diretamente 283 e de maneira oblíqua, examinando minuciosa e distintamente ou de uma só vez e confusamente, é a mesma. N.B. supõe-se que o plano conserve a mesma distância.

$^{11}\times^2$ As ideias que temos mediante uma inspeção 284 sucessiva, curiosa, das partes diminutas de um plano, não parecem compor a extensão desse plano visto e considerado em sua totalidade.

+   Algum tipo de ignorância era um requisito na 285 pessoa que devia descobrir o princípio.

+   Os pensamentos ou significam com maior pro- 286
priedade ou são tomados em sua maior parte
como as operações interiores da mente, em que
a mente é ativa; aqueles que não obedecem aos
atos da vontade |*volition*|, e nos quais a mente
é passiva, são com maior propriedade chamados
de sensações ou percepções. Mas tudo isso é
uma conjectura.

×   Por ser a extensão a coleção ou coexistência dis- 287
tinta de *minimums*, isto é, de percepções intro-
duzidas pela vista ou pelo tato, ela não pode ser
concebida sem uma sustância percipiente.

P   Malebranche não prova que as figuras e as ex- 288
tensões não existem quando elas não são percebidas. Consequentemente ele não prova, nem
pode provar-se conforme seus princípios, que
os gêneros são obra da mente e só da mente.

M.P.[1]   O grande argumento para se provar que a 288a
extensão não pode estar em uma substância
não pensante é que ela não pode ser concebida
distinta de ou sem nenhuma qualidade tangível
ou visível.

M[1]   Ainda que a matéria seja extensa com uma ex- 289
tensão indefinida, a mente faz as espécies; estas
não existiam antes que a mente as percebesse. E
ainda agora não existem fora da mente. Casas,
árvores etc., ainda que a matéria indefinidamen-
te extensa exista, não existem fora da mente.

M   O grande perigo de julgar que a extensão existe 290
fora da mente reside no fato de que, se fizermos

isso, devemos reconhecer que ela é infinita, imutável, eterna etc., o que seria ou bem julgar que Deus é extenso (o que penso que é perigoso), ou bem que é um ser eterno, imutável, infinito, não criado, além de Deus.

M[1]   O princípio é facilmente provado mediante múltiplos argumentos *ad absurdum*.   291

I×   A limitação de nossa mente não é desculpa para os geômetras.   292

+   O duplo significado dos corpos, isto é, como combinações de pensamentos e combinações de poderes para fazer surgir pensamentos. Estas, em conjunção com as partículas homogêneas, podem solucionar muito melhor as objeções provenientes da Criação do que a suposição de que a matéria existe, suposição sobre a qual, penso eu, ela não pode ser solucionada.   293

+   Os corpos tomados como poderes existem quando não são percebidos, mas esta existência não é real. Quando digo que um poder existe, não quero dizer mais que se abro meus olhos na luz e olho à minha volta eu o verei, isto é, o corpo etc.   293a

+   Qu: se o cego de nascença não pode ter uma ideia da luz, das cores e da extensão visível. Em seguida, da mesma maneira, se nós as percebemos com os olhos fechados ou no escuro. Não as imaginando, mas, de alguma maneira, vendo-as.   294

×[13]   A extensão visível não pode ser concebida acrescentada à extensão tangível. Os pontos visível e tangível não podem somar-se. Portanto, estas extensões são heterogêneas.   295

$^1\!\times^1$	Um provável método proposto mediante o qual se pode julgar se há, na visão próxima, uma distância maior que a usual entre o cristalino e o fundo, ou se o cristalino só se torna mais convexo. No primeiro caso a *sphaera visualis* é ampliada e o *minimum visibile* corresponde a menos de 30" ou a uma medida menor que usualmente.	296
$^{12}\!\times$	A extensão pequena se faz grande pela distinção.	296a
$^1\!\times^3$	As medidas estabelecidas, polegadas, pés etc. são extensões tangíveis não visíveis.	297
M	Locke, More,[5] Raphson, entre outros, parecem considerar Deus extenso. Contudo, é muito útil para a religião eliminar a extensão de nossa ideia de Deus e pôr um poder em seu lugar. Parece perigoso supor a extensão, que manifestamente é algo inerte, em Deus.	298
M	Não obstante, você diz que o pensamento ou percepção, que eu chamo extensão, não está ele mesmo em uma coisa ou matéria não pensante, mas que é semelhante a algo que está na matéria. Bem, lhe pergunto, você concebe ou imagina a que se assemelha esta extensão, ou não? Se não concebe, como você sabe que são semelhantes; como você pode comparar alguma coisa além de suas próprias ideias? Se você concebe, esta coisa deve ser uma ideia, isto é, percepção, pensamento ou sensação, a qual é uma contradição que exista em uma coisa que não percebe.	299

---

5 Henry More (1614-1687), teólogo inglês, membro da Royal Society, autor de *An Antidote Against Atheism* (1652), *The Immortality of the Soul* (1659), etc.

Obras filosóficas

I. Abstenho-me de todos esses floreios, de pala- 300
vras pomposas e de figuras retóricas ao empregar um estilo muito fácil e simples, pois com
frequência tive dificuldade de entender os que
usam o estilo elevado e platônico ou o sutil e
escolástico.

M[1] Seja o que for que tenha em si qualquer de 301
nossas ideias, deve perceber, sendo este próprio
ter, essa recepção passiva das ideias que define
a mente perceptiva. Esta é a essência mesma da
percepção, ou no que a percepção consiste.

[1]×[2] A falta de clareza que altera a aparência da Lua 302
horizontal procede antes da quantidade ou
densidade da atmosfera intermediária do que de
qualquer mudança da distância, o que não é talvez muito considerável para ser uma causa total,
mas pode ser uma causa parcial do fenômeno.
N.B. o ângulo visual é menor no horizonte.

[1]
[1]× Nós julgamos a distância dos corpos, entre 302a
outras coisas, também pela posição de suas
imagens no olho, ou (o que é a mesma coisa)
conforme as que apareçam mais altas ou mais
baixas – as que parecem mais altas estão mais
distanciadas etc.

[12]× Qu: por que vemos os objetos maiores no cre-
púsculo, se isso pode ser esclarecido mediante
algum outro princípio diferente que o meu.

M O contrário do [meu] princípio introduz o 304
ceticismo.

M N.B. conforme meus princípios, há uma reali- 305
dade, há coisas, há uma *rerum Natura*.

× Mem. os números irracionais, duplicar o cubo etc. 306

439

| × ₐ
13 | Pensamos que se nesse momento passássemos a ver julgaríamos a distância e a magnitude das coisas como agora o fazemos. Mas isso é falso. Assim também o que pensamos tão positivamente acerca da posição dos objetos. | 307 |
×	O método de Hayes,⁶ Keil⁷ etc. de provar os infinitesimais de 3ª ordem [é] absurdo e perfeitamente contraditório.	308
×	Os ângulos de contato, e na verdade todos os ângulos compreendidos por uma linha reta e uma curva, não podem ser medidos, pois os arcos interceptados não são similares.	309
+	O perigo de explicar a Santíssima Trindade pela extensão.	310
M.P.¹	Qu: por que há de considerar-se como a verdadeira a magnitude vista a uma distância próxima mais que a uma vista a uma distância maior? Por que há de considerar-se o diâmetro do sol de muitas milhares de milhas antes que de um pé, já que ambos são igualmente diâmetros aparentes? Certamente os homens julgaram o Sol não em si mesmo, senão em relação a eles mesmos.	311
M	Quatro princípios com os quais responder às objeções, a saber:
1. Os corpos existem realmente ainda quando não são percebidos por nós.	312

---

6 Charles Hayes (1678-1760), matemático inglês, autor de *A Treatise of Fluxions: or, An Introduction to Mathematical Philosophy* (1704); *The Moon* (1723), entre outros.

7 John Keil (1671-1721), matemático e astrônomo escocês, membro da *Royal Society*, autor de *An Examination of Dr. Burnet's Theory of the Earth* (1698); *Philosophical Transactions*, entre outros.

2. Há uma lei ou curso da Natureza.

3. A linguagem e o conhecimento são unicamente acerca de ideias, já que as palavras não representam outra coisa.

4. Nada que tenha igual força contra os dois lados de uma contradição pode ser uma prova contra um deles.

× Que direi? Ousarei declarar que a admirada 313 *ακριβεια mathematica*, essa preferida do momento, é uma ninharia?

× Muito certamente, nenhuma extensão finita é 314 divisível *ad infinitum*.

× Mem. dificuldades acerca dos círculos concên- 315 tricos.

N. Mem. examinar e discutir cuidadosamente o es- 316 cólio da 8ª definição dos *Principia* do Sr. Newton.

× [É] ridículo nos matemáticos depreciar a razão 317 |*sense*|.

+ Qu: não é impossível que possa haver ideias 318 gerais? Todas as ideias provenientes do exterior são todas particulares. A mente, é verdade, pode considerar uma coisa sem outra, mas então consideradas em separado não formam duas ideias. Ambas juntas não fazem senão uma, como, por exemplo, a cor e a extensão visível.

× A extremidade de uma linha matemática não é 319 nada. O argumento de Locke de que a extremidade de sua pena de escrever é preta ou branca nada conclui aqui.

× Mem: tome cuidado como você pretende definir 320 a extensão, por temor aos geômetras.

×	Qu: por que é difícil imaginar um *minimum*? Resposta: porque não estamos acostumados a considerá-los cada um separadamente, pois por si sós não são capazes de nos agradar ou de nos prejudicar, portanto, de merecer nossa atenção.	321
×	Mem: provar contra Keil que a divisibilidade infinita da matéria faz que a metade tenha um número igual de partes iguais que o todo.	322
×	Mem: examinar até onde o não compreender a infinidade pode ser admitido como desculpa.	323
×	Qu: por que os matemáticos não podem rejeitar todas as extensões inferiores a um *minimum visibile* assim como as diferenciais de segunda ordem etc. que se concede que são algo e consequentemente podem ser ampliadas mediante lentes em polegadas, pés etc. assim como as quantidades imediatamente inferiores a um *minimum visibile*?	324
+	Grande, pequeno e número são obras da mente. Portanto, como pode a extensão que você supõe na matéria ser grande ou pequena; como pode ela consistir de qualquer número de pontos?	325
P	Mem: comentar estritamente Locke, Livro 2, cap. 8, seção 8.	326
+	Os escolásticos comparados com os matemáticos.	327
×	A extensão está misturada com ideias visíveis ou tangíveis, e a mente prescinde destas.	328
×	Na matemática simplificada, a escala é quase tudo. A escala pode dizer-nos que a subtangente na parábola é o dobro da abscissa.	329

× Qual a necessidade de precisão máxima, quando 330
os matemáticos reconhecem que na *rerum natura*
eles não podem encontrar nada que corresponda
a suas refinadas ideias.

× Newton em apuros acerca de sua *cave intellexeris* 331
finitas.

× É preciso tentar encontrar uma progressão a 332
provar com a escala.

× As fluxões |*fluxions*| de Newton são inúteis. 333
Qualquer coisa abaixo de um *minimum visibile*
poderia servir para o cálculo diferencial de
Leibniz.

× Como elas podem ser tão coerentes se há nelas 334
(me refiro às matemáticas) tantas *contradictoriae*
argutia. Ver Barrow, *Lectiones Mathematicae*.

× Um homem pode ler um livro sobre cônicas 335
com facilidade se sabe como provar se estão
corretas. Ele pode tomá-las com base na reputação do autor.

× Onde se encontra a necessidade de certeza em 336
tais ninharias? O que faz com que a certeza seja
tão estimada em tais ninharias é que se pensa que
não somos capazes de obtê-la em outro lugar.
Mas podemos [obtê-la] na Ética e na Metafísica.

× Não levar os homens a erros não é argumento a 337
favor da verdade dos infinitesimais. Pois sendo
"nadas", podem, talvez, não fazer nem bem
nem mal, exceto quando são tomados por algo:
e então a contradição produz uma contradição.

× a + 500 nadas = 3 + 50 nadas na inocente 338
verdade dos ignorantes.

M	Minha doutrina está perfeitamente em harmonia com a criação. Não suponho que tivesse existido antes a matéria, as estrelas, o Sol etc.	339
×	Parece que todos os círculos não são figuras similares, pois não há a mesma proporção entre todas as circunferências e seus diâmetros.	340
×	Quando uma pequena linha sobre o papel representa uma milha os matemáticos não calculam a milésima parte da linha no papel. Calculam a milésima parte da milha, é isso o que eles têm em vista, é nisso que pensam, se é que pensam ou sequer têm alguma ideia. A polegada poderia talvez representar-lhes à sua imaginação a milha, mas não se pode fazer que a milésima parte da polegada represente algo, já que não é imaginável.	341
×	Mas já que pensam que a milésima parte da milha é algo, pensam que a milésima parte da polegada é algo, quando pensam naquela imaginam que pensam nesta.	341a
×	Ocorrem 3 erros nos argumentos dos matemáticos a favor da divisibilidade *ad infinitum*. 1. eles supõem que a extensão existe fora da mente ou não é percebida; 2. eles supõem que temos uma ideia de comprimento sem profundidade, ou * que o comprimento sem profundidade existe; 3. que a unidade é divisível *ad infinitum*.	342
×*	Ou, antes, que existe o comprimento invisível.	342a
×	Supor divisível um *minimum visibile* é dizer que há ideias distinguíveis quando não há ideias distinguíveis.	343

×	O *minimum visibile* não é nem proximamente inconcebível como este *signum in magnitude individuum*.	344
×	Mem: interrogar os matemáticos sobre o ponto deles, se é algo ou nada, e como difere do *minimum visibile*.	345
×	Tudo poderá ser demonstrado mediante um novo método de indivisíveis, talvez mais fácil e exato que o de Cavallerius.[8]	346
M.P.[1]	Percepção imperceptível é uma contradição.	347
G.	*Proprietates reales rerum omnium in Deo tam corporum quam spirituum continentur*. Clerici Log: cap. 8m.	348
+	Que os adversários respondam a qualquer uma de minhas objeções e eu cederei. Se eu não responder a todas as deles, eu cederei.	349
+	A falta de perdão pode prejudicar a transubstanciação, mas não a Trindade.	350
	Com o perdão se alude à limitação de nossa mente, ao tornar possível que as contradições nos pareçam verdadeiras.	350a
×	Não é necessário que forcemos nossas imaginações para conceber tais coisas pequenas. Coisas maiores servirão de igual maneira como infinitesimais, uma vez que o número inteiro deve ser um infinito.	351
×	É evidente que o que tem um número infinito de partes deve ser infinito.	352

---

8 Francesco Bonaventura Cavalieri (1598-1647), matemático e astrônomo italiano, inventor do método dos indivisíveis (1635), que iniciou uma nova era para a geometria e abriu o caminho para a introdução do cálculo integral.

×	Qu: se a extensão é resolvível em pontos dos que não consiste.	353
×	Axioma. Nenhum raciocínio sobre coisas a respeito das quais não temos nenhuma ideia. Portanto, nenhum raciocínio acerca de infinitesimais.	354
×	Nem pode objetar-se que raciocinamos acerca de números que são só palavras e não ideias, pois estes infinitesimais são palavras inúteis se não supomos que representam ideias.	354a
×	Muito menos infinitesimais de infinitesimais etc.	355
+	Axioma. Não usar nenhuma palavra sem uma ideia.	356
S	Se é necessária a inquietude para pôr a vontade a trabalhar. Qu: Como teremos vontade nos céus?	357
+	Os argumentos de Malebranche e de Bayle[9] parece que não provam contra o espaço, mas só contra os corpos.	358
M.P.[1]	Nossos olhos e nossos sentidos não nos informam da existência da matéria ou de ideias que existem fora da mente. Não se deve culpá-los por causa dos erros.	359
×	Desafio qualquer pessoa a desenhar uma linha reta igual a um paraboloide, mas que quando sejam vistas através de um microscópio possam parecer desiguais.	360
M	A arenga de Newton significa apenas que a gravidade é proporcional à gravidade.	361

---

9 Pierre Bayle (1647-1706), filósofo e escritor francês, autor do famoso *Dictionnaire historique e critique* (1695/1697).

×	Não se pode imaginar uma coisa extensa sem cor. Ver Barrow, *Lectiones geometricae*.	362
M	Qu: se não é melhor conceder que as cores existem fora da mente, considerando a mente como a coisa ativa que eu denomino "eu", "meu eu". A qual parece ser distinta do entendimento.	362a
P	Os homens reconhecem que as cores, os sons etc. não existem fora da mente mesmo quando eles não têm nenhuma demonstração de que não existem. Por que não aceitarão meu princípio com uma demonstração.	363
P.	Considerar que a extensão é distinta de todas as outras qualidades tangíveis e visíveis e julgá-la uma ideia por si mesma tem levado os homens a considerar que existe fora da mente.	363a
× M	Keil enche o mundo com uma ninharia. Isto se segue da divisibilidade *ad infinitum* da extensão.	364
	A extensão ou comprimento sem profundidade parece não ser senão o número de pontos que existem entre dois pontos quaisquer. Parece consistir em mera proporção, mera referência da mente.	365
×	A extensão sem profundidade, isto é, o comprimento invisível, intangível, não é concebível. É um erro ao qual somos levados pela doutrina da abstração.	365a
+	Com que propósito se determina geometricamente o foco das lentes?	366
M	Inúmeros canais da matéria. Ver Cheyne.[10]	367

---

10 George Cheyne (1671-1743), médico, matemático e teólogo escocês. Participou da *Royal Society*. Publicou, em 1703, a obra de cálculo *Fluxionum methodus inversa*.

- + Não admirarei os matemáticos. É o que qual- 368
  quer pessoa de senso comum poderia obter mediante atos repetidos. Sei isso por experiência,
  sou apenas alguém do senso comum, e eu etc.
- + Por "coisa" eu quero dizer ideias ou aquilo que 369
  tem ideias.
- + *Nullum praeclarum ingenium unquam fuit magnus* 370
  mathematicus. Scaliger.[11]
- + Um grande gênio não pode humilhar-se ante 371
  ninharias e minúcias tais como as que eles
  consideram.
- + Não vejo engenho em nenhum deles senão em 372
  Newton. Os demais são meramente charlatães,
  simples nihilarianos |*nihilarians*|.[12]
- × A loucura dos matemáticos em não julgar as 373
  sensações por meio de seus sentidos. A razão
  nos foi dada para usos mais nobres.
- × *Sir* Isaac Newton reconhece que seu livro pode- 374
  ria ter sido demonstrado por meio da suposição
  de indivisíveis.
- + Alguns matemáticos têm bons talentos, a maioria 375
  é lamentável. Se não tivessem sido matemáticos
  não teriam sido bons para nada, seriam tão tolos
  que não saberiam como empregar seus talentos.
- + Os matemáticos não puderam sequer determi- 376
  nar em que consistiam a verdade e a certeza até
  que Locke lhes dissesse. Vejo os melhores deles
  falando da luz e das cores como [se existisse]
  fora da mente.

---

11 Julius Caesar Scaliger, ou Giulio Cesare della Scala (1484-1558), erudito italiano.
12 Aqueles que negam a realidade das coisas, ou seja, niilistas.

M.¹	Uma ideia não pode existir não percebida.	377
+1	Todas as palavras significantes representam ideias.	378
2	Todo conhecimento é acerca de nossas ideias.	
+3	Todas as ideias vêm de fora ou de dentro.	
4	Se de fora, deve ser por meio dos sentidos e elas são chamadas sensações.	
+5	Se de dentro, são as operações da mente e são chamadas pensamentos.	
6	Nenhuma sensação pode estar em uma coisa inanimada.	
7	Nenhum pensamento pode estar em uma coisa não pensante.	
+8	Todas as nossas ideias são ou sensações ou pensamentos, por 3.4.5.	
9	Nenhuma de nossas ideias pode estar em uma coisa que ao mesmo tempo não tem pensamentos nem sensações, 6.7.8.	
10	A mera recepção passiva ou o ter ideias é chamada de percepção.	
11	Qualquer coisa que em si tenha uma ideia, ainda quando seja por completo passiva, ainda quando não exerça de maneira alguma nenhum ato sobre ela, contudo deve perceber. 10.	
12	Todas as ideias ou bem são ideias simples ou são compostas de ideias simples.	
+13	A coisa que é semelhante a outra coisa deve concordar com esta em uma ou mais ideias simples.	
14 +	O que é semelhante a uma ideia simples deve ser ou bem outra ideia simples do mesmo tipo ou conter uma ideia simples do mesmo tipo. 13.	

15	Nada semelhante a uma ideia pode estar em uma coisa que não é percebida. 11.14.	
	Outra demonstração da mesma coisa.	
16	Não se pode dizer que duas coisas sejam semelhantes ou dessemelhantes até que tenham sido comparadas.	
17	Comparar é ver duas ideias ao mesmo tempo, e assinalar aquilo em que coincidem e aquilo em que não coincidem.	
18	A mente não pode comparar senão suas próprias ideias. 17.	
19	Nada semelhante a uma ideia pode estar em uma coisa que não percebe. 11.16.18.	
	Estes argumentos devem ser apresentados de forma mais concisa e separados no *Tratado*.	378a
	N.B. Outros argumentos inumeráveis tanto *a priori* como *a posteriori* extraídos de todas as ciências, a partir das mais claras, simples e óbvias verdades com as quais demonstrar o princípio, isto é, que nem nossas ideias nem nada semelhante a nossas ideias é possível que esteja em uma coisa que não percebe.	379
	N.B. Nenhum argumento, de qualquer tipo que seja, certo ou provável, *a priori* ou *a posteriori* de qualquer arte ou ciência, seja dos sentidos ou da razão contra ele.	380
×	Os matemáticos não têm nenhuma ideia correta acerca dos ângulos. Portanto os ângulos de contato são erroneamente aplicados para provar a extensão divisível *ad infinitum*.	381
×	Obtivemos a Álgebra de inteligências puras.	382

×	Podemos provar as proposições de Newton com maior precisão, maior facilidade e com base em princípios mais verdadeiros que ele mesmo.	383
*	A máxima precisão com perfeição total. Sua solução dos próprios problemas deve admitir que está infinitamente distanciada da perfeição.	383a
×	Barrow reconhece a decadência da Geometria. Entretanto, eu tentarei salvá-la. Até onde é útil ou real ou imaginável ou inteligível, mas no tocante às ninharias a deixarei a seus admiradores.	384
×	Ensinarei todo o curso de matemáticas a quem quer que seja na milésima parte do tempo em que outro o faria.	385
×	Muitos risos são arrancados dos prefácios dos matemáticos.	386
+	Inúmeros canais da matéria, Ver Cheyne.	387
P.	Newton disse que a cor está na matéria sutil. Portanto Malebranche nada prova, ou está equivocado ao afirmar que ali só há figura e movimento.	388
×	Os Billy[13] usam uma linha visível finita como 1/m	389
m	O aparecimento de Marcílio Ficino[14] no momento de sua morte é solucionado por minha ideia do tempo.	390

---

13 Jacques de Billy (1602-1679) e René de Billy, matemáticos franceses, o primeiro tendo sido autor de *Nova geometriæ clavis algebra* (1643) e de outras obras matemáticas.

14 Marcílio Ficino (1433-1499), filósofo italiano, fundador da Academia Florentina, tradutor de obras de Platão, autor da obra, em 18 volumes, *Theologia platonica*.

m   Os filósofos perdem sua matéria, os mate- 391
máticos perdem suas sensações insensíveis, o
profano, sua deidade extensa. Diga-me o que é
que o resto da humanidade perde a respeito dos
corpos etc. nós ainda os temos. N.B. o futuro
filósofo e matemático obtém muitíssimo com
o negócio.

P   Há homens que dizem que há extensões insen- 392
síveis, há outros que dizem que a parede não é
branca, o fogo não é quente etc. Nós irlandeses
não podemos alcançar estas verdades.

×   Os matemáticos pensam que há linhas insen- 393
síveis, sobre as quais eles arengam, cortam em
um ponto, em todos os ângulos são divisíveis *ad
infinitum*. Nós irlandeses não podemos conceber
tais linhas.

×   Os matemáticos falam do que eles chamam um 394
ponto, dizem que este não é completamente
"nada" nem é plenamente "algo". Ora, nós irlandeses somos capazes de pensar que "algo" e
"nada" são vizinhos próximos.

×   Eu posso quadrar o círculo etc.; eles não podem. 395
Quem segue os melhores princípios?

+   Compromissos com P.[15] por causa do tratado 396
que cresceu sob seu olhar, devido também a que
aprovou minha tese. Honras a P. por ser o pro-
tetor de verdades úteis ainda que descobertas
recentemente.

---

15 Segundo Fraser, Lord Pembroke (?), a quem Berkeley dedicou os *Princípios* e antes dele Locke dedicou o *Ensaio*.

+	Como poderia aventurar pensamentos ao mundo antes de saber que seriam úteis ao mundo? E como poderia eu saber isso antes que houvesse visto como se adequavam às ideias de outros homens?	397
+	Não publico isto tanto por algo mais senão para saber se outros homens têm as mesmas ideias que nós irlandeses. Esta é minha finalidade, e não a de que se informe acerca de meu próprio interesse.	398
+	Não é necessário que os materialistas e os nihilarianos pertençam a um partido.	399a

Caderno A

$^1\times^3$ Qu: se não há duas classes de extensão visível,   400
uma percebida mediante uma visão confusa, a
outra mediante uma direção sucessiva distinta
do eixo óptico a cada ponto.

I   Nenhuma ideia geral, o contrário é uma causa   401
de erro ou confusão nas Matemáticas etc. Sugerir isso na Introdução.

+   O princípio pode ser aplicado às dificuldades   402
de conservação, cooperação etc.

N   É de pouco valor para os filósofos perguntar   403
pela causa das atrações magnéticas etc. Eles só
buscam ideias coexistentes.

M.P.   *Quaecunque in Scriptura militant adversus Coperni-*   404
cum militant pro me.

M.P.   Todas as coisas na Escritura que tomam o   405
partido do vulgo contra os eruditos tomam
partido também comigo. Em todas as coisas
tomo o partido da multidão.

Sei que há uma seita poderosa de homens que   406
se me oporá. Mas apesar disso posso esperar ser

apoiado por aqueles cujas mentes não tenham um excesso de loucura, estes são a maior parte da humanidade. Especialmente os moralistas, teólogos, políticos, em uma palavra, todos menos os matemáticos e os filósofos naturais (refiro-me apenas a cavaleiros que fazem hipóteses). Os filósofos experimentais não encontrarão nada em mim de que ofender-se.

+ Newton não fundamenta seu princípio, † eu demonstro o meu. 407

M.E. Devo ser muito preciso ao explicar o que se quer dizer com coisas que existem em casas, quartos, campos, cavernas etc. quando não são percebidas assim como quando são percebidas, e mostrar como a noção vulgar está de acordo com a minha quando examinamos minuciosamente o significado e a definição da palavra "existência", a qual não é nenhuma ideia simples distinta de perceber e ser percebido. 408

+ Os escolásticos têm temas nobres mas os abordam mal. Os Matemáticos têm temas insignificantes mas raciocinam admiravelmente acerca deles. Certamente seu método e sua argumentação são excelentes. 409

+ Deus sabe até onde nosso conhecimento de seres intelectuais poderá ser ampliado a partir do Princípio. 410

M. Considero que o contrário do Princípio que eu assumi tem sido a principal fonte de todo esse ceticismo e loucura, de todas essas contradições e inextricáveis enigmas absurdos, que 411

	em todas as épocas tem sido uma censura à razão humana, assim como da idolatria, quer de imagens, quer de ouro etc., que cega a maior parte do mundo, assim como dessa vergonhosa imoralidade que nos converte em bestas.	
E	[...] *Vixit & fuit*	412
+E	Ουσια é o nome que Aristóteles, os padres, etc. usam para a substância.	413
×	Se ao mesmo tempo tornamos a Matemática muito mais fácil e muito mais precisa, o que pode ser objetado contra nós?	414
×	Nós não precisamos forçar nossa imaginação para conceber essas muito pequenas linhas infinitesimais. Pode-se muito bem imaginá-las tanto grandes como pequenas, visto que o inteiro deve ser infinito.	415
×	É evidente que o que tem um número infinito de partes deve ser infinito.	416
×	Não podemos imaginar uma linha ou um espaço infinitamente grande, portanto é absurdo falar ou fazer proposições acerca dele.	417
×	Não podemos imaginar uma linha, um espaço etc. *quovis dato majus*. Visto que o que imaginamos deve ser *datum aliquod*. E uma coisa não pode ser maior que ela mesma.	418
×	Se você chama infinito aquilo que é maior que qualquer assinalável por outro, então digo [que] nesse sentido pode haver um quadrado, uma esfera ou qualquer outra figura infinita, o que é absurdo.	419
×	Qu: Se a extensão é resolvível em pontos dos quais ela não consiste.	420

×	Nenhum raciocínio sobre coisas a respeito das quais não temos nenhuma ideia. Portanto nenhum raciocínio acerca de infinitesimais.	421
+	Não usar nenhuma palavra sem uma ideia.	422
S	Se é necessário a inquietude para pôr a vontade a trabalhar. Qu: Como teremos vontade nos céus.	423
+	Os argumentos de Malebranche e de Bayle parece que não provam contra o espaço, mas só contra os corpos.	424
M	Em nada concordo com os cartesianos quanto à existência de corpos e qualidades.	424a
+	Aristóteles [foi um] homem tão bom quanto Euclides,[16] mas reconheceu-se que ele se equivocou.	425
×	As linhas não são adequadas para a demonstração.	426
M	Vemos o cavalo mesmo, a igreja mesma, pois é só uma ideia e nada mais.	427
M	O cavalo mesmo, a igreja mesma é uma ideia, isto é, objeto imediato, objeto de pensamento.	427a
×	Em vez de prejudicar, nossa doutrina beneficia muito a Geometria.	428
E	*Existere is percipi* ou *percipere* Λ. O cavalo está no estábulo, os livros estão na biblioteca como antes.	429
	Λ ou *velle*, isto é, *agere*	429a
N	Em Física tenho uma vasta visão de coisas que se podem resolver por meio dela, mas não tenho ócio.	430

---

16 Euclides de Alexandria (c.260-295 a.C.), pai da Geometria, autor dos *Elementos*. [Trad. Irineu Bicudo. São Paulo: Ed. UNESP, 2009].

N	Hyps[?] e coisas inexplicáveis como essas confirmam minha doutrina.	431
	O ângulo não está bem definido. Ver a Geometria de Pardie[17] por Harris[18] etc. Esta é uma base de pouco valor.	432
+	Uma ideia não é a causa de outra, um poder não [é] a causa de outro. A causa de todas as coisas naturais é só Deus. Portanto é inútil perguntar por segundas causas. Esta doutrina dá uma ideia muito adequada da divindade.	433
N	É absurdo estudar Astronomia e outras doutrinas similares como ciências especulativas.	434
N	A explicação absurda da memória pelo cérebro etc. me favorece.	435
+	Como foi a luz criada antes que o homem? Ainda assim os corpos foram criados antes que o homem.	436
E[1]	Impossível que exista qualquer coisa além daquilo que pensa e é pensado.	437
	Fazendo que o pensamento seja ativo.	437a
×	O que é visível não pode ser composto de coisas invisíveis.	438
×	*Minimum visibile* é aquilo em que não existem contidas partes sensíveis distinguíveis. Ora, como pode o que não tem partes sensíveis ser	439

---

17 Ignace-Gaston Pardies (1636-1673), jesuíta e cientista francês. Autor de *Dissertatio de motu et de natura cometarum* (1665); *Élements de Geomètrie* (1671), etc. Esta última foi posteriormente traduzida para o inglês por John Harris.

18 John Harris (1666-1719) ocupou o cargo de secretário da Royal Society e foi autor das obras *A New Treatise of Algebra*, *Lexikon Technicum*, entre outras.

dividido em partes sensíveis? Se você diz que pode ser dividido em partes insensíveis, eu digo que estas são nadas.

× A extensão abstraída das qualidades sensíveis 440 não é nenhuma sensação, admito, mas então não há tal ideia, como qualquer um pode aferir. Há só uma consideração do número de pontos sem considerar seu tipo, e isso me favorece mais, visto que deve estar em uma coisa que considera.

$^{1}\times^{12}$ Mem: antes de eu ter mostrado a distinção 441 entre extensão visível e tangível não devo mencioná-las como distintas, não devo mencionar *mimimum tangibile* e *minimum visibile* senão em geral *minimum sensibile* etc.

× Isso pertence à Geometria. 441a

$^{1}\times^{3}$ Qu: se um *minimum visibile* é de alguma cor? Um 442 *minimum tangibile* de alguma qualidade tangível?

$^{1}\times^{3}$ Se a extensão visível é o objeto da Geometria, 443 esta é a que é examinada pelo eixo óptico.

P De acordo com minha doutrina posso dizer 444 que a dor está em meu dedo etc.

× Mem: examinar minuciosamente o que se quer 445 dizer quando dizemos que uma linha consiste de certo número de polegadas ou pontos etc. Um círculo de certo número de polegadas quadradas, pontos etc. Certamente podemos pensar em um círculo, ou ter sua ideia em nossa mente, sem pensar em pontos ou polegadas quadradas etc. Por essa razão pareceria que a ideia de um círculo não é composta de ideias de pontos, polegadas quadradas etc.

×   Qu: com as expressões anteriores se quer dizer   446
algo mais que isso, isto é, que os quadrados ou
os pontos podem ser percebidos ou discerni-
dos em um círculo etc. ou que os quadrados,
pontos etc. estão realmente nele, isto é, podem
ser percebidos nele.

×+   Uma linha em abstrato ou distância é o número   447
de pontos entre dois pontos. Há também distância entre um escravo e um imperador, entre
um camponês e um filósofo, entre uma dracma
e uma libra, um quarto de pêni e uma coroa
etc. Em todos estes casos distância significa o
número de ideias intermediárias.

×   A doutrina de Halley[19] sobre a proporção entre   448
quantidades infinitamente grandes se desvane-
ce. Quando os homens falam de quantidades
infinitas, referem-se ou bem a quantidades
finitas ou bem não falam de [daquilo a respeito
do que eles não têm] ideia alguma. Ambas as
coisas são absurdas.

*   Isso não precisava ter sido obscurecido, é sen-   448a
sato não fazermos mais que determinar o que
queremos dizer por coisa ou ideia.

×   Se as disputas dos Escolásticos são censuradas   449
porque são intrincadas, frívolas e confusas, deve-
-se reconhecer, contudo, que na maior parte tratam de temas grandes e importantes. Se nós ad-
miramos o método e a agudeza dos matemáticos,
a extensão, a sutileza, a exatidão de suas demonstrações, nos vemos, no entanto, forçados a admitir que em sua maior parte são acerca de temas
de pouco valor e talvez de nenhum em absoluto.

---

19 Referência à doutrina do matemático e astrônomo Edmund Halley.

+	O movimento sobre os segundos pensamentos parece ser uma ideia simples.	450
P¹	O movimento distinto da coisa movida não é concebível.	450a
N	Mem: levar em conta Newton ao defini-lo, também a sabedoria de Locke ao deixá-lo indefinido.	451
+	*Ut ordo partium Temporis est immutabilis, sic etiam ordo partium Spatii. Moveantur hae de locis suis et movebuntur (ut ita dicam) de seipsis.* Certamente o número é imóvel, isso nós admitiremos com Newton.	452
P	Pergunte a um cartesiano se está disposto a imaginar seus glóbulos sem uma cor. Diáfano é uma cor. A cor da luz ordinária do sol é branca. Newton tem razão ao atribuir cores aos raios de luz.	453
¹×¹	Um cego de nascença não imaginaria o espaço como nós o fazemos. Nós sempre lhe damos alguma cor diluída, ou parda, ou escura. Em suma, nós o imaginamos como algo visível ou introduzido pelo olho, o que ele não faria.	454
N	*Proinde vim inferunt sacris literis qui voces hasce (v. tempus, spatium, motus) de quantitatibus mensuratis ibi interpretantur.* Newton, p.10.	455
N	Difiro de Newton, na medida em que eu penso que a recessão *ab axe motus* não é o efeito ou o índice ou a medida do movimento, senão da *vis impressa*. Ela mostra não o que realmente se move senão o que sobre si tem a força impressa. Ou, antes, aquilo que tem uma força impressa.	456

×	Diâmetro e perímetro não são proporcionais em todos os círculos. dd está a ¼ dp como d está a p/4, mas d e p/4 não estão na mesma proporção em todos os círculos. Portanto é absurdo procurar os termos de uma proporção geral mediante a qual retificar todas as periferias ou de outra mediante a qual quadrar todos os círculos.	457
×	N.B. se o círculo se quadra aritmeticamente, se quadra geometricamente. Pois a Aritmética ou os números não são senão linhas e proporções de linhas quando aplicados à Geometria.	458
×+	Mem: comentar Cheyne e sua doutrina dos infinitos.	459
×	Extensão, movimento, tempo, cada um dos quais inclui a ideia de sucessão. E nessa medida parecem ter interesse matemático. O número consiste numa sucessão e percepção distinta, a qual também consiste numa sucessão, pois as coisas percebidas ao mesmo tempo se confundem e misturam na mente. O tempo e o movimento não podem ser concebidos sem a sucessão e a extensão *qua* Matemática não pode ser concebida senão como consistindo em partes que podem ser percebidas de maneira distinta e sucessiva. A extensão percebida ao mesmo tempo e *in confuso* não pertence à Matemática.	460
+	A ideia simples chamada poder parece obscura, ou, melhor, nenhuma em absoluto, senão só a relação entre causa e efeito. Quando pergunto se A pode mover B, se A é uma coisa inteligente, a única coisa que quero dizer é que, ou a vo-	461

lição de A de que B se mova será acompanhada do movimento de B, ou, se A for inanimado, que o impulso de A contra B será seguido pelo movimento de B.

× O argumento de Barrow contra os indivisí- 462
veis (*Lect.* 1. p.16) é uma *petitio principii*, pois a demonstração de Arquimedes supõe que a circunferência consiste em mais de 24 pontos. Além disso, pode talvez ser necessário supor a divisibilidade *ad infinitum* a fim de demonstrar que o raio é igual ao lado do hexágono.

× Mostre-me um argumento contra os indivisí- 463
veis que não se funde em uma suposição falsa.

× Um grande número de não sensíveis, ou até 464
dois invisíveis, você alega, colocados juntos tornam-se visíveis, portanto que o *minimum visibile* contém ou é composto de invisíveis. Respondo: o *minimum visibile* não compreende, não é composto de invisíveis. Toda a questão se resume a isso, ou seja, a respeito do que eu não tinha nenhuma ideia há algum tempo atrás, tenho agora uma ideia. Cabe a você provar que eu cheguei à presente ideia porque havia dois invisíveis adicionados ao mesmo tempo. Eu digo que os invisíveis são nadas, não podem existir, incluem uma contradição.

+ Sou jovem, presunçoso, pretensioso, convenci- 465
do, muito bem. Tentarei empenhar-me pacientemente para mostrar, sob os apelativos mais denegridores e difamantes, o orgulho e a ira que o homem pode imaginar. Mas sei de uma coisa da qual não sou culpável. Não sujeito a minha

fé à autoridade de nenhum homem. Não ajo por preconceito e predisposição. Não adiro a nenhuma opinião porque ela é antiga, aceita, porque está na moda, ou porque gastei muito tempo em seu estudo e cultivo.

× Os sentidos, mais que a razão e a demons- 466
tração, deveriam ser empregados a respeito das linhas e as figuras, já que estas são coisas sensíveis, pois relativamente àquelas que você chama insensíveis nós provamos que são um absurdo, nada.

I Se em algumas coisas difiro de algum filósofo 467
que declaro admirar, é justamente por conta do que o admiro, isto é, o amor pela verdade, isto etc.

I Onde quer que meu leitor me encontre falando 468
de maneira muito categórica desejo que não me tome a mal. Não vejo razão pela qual a certeza deva restringir-se aos matemáticos.

× Digo que não há incomensuráveis, que não 469
há irracionais, digo que podem assinalar-se números ao lado de qualquer quadrado. Digamos que você assinale ao lado do quadrado 10. Pergunto que 10, 10 pés, polegadas etc. ou 10 pontos. Se o último, eu nego que haja um quadrado assim, é impossível que 10 pontos componham um quadrado. Se o primeiro, resolve suas 10 polegadas, pés etc. quadrados em pontos e o número de pontos deve necessariamente ser um número quadrado cujo lado é facilmente determinável.

George Berkeley

×	Uma média proporcional não pode encontrar-se entre duas linhas dadas quaisquer, ela só pode encontrar-se entre aquelas cujos números de pontos multiplicados entre si produzem um número quadrado, assim, entre uma linha de 2 polegadas e uma linha de 5 polegadas, não pode encontrar-se uma média geométrica, exceto se o número de pontos contido em 2 polegadas, multiplicado pelo número de pontos contido em 5 polegadas, resulte um número quadrado.	470
×	Se a sagacidade e a indústria dos nihilarianos fossem empregadas nas matemáticas úteis e práticas, que vantagem teriam proporcionado para a humanidade?	471
M.E	Você me pergunta se os livros estão na sala de estudos agora que não há ninguém ali para vê-los. Respondo que sim. Você me pergunta se não estamos equivocados ao imaginar que as coisas existem quando elas não são realmente percebidas pelos sentidos. Respondo que não. A existência de nossas ideias consiste em ser percebidas, imaginadas, pensadas; sempre que são imaginadas ou pensadas elas existem. Sempre que se as menciona ou se fala delas, elas são imaginadas e pensadas, portanto em nenhum momento você pode me perguntar se existem ou não, não obstante por causa dessa própria pergunta elas devem necessariamente existir.	472
E	Mas, você diz, então uma quimera existe. Respondo que sim em um sentido, isto é, se ela é imaginada. Mas deve ser notado que a existência se restringe vulgarmente à percepção efetiva, e que eu uso a palavra existência em um sentido mais amplo que o ordinário.	473

+	N.B. de acordo com minha doutrina todas as coisas são *entia rationis*, isto é, *solum habent esse in intelectu*.	474
E	De acordo com minha doutrina todas não são *entia rationis*, a distinção entre *ens rationis* e *ens reale* é mantida por ela tal como em qualquer outra doutrina.	474a
×	Você me pergunta se pode haver uma ideia infinita? Respondo que em um sentido pode haver. Assim a esfera visual, ainda quando seja tão pequena, é infinita. Isto é, não tem extremidade. Mas se por infinito você quer dizer uma extensão que consiste de inumeráveis pontos, então lhe peço perdão, os pontos por muitos que sejam podem numerar-se; a multidão de pontos ou pés, polegadas etc. não impede minimamente sua enumerabilidade. Muitos ou a maioria são enumeráveis, assim como uns quantos ou poucos. Também, se por ideia infinita você quer dizer uma ideia demasiado grande para ser compreendida ou percebida toda de uma vez, você deve me desculpar. Penso que tal infinito não passa de uma contradição.	475
*	Isto é, não impede que sejam numeráveis.	475a
M[1]	A insensatez da doutrina corrente me apoia muito. Eles comumente supõem um mundo material, figuras, movimentos, massas de vários tamanhos etc. sem nenhum propósito de acordo com sua própria confissão; todas as nossas sensações podem ocorrer, e às vezes de fato ocorrem, sem eles. Os homens nem sequer podem conceber que seja possível que eles concorram de alguma maneira para produzi-las.	476

George Berkeley

M¹	Pergunte a um homem, refiro-me a um cartesiano, por que supõe esta vasta estrutura, esta conglomeração de corpos. Ficará calado, não terá uma palavra a dizer, o que suficientemente mostra a insensatez da hipótese.	477
M	Ou melhor, por que ele supõe toda essa matéria, pois admito que os corpos e suas qualidades existem independentemente de nossa mente.	477a
S	Qu: como se distingue a alma de suas ideias? Certamente, se não houvesse ideias sensíveis não poderia haver alma, nenhuma percepção, recordação, amor, temor etc. nenhuma faculdade poderia exercer-se.	478
S	A alma é a vontade propriamente falando e como tal é distinta das ideias.	478a
S	A grande pergunta desconcertante, se estou dormindo ou acordado, é facilmente resolvida.	479
×	Qu: Se os *minima* ou os quase *minima* não podem ser comparados por sua evanescência mais e menos rápida assim como por mais ou menos pontos. De tal maneira que um sensível pode ser maior que outro ainda quando não o exceda por um ponto.	480
×	Os círculos de raios diversos não são figuras similares pois não têm, nem todos nem nenhum deles, um número infinito de lados. Portanto, é inútil perguntar de dois termos de uma e mesma proporção que tenham de expressar constantemente a razão de d ao p em todos os círculos.	481

468

× Mem: comentar a arenga de Wallis[20] de que 482
a proporção antes mencionada não pode ser
expressa nem por números racionais nem por
irracionais.

× De nenhuma maneira podemos ter uma ideia 483
de comprimento sem largura ou visibilidade
como tampouco de uma figura geral.

× Uma ideia pode ser semelhante a outra ideia 484
ainda quando não contenham nenhuma ideia
simples em comum. Assim, a ideia simples vermelho é em algum sentido semelhante à ideia
simples azul. É mais similar a ela que o doce ou
o estridente. Mas então aquelas ideias que são
assim consideradas semelhantes concordam ambas em sua conexão com outra ideia simples, isto
é, a extensão e em que se as percebe por um e o
mesmo sentido. Mas afinal de contas nada pode
ser semelhante a uma ideia senão uma ideia.

Eu não aprovo completamente isso. 484a

+ Em minha doutrina não há coparticipação 485
entre a natureza ou as causas segundas e Deus.

M Os materialistas devem admitir que a Terra é 486
realmente movida pelo poder atrativo de cada
pedra que cai do ar, com muitos outros semelhantes absurdos.

---

20 John Wallis (1616-1703), matemático, lógico e gramático inglês, conhecido, entre outras coisas, por ter introduzido os símbolos exponenciais nas expressões algébricas. Autor de vários trabalhos, dentre eles *Arithmetica infinitorum* (1655), *Tractatus de sectionibus conicis* (1655). Participou ativamente de reuniões e debates científicos, tendo colaborado para a criação da Royal Society de Londres (1662).

×	Inquirir acerca do relógio de pêndulo etc. se esses inventos de Huygens[21] etc. podem ser alcançados por minha doutrina.	487
+	Os " " e " " ' e " " " etc. de tempo hão de ser esquecidos e negligenciados como outras tantas nonadas ou ninharias.	488
+	Mem: fazer experimentos acerca dos *minimums* e suas cores; se eles os têm ou não, e se eles podem ser desse verde que parece ser composto de amarelo e azul.	489
S	Qu: se não seria melhor não chamar as operações da mente de ideias, restringindo esse termo às coisas sensíveis?	490
E	Mem: Mostrar diligentemente como tantos filósofos antigos chegaram a tão grandes absurdos como negar inclusive a existência do movimento e aquelas outras coisas que realmente percebiam por meio de seus sentidos. Isso surgiu de que não sabiam o que era a existência e em que consistia esta a fonte de toda sua loucura; é sobre a descoberta da natureza, significado e importância da existência que insisto principalmente. Isto introduz uma ampla diferença entre os céticos e eu. Penso que isso é totalmente novo. Estou seguro de que para mim é novo.	491

---

21 Christiaan Huygens (1629-1695), matemático, físico e astrônomo holandês, autor, dentre outros trabalhos, de um conhecido tratado sobre a luz que se encontra traduzido para o português pelo professor Roberto de Andrade Martins: "Tratado sobre a luz, de Christiaan Huygens", Campinas: *Cadernos de História e Filosofia da Ciência* (suplemento 4), 1986.

×	Aprendemos do Sr. Locke que pode haver e há muitos discursos eloquentes, coerentes e metódicos que, todavia, não valem nada. Ele sugere isso com respeito aos Escolásticos. Nós podemos aplicar isso contra os matemáticos.	492
+	Poder não [é uma] ideia simples. Ela não significa senão a relação entre causa e efeito.	493
+	Qu: Como se pode dizer que todas as palavras representam ideias? A palavra "azul" representa uma cor sem extensão alguma ou separada da extensão. Mas não temos uma ideia de cor sem extensão. Nós não podemos imaginar a cor sem a extensão.	494
+	Locke parece atribuir erroneamente um uso duplo às palavras, um para a comunicação e outro para registrar nossos pensamentos. É absurdo usar as palavras para o registro próprio de nossos pensamentos: ou em nossas meditações privadas.	495
+	Nenhuma ideia abstrata simples semelhante a outras duas ideias simples pode estar conectada com uma e mesma terceira ideia simples ou introduzir-se por um e mesmo sentido. Mas consideradas em si mesmas elas nada podem ter em comum e em consequência nenhuma semelhança.	496
+	Qu: Como podem haver quaisquer ideias abstratas de cores? Não parece que seja tão fácil como de sabores ou sons. Mas então todas as ideias abstratas quaisquer que sejam são particulares. De maneira alguma posso conceber uma ideia geral. Uma coisa é abstrair uma ideia de outra de um tipo diferente, e outra coisa é abstrair uma ideia de todos os particulares do mesmo tipo.	497

N	Mem: Há muito que recomendar e aprovar na filosofia experimental.	498
S	O que é que significa causa enquanto se a distingue de ocasião? Nada senão um ser que determina quando o efeito segue a volição. Não somos a causa das coisas que ocorrem exteriormente, portanto há alguma outra causa delas, isto é, há um ser que determina estas percepções em nós.	499
S	Não se deveria dizer senão uma vontade, sendo ininteligível um ser que atua com vontade.	499a
×	Um quadrado não pode ser o dobro de outro. Portanto o teorema pitagórico é falso.	500
$^1×^1$	Alguns escritores de catóptrica são ridículos o bastante para situar o lugar aparente dos objetos no caso barrowiano[22] detrás do olho.	501
+	Quadrados azuis e amarelos em constante diminuição terminam em verde. Isso pode ajudar a demonstrar a composição do verde.	502
+	Há no verde dois fundamentos de duas relações de semelhança com o azul e com o amarelo. Portanto, o verde é composto.	503
+	Uma causa mista produzirá um efeito misto. Portanto, todas as cores que vemos são compostas.	504
+	Mem: considerar os dois tipos de verde de Newton.	505

---

22 Alusão ao "problema de Barrow" formulado por Isaac Barrow (1630-1677), teólogo e matemático inglês, autor de *Optical Lectures* (1667), *Lectiones geometricae* (1670) e *Lectiones mathematicae* (1683).

Obras filosóficas

+	N.B. minhas doutrinas [sobre as ideias] gerais e abstratas não devem ser condenadas pela Royal Society. É o que sua reunião no final das contas pretendeu. Ver a *História da Royal Society*, de Sprat.[23]	506
I	Mem. Estabelecer como premissa uma definição de ideia.	507
Mo.	Os dois grandes princípios da moralidade: a existência de um Deus e a liberdade do homem. Estes devem ser tratados no início do Livro Segundo.	508
×	*Subvertitur Geometria ut non practica sed Speculativa.*	509
×	A proposta de Arquimedes acerca de quadrar o círculo nada tem a ver com circunferências que contêm menos de 96 pontos, e se a circunferência contém 96 pontos ela pode ser aplicada, mas nada se seguirá contra os indivisíveis. Ver Barrow.	510
×	Essas linhas curvas que você pode retificar geometricamente. Compare-as com suas linhas retas iguais e com um microscópio você perceberá uma desigualdade. Portanto minha quadratura do círculo é tão boa e exata como a melhor.	511
M	Qu: Se a substância do corpo ou de qualquer outra coisa é algo mais que a coleção de ideias incluída nessa coisa. Por conseguinte a substância de qualquer corpo particular é a extensão, a solidez, a figura etc. Do corpo geral [não há] nenhuma ideia.	512

---

23 Thomas Sprat (1635-1713), autor de *History of the Royal Society of London for the Improving of Natural Knowledge* (1667), entre outros.

I	Mem: Com o maior cuidado inculcar e mostrar como é que o empenho de expressar pensamentos filosóficos abstratos mediante palavras conduz inevitavelmente um homem a dificuldades. Fazer isso na Introdução.	513
×	Mem: Com o maior cuidado tentar entender o que se quer dizer com o axioma: *Quae sibi mutuo congruunt aequalia sunt.*	514
×	Qu: O que os geômetras querem dizer com igualdade de linhas e se de acordo com a sua definição de igualdade uma linha curva pode talvez ser igual a uma linha reta.	515
×	Se tal como eu você chama iguais a essas linhas que contêm um número igual de pontos, então não haverá nenhuma dificuldade. Essa [linha] curva é igual a uma linha reta que contém [muitos] † pontos como a reta tem.	516
M	Não elimino as substâncias. Não devo ser acusado de excluir a substância do mundo racional. Só nego o sentido filosófico (que na verdade não é sentido algum) da palavra substância. Pergunte a um homem não contaminado com seu jargão o que ele quer dizer com "substância corpórea" ou com "a substância do corpo". Ele responderá massa, solidez e outras qualidades sensíveis semelhantes. Estas eu mantenho. O *nec quid nec quantum nec quale* filosófico, do qual não tenho ideia, eu descarto, se é que se pode dizer que um homem descarta aquilo que nunca teve existência alguma e nunca foi nem imaginado nem concebido.	517

M	N.B. eu defendo mais a realidade do que quaisquer outros filósofos. Eles formulam mil dúvidas e não sabem certamente senão que podemos estar enganados. Eu afirmo diretamente o contrário.	517a
M	Em suma, não se irrite, você nada perde. Seja real ou quimérica, qualquer coisa que de alguma maneira você pode conceber ou imaginar, por mais fantástica, extravagante e absurda que seja, ela lhe poderá fazer muito bem; você poderá gozá-la por mim. Não o privarei dela.	518
×	Uma linha no sentido dos matemáticos não é mera distância. Isso é evidente no fato de que há linhas curvas.	519
×	As curvas [são] perfeitamente incompreensíveis, inexplicáveis, absurdas, exceto se admitirmos os pontos.	520
I	Se os homens buscam algo onde não há nada para ser encontrado, será trabalho perdido, por mais sagazes que sejam. Se um homem simples, grosseiro, sabe onde se encontra a caça, ainda que ande a pé † ele a apanhará antes que os mais rápidos e ágeis que a buscam em outro lugar. Os homens preferem procurar a verdade e o conhecimento em qualquer outro lugar antes que em seu próprio entendimento, onde há de encontrar-se.	521
¹M	Todo conhecimento é só acerca de ideias. Ver Locke, Livro 4, cap. I.	522
S	Parece impróprio e sujeito a dificuldades fazer que a palavra "pessoa" represente uma ideia, ou fazer nós mesmos ideias ou coisas pensantes ideias.	523
I	As ideias gerais [constituem] causa de muita frivolidade e erro.	524

×	Os matemáticos parecem não falar clara e coerentemente da igualdade. Em nenhum lugar eles definem o que querem dizer com essa palavra quando aplicada às linhas.	525
+	Locke diz [que] os modos das ideias simples além da extensão e o número são contados por graus. Eu nego que haja quaisquer modos ou graus de ideias simples. O que ele assim denomina são ideias complexas, como mostrei do verde.	526
×	O que os Matemáticos querem dizer ao considerar as curvas como polígonos? Ou elas são polígonos ou elas não são. Se elas são, por que eles dão a elas o nome de curvas? Por que não as chamam sempre de polígonos e as tratam como tais? Se elas não são polígonos, penso que é absurdo usar polígonos em seu lugar. O que é isso senão perverter a linguagem para adaptar uma ideia a um nome que não pertence a ela mas a uma ideia diferente?	527
×	Os Matemáticos deveriam considerar seu axioma *Quae congruunt sunt aequalia*. Não sei o que eles querem dizer ao pedir-me que ponha um triângulo sobre outro. O triângulo debaixo não é triângulo, de forma alguma, se não é percebido. Pergunto se a vista deve ou não ser juiz desta *congruentia*. Se ela deve sê-lo, então todas as linhas vistas sob o mesmo ângulo são iguais, o que eles não reconheceriam. Deve o tato ser juiz? Mas não podemos tocar ou sentir linhas e superfícies, tais como triângulos etc. de acordo com os próprios matemáticos. Muito menos podemos sentir uma linha ou um triângulo que está coberto por outra linha ou outro triângulo.	528

× Ao afirmar que um triângulo é igual a outro 529
você quer dizer que ambos ocupam espaços iguais. Mas então a questão torna a se repetir, o que você quer dizer por espaços iguais, se você quer dizer que *spatia congruentia* responde às dificuldades anteriores.

× Eu (de minha parte) não posso entender outra 530 coisa por triângulos iguais senão triângulos que contêm igual número de pontos.

× Por linhas iguais eu não posso entender senão 530a linhas, que é indiferente qual delas tome, linhas nas quais por meus sentidos não observo diferença alguma e que, portanto, têm o mesmo nome.

× Deve a imaginação ser juiz no caso anterior? 531 Mas então a imaginação não pode ir além do tato e da vista. Você diz que o intelecto puro deve ser o juiz? Eu replico que as linhas e os triângulos não são operações da mente.

Se falo positivamente e com o ar de um mate- 532 mático em coisas das que estou certo, é para evitar disputas, para fazer os homens pensarem cuidadosamente antes que eles censurem. Que discutam meus argumentos antes que passem a refutá-los. De maneira alguma injuriarei a verdade e a certeza por uma modéstia afetada e uma submissão a juízos melhores. O que apresento são teoremas indubitáveis, não minhas próprias conjecturas plausíveis, nem opiniões aprendidas de outros homens. Não pretendo prová-las por meio de figuras, de analogia ou de autoridade. Deixá-las que se sustentem ou que caiam por seu próprio peso.

N	Quando você fala das essências corpusculares dos corpos. Mem: refletir sobre as seções 11 e 12, Livro 4 cap. 3, de Locke. O movimento não supõe solidez; uma mera extensão colorida pode dar-nos a ideia do movimento.	533
P	Qualquer sujeito pode ter de cada tipo de qualidades primárias só uma particular por vez. Livro 4. cap. 3, seção 15, de Locke.	534
M	Bem, você diz, de acordo com esta nova doutrina tudo não é apenas mera ideia, não há nada que não seja um *ens rationis*. Respondo, as coisas são tão reais e existem na *rerum natura* tanto como sempre. A distinção entre *entia realia* e *entia rationis* pode ser feita tão propriamente agora como sempre. Pense um pouco antes de falar. Tente compreender adequadamente o que quero dizer e você concordará comigo quanto a isso.	535
N	A distinção entres essências reais e nominais é inútil.	536
	Não temos conhecimento direto do significado de nossas palavras. Real, extensão, existência, poder, matéria, linhas, infinito, ponto e muitas outras estão frequentemente em nossas bocas quando pouco claro e determinado lhes responde em nosso entendimento. Isso deve ser bem inculcado.	537
M	A distinção entre mundos intelectual e material é inútil. Ver Locke, Livro 4, cap. 3, seção 27, onde ele diz que aquele é muito mais belo que este.	538

S.Mo [É] absurdo nos homens depreciar os senti- 539
dos, se não fosse por eles a mente não poderia
ter conhecimento, nem pensamento de modo
algum. Todos os ... ‡ de introversão, meditação,
contemplação e atos espirituais como se estes
pudessem ser exercidos antes que tivéssemos
ideias do exterior pelos sentidos são manifestamente absurdos. Isso pode ser de grande utilidade na medida em que torna a felicidade da
vida futura mais concebível e agradável à nossa
natureza presente. Os Escolásticos e os refina-
dores em filosofia não deram para a maior parte
do gênero humano uma ideia mais tentadora
do céu ou da felicidade dos bem-aventurados.

× A vasta, difundida e universal causa de nossos 540
erros é que não consideramos nossas próprias
noções, quero dizer, considerá-las em si mesmas, fixá-las, estabelecê-las e determiná-las.
Nós só as consideramos umas em relação às
outras. Em suma, muito nos esgotamos no
estudo das relações das coisas em vez de
estudá-las absolutamente e em si mesmas. Assim nós estudamos para encontrar as relações
das figuras umas com as outras, também as
relações dos números, sem tentar entender corretamente a natureza da extensão e os números
em si mesmos. Isto, nós pensamos, não tem nenhuma importância, nenhuma dificuldade, mas
se não me equivoco é de suprema importância.

Mo Não reconheço a distinção que se faz entre 541
proveito |*profit*| e prazer.

Mo	Nunca censurarei um homem por agir por interesse. É um tolo aquele age conforme algum outro princípio. A não consideração destas coisas teve más consequências na moralidade.	542
+	Minhas asserções positivas não são menos modestas que aquelas que são introduzidas com "parece-me", "suponho" etc. visto que declaro de uma vez por todas que tudo o que escrevo ou penso é inteiramente acerca das coisas como me aparecem. A nenhum outro homem interessa mais que seus pensamentos concordem com os meus. Isto no Prefácio.	543
I	É fácil que duas coisas confundam os homens em seus raciocínios uns com os outros. 1º as palavras que significam as operações da mente são tomadas das ideias sensíveis, 2º as palavras como usadas pelo vulgo são tomadas com alguma liberdade, pois seu significado é confuso. Portanto, se um homem as usa com um significado determinado, fixo, corre o risco de não ser entendido ou de falar impropriamente. Tudo isso é remediado estudando o entendimento.	544
×	A unidade não é uma ideia simples. Não tenho nenhuma ideia simplesmente correspondendo à palavra uno. Todo número consiste em relações.	545
+	*Entia realia* e *entia rationis* é uma ridícula distinção dos Escolásticos.	546
	As palavras aqui tampouco são tão ridículas.	546a
M.P.	Temos um conhecimento intuitivo da existência de outras coisas além de nós mesmos e inclusive anterior ao conhecimento de nossa própria existência, na medida em que devemos ter ideias ou então não podemos pensar.	547

S	Nós mesmos movemos nossas pernas, somos nós que determinamos seu movimento. Nisso difiro de Malebranche.	548
Mo×	Mem: discutir com cuidado o Livro 4, cap. 4, de Locke.	549
M	Mem: Uma e outra vez mencionar e ilustrar a doutrina da realidade das coisas, *rerum natura* etc.	550
M	O que digo é demonstração, demonstração perfeita. Sempre que os homens anexarem ideias fixas e determinadas à suas palavras eles dificilmente poderão equivocar-se. Adira apenas à minha definição de semelhança e ela será uma demonstração de que as cores não são ideias simples. Pois todos os vermelhos são similares etc. Assim também em outras coisas. Insistir bastante sobre isso.	551
E	A ideia abstrata de ser ou existência nunca é pensada pelo vulgo. Eles nunca usam essas palavras representando ideias abstratas.	552
M	Não devo dizer que as palavras coisa, substância etc. têm sido a causa dos erros, senão o não refletir sobre seu significado. Continuarei, não obstante, mantendo as palavras. Só desejo que os homens pensem antes de falar e estabeleçam o significado de suas palavras.	553
Mo	Não aprovo o que Locke disse, isto é, que a verdade consiste na união e separação dos signos.	554
I	Locke não pode explicar a verdade ou o conhecimento em geral sem tratar de palavras e proposições. Isso conta a meu favor, contra as ideias gerais. Ver Locke, Livro 4, cap. 6.	555

I	Os homens têm sido muito industriosos, pois, ao avançar, abriram um grande caminho. Mas poucos, ou nenhum, têm remontado além dos princípios. Desse lado jaz muita *terra incognita* para ser percorrida e descoberta por mim. Um vasto campo para a invenção.	556
×	Doze polegadas não [representam] a mesma ideia que um pé. Pois um homem que nunca pensou em uma polegada pode perfeitamente conceber um pé.	557
×	Um pé é igual a, ou o mesmo que, doze polegadas, quanto a isso, isto é, ambos contêm o mesmo número de pontos.	558
+	[Visto que] para ser usado.	559
	Mem: mencionar algo que possa encorajar o estudo da política e que comprove que estou bem-disposto em relação a ela.	560
I	Se os homens não empregassem palavras por ideias, nunca teriam pensado em ideias abstratas. Certamente gêneros e espécies não são ideias gerais abstratas. Estas incluem uma contradição em sua natureza. Ver Locke, Livro 4, cap. 7, seção 9.	561
	Uma causa diversa |*varia*| ou mista deve necessariamente produzir um efeito diverso ou misto. Isso é demonstrável a partir da definição de uma causa, forma de demonstrar que deve ser frequentemente usada em meu *Tratado* e para esse fim as definições frequentemente devem ser estabelecidas. Portanto, é evidente que de acordo com as doutrinas de Newton as cores não podem ser ideias simples.	562

M	Estou mais distante do ceticismo que qualquer homem. Conheço com um conhecimento intuitivo a existência de outras coisas assim como minha própria alma. Isso é o que nem Locke nem muito menos algum outro filósofo pensante alegará conhecer.	563
I	A doutrina da abstração tem muitas consequências prejudiciais em todas as ciências. Mem: a observação de Bacon, inteiramente devida à linguagem.	564
+	Locke é muito desatinado ao considerar o registro de nossas ideias por meio de palavras entre os usos e não entre os abusos da linguagem.	565
I	[Seria] de grande utilidade e de suma importância contemplar um homem com excelentes faculdades posto só no mundo, e ver como, depois de larga experiência, ele conheceria sem palavras. Alguém assim nunca pensaria em gêneros e espécies ou em ideias gerais abstratas.	566
I	É admirável em Locke que ele pudesse, quando em idade avançada, ver através de uma névoa que se formara durante muito tempo e era consequentemente densa. Deve-se admirar mais isso do que o fato de não ter visto mais longe.	567
	A identidade das ideias pode ser tomada num duplo sentido, seja como incluindo ou excluindo a identidade ou as circunstâncias, tais como tempo, lugar etc.	568
Mo	Alegra-me que as pessoas com as quais converso não sejam todas mais ricas, mais sábias etc. do que eu. Isso é conforme à razão, não é pecado.	569

É certo que se a felicidade de meu conhecido aumenta e a minha proporcionalmente não, a minha decresce. O não entendimento disso e a doutrina sobre o Bem relativo discutida por French,[24] Madden[25] etc. devem ser assinaladas como duas causas de erro no julgamento de questões morais.

+ Mem: observar (quando você fala da divisão das ideias em simples e complexas) que pode haver outra causa da indefinibilidade de certas ideias além da que Locke oferece, isto é, a falta de nomes.   570

M   Mem: começar o Livro primeiro sem mencionar a sensação e a reflexão, mas, em vez dessas, usar a percepção ou o pensamento em geral.   571

S   Desafio qualquer um a imaginar ou conceber uma percepção sem uma ideia ou uma ideia sem uma percepção.   572

E   A própria suposição de Locke de que a matéria e o movimento existiriam antes do pensamento é absurda; inclui uma contradição manifesta.   573

×   A arenga de Locke acerca dos discursos coerentes, metódicos que não valem nada, aplica-se aos matemáticos.   574

×   Eles falam de determinar todos os pontos de uma curva por meio de uma equação. O que querem dizer com isso? O que quererão dizer   575

---

24 Mattew French, *fellow* do Trinity College, onde Berkeley estudou.
25 Samuel Madden (1686-1785), irlandês, autor de *Themistocles; The Lover of His Country*, *Reflections and Resolutions Proper for the Gentlemen of Ireland*, and *Memoirs of the Twentieth Century* etc.

	com a palavra pontos? Eles se apegam à definição de Euclides?	
S	Pensamos que não conhecemos a alma porque não temos nenhuma ideia imaginável ou sensível anexada a este som. Este é o resultado do preconceito.	576
S	Certamente não a conhecemos. Isto será claro se examinamos o que queremos dizer com a palavra conhecimento. Isso não indica algum defeito em nosso conhecimento como tampouco que não conhecemos uma contradição.	576a
+	A existência mesma das ideias constitui a alma.	577
S	Consciência, percepção, existência de ideias, todas parecem ser uma.	578
+	Consulte, esquadrinhe seu entendimento que você encontrará ali [algo] além de diversas percepções ou pensamentos. O que você quer dizer com a palavra mente; você deve querer dizer algo que você percebe ou que você não percebe. Uma coisa não percebida é uma contradição. Querer dizer (também) uma coisa que você não percebe é uma contradição. Somos, em toda esta questão, estranhamente prejudicados pelas palavras.	579
+	A mente é uma coleção |congeries| de percepções. Retire as percepções e você retirará a mente, coloque as percepções e você colocará a mente.	580
+	Você diz que a mente não é as percepções, mas essa coisa que percebe. Respondo que você se engana pelas palavras 'essa' e 'coisa'; essas são palavras vagas, vazias e sem nenhum significado.	581

485

S   Ter ideias não é a mesma coisa que a percep-   582
ção. Um homem pode ter ideias quando ele só
imagina. Mas então esta imaginação pressupõe
percepção.

M.   O que fortalece extremamente nosso precon-   583
ceito é que cremos ver um espaço vazio. O que
eu demonstrarei ser falso no Livro Terceiro.

Podem haver demonstrações que se usem in-   584
clusive em Teologia. Quero dizer em Teologia
Revelada, em contraste com a Natural, pois
ainda quando os princípios possam ser fundados na fé, contudo isso não impede que sobre
estes possam ser construídas demonstrações
legítimas. Contanto sempre que definamos as
palavras que usamos e nunca ultrapassemos
nossas ideias. Portanto, não seria assunto
muito difícil para quem mantém que o Epis-
copado ou a Monarquia se estabeleceu *jure
divino* demonstrar suas doutrinas se elas são
verdadeiras. Mas pretender demonstrar ou
raciocinar algo acerca da Trindade é absurdo;
aqui nos convém uma fé implícita.

S   Qu: Se há alguma diferença real entre certas   585
ideias de reflexão e outras de sensação. Por
exemplo, entre percepção e branco, preto, doce
etc., peço a você que me diga em que a percepção de branco difere do branco. *Mea*............†

Demonstrarei todas as minhas doutrinas. A   586
natureza da demonstração será apresentada e
defendida na Introdução. Nisso devo necessariamente diferir de Locke, visto que ele faz
com que todas as demonstrações sejam acerca

de ideias abstratas, as quais eu digo que não temos nem podemos ter.

S   O entendimento parece não diferir de suas percepções ou ideias. Qu: o que se deve pensar da vontade e das paixões?   587

Uma boa prova de que a existência não é alheia ou distinta da percepção pode ser inferida do se considerar um homem desacompanhado e jogado no mundo.   588

E   Houve um cheiro, isto é, um cheiro foi percebido. Assim vemos que a linguagem comum confirma minha doutrina.   589

T   Não há intervalos intermitentes de morte ou aniquilação. Esses intervalos nada são. O tempo de cada pessoa é medido para ela por suas próprias ideias.   590

I   Ficamos frequentemente confusos e perplexos ao obter significados claros e determinados das palavras comumente em uso. E isso porque imaginamos que as palavras representam ideias gerais que são absolutamente inconcebíveis.   591

I   Uma pedra é uma pedra. Esta é uma proposição sem sentido. E uma [proposição] sobre a qual o homem solitário nunca pensaria. Nem creio que ele jamais pensaria sobre isso, isto é, [que] o todo é igual às suas partes etc.   592

E   Não se diga que eu nego a existência. Eu só declaro o significado da palavra até onde o posso compreender.   593

I   Se você nega a abstração, em que os homens diferem dos animais? Pela aparência, respondo.   594

		Pela linguagem, em vez de pelas classes superior e inferior.	
+		O que Locke quer dizer com inferências nas palavras, consequências de palavras, como algo diferente de consequências de ideias? Não concebo nenhuma coisa assim.	595
I	N.B.	muitas queixas acerca da imperfeição da linguagem.	596
M		Mas talvez algum homem possa dizer que uma substância inerte sem pensamento pode existir ainda que sem extensão, movimento etc. mas com outras propriedades das quais não temos ideia alguma. Porém, demonstrarei que inclusive isso é impossível quando eu tratar mais detalhadamente da existência.	597
+		Locke não distingue corretamente a vontade do desejo, pois parece que ele não sobrepõe nada à ideia de uma ação, senão a inquietude por sua ausência ou não existência.	598
S		Mem: Inquirir diligentemente por esse estranho mistério, isto é, como é que posso meditar, pensar neste ou naquele homem, lugar, ação, quando nada parece introduzi-los em meus pensamentos, quando não têm conexão perceptível alguma com as ideias sugeridas presentemente pelos meus sentidos.	599
I		Não é imaginável que maravilhosa vacuidade e escassez de ideias descobrirá o homem que deixar de lado todo o uso de palavras em suas meditações.	600

M	Incongruente em Locke imaginar que carecemos de um sentido para ver também substâncias.	601
I	Locke reconhece que as ideias abstratas foram feitas para nomear.	602
¹×M	O erro comum dos ópticos, que nós julgamos a distância pelos ângulos, fortalece os homens em seu preconceito de que eles veem coisas fora e distantes de sua mente.	603
E	Estou persuadido de que, se os homens examinarem o que querem dizer com a palavra "existência", eles concordarão comigo.	604
×	O cap. 20, seção 8 do Livro 4 de Locke me favorece contra os matemáticos.	605
M	A suposição de que as coisas são distintas das ideias elimina toda verdade real e, em consequência, introduz um ceticismo universal, pois a totalidade de nosso conhecimento e contemplação confina-se apenas a nossas próprias ideias.	606
I	Qu: se o homem solitário não acharia necessário fazer uso de palavras para registrar suas ideias senão na memória ou na meditação ao menos, contudo, por escrito, sem o que ele dificilmente poderia reter o seu conhecimento.	607
+	Lemos na história que houve um tempo em que os temores e os zelos, os privilégios do Parlamento, a hostilidade dos partidos e expressões similares de muito ilimitado e duvidoso significado foram palavras de muita influência. Também as palavras Igreja, *Whig*, *Tory* etc. contribuiriam muito para a dissensão e a disputa.	608

S	O distinguir entre uma ideia e a percepção de uma ideia têm sido uma das grandes causas de se imaginar substâncias materiais.	609
S	Que Deus e os espíritos bem-aventurados têm vontade é um argumento manifesto contra as provas de Locke de que a vontade não pode ser concebida em ação sem uma inquietude prévia.	610
S	O ato da vontade ou a volição não é inquietude, pois essa inquietude pode dar-se sem volição.	611
S	Não é tão evidente que uma ideia ou ao menos uma inquietude possa dar-se sem nenhuma volição ou ato.	611a
S	A volição é distinta do objeto ou da ideia pela mesma razão.	612
S	Também da inquietude e da ideia conjuntamente.	613
	O entendimento não é distinto das percepções ou das ideias particulares.	614
*	O entendimento tomado como uma faculdade não é realmente distinto da vontade.	614a
*	A vontade não é distinta de volições particulares.	615
	Isso se altera de agora em diante.	615a
S	Perguntar se um homem pode querer ambos os opostos |side| é uma pergunta absurda, pois a palavra "pode" pressupõe volição.	616
N	*Anima mundi*. Formas substanciais, calor radical onisciente. Virtude plástica. Princípio hilárquico |*hylarchic*|. Todos esses desaparecem.	617
M	Newton prova que a gravidade é proporcional à gravidade. Creio que isso é tudo.	618
+	Qu: se é a *vis inertiae* a que torna difícil mover uma pedra, ou a *vis attractrix*, ou ambas, ou nenhuma.	619

	Mem: expressar as doutrinas de maneira tão completa, detalhada e clara quanto pode ser feito. Também responder às objeções de maneira completa e pormenorizada.	620
S	Dizer que a vontade é um poder. A volição é um ato. Isto é, *idem per idem*.	621
+	O que faz os homens desprezarem a extensão, o movimento etc. e separá-los da essência da alma, é que eles os imaginam distintos do pensamento e que existem numa substância não pensante.	622
+	Algo extensivo pode ter modos passivos de pensamento, não ativos.	623
+	Poderia haver ideia, poderia haver inquietude, poderia haver a maior inquietude, sem nenhuma volição, portanto a...	624
+	Uma vez admitida a matéria, desafio a qualquer homem que prove que Deus não é matéria.	625
S	O homem é livre. Não há nenhuma dificuldade nesta proposição se nós, entretanto, estabelecermos o significado da palavra livre; se tivermos uma ideia anexada à palavra livre e contemplarmos essa ideia.	626
S	Somos iludidos pelas palavras "vontade", "determina", "agente", "livre", "pode", etc.	627
S	A inquietude não precede a toda volição. Isso é evidente pela experiência.	628
S	Observe uma criança no berço. Preste atenção na série e sucessão de suas ideias. Observe como a volição vem à mente. Isso pode talvez fazer com que você entenda sua natureza.	629

S   A complacência, antes que a inquietude, parece   630
determinar, ou preceder, ou coincidir com e
constituir a essência da volição.

S   Você me diz que conforme minha doutrina   631
um homem não é livre. Respondo. Diga-me o
que você quer dizer com a palavra livre e eu o
esclarecerei.

N   Qu: o que os homens querem dizer quando di-   632
zem que um corpo toca outro? Eu lhe digo que
você nunca viu um corpo tocar, ou (melhor)
digo que eu nunca vi um corpo que eu pudesse
dizer que tocou a este ou àquele outro; pois,
que se minha óptica fosse aperfeiçoada, veria
intervalos e outros corpos entre aqueles que
agora parecem tocar-se.

×   Mem: em todas as ocasiões, usar a máxima mo-   633
déstia. Refutar os matemáticos com a máxima
polidez e respeito. Não chamá-los nihilarianos
etc.

N.B. controlar-se em sua natureza satírica.   634

S   É insensato definir volição um ato da mente   635
ordenado, pois nem ato nem ordenado podem
eles mesmos ser entendidos sem volição.

Não me censure se eu uso minhas palavras às   636
vezes com alguma liberdade de expressão. Isto
é algo que não pode ser evitado. É por culpa da
linguagem que você não pode aprender sempre
o significado claro e determinado de minhas
palavras.

+   Você diz que deve haver uma substância pen-   637
sante. Algo desconhecido que percebe, suporta
e mantém as ideias unidas. Eu digo, mostre que

há necessidade disso e por mim você o terá. Não me importa eliminar alguma coisa de que não posso ver a menor razão para pensar que deveria existir.

+ Afirmo que é manifestamente absurdo. Nenhuma desculpa no mundo pode ser dada para que um homem deva usar uma palavra sem uma ideia. Certamente encontraremos que qualquer palavra que usemos em questões de raciocínio puro tem ou deve ter uma ideia completa anexada a ela, isto é, seu significado ou o sentido em que a tomamos deve ser completamente conhecido. 638

+ É demonstrável que nunca se pode fazer com que um homem imagine que há de existir alguma coisa da qual ele não tem ideia alguma. Quem quer que diga que o faz brinca com as palavras. 639

G Imaginamos uma grande diferença e distância entre um homem e um gusano com respeito ao conhecimento, poder etc. A mesma distância pode ser imaginada entre o homem e Deus; ou [uma distância] infinitamente maior. 640

G Encontramos em nossas próprias mentes um grande número de ideias diferentes. Nós podemos imaginar em Deus um número maior, isto é, que as nossas em número ou o número das nossas é insignificante em relação ao seu. As palavras diferença e número, velhas e conhecidas, nós as aplicamos ao que é desconhecido. Mas estou enredado em palavras. Raramente é possível que seja de outra maneira. 641

A principal coisa que faço ou que pretendo 642
fazer é apenas remover a névoa ou o véu das
palavras. Isso tem ocasionado ignorância e
confusão. Isso tem arruinado aos Escolásticos
e matemáticos, advogados e teólogos.

S A grande causa de perplexidade e obscuridade 643
ao discorrer sobre a vontade é que imaginamos
que ela é um objeto de pensamento (para falar
com o vulgo), pensamos que podemos perceber, contemplar e vê-la como a qualquer uma de
nossas ideias, quando na verdade ela não é ideia
alguma. Nem há ideia alguma dela. É *toto coelo*
diferente do entendimento, isto é, de todas as
nossas ideias. Se você diz que a vontade ou,
antes, uma volição é algo, respondo que há uma
homonímia na palavra coisa quando aplicada às
ideias, volições, entendimento e vontade. Todas as ideias são passivas, as volições são ativas.

S Coisa e ideia são, quando muito, palavras 644
com a mesma extensão e significado. Por que,
portanto, não uso a palavra "coisa"? Resposta:
Porque "coisa" tem maior alcance que "ideia".
"Coisa" compreende também volições ou
ações. Ora, estas não são ideias.

S Pode haver percepção sem volição. Qu: se pode 645
haver volição sem percepção.

E A existência não é concebível sem a percepção 646
ou a volição, nem se distingue destas.

T N.B. várias ideias distintas podem ser perce- 647
bidas pela vista e pelo tato ao mesmo tempo,
não igualmente pelos outros sentidos. É esta
diversidade de sensações nos outros sentidos
principalmente, mas às vezes no tato e na vista

	(como também diversidade de volições das que não pode haver senão uma por vez, ou antes, parece que não pode, pois duvido disso), o que nos dá a ideia do tempo, ou é o próprio tempo.	
×	O que o homem solitário pensaria do número?	648
S	Há ideias inatas, isto é, ideias criadas conosco.	649
S	Locke parece estar equivocado quando diz que o pensamento não é essencial à mente.	650
S	Com certeza a mente pensa sempre e constantemente, e isso também o sabemos. Durante o sono e nos transes a mente não existe, não há nenhum tempo nem sucessão de ideias.	651
S	Dizer que a mente existe sem pensar é uma contradição, um absurdo, nada.	652
S	É insensato perguntar o que é que determina a vontade. A inquietude etc. são ideias; portanto inativas; portanto nada podem fazer; portanto não podem determinar a vontade.	653
S	De novo, o que você quer dizer por determinar?	654
N.T.	Por falta de um correto entendimento de tempo, movimento, existência etc. os homens são forçados a contradições tão absurdas como esta, por exemplo, que a luz se move a 16 diâmetros da Terra em um segundo de tempo.	655
S	Foi a opinião de que as ideias podiam existir impercebidas ou antes da percepção a que fez os homens pensarem que a percepção era algo diferente da ideia percebida, que era uma ideia de reflexão, ao passo que a coisa percebida era uma ideia de sensação. Digo que foi isso o que os fez pensar que o entendimento as adquiria ao recebê-las do exterior, o que nunca poderia ser feito se não pensassem que elas existiam fora.	656

S	Perguntar se nós temos uma ideia da vontade ou volição é absurdo. Uma ideia não pode ser semelhante a nada a não ser a uma ideia.	657
M	Falando com propriedade, ideia é o quadro que a imaginação faz, isto é, a imagem da, e referida à, ideia real ou (se você quiser) coisa.	657a
S	Se você pergunta que coisa é a que deseja, respondo que se você quer dizer ideia com a palavra coisa, ou qualquer coisa semelhante a uma ideia, então digo que o que deseja não é coisa alguma. Isto por extravagante que possa parecer, contudo, é uma verdade certa. Somos enganados por estes termos gerais, "coisa", "é" etc.	658
S+	Mais uma vez, se por "é" você quer dizer "é percebido" ou "percebe", digo que nada que é percebido, ou percebe, deseja.	659
S	Referir as ideias a coisas que não são ideias, usar o termo "ideia de" é uma grande causa de erro, tanto em outros assuntos como também neste.	660
S	Há algumas palavras que não representam ideias, por exemplo, partículas, vontade etc.	661
S	As partículas representam volições e suas ideias concomitantes.	661a
+	Parece que não há senão duas cores que são ideias simples, ou seja, aquelas exibidas pelos raios mais ou menos refrangíveis, pois os intermediários podem ser formados por composição.	662
S	Não tenho ideia alguma de uma volição ou ato da mente, nem tenho nenhuma outra inteligência, pois isso seria uma contradição.	663

+	N.B. as ideias simples, isto é, as cores, não são destituídas de todo tipo de composição, ainda quando deve conceder-se que elas não são compostas de ideias distinguíveis. Contudo, há outro tipo de composição. Os homens costumam chamar de compostas essas coisas nas quais de fato não descobrimos os ingredientes componentes. Diz-se que os corpos são compostos de princípios químicos, os quais, contudo, não surgem à vista senão depois da dissolução dos corpos, e que não puderam ser discernidos nos corpos enquanto permaneciam inteiros.	664
S	Se por ideia você quer dizer objeto do entendimento, então, certamente, a vontade não é ideia alguma, ou não temos ideia alguma anexa à palavra vontade.	665
I	Todo nosso conhecimento é acerca de ideias particulares segundo Locke. Todas as nossas sensações são ideias particulares, como é evidente. Que uso faremos então das ideias gerais, posto que nem as conhecemos nem as percebemos?	666
S	Admite-se que as partículas não representam ideias e, no entanto, não se diz que sejam sons vazios, inúteis. A verdade disso é que representam as operações da mente, isto é, as volições.	667
Mo.	Locke diz que todo nosso conhecimento é acerca de particulares. Se assim é, peço que me diga o que é o seguinte raciocínio senão uma confusão de palavras *Omnis Homo est animal, omne animal vivit, ergo omnis Homo vivit*. Equivale (se você anexar ideias particulares às palavras animal e *vivit*) a não mais que isso: *Omnis Homo*	668

est Homo, omnis Homo est Homo, ergo omnis Homo est homo. Um mero jogo e passatempo com sons.

Mo Não temos ideias das virtudes e dos vícios, 669
nem ideias de ações morais, pelo que pode
ser questionado se somos capazes de chegar à
demonstração acerca delas, pois a moralidade
consiste principalmente da volição.

E É estranho que os homens não consigam en- 670
contrar sua ideia de existência posto que (como
se fosse distinta da percepção) ela é introduzida à mente por meio de todas as formas de
sensação e reflexão; penso que ela deveria ser
mais familiar a nós e que deveríamos estar mais
bem familiarizados com ela.

E Disso estou seguro: não tenho nenhuma ideia tal 671
de existência ou anexa à palavra existência. E se
outros a têm, isso nada me importa. Eles nunca
poderão tornar-me consciente dela, pois as ideias
simples são incomunicáveis pela linguagem.

S Você diz que o *substratum* desconhecido das 672
volições e das ideias é algo do qual não tenho
ideia alguma. Pergunto, há algum outro ser
que tenha ou possa ter uma ideia disso? Se há,
então deve ser ele mesmo uma ideia, o que você
considerará absurdo.

S Há algo ativo na maioria das percepções, isto é, 672a
tal que se segue de nossas volições, tal que podemos impedir e deter. Por exemplo, volto meus
olhos em direção ao Sol, os abro, tudo isso é ativo.

S As coisas são de duas classes: ativas ou inativas. 673
A existência das coisas ativas é agir, das inativas
é ser percebidas.

S.E.	Distinta da percepção ou sem ela não há volição; portanto tampouco é sua existência fora da percepção.	674
G	Deus pode compreender todas as ideias, inclusive as ideias que são dolorosas e desagradáveis, sem que isso O afete em grau algum. Assim nós mesmos podemos imaginar a dor de uma queimadura, etc. sem absolutamente nenhuma aflição ou mal-estar.	675
NMo. ×	Verdade, três tipos dela: natural, matemática e moral.	676
Mo ×	Acordo de relação só onde se obtêm números, de coexistência na natureza, de significação, de inclusão, ou de pensamento por inclusão na moralidade.	677
I	O gigante que move a montanha que está sobre ele deve ser reconhecido. Eu, ou, antes, assim, não devo ser reconhecido como mais forte que Locke do que um pigmeu deve ser reconhecido como mais forte que um gigante porque pôde derrubar a toupeira que estava sobre ele e o gigante pôde apenas mover ou empurrar a montanha que o oprimia. Isso no Prefácio.	678
I	Prometer ampliar nosso conhecimento e livrá-lo dessas vergonhosas contradições que o desconcertam. Algo como isso para começar a Introdução de maneira modesta.	679
I	Quem quer que pretenda censurar alguma parte – eu desejo que leia tudo até o fim, do contrário ele talvez pode não me entender. No Prefácio ou na Introdução.	680

S	A doutrina da identidade é melhor explicada tomando-se a vontade pelas volições; o entendimento, pelas ideias. A dificuldade da consciência dos que nunca agem etc. se resolve com isto.	681
I	Devo reconhecer-me devedor dos filósofos que me antecederam. Eles forneceram boas regras, ainda que talvez não as tenham observado sempre. Semelhante aos aventureiros que, ainda quando não tenham alcançado o porto desejado, com seus naufrágios deram a conhecer as rochas e areias, pelo que a passagem dos que depois deles chegam se torna mais segura e fácil. Prefácio ou Introdução.	682
Mo	A opinião de que os homens têm ideias de ações morais tornou-lhes muito difícil a demonstração em Ética.	683
S	Uma ideia, sendo ela mesma inativa, não pode ser a semelhança |resemblance| ou imagem de uma coisa ativa.	684
I	Desculpar-me na Introdução por usar a palavra ideia, ou seja, porque ela está em uso. Mas deve ser acrescentada uma advertência.	685
	A Escritura e a possibilidade são as únicas provas que Malebranche acrescenta a estas que ele chama uma grande propensão a pensar assim. Isto talvez possa ser questionado. Talvez os homens, se pensarem antes de falar, não se encontrarão tão completamente persuadidos da existência da matéria.	686
M	Repensando isso, situo-me no outro extremo e estou certo daquilo que Malebranche parece duvidar, isto é, da existência dos corpos.	686a

I.& c.	Mem. dar o golpe de graça ao final, por exemplo, a respeito de a abstração apresentar ao final o triângulo geral de Locke.	687
I	Eles fornecem boas regras ainda quando talvez eles mesmos nem sempre as observem. Eles falam muito de ideias claras e distintas, ainda quando ao mesmo tempo falam de ideias abstratas, gerais etc. Eu oferecerei como exemplo a opinião de Locke sobre a abstração, pois é o autor mais claro que encontrei. Tamanha era a sinceridade deste grande homem que me persuado de que, se ele vivesse, não se ofenderia por eu discordar dele, pois veria que inclusive ao fazer isso sigo seu conselho, isto é, usar meu próprio juízo, ver com meus próprios olhos e não com os de outro. Introdução.	688
S	A palavra "coisa" enquanto compreende ou representa ideia e volição [é] útil; enquanto representa ideia e arquétipo fora |without| da mente, é danosa e inútil.	689
Mo	Para demonstrar a moralidade, parece que alguém só necessita fazer um dicionário de palavras e ver, ao menos, qual inclui qual. Esta é a principal parte e o grosso da obra.	690
IMo.	Os exemplos de Locke de demonstração em moralidade estão de acordo com a sua própria regra: proposições insignificantes.	691
P.S.	Qu: como é que todos admitem abertamente que algumas ideias estão só na mente e outras são em geral consideradas como se estivessem fora da mente, se de acordo com você todas estão igualmente só na mente. Resposta: porque	692

	devido à proporção de prazer e dor, as ideias estão ligadas a desejo, aversão e outras ações que incluem volição. Ora, a volição todos reconhecem que está nos espíritos.	
I	Se os homens deixassem de lado as palavras ao pensar, é impossível que jamais se confundissem, salvo só em questões de fato. Quero dizer que me parece impossível que tivessem certeza e segurança de que fosse verdadeiro algo que na verdade não o é. Certamente não posso errar em questões de percepção simples. Até onde podemos avançar nos raciocínios sem a ajuda de signos, ali temos conhecimento certo. De fato, em deduções longas feitas mediante signos podem haver lapsos de memória.	693
MO.	De minha doutrina, se segue uma cura para o orgulho. Devemos ser louvados somente por aquelas coisas que nos são próprias ou que nós mesmos fazemos. As habilidades naturais não são consequências de nossas volições.	694
M	Mem: Observar imparcialmente que Locke sustenta algumas opiniões perigosas, tais como a infinitude e a eternidade do espaço. A possibilidade de que a matéria pense.	695
I	Uma vez mais desejo que meu leitor possa estar em guarda contra a falácia das palavras. Que ele tome cuidado que eu não lhe imponho mediante um discurso plausível e vazio essa forma perigosa comum de enganar os seres humanos levando-os a absurdos. Que não considere minhas palavras de outra maneira senão como ocasiões para colocar em sua mente significados determinados, enquanto se não conseguirem	696

isso serão palavras sem sentido, geringonça e não merecerão o nome de linguagem. Desejo e advirto que não espere encontrar a verdade em meu livro nem em qualquer parte senão em sua própria mente. Qualquer coisa que eu mesmo veja é impossível que possa pintá-la em palavras.

Mo. N.B. Considerar bem o que é significado por aquilo que Locke disse acerca da Álgebra, que ela fornece ideias intermediárias. Também pensar em um método que proporcione a mesma aplicação em moral etc. como este o faz nas matemáticas. 697

Mo × Não se prova que *Homo* seja *vivens* por meio de alguma ideia intermediária. Não concordo plenamente com Locke quanto ao que ele diz acerca da sagacidade para descobrir ideias intermediárias em assuntos suscetíveis de demonstração e sobre o uso delas; como se esse fosse o único meio de melhorar e aumentar o conhecimento demonstrativo. 698

S Há uma diferença entre poder e volição. Pode haver volição sem poder. Mas não pode haver poder sem volição. Poder implica volição e ao mesmo tempo uma conotação dos efeitos que seguem a volição. 699

M.S. Temos seguramente uma ideia de substância. Foi absurdo por parte de Locke pensar que tínhamos um nome sem que este tivesse um significado. Isso poderia mostrar-se aceitável para os seguidores de Stillingfleet.[26] 700

---

26 Edward Stillingfleet (1635-1699), bispo de Worcester, autor de *Origines Sacrae* (1662), entre outros.

M.S	Conhecemos a substância do corpo, não conhecemos a substância do espírito, pois este não é cognoscível ao ser *purus actus*.	701
I	As palavras têm arruinado e infestado todas as ciências, o Direito, a Física, a Química, a Astrologia etc.	702
I	As ideias abstratas só são mantidas entre os doutos. O vulgo nunca pensa que tem algo assim, nem na verdade acha que necessita delas. Gêneros, espécies e ideias abstratas são para ele termos desconhecidos.	703
S	Locke se engana. O caso é diferente. Podemos ter uma ideia de corpo sem movimento, mas não da alma sem pensamento.	704
Mo.	Deus deve ser adorado. Isto é facilmente demonstrado uma vez que determinamos o significado das palavras Deus, adorar, deve.	705
S	Nenhuma percepção, conforme Locke, é ativa. Portanto, nenhuma percepção (isto é, nenhuma ideia) pode ser a imagem ou semelhante àquilo que é completamente ativo e de maneira alguma passivo, ou seja, a vontade.	706
S	Eu posso querer trazer à mente algo que é passado, ainda quando ao mesmo tempo aquilo que trago à mente não estivesse em meus pensamentos antes dessa minha volição e, consequentemente, eu não pudesse ter tido nenhuma inquietude por sua falta.	707
S	A vontade e o entendimento podem muito bem ser considerados dois seres distintos.	708
S	*Sed quia voluntas raro agit nisi ducente desiderio.* Ver as *Cartas* de Locke p.479 *ad Limburgum.*	709

Obras filosóficas

[1]×[3]   Você não pode dizer que o *minimum tangibile* é se- 710
melhante ou idêntico ao *minimum visibile* porque
ambos são *minima*, apenas percebidos e quase
perto do nada. Você poderia também dizer que
o *minimum tangibile* é idêntico ou semelhante
a um som tão pequeno que mal é percebido.

+   A extensão parece ser um modo de alguma 711
qualidade tangível ou sensível conforme ela
seja vista ou sentida.

S   O espírito, a coisa ativa, aquilo que é alma e 712
Deus é somente a vontade. As ideias são efeitos, coisas impotentes.

S   A união |*the concrete*| da vontade e do enten- 713
dimento devo chamá-la de mente, não de
pessoa, para não ofender, pois não há senão
uma vontade reconhecida que é Deus. Mem:
cuidadosamente omitir definir pessoa ou
mencioná-la muito.

S   Você pergunta se estas volições compõem uma 714
vontade. O que você pergunta é meramente relativo a uma palavra. Pois a unidade não é outra coisa.

  N.B. Empregar o máximo cuidado para não dar o 715
menor motivo de ofensa à Igreja ou aos clérigos.

I   Inclusive falar um pouco favoravelmente dos 716
Escolásticos e mostrar que os que os acusam
de algaravia não estão, eles próprios, livres dela.
Introdução.

Introd.   O grande descuido de Locke parece ser que não 717
começou com seu Livro Terceiro, pelo menos
que não pensou algo acerca dele no princípio.
Certamente os dois primeiros livros não estão
de acordo com o que ele diz no terceiro.

505

M   Uma vez que se admite que matéria existe, fios 718
de barba e pedaços de unhas podem pensar,
ainda que Locke possa dizer que ele tem a
impressão de estar persuadido do contrário.

Uma vez que digo que os homens não podem 719
se equivocar nos raciocínios breves acerca das
coisas demonstráveis se eles deixam de lado
as palavras, esperar-se-á que este Tratado não
contenha senão o que é demonstração certa
e evidente, e, na verdade, eu espero que você
não encontre nele senão isso. Certamente eu
o tomo inteiramente desse modo. Introdução.

I   Quando digo que rejeitarei todas as proposições 720
de que eu não saiba plena, adequada e claramente
até onde sejam cognoscíveis as coisas significadas
por elas, isso não deve estender-se às proposições
na Escritura. Falo de questões de razão e de filosofia, não de revelação. Nisso penso que uma
fé implícita humilde nos convém, exatamente
(onde não podemos compreender e entender a
proposição) como a fé que um camponês católico dá às proposições que escuta na missa em latim. Os homens orgulhosos podem chamar esta
fé de cega, papista, fé implícita, irracional; de minha parte, creio que é mais irracional pretender
disputar sofisticamente e ridicularizar os mistérios sagrados, isto é, proposições acerca de coisas
fora de nosso alcance que estão completamente
além de nosso conhecimento, fora de nosso
alcance. Quando eu chegar a um conhecimento
completo do significado de qualquer texto, então
concederei uma crença explícita. Introdução.

+	A complexidade das ideias duplas. Isto se refere a que as cores são ideias complexas.	721
×	Considerar o comprimento sem largura é considerar qualquer comprimento, seja da largura que seja.	722
M	Eu posso dizer que a terra, as plantas etc. foram criadas antes que o homem, pois havia outras inteligências para percebê-las antes que o homem fosse criado.	723
M	Há um filósofo que diz que não podemos ter uma ideia de substância pelas vias da sensação ou reflexão, e parece imaginar que carecemos de um sentido próprio para ela. Na verdade, se tivéssemos um novo sentido, este só poderia nos dar uma nova ideia. Agora suponho que ele não dirá que a substância, de acordo com ele, é uma ideia. De minha parte, confesso que não tenho ideia alguma que possa representar a substância em seu sentido ou naquele que os escolásticos dão a essa palavra. Mas tome-a em seu sentido comum e vulgar e então vemos e sentimos a substância.	724
E	N.B. Que não foi o uso comum senão as Escolas que criaram a palavra existência como se ela representasse uma ideia geral abstrata.	725
[1]×	Os escritores de Óptica [estão] equivocados em seus princípios tanto ao julgar as magnitudes como as distâncias.	726
I	É evidente que quando se ensina o homem solitário a falar, as palavras não lhe darão outras novas ideias (exceto apenas os sons) além daquelas que ele tinha antes. Se não tinha nem pôde ter uma ideia abstrata antes, não poderá tê-la depois que se ensine a ele falar.	727

George Berkeley

I	E as ideias complexas, que se pensava antes que eram desconhecidas, podem ser significadas pela linguagem.	727a
Mo	*Homo est Homo* etc. chega finalmente a *Petrus est Petrus* etc. Ora, se estas proposições idênticas são procuradas depois na mente, elas não serão encontradas. Não há proposições mentais idênticas. Tudo é acerca de sons e termos.	728
Mo	Portanto, vemos que a doutrina da certeza por meio das ideias, e as provas por meio das ideias intermediárias, resulta em nada.	729
MO	Podemos ter certeza e conhecimento sem ideias Λ.	730
Mo	Λ ou seja, sem outras ideias que as palavras, e que representam uma ideia, ou seja, que existem para ser usadas indiferentemente.	730a
* Mo	Parece-me que não temos certeza acerca das ideias senão só sobre palavras. É impróprio dizer "estou certo", "vejo", "sinto" etc., não há proposições mentais formadas que correspondem a essas palavras, e na percepção simples todos reconhecem que não há afirmação ou negação e, consequentemente, não há certeza.	731
*	Isto parece certeza errada, a certeza real é das ideias sensíveis *pro hic & nunc*. Eu posso estar certo sem afirmação ou negação.	731a
Mo ×	A razão pela qual podemos demonstrar tão bem a respeito de signos é que estes são perfeitamente arbitrários e [estão] em nosso poder, feitos à vontade.	732
Mo ×	O obscuro e ambíguo termo "relação", que se diz que é o maior campo do conhecimento, nos confunde, nos engana.	733

Mo × ×	Que alguém me mostre uma demonstração não verbal que não dependa de algum princípio falso, ou na melhor das hipóteses de algum princípio da natureza que é o efeito da vontade de Deus, e não sabemos quão logo ele pode ser mudado.	734
I	Qu: o que acontece com as *aeternae veritates*? Resposta: elas desaparecem.	735
I	Mas, dirá você: acho muito difícil olhar sob as palavras e descobrir minhas ideias. Eu digo: o uso tornará isso fácil. Na sequência de meu livro, a causa desta dificuldade será apresentada de forma mais clara.	736
I	Para ver a deformidade do erro devemos simplesmente exibi-lo.	737
E	*Cogito ergo sum*, tautologia, nenhuma proposição mental que corresponda a isso.	738
N Mo ×	O conhecimento, a certeza ou a percepção do acordo das ideias em relação à identidade, diversidade e existência real se desvanece; o de relação torna-se meramente nominal, o de coexistência permanece. Locke pensou que neste último nosso conhecimento era pouco ou nada enquanto neste só parece encontrar-se conhecimento real.	739
PM	Devemos com a multidão situar a certeza nos sentidos.	740
+	É o dever de um homem, é o fruto da amizade, falar bem de seu amigo; não se surpreenda, portanto, que eu faça o que faço.	741
I	Um homem de faculdades obtusas pode alcançar a verdade etc. Introdução. Inclusive minha	742

miopia poderia talvez auxiliar-me nesse assunto, me fará trazer o objeto mais próximo de meus pensamentos. Uma pessoa parcialmente cega etc. Introdução.

S Locke fala a Limborch[27] etc. de *judicium intel-* 743 *lectus* precedendo a volição. Penso que *judicium* inclui volição. Não posso de modo algum distinguir entre *judicium, intellectus, indifferentia,* inquietude, tantas coisas acompanhando ou precedendo cada volição como, por exemplo, o movimento de minha mão.

S Qu: o que você quer dizer com "minhas per- 744 cepções", "minhas volições"? Respondo: todas as percepções que percebo ou concebo etc. são minhas, todas as volições das quais sou consciente são minhas.

S *Homo est agens liberum*. O que eles querem dizer 745 por *homo* e *agens* neste lugar?

E Dirá alguém que os animais irracionais têm 746 ideias, unidade e existência? Creio que não. Contudo, se elas são sugeridas por todas as vias da sensação, é estranho que careçam delas.

I É algo estranho e que merece nossa atenção, 747 que quanto mais tempo e esforço os homens gastam no estudo da Filosofia tanto mais se consideram criaturas ignorantes e fracas, descobrem falhas e imperfeições em suas faculdades, que outros homens nunca reconhecem. Eles se encontram sob uma necessidade de admi-

---

27 Philipp van Limborch (1633-1712), teólogo protestante holandês que manteve uma extensa correspondência com Locke.

tir como verdadeiras muitas opiniões inconsistentes e irreconciliáveis. Não há nada que toquem com suas mãos ou vejam com seus olhos que não tenha aspectos obscuros muito maiores e mais numerosos do que aquilo que é percebido, e em grande medida se tornam céticos ao menos na maioria das coisas etc. Imagino que tudo isso procede de etc. Exórdio. Introdução.

I   Estes homens com um orgulho sobranceiro   748
desprezam as informações comuns únicas dos sentidos. Eles tentam agarrar o conhecimento por feixes e maços (se bem que ao apanhar muita coisa ao mesmo tempo não retêm senão vazio e ar). Eles, nas profundidades de seu entendimento, contemplam ideias abstratas etc. Introdução.

$^1 \times {}^2$ Não parece improvável que os intelectos mais   749
compreensivos e sublimes vejam ao mesmo tempo *minimuns visibiles*, ou seja, que suas esferas visuais sejam as maiores.

×   As palavras (significando como delas todos   750
os tipos de signos) são tão necessárias, em lugar de ser (quando são usadas devidamente ou em sua própria natureza) prejudiciais para o avanço do conhecimento, ou um obstáculo para o conhecimento, que sem elas não poderia haver demonstração alguma nas próprias matemáticas.

Mem: eternamente banir a metafísica etc., cha-   751
mando os homens de volta ao senso comum.

George Berkeley

S	Não podemos conceber outras mentes além das nossas, senão como outros tantos "eus". Nós mesmos nos consideramos afetados com estes ou aqueles pensamentos e com estas ou aquelas sensações.	752
S.I.	Qu: se a composição de ideias não será essa faculdade que serve principalmente para nos distinguir dos animais irracionais. Duvido que um animal irracional imagine ou possa imaginar um cavalo azul ou uma quimera.	753
N	Os naturalistas não distinguem entre causa e ocasião. É útil perguntar a respeito das ideias coexistentes ou ocasiões.	754
Mo.	A moralidade pode ser demonstrada como a matemática mista.	755
S	A percepção é passiva, mas esta não é distinta da ideia, portanto, não pode haver ideia alguma de volição.	756
M	Por que não uso a palavra "coisa" em vez de "ideia"? Indrodução.	757
×	As letras ou notações algébricas são denominações de denominações, portanto a Aritmética deve ser tratada antes que a Álgebra.	758
×	Duas coroas são denominadas de dez xelins, disso pode surgir a natureza dos números.	759
×	As ideias complexas são produtos da mente. Disso pode surgir a natureza dos números. Isso deve ser profundamente discutido.	760
×	Estarei mais bem informado e saberei mais se me disserem que há mil homens do que me mostrarem todos eles alinhados. Estarei em melhor condição de julgar o negócio que você	761

quer que eu faça quando você me diz quanto é (ou seja, nomeia) o dinheiro que está sobre a mesa do que se você o oferece e mostra sem nomeá-lo. Em suma, eu não considero a ideia, o aspecto, senão os nomes. Disso pode surgir a natureza dos números.

- × As crianças não estão familiarizadas com os números até que tenham feito algum progresso na linguagem. Isto não seria assim se eles fossem ideias sugeridas por todos os sentidos. 762
- × Os números não são senão nomes, meras palavras. 763
- × Mem: as raízes imaginárias esclarecem esse mistério. 764
- × Ideias de utilidade são anexadas aos números. 765
- × Nos problemas aritméticos os homens não buscam ideia alguma de número, eles só buscam uma denominação. Isto é tudo o que lhes pode ser útil. 766
- × Retire os signos da Aritmética e da Álgebra, e perguntarei: o que sobra? 767
- × Estas são ciências puramente verbais e completamente inúteis, a não ser para a prática nas sociedades dos homens. Não há nelas nenhum conhecimento especulativo, nenhuma comparação de ideias. 768
- Mo. O prazer sensual é o *summum bonum*. Este é o grande princípio da moralidade. Uma vez que isto é entendido corretamente, todas as doutrinas dos Evangelhos, inclusive as mais severas, podem ser claramente demonstradas. 769

×	Qu: se a Geometria não pode ser propriamente reconhecida entre as matemáticas mistas. Pois a Aritmética e a Álgebra são as únicas abstraídas puras, ou seja, inteiramente nominais. A Geometria é uma aplicação destas para pontos.	770
× Mo	Locke acerca de proposições insignificantes. Mem: observar bem e estudar do início ao fim esse capítulo.	771
E. ×	Existência, extensão etc. são abstratas, isto é, não são ideias. São palavras desconhecidas e inúteis para o vulgo.	772
Mo.	O prazer sensual *qua* prazer é bom e desejável ao homem sábio. Mas se é desprezível, ele não é *qua* prazer, senão *qua* dor ou causa de dor, ou (o que é a mesma coisa) de perda de um prazer maior.	773
I	Quando considero que quanto mais objetos vemos ao mesmo tempo, mais distantes eles estão, e que o olho que observa uma grande quantidade de coisas não pode ver nenhuma delas próxima.	774
I.M.	Por ideia quero dizer qualquer coisa sensível ou imaginável.	775
S	Em conformidade com minha doutrina da certeza, aquele que não age a fim de obter a felicidade eterna deve ser um infiel, pelo menos ele não está certo de um futuro julgamento.	776
S	Estar seguro ou certo de que não percebemos realmente (digo perceber, não imaginar). Não devemos ser completamente passivos, deve haver uma disposição para agir, deve haver assentimento, que é ativo, mais ainda, que me faz falar. Deve haver volição real.	777

×	O que demonstramos em Geometria senão que as linhas são iguais ou desiguais, isto é, que podem ou não podem ser chamadas pelo mesmo nome?	778
I.M.	Eu aprovo este axioma dos Escolásticos *nihil este in intellectu quod non prius fuit in sensu*. Desejaria que eles tivessem se apegado a ele. Este nunca lhes teria ensinado a doutrina das ideias abstratas.	779
S.G.	*Nihil dat quod non habet* ou o efeito está contido na causa é um axioma que não entendo nem acredito que seja verdadeiro.	780
E	Quem quer que dê uma olhada nos escritos dos filósofos antigos ou novos verá o alarde que se faz acerca do ser formal e objetivo, da vontade etc.	781
G	É absurdo demonstrar a existência de Deus a partir de sua ideia. Nós não temos ideia alguma de Deus, é impossível!	782
M.E.	É causa de muito erro e confusão que os homens não sabiam o que se queria dizer por realidade.	783
	Descartes na *Meditação segunda* diz que a noção desta cera particular é menos clara do que a da cera em geral, e, na mesma meditação, um pouco antes, ele se abstém de considerar os corpos em geral, porque (diz ele) estas concepções gerais são usualmente confusas.	784
M.S.	Descartes na *Meditação terceira* chama a si mesmo uma substância pensante e a uma pedra de substância extensa e acrescenta que ambas concordam no que elas são substâncias. E no parágrafo seguinte ele chama extensão um modo da substância.	785

S   Os filósofos dizem comumente que, se a alma 786
do homem fosse autoexistente, ela teria dado a
si mesma toda perfeição possível. Não entendo
isso.

Mo   Mem: despertar os homens para os prazeres 787
do olho e do ouvido, os quais não se saciam
nem trazem como consequências esses males
como outros.

S   Não vemos variedade ou diferença entre as 788
volições, somente entre seus efeitos. Uma
vontade, um ato, distingue-se pelos efeitos.
Essa vontade, esse ato, é o espírito, princípio
operativo, alma etc.

Não mencionar temores e preocupações; nada 789
semelhante a um partido.

M.   Locke, em seu *Livro quarto*, e Descartes, na *Me-* 790
ditação sexta, usam o mesmo argumento a favor
da existência dos objetos, isto é, que às vezes
nós vemos, sentimos etc. contra nossa vontade.

S   Enquanto eu existo ou tenho qualquer ideia 791
estou eterna e constantemente querendo, meu
assentimento no estado presente é volição.

E   A existência de qualquer coisa imaginável não é 792
nada diferente da imaginação ou percepção. A
volição ou a vontade, que não é imaginável, não
deve ser considerada, quanto à sua existência
ao menos, no Livro primeiro.

Mo.   Há quatro tipos de proposições. O ouro é um 793
metal; o ouro é amarelo; o ouro é estável, Λ o
ouro não é uma pedra, das quais as 1ª 2ª e 3ª
são só nominais e não há nenhuma proposição
mental que lhes corresponda.

	Também de não coexistência, como: o ouro não é azul.	793a
M	Mem. como justificação dos sentidos refutar de maneira efetiva o que Descartes disse no último parágrafo da última *Meditação*, isto é, que os sentidos frequentemente lhe dão informações falsas em vez de verdadeiras. Esse sentido de dor não me diz que meu pé está ferido ou quebrado, senão que por ter observado frequentemente que estas duas ideias, isto é, a dessa dor peculiar e a desse pé ferido aparecerem juntas, erroneamente as considero como inseparáveis por uma necessidade da natureza, como se a natureza fosse alguma coisa distinta da ordenação da livre vontade de Deus.	794
M.S.	Descartes admite que não conhecemos imediatamente uma substância por ela mesma, senão por este só que é o sujeito de vários atos. Responder à segunda objeção de Hobbes.	795
S	Hobbes concorda em alguma medida com Locke ao dizer que o pensamento está para a mente ou para ele mesmo como a dança para o bailarino. Refutar.	796
S	Hobbes em sua terceira objeção ridiculariza essas expressões dos escolásticos: a vontade quer etc. O mesmo faz Locke. Eu tenho outra opinião.	797
S	Descartes em resposta à terceira objeção de Hobbes reconhece que ele é distinto do pensamento como uma coisa de seu *modus* ou maneira.	798
E.S.	A opinião de que a existência era distinta da percepção [teve] consequências horríveis; ela é o fundamento da doutrina de Hobbes etc.	799

M.P.E.	Malebranche, em seu *Esclarecimento*, difere amplamente de mim. Ele duvida da existência dos corpos. Eu, de modo algum, duvido disso.	800
P	Difiro dos cartesianos na medida em que considero que a extensão, a cor etc. existem realmente nos corpos e de maneira independente de nossa mente. Apresentar tudo isso de maneira cuidadosa e lúcida.	801
M.P.	Não mencionar as combinações de poderes senão dizer que as coisas, os próprios efeitos, existem realmente mesmo quando não percebidos de fato mas ainda em relação à percepção.	802
×	O grande uso dos números arábicos |*indian figures*| acima dos romanos mostra que a Aritmética é acerca de signos, não de ideias, ou não de ideias diferentes dos caracteres mesmos.	803
Mo. × N	Pode haver raciocínio acerca de coisas, ideias, ações, mas a demonstração pode ser apenas verbal. Questiono, não obstante etc.	804
G	Citar Descartes. A ideia de Deus não é causada por mim, pois não posso nem acrescentar nem subtrair nada dela. Tampouco pode ele acrescentar ou retirar de qualquer outra ideia, inclusive daquelas por ele mesmo formadas.	805
S	Não distinguir entre vontade e ideias é um grande erro de Hobbes. Ele toma essas coisas por nada que não sejam ideias.	806
M.	Você diz, neste caso tudo não passa de ideia, mero fantasma. Respondo [que] tudo é tão real como sempre. Espero [que] chamar uma coisa de ideia não a torne menos real. Na verdade, talvez eu devesse ter adotado a palavra	807

	"coisa" e não ter mencionado a palavra "ideia" se não fosse por uma razão, e penso que é boa a que apresentarei no Livro segundo.	
I.S.	A ideia é o objeto ou o sujeito do pensamento; que eu pense no que quer que seja, chamarei ideia. O pensamento mesmo ou o pensar não é uma ideia, é um ato, isto é, volição, isto é, em contraste com o efeito, é a vontade.	808
I.Mo.	Locke, no Livro 4, cap. 5, não assinala a causa correta de por que as proposições mentais são tão difíceis. Não é por causa das ideias complexas, mas por causa das ideias abstratas. A ideia de um cavalo é tão complexa como a de coragem. Contudo, ao dizer "o cavalo é branco", formo com facilidade uma proposição mental; mas quando digo "a coragem é uma virtude", dificilmente encontrarei uma proposição mental, ou não encontrarei nenhuma em absoluto.	809
S.	Intelecto puro eu não entendo.	810
	Locke tem razão naquelas coisas em que ele difere dos cartesianos e eles não podem senão admitir suas opiniões se se apegam a seus próprios princípios ou falam de existência e outras ideias abstratas.	811
G.S.	As propriedades de todas as coisas estão em Deus, isto é, há na deidade entendimento, assim como vontade. Ele não é um agente cego e, na verdade, um agente cego é uma contradição.	812
G	Estou certo de que há um Deus, ainda quando não o percebo, não tenho intuição alguma dele. Isto não é difícil se entendermos corretamente o que se quer dizer com certeza.	813

S	Parece que a alma considerada como vontade é imortal, incorruptível.	814
S	Qu: se a percepção deve por necessidade preceder a volição.	815
S.Mo.	O erro não está no entendimento senão na vontade. O que entendo ou percebo, de que o entendo não pode haver erro nisso.	816
Mo. N.	Mem: comentar na Introdução [o exemplo] de Locke da mulher que teme molhar-se. Mostrar que pode haver raciocínio acerca de ideias ou de coisas.	817
M.	Descartes e Malebranche dizem que Deus nos deu uma forte inclinação para crer que nossas ideias procedem dos corpos ou que os corpos existem. Peço que me digam o que eles querem dizer com isso. Eles aceitariam que as ideias da imaginação são imagens das ideias dos sentidos e vêm delas, isto é verdade, mas não pode ser o que querem dizer, pois eles falam das próprias ideias dos sentidos como se procedessem de ou fossem similares a eu não sei o quê.	818
M.S.	*Cartesius per ideam vult omne id quod habet esse objectivum in intellectu.* Ver *Tract. de Methodo.*	819
S	Qu: não pode haver entendimento sem uma vontade?	820
S	O entendimento é de alguma maneira uma ação.	821
S	[É um] disparate de Hobbes etc. falar da vontade como se ela fosse movimento, com o que ela não tem nenhuma semelhança.	822
M.	As ideias dos sentidos são as coisas reais ou arquétipos. As ideias da imaginação, os sonhos etc. são cópias, imagens destas.	823

Obras filosóficas

M.   [Se] minhas doutrinas [forem] entendidas corretamente, toda essa filosofia de Epicuro, Hobbes, Spinoza etc., que tem sido uma inimiga declarada da religião, cai por terra.   824

G.   Hobbes e Spinoza consideram Deus extenso. Locke também parece que faz o mesmo.   825

I.E.   *Ens, res, aliquid dicuntur termini transcendentales.* Spinoza, p.76, proposição 40, *Ethica*, parte 2, dá uma estranha explicação de sua origem, também da origem de todos os universais *Homo, Canis* etc.   826

G.   Spinoza (Ver *Pref. Oper. Posthum.*) pretende que Deus seja *omnium rerum causa immanens*, e para apoiar isso apresenta a [citação] de São Paulo, nele nós vivemos etc. Ora, esta [citação] de São Paulo pode ser explicada por minha doutrina tão bem como pela de Spinoza, de Locke, de Hobbes, ou pela de Raphson, etc.   827

S.   A vontade é *purus actus* ou, antes, puro espírito, não imaginável, não sensível, não inteligível, de modo algum o objeto do entendimento, de forma alguma perceptível.   828

S.   A substância de um espírito é que ele atua, causa, quer, opera, ou, se você quiser (para evitar os sofismas que podem ser formulados sobre a palavra ele), atua, causa, quer, opera. Sua substância não é cognoscível, pois não é uma ideia.   829

G.   Por que não podemos conceber que seja possível para Deus criar coisas a partir do nada? Certamente nós mesmos, de alguma maneira, criamos sempre que imaginamos.   830

G.N. *Ex nihilo fit*, esta (disse Spinoza, *op. posth.* p.464) 831
e outras semelhantes são denominadas de *veritates aeternae* porque *nulluam sedem habent extra mentem*. Para fazer com que este axioma tenha um significado positivo deve-se expressá-lo assim. Toda ideia tem uma causa, isto é, é produzida por uma vontade.

P. Os filósofos falam muito de uma distinção 832 entre coisas absolutas e relativas, ou entre coisas consideradas em sua própria natureza e as mesmas coisas consideradas com respeito a nós. Não sei o que eles querem dizer por coisas consideradas em si mesmas. Isto é absurdo, sem sentido.

S Parece que não pode haver nenhuma percepção, 833 nenhuma ideia, sem vontade, posto que não há ideias tão indiferentes, a não ser que alguém preferisse tê-las em lugar da aniquilação, ou a aniquilação em lugar delas, ou se há um balanço tão equilibrado deve haver uma igual mistura de prazer e de dor que as cause, já que não há nenhuma ideia perfeitamente desprovida de toda dor e de toda inquietude, senão que são preferíveis à aniquilação.

× *Recipe in animum tuum per cogitationem vehementem* 834 *rerum ipsarum non literarum aut sonorum imagines.* Hobbes contra Wallis.

× É uma perfeição que podemos imaginar nos 835 espíritos superiores que eles podem com a maior clareza e distinção ver muito, ao passo que nós podemos ver só um ponto.

M.	Ao tratar a questão, seria melhor dizer que a harmonia e a beleza das coisas, em vez de suas espécies (o que Locke já tem provado), são a obra da mente.	836
×	Mem: quando eu discorrer sobre as Matemáticas, investigar a controvérsia entre Hobbes e Wallis.	837
G.	Cada uma das minhas sensações que ocorrem em consequência das leis gerais da natureza conhecidas e que vem de fora, isto é, independentes de minha vontade, demonstram o ser de um Deus, isto é, de um espírito não extenso, incorpóreo, que é onisciente, onipotente etc.	838
Mo.	Uma grande causa de fracasso nos assuntos dos homens é que eles dão muita atenção ao presente.	839
M.	Não concordo com John Sergeant[28] que vemos sólidos, eu rejeito sua filosofia sólida. Pois a solidez só é percebida pelo tato.	840
S	Parece-me que vontade e entendimento, volições e ideias, não podem ser separados, que não é possível que um seja sem o outro.	841
E.S.	Umas ou outras ideias eu devo ter, já que eu existo ou tenho volição. Mas nenhuma ideia ou classe de ideias é essencial.	842

---

28 No texto constam apenas as iniciais J. S. Referência a John Sergeant (1622-1707), autor de vários panfletos sobre questões teológicas e de algumas obras filosóficas, dentre as quais *Solid Philosophy Asserted, Against the fancies of the Ideists, or The Method to Science Farther Illustrated With Reflexions on Mr. Locke's Essay concerning Human Understanding* (1697).

M. Não posso conceber de maneira alguma a dis- 843
tinção entre ideia e *ideatum* senão fazendo, uma,
o efeito ou a consequência do sonho, da *rêverie*,
da imaginação, a outra, o efeito dos sentidos e
das leis constantes da natureza.

P. *Dico quod extensio non concipitur in se & per se contra* 844
quam dicit Spinoza in ep: 1ª ad Oldenburgium.[29]

G. Considero a minha definição da palavra Deus 845
mais clara que a de Descartes e de Spinoza,
isto é, *ens summè perfectum, & absolute infinitum or*
ens constans infinitis attributis quorum unumquodque
este infinitum.

× É principalmente a conexão entre as ideias 846
tangíveis e as visíveis a que nos engana e não
as ideias visíveis mesmas.

S. Mas o grande erro é que não sabemos o que 847
queremos dizer por "nós", nosso "eu" ou
"mente" etc. O mais seguro e certo é que
nossas ideias são distintas da mente, isto é, a
vontade, o espírito.

S. Não devo mencionar o entendimento como 848
uma faculdade ou parte da mente, devo incluir
entendimento e vontade etc., numa palavra, o
espírito, mediante o que quero dizer que tudo
isso é ativo. Não devo dizer que o entendimento não difere das ideias particulares ou a
vontade de volições particulares.

S O espírito, a mente, não é nem uma volição 849
nem uma ideia.

---

29 Henry Oldenburg (c. 1618-1677), um dos primeiros membros da
Royal Society e seu secretário por um período de 15 anos.

N.S.	Digo (falando com propriedade) que não há causas senão espirituais, que nada é ativo senão o espírito. Você diz, isto é só verbal, é só anexar um novo tipo de significado à palavra causa, e por que não podem outros reter igualmente o anterior e chamar a uma ideia a causa de outra que sempre a segue. Respondo que, se você fizer isso, eu o conduzirei a muitos absurdos. Digo que você não pode evitar cair em opiniões que você estaria feliz de rejeitar se você se apegar firmemente a esse significado da palavra causa.	850
Mo.	Ao avaliar o bem, consideramos demasiado o presente e a nós mesmos.	851
Mo.	Há dois tipos de prazer: um está ordenado como um estímulo ou incitamento para alguma coisa diferente e tem uma relação e uma subordinação visíveis a esta; o outro não é assim. Assim, o prazer de comer é do primeiro tipo, o da música é do último. Estes podem ser usados para recreação, aqueles não, senão conforme seu fim.	852
Mo. N. ×	Três tipos de conhecimento útil: o da coexistência, a ser tratado em nossos *Princípios de filosofia natural*; o da relação nas Matemáticas; o da definição ou da inclusão ou das palavras (que talvez não difere do de relação), na moralidade.	853
<u>S</u>	Vontade, entendimento, desejo, ódio etc. na medida em que são atos ou ativos, não diferem; toda sua diferença consiste em seus objetos, circunstâncias etc.	854
N.	Devemos distinguir cuidadosamente entre dois tipos de causas: físicas e espirituais;	855

N. Aquelas podem com maior propriedade ser denominadas de ocasiões; contudo (para condescender), podemos chamá-las de causas, mas então devemos querer dizer causas que nada fazem. 856

S De acordo com Locke, devemos estar em uma inquietude eterna enquanto vivemos, com exceção do tempo de dormir ou nos êxtases etc., pois ele considerará ainda que a continuação de uma ação é em seu sentido uma ação e assim requer uma volição e esta uma inquietude. 857

I Não devo pretender oferecer grandes demonstrações. Devo suprimir todas as passagens que padeçam desse tipo desse orgulho, que suscitam a expectativa de meus leitores. 858

I. Se este é o caso, na verdade é melhor que um homem não filosofe de modo algum. Assim como uma pessoa deformada não deve ambicionar contemplar-se ela mesma à luz refletida de um espelho. 859

I. Ou melhor, como as pessoas deformadas que, tendo contemplado a si mesmas à luz refletida de um espelho, não gostaram de sua descoberta. 860

M.[1] A que pode uma ideia ser semelhante senão a outra ideia. Não podemos compará-la com nada diferente. Um som é semelhante a um som, uma cor [é] semelhante a uma cor. 861

M.[1] Não é um absurdo dizer que um odor é semelhante a uma coisa que não pode ser cheirada, que uma cor é semelhante a uma coisa que não pode ser vista? 862

M.S.	Os corpos existem fora da mente, isto é, não são a mente, mas diferentes dela. Isto eu reconheço, pois a mente é completamente diferente disso.	863
P.	Certamente não veríamos o movimento se não houvesse diversidade de cores.	864
P.	O movimento é uma ideia abstrata, isto é, não há tal ideia que possa ser concebida por ela mesma.	865
I	As contradições não podem ser ambas verdadeiras. Os homens são obrigados a responder às objeções extraídas das consequências. Introdução.	866
S.	Vontade e volição são palavras que o vulgo não usa, os doutos são ridicularizados por significarem com elas ideias abstratas.	867
×	Matemática especulativa: como se um homem estivesse o dia todo fazendo de propósito nós apertados para desatá-los mais uma vez.	868
×[132]	Ainda quando pudesse ser de outra maneira, contudo é conveniente que a mesma coisa que é *minimum visibile* seja também *minimum tangibile* ou algo próximo a ele.	869
S	Não devo dar à alma ou mente o nome escolástico de ato puro, senão antes espírito puro ou ser ativo.	870
S	Não devo dizer que a vontade e o entendimento são um, senão que ambos são ideias abstratas, isto é, nada em absoluto, já que eles nem sequer em *ratione* são diferentes do espírito, *qua* faculdades, ou ativos.	871
S	É perigoso fazer "ideia" e "coisa" termos intercambiáveis, esse seria o meio de provar que os espíritos são nada.	872

Mo. ×	Qu: se *veritas* não representa uma ideia abstrata.	873
M	É claro que os modernos devem, de acordo com seus próprios princípios, admitir que não há corpos, isto é, não há tipos de corpos fora da mente, isto é, não percebidos.	874
S.G.	Qu: se a vontade pode ser o objeto de presciência ou de qualquer conhecimento.	875
P	Se houvesse somente uma bola no mundo, esta não poderia ser movida. Não poderia haver diversidade de aparência.	876
×	De acordo com a doutrina da infinita divisibilidade deve haver, por exemplo, algum odor de uma rosa a uma distância infinita dela.	877
M.	Ainda que a extensão exista só na mente, contudo não é propriedade da mente. A mente pode existir sem ela ainda quando ela não possa existir sem a mente. Mas, no *Livro Segundo*, mostrarei amplamente a diferença que há entre a alma e o corpo, ou ser extenso.	878
S	É uma pergunta absurda a que Locke coloca, se o homem é livre para querer?	879
×	Mem: investigar a razão da regra para determinar questões em Álgebra.	880
×	Outros já observaram que em nenhum lugar os nomes têm um uso mais necessário do que na numeração.	881
M.P.*	Concederei que a extensão, a cor etc. podem ser consideradas como estando fora da mente num duplo aspecto, isto é, como independentes de nossa vontade e como distintas da mente.	882

528

MoN×	Certamente não é impossível que um homem possa chegar ao conhecimento de toda verdade real, tanto com como sem signos, se ele tiver uma memória e uma imaginação sumamente poderosa e vasta. Portanto, o raciocínio e a ciência não devem depender completamente das palavras ou dos nomes.	883
N	Não creio que as coisas se deem por necessidade, a conexão de nenhum par de ideias é necessária. Tudo é resultado da liberdade, isto é, tudo é voluntário.	884
M.I.	Uma ideia simples só pode ser o padrão ou semelhança de outra. Na medida em que elas diferem, uma não pode assemelhar-se à outra.	885
M.S.	Se um homem com os olhos fechados imagina para si mesmo o Sol e o firmamento você não dirá que ele ou sua mente é o Sol ou que é extensa, ainda quando nem o sol nem o firmamento existam fora de sua mente.	886
S	É estranho encontrar filósofos que duvidam e disputam acerca de se eles têm ou não ideias de coisas espirituais. Certamente, isto é fácil de saber. Ver De Vries[30] de id: In. p. 64	887
S	De Vries concederá que conhecemos a mente, como conhecemos a fome, não por meio de uma ideia, mas pela percepção |sense| ou *conscientia*. Igualmente Malebranche. Esta é uma distinção inútil.	888

---

30 Gerard de Vries (1648-1705), teólogo holandês, autor de *Exercitationes rationales de Deo, divinis perfectionibus nec non philosophemata miscellanea* (1685) entre outros.

Seleção Bibliográfica

Obras de Berkeley (*Edições Modernas*)

ADAMS, Robert. M. (ed.). *George Berkeley: Three Dialogues between Hylas and Philonous*. Indianapolis: Hackett Publishing Company, 1979.

AYERS, Michael R. (ed.). *George Berkeley: Philosophical Works; including the Works on Vision*. London: Dent/Everyman, 1993.

BERMAN, David. (ed.). *Alciphron, or the Minute Philosopher*. London: Routledge, 1993.

DANCY, Jonathan. (ed.). *A Treatise Concerning the Principles of Human Knowledge*. Oxford: Oxford University Press, 1998a.

DANCY, Jonathan. *Three Dialogues between Hylas and Philonous*. Oxford: Oxford University Press, 1998b.

FRASER, Alexander C. *The Works of George Berkeley* D.D.; Formerly Bishop of Cloyne, Including his Porthumus Works. 4 vol. Oxford: Clarendon Press, 1871a.

JESSEPH, Douglas M. (ed.). Berkeley, G. *De Motu and the Analyst: A Modern Edition, With Introductions and Commentary*. Boston: Kluwer Academic Publishers, 1992.

LUCE, A. A.; JESSOP, T. E. (eds.). *The Works of George Berkeley, Bishop of Cloyne*, 9 vols. London e Edimburgo: Nelson and Sons, 1948-57.

TURBAYNE, Collin M. (ed.). *A Treatise Concerning the Principles of Human Knowledge, with Critical Essays*. Indianapolis: Bobbs-Merrill, 1970.

WINKLER, Kenneth P. (ed.). *George Berkeley: A Treatise Concerning the Principles of Human Knowledge*. Indianapolis: Hackett Publishing Company, 1982.

Obras Biográficas

FRASER, A. C. (ed.). *Life and Letters of George Berkeley, D. D.* Oxford: Clarendon Press, 1871b.

LUCE, A. A. *The Life of George Berkeley, Bishop of Cloyne*. London e Edimburgo: Nelson, 1949.

STOCK, J. *An Account of the Life of Bishop Berkeley*, London, J. Murray, 1776.

Livros sobre a Filosofia de Berkeley

ARMSTRONG, D. M. *Berkeley's Theory of Vision*. Melbourne University Press, 1960.

ARMSTRONG, D. M. *Perception and the Physical World*. London: Routledge & Kegan Paul, 1961.

ATHERTON, Margaret. *Berkeley's revolution in Vision*. London: Cornell University Press, 1990.

BENNETT, Jonathan. *Locke, Berkeley, Hume: Central Themes*. Oxford: Oxford University Press, 1971.

BERMAN, David. *George Berkeley: Idealism and the Man*. Oxford: Clarendon Press, 1994.

BRADATAM, Costica. *The other Bishop Berkeley: an exercise in reenchantment*. New York: Fordham University Press, 2006.

BROOK, Richard J. *Berkeley's Philosophy of Science*. The Hague: Martinus Nijhoff, 1973.

BRYKMAN, Geneviève. *Berkeley et le voile des mots*. Paris: Vrin, 1993.

DANCY, Jonathan. *Berkeley: An Introduction*. Oxford: Blackwell, 1987.

FLAGE, Daniel E. *Berkeley's Doctrine of Notions: A Reconstruction Based on his Theory of Meaning*. New York: St Martin's Press, 1987.

FOGELIN, Robert J. *Berkeley and the Principles of Human Knowledge*. New York: Routledge, 2001.
GRAYLING, Anthony C. *Berkeley: The Central Arguments*. London: Duckworth, 1986.
GUEROULT, Martial. *Berkeley: Quatre études sur la Perception et sur Dieu*. Paris: Aubier Montaigne, 1956.
JESSEPH, Douglas M. *Berkeley's Philosophy of Mathematics*. Chicago: University of Chicago Press, 1993.
LUCE, A. A. *Berkeley and Malebranche*. Oxford: Clarendon Press, 1967.
LUCE, A. A. *The Dialectic of Immaterialism: An Account of the Making of Berkeley's Principles*. London: Hodder and Stoughton, 1963.
MUEHLMANN, Robert G. *Berkeley's Ontology*. Indianapolis-Cambridge: Hackett Publishing Company, 1992.
PARK, Désirée. *Complementary Notions: A Critical Study of Berkeley's Theory of Concepts*. The Hague: Martinus Nijhoff, 1973.
PITCHER, George. *Berkeley*. London: Routledge & Kagan Paul, 1977.
OLSCAMP, Paul J. *The Moral Philosophy of George Berkeley*. The Hague: Martinus Nijhoff, 1970.
TIPTON, Ian C. *Berkeley: The Philosophy of Immaterialism*. London: Methuen, 1974.
URMSON, J. O. *Berkeley*. Oxford: Oxford University Press, 1982.
WARNOCK, Geoffrey J. *Berkeley*. London: Gregg Revivals, 1992.
WINKLER, Kennet P. *Berkeley: An Interpretation*. Oxford: Clarendon Press, 1989.

Coletâneas de artigos sobre Berkeley

CREERY, Walter E. (org.). *Critical Assessments*. London: Routledge, 3 vols., 1991.
FOSTER, John; ROBINSON, Howard (eds.). *Essay on Berkeley: A Tercentennial Celebration*. Oxford: Clarendon Press, 1985.
MARTIN, Charles B.; ARMSTRONG, David. M. (eds.). *Locke and Berkeley: A Colletion of Critical Essays*. London: Macmillan, 1968.

MUEHLMANN, Robert G. (ed.). *Berkeley's Metaphysics: Structural, Interpretative and Critical Essays*. University Park: Pennsylvania State University Press, 1995.

SOSA, E. (ed.). *Essays on the Philosophy of George Berkeley*. Dordrecht: Reidel, 1987.

STEINKRAUS, Warren E. (ed.). *New Studies in Berkeley's Philosophy*. New York: Holt, Rinehart & Winston, 1966.

TURBAYNE, Colin M. (ed.). *Berkeley: Critical and Interpretative Essays*. Minnesota: Minnesota University Press, 1982.

WINKLER, K. P. *The Cambridge Companion to Berkeley*. Cambridge: Cambridge University Press, 2005.

Artigos sobre a filosofia de Berkeley

AYERS, Michael R. Substance, Reality and the Great, Dead Philosophers. *American Philosophical Quartely*, v.7, 1970.

BENNETT, Jonathan. Substance, Reality and Primary Qualities. In: CREERY, W. E. *Critical Assessments*. London: Routledge, v.3, 1991.

BURNYEAT, Myles. Idealism and Greek Philosophy: What Descartes Saw and Berkeley Missed. In: VESEY, G. (ed.). *Idealism Past and Present*. Royal Institute of Philosophy Lectures, v.13, 1982.

CUMMINS, Phillip D. Berkeley's Likeness Principle. In: CREERY, W. E. *Critical Assessments*. London: Routledge, v.2, 1991.

CUMMINS, Phillip D. Perceptual Relativity and ideas in the Mind. *Philosophy and Phenomenological Research*, XXIV, 1964.

CUMMINS, Phillip D. Hyla's Parity Argument. In: TURBAYNE, C. M. (ed.). *Berkeley: Critical and Interpretative Essays*. Mineapolis: University of Minnesota, 1992.

FOGELIN, Robert J. The Intuitive Basis of Berkeley's Immaterialism. *History of Philosophy Quartely*, v.13, n.3, 1996.

GALLOIS, Andre. Berkeley's Master Argument. *The Philosophical Review*, LXXXIII, 1974.

GALLOIS, Andre. Berkeley's Master Argument. In: CREERY, W. E. *Critical Assessments*. London: Routledge, v.3, 1991.

GARBER, Daniel. Locke, Berkeley, and Corpuscular Scepticism. In: TURBAYNE, C. M. (ed.). *Berkeley: Critical and Interpretative Essays*. Mineapolis: University of Minnesota, 1992.

GRAIG, Edward J. Berkeley's Attack on Abstract Ideas. *The Philosophical Review*, v.77, 1968.

HAUSMAN, Alan. Adhering to Inherence: A New Look at the Old Steps in Berkeley's March to Idealism. *Canadian Journal of Philosophy*, v.14, 1984.

LEBRUN, Gérard. Berkeley ou Le Sceptique Malgré Lui. *Manuscrito*, v.11, n.2, 1988.

POPKIN, Richard H. Berkeley and Pyrrhonism. In: BURNYEAT, M. (ed.). *The Skeptical Tradition*. Berkeley: University of California Press, 1983.

STROUD, Barry. Berkeley v. Locke on Primary Qualities. In: CREERY, W. E. *Critical Assessments*. London: Routledge, v.2, 1991.

TURBAYNE, Colin M.; WARE, Robert. A Bibliography of George Berkeley 1933-1962. *The Journal of Philosophy*, LX, 1963.

TURBAYNE, Colin M. A Bibliography of George Berkeley 1963-1979. In: TURBAYNE, Colin M. *Berkeley Critical and Interpretive Essays*. Mineapolis: University of Minnesota Press, 1992.

WATSON, Richard A. Berkeley in a Cartesian Context. *Revue Internationale de Philosophie*, XVII, 1963.

WILSON, Margaret D. Berkeley and the Essences of the Corpuscularians. In: FOSTER, J. e ROBINSON, H. *Essays on Berkeley*. Oxford: Clarendon Press, 1985.

Obras de Berkeley *(em português)*

Um ensaio para uma nova teoria da visão e *A teoria da visão confirmada e explicada*. Tradução e notas de José Oscar de Almeida Marques. *Cadernos de História e Filosofia da Ciência*: Campinas, SP, Série 3, v.18, n.2, jul.-dez. 2008.

De motu. Trad. Marcos Rodrigues da Silva. São Paulo: *Scientæ Studia*, v.4, n.1, 2006.

Dos infinitos. Trad. Jean Rodrigues Siqueira. *Trans/Form/Ação*, São Paulo, n.28 v.2, 2005.

Tratado sobre os princípios do conhecimento humano e *Três diálogos entre Hilas e Filonous*. Trad. Antônio Sérgio. São Paulo: Abril Cultural, 1973. (col. Os Pensadores).

Livros e artigos sobre Berkeley (em português)

BERMAN, David. *Berkeley. Filosofia experimental*. Trad. José Oscar de Almeida Marques, São Paulo: Ed. Unesp, 2000.

BRADATAM, Costica. George Berkeley e a tradição platônica. Trad. Jaimir Conte. *Princípios*, Natal, v.16, n.26, jul.-dez. 2009.

CACHEL, Andrea. Ideias gerais e linguagem em Berkeley e Hume. *Cadernos Pet*: Curitiba, n.5, 2004.

CACHEL, Andrea. Crença no mundo exterior: um diálogo entre Hume e Berkeley. *Princípios*: Natal, v.14, n.21, 2007.

CALAZANS, Alex. Considerações a respeito do problema do rigor matemático em *O analista*, de Berkeley. *Cadernos de História e Filosofia da Ciência*: Campinas, SP, Série 3, v.18, n.2, jul.-dez. 2008.

CAPPELO, Maria Adriana Camargo. A crítica à abstração e à representação no imaterialismo de Berkeley. *doispontos*: Curitiba, v.1, n.2, 2005.

CHARLES, Sébastien. Berkeley no país das Luzes: ceticismo e solipsismo no século XVIII. Trad. Bento Prado Neto. *doispontos*: Curitiba, v.1, n.2, 2005.

CHARLES, Sébastian. Da modernidade à Renascença: Berkeley. Trad. Paulo de Jonas Piva. *Integração*. Ano XII, n.49, 2007.

CHIBENI, Silvio Seno. Berkeley: uma física sem causas eficientes. *Cadernos de História e Filosofia da Ciência*: Campinas, SP, Série 3, v.18, n.2, jul.-dez. 2008.

CHIBENI, Silvio Seno; ÉVORA, Fátima R. R. (Orgs.) George Berkeley: Filosofia, Ciência e Matemática. *Cadernos de História e Filosofia da Ciência*: Campinas, SP, Série 3, v. 18, n.2, jul.-dez. 2008.

CONTE, Jaimir. A oposição de Berkeley ao ceticismo. *Cadernos de História e Filosofia da Ciência*: Campinas, SP, Série 3, v.18, n.2, jul.-dez. 2008.

Obras filosóficas

COUTINHO, Maurício. Os escritos econômicos de Berkeley. *Cadernos de História e Filosofia da Ciência*: Campinas, SP, Série 3, v.18, n.2, jul.-dez. 2008.

KLAUDAT, André. Berkeley e a confiança nos sentidos. *Integração*: São Paulo, ano 12, n.46, 2006.

LEBRUM, Gerard. Berkeley, ou cético *malgré lui*. Trad. M. A. C. Cappelo. In: *A filosofia e sua história*. São Paulo: Cosac & Naif, 2006.

MANZO, Sílvia A. Éter, espírito anima e causalidade no *Síris* de George Berkeley. *Scientæ Studia*, v.2, n.2, 2004.

MARQUES, José Oscar de Almeida. Berkeley e o problema de Barrow. *Cadernos de História e Filosofia da Ciência*: Campinas, SP, Série 3, v.18, n.2, jul.-dez. 2008.

POPPER, Karl R. Nota sobre Berkeley: um precusor de Mach e de einstein. In: *Conjecturas e refutações*. Trad. Sérgio Bath. Brasília: Editora da Universidade de Brasília, 3 ed. 1994.

PRADO NETO, Bento. O triângulo geral de Locke e a consideração parcial de Berkeley. *Doispontos*, Curitiba, v.1, n.2, 2005.

ROBINSON, Howard. Berkeley. In: BUNNIN, N. e TSUI-JAMES, E.P. *Compêndio de filosofia*. Edições Loyola: São Paulo, 2002.

SILVA, Marcos Rodrigues da. Instrumentalismo e explicação científica no *De motu* de George Berkeley. *Scientæ Studia*, São Paulo, v.4, n.1, 2006.

SMITH, Plínio Junqueira. As respostas de Berkeley ao ceticismo. *doispontos*: Curitiba, v.1, n.2, 2005.

SMITH, Plínio Junqueira. Berkeley: o princípio *esse est percipi* como crítica ao materialismo e garantia do mundo físico. *Integração*, São Paulo, ano 15, n. 56, 2009.

TARANTO, Pascal. O livre-pensamento: um entusiasmo da razão. *doispontos*: Curitiba, v.1, n.2, 2005.

Sites contendo textos de e sobre Berkeley

1. International Berkeley Society. http://georgeberkeley.tamu.edu
2. Berkeley Studies. http://people.hsc.edu/berkeleystudies
3. George Berkeley. http://www.cchla.ufrn.br/conte/berkeley.html

Índice onomástico

Agostinho, Santo, 121n.60
Anaxágoras, 333-4
Aristóteles, 52-3, 65, 328, 331, 334, 340-2, 346, 457-8
Bacon, F., 55n.15, 483
Barrow, I., 408, 419, 432, 443, 447, 451, 464, 472-3
Bayle, P., 110n.51, 255-6n.32, 446, 458
Billy, J. e R. de, 451
Borelli, G., 325, 327-9, 351
Boyle, R., 62n.23
Bradwardine, T., 91n.42
Cavalieri, F. B., 445n.8
Cheyne, G., 447, 451, 463
Chillingworth, W., 395
Clarke, S., 91n.42, 366
Dalton, R., 368
Deering, D., 414, 423
De Vries, G., 529
Demócrito, 119n.55, 346

Descartes, R., 20, 41n.6, 62n.23, 69n.31, 91n.42, 266n.36, 334, 385, 393, 515-8, 520, 524,
Epicuro, 119n.55, 521
Euclides, 458, 485
Fardella, M.-A., 408
Galilei, G., 62n.23, 325
Halley, E., 364n.4, 461
Harris, J., 459
Hayes, C., 440
Herbert, T., 29n.1
Hobbes, T., 20, 55n.15, 119n.56, 239, 517-8, 520-3
Hooker, R., 395
Hume, D., 43n.8, 73n.33, 76n.37, 255-6n.32, 272n.44
Huygens, 470
James, J., 38, 368
Johnson, S., 24-5, 57n.17, 120n.59, 121n.60, 357n.1, 379n.18

Keil, J., 440, 442, 447
Le Clerc, J., 420
Leibniz, G. W., 324, 327-9, 428n.4, 443
Leucipo, 119n.55
Limborch, P. van, 510
Locke, J., 20, 29n.1, 34n.4, 40n.5, 44n.9, 55n.15-6, 62n.23, 65n.27, 68n.30, 84n.40, 91n.42, 136n.73, 266n.37, 385, 387, 392-3, 405, 408-13, 416, 420, 433, 438, 441-2, 448, 452n.15, 462, 471, 475-6, 478, 481-4, 486, 488-90, 495, 497, 499, 501-6, 509-10, 514, 516-7, 519-21, 523, 526, 528
Madden, S., 484
Malebranche, N., 20, 69n.31, 73n.33, 91n.42, 110n.51, 158n.91, 240n.23, 241, 428, 431, 433, 436, 446, 451, 458, 481, 500, 518, 520, 529
Mani, 163n.95
Molyneux, W., 84n.40, 221n.16, 403, 405, 423

More, H., 136n.73, 438
Newton, I., 20, 24, 129n.67, 134n.71, 327-8, 332, 334, 351, 358-9, 366, 370, 382, 391n.27, 392, 403, 441, 443, 446, 448, 451, 456, 462, 472, 482, 490
Oldenburg, H., 524
Pardies, I., 459n.17
Percival, J., 414n.2
Platão, 334, 451n.14
Pourçain, D. de S., 371n.15
Raphson, J., 136n.73, 391n.27, 438, 521
Scaliger, J., 448
Sergeant, J., 523
Sozzini, F., 119n.58
Spinoza, B., 239, 428n.4, 521-2, 524
Sprat, T., 473
Stillingfleet, E., 503
Torricelli, E., 324-5, 351
Vanini, G., 239
Wallis, J., 469, 522-3
Wetmore, J., 379, 379n.18

SOBRE O LIVRO

Formato: 14 x 21 cm
Mancha: 23 x 44 paicas
Tipologia: Venetian 301 12,5/16
Papel: Pólen Soft 80 g/m² (miolo)
Cartão Supremo 250 g/m² (capa)
1ª edição: 2010

EQUIPE DE REALIZAÇÃO

Capa
Andrea Yanaguita

Edição de Texto
Roberta Oliveira Stracieri (copidesque)
Cristiane Maruyama (revisão)

Editoração Eletrônica
Eduardo Seiji Seki (Diagramação)